Zulässigkeit und Dogmatik der Verdachtskündigung

Schriften zum Deutschen und Europäischen Arbeits- und Sozialrecht

Herausgegeben von Ulrich Preis

Band 39

Zur Qualitätssicherung und Peer Review der vorliegenden Publikation

Die Qualität der in dieser Reihe erscheinenden Arbeiten wird vor der Publikation durch den Herausgeber der Reihe geprüft.

Notes on the quality assurance and peer review of this publication

Prior to publication, the quality of the work published in this series is reviewed by the editors of the series.

Florian Wieg

Zulässigkeit und Dogmatik der Verdachtskündigung

PETER LANG

Bibliografische Information der Deutschen Nationalbibliothek
Die Deutsche Nationalbibliothek verzeichnet diese Publikation in der Deutschen Nationalbibliografie; detaillierte bibliografische Daten sind im Internet über http://dnb.d-nb.de abrufbar.

Zugl.: Köln, Univ., Diss., 2021

Umschlagabbildung:
Siegel der rechtswissenschaftlichen Fakultät der Universität zu Köln.
Abdruck mit freundlicher Genehmigung der Universität zu Köln.

Umschlaggestaltung:
© Olaf Gloeckler, Atelier Platen, Friedberg.

Gedruckt auf alterungsbeständigem, säurefreiem Papier.

D 38
ISSN 1861-4582
ISBN 978-3-631-85377-1 (Print)
E-ISBN 978-3-631-86359-6 (E-PDF)
E-ISBN 978-3-631-86360-2 (EPUB)
DOI 10.3726/b18823

Peter Lang – Berlin · Bern · Bruxelles · New York · Oxford · Warszawa · Wien

Diese Publikation wurde begutachtet.

www.peterlang.com

Für meine Eltern, meine Frau & meine Schwester

Inhaltsverzeichnis

Abkürzungsverzeichnis

AcP	Archiv für die civilistische Praxis
a. F.	alte Fassung
AiB	Arbeitsrecht im Betrieb
Anm.	Anmerkung
AöR	Archiv des öffentlichen Rechts
AP	Arbeitsrechtliche Praxis
ArbG	Arbeitsgericht
ArbGG	Arbeitsgerichtsgesetz
ARS	Arbeitsrechts-Sammlung. Entscheidungen des Reichsarbeitsgerichts und der Landesarbeitsgerichte (1928-1944)
Art.	Artikel
Aufl.	Auflage
AuR	Arbeit und Recht
AuS	Arbeit und Sozialpolitik
BAG	Bundesarbeitsgericht
BB	Betriebs-Berater
BBiG	Berufsbildungsgesetz
Bd.	Band
BDSG	Bundesdatenschutzgesetz
Begr.	Begründer
Beil.	Beilage
Beschl.	Beschluss
BetrVG	Betriebsverfassungsgesetz
BGB	Bürgerliches Gesetzbuch
BGBl.	Bundesgesetzblatt
BORA	Berufsordnung für Rechtsanwälte
BRAO	Bundesrechtsanwaltsordnung
BT-Drucks.	Bundestagsdrucksache
BVerfG	Bundesverfassungsgericht
BVerfGE	Sammlung der Entscheidungen des Bundesverfassungsgerichts
BZRG	Bundeszentralregistergesetz
bzw.	beziehungsweise
DB	Der Betrieb
ders.	derselbe
d. h.	das heißt

dies.	dieselbe
DStR	Deutsches Steuerrecht
EGBGB	Einführungsgesetz zum Bürgerlichen Gesetzbuch
EGMR	Europäischer Gerichtshof für Menschenrechte
EMRK	Europäische Menschenrechtskonvention
EuGH	Europäischer Gerichtshof
EUGRC	Charta der Grundrechte der Europäischen Union
EuGRZ	Europäische Grundrechte-Zeitschrift
EzA	Entscheidungssammlung zum Arbeitsrecht
f.	folgende
ff.	fortfolgende
Fn.	Fußnote
FS	Festschrift
GA	Goltdammer's Archiv für Strafrecht
Gesamthrsg.	Gesamtherausgeber
GewO	Gewerbeordnung
GG	Grundgesetz
GS	Großer Senat
HGB	Handelsgesetzbuch
Hrsg.	Herausgeber
hrsg.	herausgegeben
IPBPR	Internationale Pakt über Bürgerliche und Politische Rechte
JA	Juristische Ausbildung
JbArbR	Jahrbuch des Arbeitsrechts
jM	Juris – Die Monatszeitschrift
JR	Juristische Rundschau
jurisPR-ArbR	Juris Praxisreport Arbeitsrecht
JW	Juristische Wochenschrift
JZ	Juristenzeitung
KSchG	Kündigungsschutzgesetz
LAG	Landesarbeitsgericht
MDR	Monatsschrift für Deutsches Recht
MuA	Mensch und Arbeit
n. F.	neue Fassung
NJW	Neue Juristische Wochenschrift
Nr.	Nummer
NStZ	Neue Zeitschrift für Strafrecht
NVwZ	Neue Zeitschrift für Verwaltungsrecht
NZA	Neue Zeitschrift für Arbeitsrecht

NZA-RR	Neue Zeitschrift für Arbeitsrecht Rechtsprechungs-Report
NZWiSt	Neue Zeitschrift für Wirtschafts-, Steuer und Unternehmensstrafrecht
öAT	Zeitschrift für das öffentliche Arbeits- und Tarifrecht
RAG	Reichsarbeitsgericht
RdA	Recht der Arbeit
RG	Reichsgericht
Rn.	Randnummer
ROHGE	Entscheidungen des Reichsoberhandelsgerichts
S.	Seite
SAE	Sammlung Arbeitsrechtlicher Entscheidungen
SGB	Sozialgesetzbuch
Slg.	Sammlung
StGB	Strafgesetzbuch
StVG	Straßenverkehrsgesetz
StPO	Strafprozessordnung
u. a.	unter anderem/unter anderen
Urt.	Urteil
v.	vom
WiStrG	Wirtschaftsstrafgesetz
ZaöRV	Zeitschrift für öffentliches Recht und Völkerrecht
ZfA	Zeitschrift für Arbeitsrecht
ZfRSoz	Zeitschrift für Rechtssoziologie
ZG	Zeitschrift für Gesetzgebung
zit.	zitiert
ZJS	Zeitschrift für das Juristische Studium
ZRP	Zeitschrift für Rechtspolitik
ZPO	Zivilprozessordnung
ZStW	Zeitschrift für die gesamte Strafrechtswissenschaft
ZTR	Zeitschrift für Tarifrecht

Einleitung

Die vorliegende Arbeit behandelt die arbeitsrechtliche[1] Verdachtskündigung. Darunter versteht man eine auf den Verdacht eines relevanten – unter Umständen strafbaren – Fehlverhaltens gestützte Kündigung gegenüber einem Arbeitnehmer[2]. Die Verdachtskündigung ist gesetzlich nicht geregelt. Sie ist richterrechtlich entwickelt.[3] Ihre Entwicklungsgeschichte reicht bis ins 19. Jahrhundert zurück.[4] Das *BAG* hat bereits 1955 anerkannt, eine Verdachtskündigung sei grundsätzlich zulässig.[5] Diese Rechtsprechung wurde zur ständigen, die im Schrifttum und auch bei Gerichten[6] anderer Gerichtsbarkeiten Zuspruch fand und findet. Beachtlich ist, dass trotz der jahrzehntelangen Billigung auch das Unbehagen, welches die Verdachtskündigung seit jeher bereitet, konstant ist.[7]

---

1 Zum im Folgenden nicht berücksichtigten Sonderfall der Verdachtskündigung eines Berufsausbildungsverhältnisses BAG Urt. v. 12.2.2015 – 6 AZR 845/13, NZA 2015, S. 741.

2 Gemeint sind selbstverständlich Arbeitnehmer aller Geschlechter/ Geschlechtsidentitäten.

3 Vergleiche *Preis* DB 1988, S. 1444, 1448; *Hoefs* Verdachtskündigung (2001), S. 79 ff.; *C. Fischer* Topoi (2007), S. 192; *Kalb* ZfA 2016, S. 467; *Prütting* FS Moll, S. 553, 554/555; MüKoBGB/*Henssler*[8] (2020) § 626 BGB Rn. 269. Ausführlich unten S. 25 ff., 83 ff.

4 Dazu ausführlich *Hoefs* Verdachtskündigung (2001), S. 31 ff.; *Ebeling* Kündigung wegen Verdachts (2006), S. 18 ff.; *Lembke* RdA 2013, S. 82, 83 ff.; *Eylert* NZA-RR 2014, S. 393, 395 ff. und unten S. 27 ff.

5 BAG Urt. v. 12.5.1955 – 2 AZR 77/53, Rn. 14 juris.

6 Vergleiche BGH Urt. v. 2.7.1984 – II ZR 16/84, ZIP 1984, S. 1113, 1114; Urt. v. 15.11.2016 – II ZR 217/15, NZG 2017, S. 261, 263; BVerfG Beschl. v. 15.12.2008 – 1 BvR 347/08, juris; auch OLG Frankfurt Urt. v. 31.3.2021 – 2 U 13/20, juris.

7 Etwa *Heilmann* Wiedereinstellung (1964), S. 13; *Schwarze* Anm. zu LAG Düsseldorf Urt. v. 25.6.2003 – 14 Sa 657/03, LAGE Nr. 2 zu § 626 BGB 2002, S. 11; *Kreft* NZA-Beil. 2012, S. 58, 64; *Zborowska* Außerordentliche Verdachtskündigung (2015), S. 26; *Prütting* FS Moll, S. 553, 554: „Die Verdachtskündigung ist und bleibt ein merkwürdiges Phänomen. In der Praxis allgemein anerkannt stellt sich bis heute die Frage, worauf sich eine solche Kündigung stützen kann." In seinem Urt. v. 26.3.1992 (2 AZR 519/91, Rn. 50 juris) nennt auch das *BAG* die Verdachtskündigung ein „nicht unproblematisches Institut".

A. Neuralgischer Interessenkonflikt der Verdachtskündigung

Die Verdachtskündigung erfasst einen neuralgischen[8] Interessenkonflikt.[9]

Dieser wird aktuell, wo das „wahre Geschehen im Dunkeln"[10] bleibt, [11] viel dafür spricht und doch nicht zur zweifelsfreien Gewissheit gereift ist, dass sich der Gekündigte in der Vergangenheit fehlverhalten hat. Dazu kann es insbesondere kommen, weil Arbeitgeber ihre Belegschaft nicht total überwachen können und dürfen.[12] Zudem praktizieren Arbeitsgerichte eine vergleichsweise strenge Beweiswürdigung.[13] Zugleich ist nachvollziehbar, dass schon der Verdacht eines Fehlverhaltens ein Beendigungsinteresse des Arbeitgebers wecken kann. Wer gibt schon bereitwillig einem – wenn auch nur möglichen – Schädiger Arbeit, legt seine Rechtsgüter weiterhin in dessen Hände?

Lässt man eine Verdachtskündigung allerdings zu, besteht unweigerlich eine – gesteigerte – Gefahr, dass ein eigentlich Unschuldiger entlassen wird.[14] Wird die Kündigung, was der praktische Regelfall ist,[15] als außerordentlich fristlose erklärt, droht dem eventuell unschuldigen Arbeitnehmer der sofortige Verlust (s)einer Einkommensgrundlage.[16] Realistisch ist ferner die Aussicht einer

---

8 Der Kündigungsschutz gilt ohnehin als das „Nervenzentrum des Arbeitsvertragsrechts" [MüKoBGB/*Schwerdtner*[1] (1980) Vor § 620 BGB Rn. 110].

9 Vergleiche auch *Hoefs* Verdachtskündigung (2001), S. 27 ff.; *Ebeling* Kündigung wegen Verdachts (2006), S. 15 ff.; *Zborowska* Außerordentliche Verdachtskündigung (2015), S. 15 ff.

10 BAG Urt. v. 5.6.2008 – 2 AZR 234/07, NZA-RR 2008, S. 630, 632.

11 Vergleiche BAG Urt. v. 5.6.2008 – 2 AZR 234/07, NZA-RR 2008, S. 630, 632.

12 *Hoefs* Verdachtskündigung (2001), S. 119; *Huber/Uzuner* NZWiSt 2016, S. 94, 98; anschaulich BAG Urt. v. 27.7.2017 – 2 AZR 681/16, NZA 2017, S. 1327.

13 Zu letzterem *Schwerdtner* Brennpunkte des Arbeitsrechts (2001), S. 243, 253; *Lunk* NJW 2010, S. 2753, 2754; *Eylert* NZA-RR 2014, S. 393, 394. Beide Gesichtspunkte sprechen für ein praktisches Bedürfnis für die Verdachtskündigung. So im Ergebnis auch *Preis* Prinzipien (1987), S. 462; *Belling* Anm. zu BAG Urt. v. 29.7.1993 – 2 AZR 90/93, SAE 1994, S. 210, 214; *Ebeling* Kündigung wegen Verdachts (2006), S. 16. Zweifelnd *Joachim* AuR 1964, S. 33, 35 ff.; *Dörner* NZA 1993, S. 873, 875/876.

14 Nur BAG Urt. v. 11.4.1985 – 2 AZR 239/84, NZA 1986, S. 674, 676.

15 *Schütte* NZA-Beil. 1991, S. 17, 19; *Dörner* NZA 1993, S. 873, 877; *Appel/Gerken* AuR 1995, S. 201; SPV/*Preis*[11] (2015), Rn. 708; Staudinger/*ders.* (2019) § 626 BGB Rn. 226.

16 Bereits *König* RdA 1969, S. 8; *vom Stein* Fehleinschätzungen (1989), S. 48; im Übrigen nur *Zborowska* Außerordentliche Verdachtskündigung (2015), S. 22 mit Fn. 50.

erschwerten Arbeitssuche.[17] Das „krumme Beendigungsdatum“[18] offenbart die fristlose Beendigung des Arbeitsverhältnisses.[19] Eine weitere prekäre Facette der Verdachtskündigung ist das Problem sozialer Zurücksetzung; dieses stellt sich absehbar, wenn – wie häufig – ein möglicherweise strafbares Verhalten Gegenstand der Verdächtigung ist.[20]

B. Verdachtskündigung als „Dauerbrenner“ praktischer und wissenschaftlicher Auseinandersetzung

Die beschriebene Gemengelage hat die Verdachtskündigung zu einem „Dauerbrenner“ praktischer und wissenschaftlicher Auseinandersetzung werden lassen.

Das *BAG* hat die Rechtsfigur bis dato in über 200 Entscheidungen (aus) gestaltet, regelmäßig begleitet von – teils scharfer – Kritik,[21] gelegentlich auch von politischem Aktionismus.[22] Mehrere Monographien behandeln sie.[23] Die Anzahl der in Fachbüchern und -zeitschriften erschienenen Beiträge ist kaum mehr zu überschauen.[24]

---

17 *Hoefs* Verdachtskündigung (2001), S. 221; *Zborowska* Außerordentliche Verdachtskündigung (2015), S. 22/23; DDZ/*Däubler*[11] (2020) § 626 BGB Rn. 82.

18 *Zborowska* Außerordentliche Verdachtskündigung (2015), S. 22.

19 *Preis* Prinzipien (1987), S. 477.

20 MüKoBGB/*Schwerdtner*[1] (1980) § 626 BGB Rn. 114 mahnt drastisch: „Der Verdacht tötet den Mann!“; *Preis* Prinzipien (1987), S. 477. Gegen eine stigmatisierende Wirkung der Verdachtskündigung *Ebeling* Kündigung wegen Verdachts (2006), S. 79.

21 Vor allem von *Joachim* AuR 1964, S. 33 ff.; *Schütte* NZA-Beil. 1991, S. 17 ff.; *Dörner* NZA 1992, S. 865 ff. [unter anderem]; *Naujok* AuR 1998, S. 398 ff.; *Deinert* AuR 2005, S. 285 ff.

22 Siehe BT-Drucks. 17/648, 17/649 und 17/4281. Kritisch etwa *Binkert* NZA 2010, S. 433 ff.

23 Insbesondere *Hellmann* Wiedereinstellung (1964); *Strobel* Rechtsfigur der Verdachtskündigung (1967); *Otto* Wegfall des Vertrauens als Grund zur außerordentlichen Kündigung (2000); *Hoefs* Verdachtskündigung (2001); *Hahn* Verdachtskündigung unter Berücksichtigung einer gesetzlichen Regelung (2004); *Ebeling* Kündigung wegen Verdachts (2006); *Schlegeit* BAG und die Verdachtskündigung (2008); *Zborowska* Außerordentliche Verdachtskündigung (2015).

24 Grundlegend etwa *Joachim* AuR 1964, S. 33 ff.; *Grunsky* ZfA 1977, S. 167 ff.; *Schütte* NZA-Beil. 1991, S. 17 ff.; *Dörner* NZA 1992, S. 865 ff. [unter anderem]; *Belling* FS Kissel, S. 11 ff. [unter anderem]; *Deinert* AuR 2005, S. 285 ff. und *Gilberg* DB 2006, S. 1555 ff.

Die Diskussion ist im Fluss,[25] bewegt durch beides: Grundsatz- und Einzelfragen. Der Trend geht freilich dahin, letztere, d. h., die Einzelheiten der Rechtmäßigkeitsvoraussetzungen einer Verdachtskündigung zu diskutieren.[26] Das ist eingedenk der herrschenden Anerkennungspraxis auf den ersten Blick wenig überraschend und bei näherem Hinsehen doch bemerkenswert. Denn auch unter den Befürwortern der Verdachtskündigung ist die Annahme verbreitet, dass für jene bislang keine überzeugende rechtsdogmatische Begründung formuliert worden ist.[27]

C. Gegenstand und Gang der Darstellung

Letzteres und die von einer beträchtlichen[28] Anzahl der Autoren aufrechterhaltenen, generellen Bedenken gegen die Verdachtskündigung zeigen an, dass deren „Zulässigkeit und Dogmatik" nicht geklärt sind. Die vorliegende Arbeit will zur weiteren[29] Klärung dieser beiden Probleme beitragen.

Konkret soll es um Folgendes gehen:

Nachdem in einem 1. Teil die Entwicklungsgeschichte und das vom *BAG* gestaltete Konzept der Verdachtskündigung zusammengefasst worden sind, sollen in einem 2. Teil verfassungs- und einfachrechtliche Einwände gegen die Zulässigkeit der (außerordentlichen) Verdachtskündigung eingehend erörtert werden. Dabei sind zunächst grundrechtliche Bedenken aufzugreifen: Verstößt die Verdachtskündigung gegen die Unschuldsvermutung oder die Berufsfreiheit des von ihr betroffenen Arbeitnehmers? In einem weiteren Schritt sollen etwaige Verstöße gegen § 626 BGB, § 627 BGB, § 46 II ArbGG in Verbindung mit § 286 I ZPO und § 1 KSchG, § 9 KSchG geprüft werden, bevor abschließend zu

25 *Lunk* Anm. zu BAG Urt. v. 12.2.2015 – 6 AZR 845/13, AP Nr. 1 zu § 22 BBiG, zu I. 4.

26 Vergleiche *Eylert* NZA-RR 2014, S. 393, 395 ff.; *Lunk* Anm. zu BAG Urt. v. 12.2.2015 – 6 AZR 845/13, AP Nr. 1 zu § 22 BBiG, zu I. 4.; *Zborowska* Außerordentliche Verdachtskündigung (2015), S. 93 ff.

27 *Eylert* NZA-RR 2014, S. 393, 396; *Lunk* Anm. zu BAG Urt. v. 12.2.2015 – 6 AZR 845/13, AP Nr. 1 zu § 22 BBiG, zu I. 4; *Prütting* FS Moll, S. 553, 554. Auch *Gilberg* DB 2006, S. 1555 ff.; *ders.* RdA 2015, S. 209, 211 und *Adam* Anm. zu LAG Berlin-Brandenburg Urt. v. 10.2.2012 – 6 Sa 1845/11, LAGE Nr. 11 zu § 626 BGB 2002 Verdacht strafbarer Handlung, S. 11, 18.

28 So DDZ/*Däubler*[11] (2020) § 626 BGB Rn. 259.

29 Dazu insbesondere bereits *Hoefs* Verdachtskündigung (2001), S. 74 ff.; *Ebeling* Kündigung wegen Verdachts (2006), S. 41 ff.; *Zborowska* Außerordentliche Verdachtskündigung (2015), S. 30 ff.

sondieren ist, ob die außerordentliche Verdachtskündigung das Ergebnis einer unzulässigen Rechtsfortbildung darstellt.

Der 3. Teil, der zugleich zweiter Hauptteil der Darstellung ist, soll sich mit der (Eigen-)Dogmatik der Verdachtskündigung befassen. Es soll diskutiert und erklärt werden, ob – und gegebenenfalls inwiefern – das vom *BAG* geschaffene Konzept kündigungsrechtssystematisch stimmig ist. Dass die Verdachtskündigung auch jenseits konkreter Zulässigkeitsbedenken ein Unbehagen hinterlässt, deutet auf mögliche Friktionen oder zumindest Begründungsdefizite hin.[30] Dem wird nachzugehen sein, und zwar in vier Schritten:

Zunächst soll fokussiert werden, worin der „eigentliche" Grund einer außerordentlichen Verdachtskündigung liegt bzw. liegen kann – Tat, Verdacht oder Vertrauensstörung? Dabei besteht unter anderem Gelegenheit, das Verhältnis von Tat- und Verdachtskündigung zu beleuchten und auf das Alternativkonzept der so genannten „Vertrauenskündigung" einzugehen.

Die Antworten bereiten den Boden für die folgende Auseinandersetzung mit den einzelnen Rechtmäßigkeitsvoraussetzungen. Zugunsten einer – durchgehend angestrebten – schlanken Darstellung sollen die jeweiligen Einzelheiten hier möglichst knapp behandelt werden.

Im dritten Schritt soll das Problem der Zulässigkeit einer ordentlichen Verdachtskündigung erörtert werden. Das *BAG* hat diese jüngst in einem Grundsatzurteil bestätigt und dabei erstmals eine Zuordnung zu den Kündigungsgründen aus § 1 I, II KSchG ausdrücklich vorgenommen. Am Ende des 3. Teils ist schließlich noch darzulegen, ob – und gegebenenfalls unter welchen Voraussetzungen – ein wirksam, aber unschuldig wegen Verdachts entlassener Arbeitnehmer vom Arbeitgeber unter Umständen Wiedereinstellung verlangen kann.

Eine Zusammenfassung in Thesen soll die Darstellung abrunden.

---

30 Vergleiche auch *Grunsky* ZfA 1976, S. 167, 173: „Auch, wenn man sich über den begrenzten Wert dogmatischer Argumente keinen Illusionen hingibt, [...] enthebt einen das nicht von der Aufgabe, ein in sich widerspruchsfreies System anzubieten. Geschieht dies nicht, so ist dies häufig ein Anzeichen dafür, daß sich irgendwo Wertungswidersprüche verbergen."

1. Teil: Entwicklungsgeschichte und Konzept der Verdachtskündigung

Die Verdachtskündigung ist gesetzlich nicht (ausdrücklich) geregelt. Sie ist richterrechtlich entwickelt.[31] Ein Blick auf ihre Geschichte[32] verschafft erste Orientierung.

A. Anerkennung in der reichsarbeitsgerichtlichen Rechtsprechung bis 1945

Das *RAG* positionierte sich zwischen 1930 und 1932 zunächst zurückhaltend: Ein bloßer Verdacht berechtige – regelmäßig – nicht zur fristlosen Entlassung eines Arbeitnehmers.[33] Die erste eine Verdachtskündigung billigende Entscheidung stammt von 1934. Ein Verkaufsleiter war in den Verdacht geraten, Kundengelder nicht an die Kasse des Arbeitgebers abgeführt zu haben. Er wurde fristlos entlassen und klagte daraufhin. Das *RAG* wies die Klage letztinstanzlich ab. Einem Arbeitgeber könne die befristete Fortsetzung des Arbeitsverhältnisses – ausnahmsweise – auch wegen eines verdachtsbedingten Misstrauens unzumutbar sein.[34] Der gegen den Kläger bestehende Verdacht wiege so schwer,

---

31 Vergleiche *Preis* DB 1988, S. 1444, 1448; *Hoefs* Verdachtskündigung (2001), S. 79 ff.; *C. Fischer* Topoi (2007), S. 192; *Kalb* ZfA 2016, S. 467; *Prütting* FS Moll, S. 553, 554/555; MüKoBGB/*Henssler*[8] (2020) § 626 BGB Rn. 269. Ausführlich unten S. 87 ff.

32 Dazu auch *Dörner* NZA 1993, S. 873; *Hoefs* Verdachtskündigung (2001), S. 31 ff.; *Ebeling* Kündigung wegen Verdachts (2006), S. 18 ff.; *Lembke* RdA 2013, S. 82, 83 ff.; *Eylert* NZA-RR 2014, S. 393, 395 ff.

33 RAG Urt. v. 10.8.1932 – RAG. 145/32, ARS 15, S. 570; Urt. v. 14.11.1931 – RAG. 237/31, ARS 13, S. 487, 489; Urt. v. 27.9.1930 – RAG. 134/30, RAGE 6, S. 233, 235.

34 RAG Urt. v. 26.3.1934 – RAG. 318/33, ARS 21, S. 145, 147; Urt. v. 2.11.1935 – RAG. 114/35, ARS 25, S. 121, 123; Urt. v. 25.4.1936 – RAG. 12/36, ARS 27, S. 11, 14. Spätere Urteile des *Reichsarbeitsgerichts* können den falschen Eindruck erwecken, das dargestellte Regel-Ausnahme-Verhältnis habe sich im Rechtsprechungsverlauf umgekehrt. Im Urt. v. 30.9.1941 [RAG. 56/41, ARS 43, S. 100, 105] äußerte das Gericht, ein „unverdächtiges, aber Ehrlichkeitszweifel begründendes Verhalten" könne die Kündigung eines Arbeitnehmers rechtfertigen. Im Urt. v. 14.1.1944 [RAG. 89/43, ARS 47, S. 143 LS. 5] wird festgehalten, ein „unbegründeter Verdacht könne zusammen mit einem von einem Dritten erhobenen Vorwurf" den Arbeitgeber zur Kündigung berechtigen. Im ersten Fall stand allerdings keine Verdachtskündigung in Rede, weil die „Ehrlichkeitszweifel" auf einer nachweisbaren Pflichtverletzung des Arbeitnehmers beruhten,

dass der Kläger ihn hätte entkräften müssen, was ihm nicht gelungen sei.[35] Das Gericht bestätigte die eingeschlagene Linie in Folgeurteilen.[36] Ende der 1930-er Jahre stellte es fest:

> „Es ist in letzter Zeit sowohl vom RG als auch vom RAG anerkannt worden, dass eine fristlose Entlassung unter Umständen schon durch den begründeten Verdacht des Vertrauensbruchs gerechtfertigt werden kann, sofern nämlich infolge dieses Verdachts die für die weitere Fortsetzung des Dienstverhältnisses erforderliche Vertrauensgrundlage zerstört ist."[37]

Ob – und gegebenenfalls in welchem Ausmaß – die Anerkennung einer Verdachtskündigung seitens des *RAG* (auch) nationalsozialistisch motiviert war,[38] ist, soweit ersichtlich, noch nicht näher untersucht worden. Weil die vorliegende Arbeit keinen historischen Schwerpunkt haben soll, kann auch sie entsprechendes nicht leisten und muss sich auf folgende Hinweise beschränken: Verdachtskündigungen sind – erstens – nachweisbar kein Phänomen, das erstmals in der Zeit des Nationalsozialismus in Dauervertragsbeziehungen oder vor Gericht auftauchte; sie betreffende Rechtsstreite sind seit dem späten 19. Jahrhundert dokumentiert.[39] Zweitens sind Verdachtskündigungen höchstrichterlich bereits vor 1933 als zulässige Gestaltungen gebilligt worden.[40] Die vom *RAG* für das Arbeitsrecht getroffene Entscheidung aus dem Jahr 1934 reiht sich insofern ein. Gleichzeitig ist – drittens – nicht zu übersehen, dass ein Kündigungsgrund des verdachtsbedingten Misstrauens in die Person des Arbeitnehmers auf den ersten Blick „wie die Faust aufs Auge" zu der auch vom *RAG* verfolgten[41], im

---

im zweiten ging es um eine so genannte echte Druckkündigung; auf beides weist *Hoefs* Verdachtskündigung (2001), S. 33 zutreffend hin.

35 RAG Urt. v. 26.3.1934 – RAG. 318/33, ARS 21, S. 145, 147.

36 Vergleiche etwa RAG Urt. v. 2.11.1935 – RAG. 114/35, ARS 25, S. 121, 123 und Urt. v. 25.4.1936 – RAG. 12/36, ARS 27, S. 11, 14.

37 RAG Urt. v. 6.5.1939 – RAG. 221/38, ARS 36, S. 260, 263.

38 Vergleiche auch *Eylert* NZA-RR 2014, S. 393, 396; *Gilberg* RdA 2015, S. 209, 210 f.

39 Obwohl es darauf nicht entscheidend ankam [*Strobel* Rechtsfigur der Verdachtskündigung (1967), S. 6 mit Fn. 1], bejahte ihre Zulässigkeit schon das *Reichsoberhandelsgericht* in seinem Urt. v. 29.11.1871 – Rep. 503/71, ROHGE 4, S. 398, 402. Dazu *Hoefs* Verdachtskündigung (2001), S. 31/32 mit Fn. 4-7.

40 RG Urt. v. 4.6.1912 – 442/11, Das Recht 1912, Nr. 2874; Urt. v. 4.10.1929 – 92/29 II., JW 1930, S. 2701. Fundstellen zur instanzgerichtlichen Rechtsprechung bei *Hoefs* Verdachtskündigung (2001), S. 31 mit Fn. 5.

41 Vergleiche etwa Preis Prinzipien (1987), S. 363/364; *Otto* Wegfall des Vertrauens als Grund zur außerordentlichen Kündigung (2000), S. 44 ff.

Nationalsozialismus pervertierten Idee des personenrechtlichen Gemeinschafts- und Treueverhältnisses passt, und er wegen seiner Vagheit die Gefahr birgt, Einfallstor für Scheinbegründungen zu sein, die nach der Gleichschaltung der Justiz Paradigma (auch) der kündigungsrechtlichen Rechtsprechung waren.[42] Ungeachtet eines etwaigen rechtspolitischen Hintergrunds ergibt sich aus der Rechtsprechung bis 1945 jedenfalls keine nähere Begründung der Fallgruppe.[43]

B. Entwicklung in der Rechtsprechung des *BAG*

I. Zulässigkeit der außerordentlichen Verdachtskündigung

Das *BAG* hatte 1955, also rund ein Jahr nach seiner Errichtung, auf die Kündigungsschutzklage eines Sparkassenmitarbeiters erste Gelegenheit, sich zur Verdachtskündigung zu äußern.[44] Dem Kläger war seitens der Strafverfolgungsbehörden vorgeworfen worden, er habe einen Dritten beauftragt, einen Teil seines, des klägerischen, Hausrats in Brand zu setzen; anschließend habe er den entstandenen Sachschaden unbefugt gegenüber einem Versicherer geltend gemacht. Am Ende der Hauptverhandlung des Strafverfahrens wurde der Kläger aus Mangel an Beweisen freigesprochen. Sein Arbeitgeber entließ ihn daraufhin trotzdem fristlos – wegen des von der *Strafkammer* tatsächlich festgestellten „sehr starken" Verdachts der Anstiftung zur Brandstiftung und des Versicherungsbetrugs. Das *BAG* bestätigte die an § 626 I BGB gemessene Kündigung und stellte fest:

> „Daß ein schwerwiegender Verdacht einer strafbaren Handlung die fristlose Entlassung rechtfertigen kann, auch wenn die strafbare Handlung sich nicht nachweisen läßt, unterliegt […] keinem rechtlichen Bedenken und entspricht der Rechtsprechung des Reichsarbeitsgerichts (…). Daß insbesondere auch der starke Verdacht, der Kläger habe eine Anstiftung zur Brandstiftung, einen Versicherungsbetrug […] begangen, dem Beklagten die Weiterbeschäftigung des Klägers als Angestellten in seinem Sparkassenbetrieb unzumutbar machen kann, liegt auf der Hand."[45]

---

42 Pointiert *Preis* NJW 1998, S. 1889, 1892: „Wer nicht ganz geschichtsblind ist, wird erkennen, wie die Nationalsozialisten das Kündigungsrecht gerade als Sanktionsmittel gegen politisch Andersdenkende mißbraucht haben. Die veröffentlichte Rechtsprechung der Arbeitsrechtsprechung von 1933 bis 1945 ist geradezu als Verkehrung des ultima ratio-Gedankens und Prognoseprinzips im Kündigungsrecht zu werten. Es diente als Instrument zur Verfolgung rassistischer Ziele und zur Sanktionierung politisch Andersdenkender."

43 Insbesondere *Eylert* NZA-RR 2014, S. 393, 396; *Gilberg* RdA 2015, S. 209, 210.

44 BAG Urt. v. 12.5.1955 – 2 AZR 77/53, juris.

45 BAG Urt. v. 12.5.1955 – 2 AZR 77/53, Rn. 14 juris.

Seither hält das *BAG* die außerordentliche Verdachtskündigung von Arbeitsverhältnissen[46] für zulässig. Diese Haltung hat es gegen einschlägige Kritik aus dem Schrifttum[47] stets verteidigt, mit dem wohl größten Begründungsaufwand in zwei Entscheidungen aus 1964[48] und 1994[49]. Dabei verwehrte sich das Gericht namentlich gegen die Thesen, die Anerkennung einer außerordentlichen Verdachtskündigung verstoße gegen die Unschuldsvermutung oder die Berufsfreiheit des Arbeitnehmers und/oder sei eine verfassungsrechtlich unzulässige Rechtsfortbildung.[50] Auch das *BVerfG* geht im Anschluss an einschlägige Stellungnahmen des *BAG* von der verfassungsrechtlichen Zulässigkeit der außerordentlichen Verdachtskündigung aus.[51]

Was die Tiefe der Begründung der außerordentlichen Verdachtskündigung angeht, blieb die bundesarbeitsgerichtliche Rechtsprechung zunächst weiterhin flach. In der Grundsatzentscheidung vom 4.6.1964, in der erstmals eine Auseinandersetzung mit im Schrifttum formulierten Einwänden stattfindet, führt das *BAG* lediglich aus:

> „Die Verdachtskündigung ist weiter nichts als ein Anwendungsfall des Rechtssatzes, dass ein wichtiger Grund zur außerordentlichen Kündigung immer dann vorliegt, wenn die Fortsetzung des Arbeitsverhältnisses auch nur für vorübergehende Zeit unter Berücksichtigung der Interessen des einen Vertragsteiles dem anderen Vertragsteil nicht mehr zuzumuten ist. Bei unbefangener Betrachtung lässt sich nicht leugnen […], dass nicht nur eine erwiesene Tat, die von der Rechtsordnung missbilligt wird, sondern auch

46 Ebenso der *BGH* für das Dienstvertragsrecht im Urt. v. 13.7.1956 – VI ZR 88/55, NJW 1956, S. 1513.

47 Vor allem von *Joachim* AuR 1964, S. 33 ff.; *Schütte* NZA-Beil. 1991, S. 17 ff.; *Dörner* NZA 1992, S. 865 ff. [unter anderem]; *Naujok* AuR 1998, S. 398 ff.; *Deinert* AuR 2005, S. 285 ff.

48 BAG Urt. v. 4.6.1964 – 2 AZR 310/63, juris.

49 BAG Urt. v. 14.9.1994 –2 AZR 164/94, NZA 1995, S. 269, 270/271. Substantielle und nach dieser Entscheidung zum Beispiel von *Deinert* [AuR 2005, S. 285 ff.] formulierte Kritik an der Verdachtskündigung hat das Gericht, soweit erkennbar, bisher nicht näher aufgegriffen.

50 BAG Urt. v. 4.6.1964 – 2 AZR 310/63, Rn. 25 ff. juris; Urt. v. 14.9.1994 – 2 AZR 164/94, NZA 1995, S. 269, 270/271. Mit der Vereinbarkeit von (außerordentlicher) Verdachtskündigung und Unschuldsvermutung sowie Berufsfreiheit des Arbeitnehmers setzt sich nur die spätere Entscheidung auseinander. Ausführlich dazu unten S. 38 ff.

51 BVerfG Beschl. v. 15.12.2008 – 1 BvR 347/08, Rn. 12 juris. Vergleiche auch Beschl. v. 4.11.2008 – 1 BvR 2587/06, Rn. 11 ff. juris; Beschl. v. 11.4.2018 – 1 BvR 3080/09, Rn. 47 juris.

schon der dringende Verdacht, eine solche Tat begangen zu haben, [...] das Arbeitsverhältnis unerträglich belasten kann."[52]

Erst dreißig Jahre später, in einer Entscheidung vom 14.9.1994, wird das Gericht konkreter, wenn es feststellt:

„Jedes Arbeitsverhältnis setzt als personenbezogenes Dauerschuldverhältnis ein gewisses gegenseitiges Vertrauen der Vertragspartner voraus. Dann kann aber auch der Verlust dieses Vertrauens einen wichtigen Grund zur fristlosen Kündigung darstellen [...]."[53]

Auch dieses Zitat enthält freilich nicht mehr als eine schlichte Behauptung. Es verschweigt durch seine Auslassung allerdings (bewusst) einen umfassenden Verweis des zweiten Senats auf einen von *Belling* 1994 veröffentlichten Festschriftbeitrag[54]. In diesem[55] deutet *Belling* an, die Verdachtskündigung sei kündigungsrechtsdogmatisch mithilfe der Geschäftsgrundlagendoktrin einzupflegen,[56] ein Ansatz, den später, nach Inkrafttreten des Schuldrechtsmodernisierungsgesetzes und § 313 BGB, namentlich *Ebeling* weiterverfolgt.[57] Das *BAG* macht ihn sich in seiner Entscheidung vom 14.9.1994 durch den Globalverweis wohl zu eigen. Das Vorliegen einer Rechtsfortbildung lehnt es ausdrücklich ab.[58]

Nach der Jahrtausendwende bemerkte das *BAG*, die Verdachtskündigung sei in Anlehnung an *Gilberg*[59] besser als „Vertrauenskündigung" zu bezeichnen.[60] Das mit dem Begriff verbundene Alternativkonzept (einheitlicher Kündigungsgrund statt Nebeneinander von Tat- und Verdachtskündigung)[61] übernimmt das Gericht bisher jedoch nicht. Auch nicht in der bereits erwähnten, die Zulässigkeit einer ordentlichen Verdachtskündigung bestätigenden Entscheidung vom 31.1.2019. In dieser verwirft das Gericht allerdings den 1977 von *Grunsky*

---

52 BAG Urt. v. 4.6.1964 – 2 AZR 310/63, Rn. 27 juris.

53 BAG Urt. v. 14.9.1994 – 2 AZR 164/94, NZA 1995, S. 269, 270.

54 *Belling* FS Kissel, S. 11 ff.

55 Ferner *Belling* Anm. zu BAG Urt. v. 29.7.1993 – 2 AZR 90/93, SAE 1994, S. 210 ff.; *ders.* RdA 1996, S. 223 ff.

56 *Belling* FS Kissel, S. 11, 16 ff., entfaltet in *ders.* RdA 1996, S. 223, 229 f.

57 *Ebeling* Kündigung wegen Verdachts (2006), durchgehend, insbesondere S. 101 ff.

58 BAG Urt. v. 14.9.1994 – 2 AZR 164/94, NZA 1995, S. 269, 270.

59 *Gilberg* DB 2006, S. 1555 ff.; *ders.* RdA 2015, S. 209 ff. Siehe bereits *Belling* Anm. zu BAG Urt. v. 29.7.1993 – 2 AZR 90/93, SAE 1994, S. 210, 211 [statt „Verdachtskündigung" „Kündigung wegen Vertrauenszerstörung"].

60 BAG Urt. v. 26.9.2013 – 8 AZR 1026/12, NZA 2014, S. 301, 302.

61 Ausführlich unten S. 95 ff. und 114 ff.

gemachten Vorschlag[62], die Problematik der Verdachtskündigung über die Grundsätze der Darlegungs- und Beweislast zu lösen.[63]

II. Zulässigkeit auch einer ordentlichen Verdachtskündigung

Bereits 1957 befand das *BAG*, eine Verdachtskündigung könne auch als ordentliche zulässig sein.[64] In dem zu beurteilenden Sachverhalt war die Angestellte eines Bekleidungsgeschäfts wegen des Verdachts, ein Paar Damenstrümpfe aus diesem unrechtmäßig entwendet zu haben, ordentlich gekündigt worden. Durch eine ordentliche fristgebundene Kündigung komme der Arbeitgeber dem Arbeitnehmer im Vergleich zu einer fristlosen entgegen; dafür dürfe er nicht „bestraft" werden.[65]

Die von § 1 I, II KSchG (1969) vorgegebene Zuordnung der Verdachtskündigung zu einem der dort genannten Kündigungstypen ließ das *BAG* nach dessen Inkrafttreten zunächst dahinstehen. Die Arbeitsrechtswissenschaft war derweil entscheidungsfreudiger, aber auch gespalten. Manche Autoren[66] ordneten (und ordnen) die Verdachtskündigung als verhaltensbedingte Kündigung ein, andere[67] als personenbedingte. Weitere[68] meinten (und meinen), eine auf einen

62 *Grunsky* Anm. zu BAG Urt. v. 27.1.1972 – 2 AZR 157/71, AP Nr. 2 zu § 626 BGB Ausschlußfrist; *ders.* ZfA 1977, S. 167 ff.

63 BAG Urt. v. 31.1.2019 – 2 AZR 426/18, NZA 2019, S. 893, 896.

64 BAG Urt. v. 4.11.1957 – 2 AZR 57/56, AP Nr. 39 zu § 1 KSchG.

65 BAG Urt. v. 4.11.1957 – 2 AZR 57/56, AP Nr. 39 zu § 1 KSchG.

66 Etwa *C. Weber* Anm. zu BAG Urt. v. 14.9.1994 – 2 AZR 164/94, SAE 1996, S. 57, 60; *Enderlein* RdA 2000, S. 325, 329/330; *K. Gamillscheg* Anm. zu BAG Urt. v. 18.11.1999 – 2 AZR 743/98, SAE 2001, S. 182; *Tschöpe* BB 2002, S. 778, 784; *Seeling/Zwickel* MDR 2008, S. 1020/1021; *Dütz/Thüsing*[24] Arbeitsrecht (2019), Rn. 405; APS/*Vossen*[6] (2021) § 1 KSchG Rn. 270.

67 *Preis* DB 1988, S. 1444, 1448; SPV/*ders.*[11] (2015), Rn. 703; *Belling* FS Kissel, S. 11, 24/25; *Appel/Gerken* AuR 1995, S. 201, 205; *Meyer* Kündigung wegen Sicherheitsbedenken (1997), S. 117; *Hahn* Verdachtskündigung unter Berücksichtigung einer gesetzlichen Regelung (2004), S. 63/64; *Ebeling* Kündigung wegen Verdachts (2006), S. 181/182; *Zborowska* Außerordentliche Verdachtskündigung (2015), S. 58/59; BeckOKArbR/*Rolfs*[59] (2021) § 1 KSchG Rn. 194. Für die Behandlung als personenbedingte Kündigung, falls die Bezugstat zu einer solchen berechtigte, *Henssler* Anm. zu LAG Köln Urt. v. 16.1.1990 – 11 Sa 853/89, LAGE Nr. 27 zu § 1 KSchG, S. 9, 11 ff.; *Hoefs* Verdachtskündigung (2001), S. 261/262.

68 *Naujok* AuR 1998, S. 398, 399; HK/*Dorndorf*[4] (2001), § 1 KSchG Rn. 844; *Kaiser* FS Otto, S. 173, 184; *Adam* Anm. zu LAG Berlin-Brandenburg Urt. v. 10.2.2012 – 6 Sa 1845/11, LAGE Nr. 11 zu § 626 BGB 2002 Verdacht strafbarer Handlung, S. 11, 17/18; *ders.* AuR 2013, S. 15, 17; MHdBArbR/*Rachor*[4] (2018) § 126 Rn. 29; KR/*dies.*[12] (2019)

Verdacht gestützte Kündigung passe zu keinem der in § 1 I, II KSchG aufgezählten Gründe.

Erst mit Urteil vom 31.1.2019 legte sich das *BAG* fest. Die (ordentliche) Verdachtskündigung sei eine personenbedingte Kündigung.[69] Denn: Ein schwerwiegender Verdacht einer Pflichtverletzung könne zum Verlust der „vertragsnotwendigen Vertrauenswürdigkeit"[70] des Arbeitnehmers und damit zu einem Eignungsmangel führen.[71] Allerdings, so das Gericht – nunmehr in Fortführung früherer Urteile[72] – weiter, könne die ordentliche Verdachtskündigung nur unter den Voraussetzungen einer außerordentlichen gerechtfertigt sein.[73] Dies trage namentlich der Berufsfreiheit des von der Kündigung betroffenen Arbeitnehmers Rechnung.[74]

III. Verhältnis der Verdachts- zur Tatkündigung und Prüfkriterien

Weitere strukturierende Obersätze enthält das schon oben angerissene Urteil vom 4.6.1964, durch welches das *BAG* zur Klage eines Croupiers entschied, den sein Arbeitgeber trotz strafgerichtlichen Freispruchs vom Vorwurf der Hehlerei wegen des Verdachts, einer Kollegin bei der Entwendung von Nahrungsmitteln aus der Spielbankkantine geholfen zu haben, fristlos gekündigt hatte. Der zweite Senat gab der Klage statt, nicht jedoch, weil eine Verdachtskündigung als solche unzulässig (gewesen) sei.[75]

1. Eigenständigkeit der Verdachtskündigung

Das *BAG* betont im Ausgangspunkt vielmehr:

> „Daß nicht nur eine erwiesene strafbare Handlung (oder eine erwiesene sonstige Verfehlung) eines Arbeitnehmers, sondern auch schon der bloße Verdacht, eine strafbare Handlung (oder eine sonstige Verfehlung) begangen zu haben, ein wichtiger Grund

---

§ 1 KSchG Rn. 423. Siehe ferner *Joachim* AuR 1964, S. 33, 36, BDDH/*Greiner* (2016) § 1 KSchG Rn. 399; BDDH/*H. Hanau* (2016) Art. 12 GG Rn. 99.

69 BAG Urt. v. 31.1.2019 – 2 AZR 426/18, NZA 2019, S. 893, 896.

70 BAG Urt. v. 31.1.2019 – 2 AZR 426/18, NZA 2019, S. 893, 896.

71 BAG Urt. v. 31.1.2019 – 2 AZR 426/18, NZA 2019, S. 893, 896.

72 Etwa BAG Urt. v. 21.11.2013 – 2 AZR 797/11, NZA 2014, S. 243, 246.

73 BAG Urt. v. 31.1.2019 – 2 AZR 426/18, NZA 2019, S. 893, 896.

74 BAG Urt. v. 31.1.2019 – 2 AZR 426/18, NZA 2019, S. 893, 896.

75 Die Berufungsentscheidung hatte die den Kläger entlastenden Umstände nicht hinreichend gewürdigt, BAG Urt. v. 4.6.1964 – 2 AZR 310/63, Rn. 13, 14 ff. juris.

> für eine außerordentliche Kündigung sein kann, hat das BAG, insbesonders der erkennende Senat, im Anschluß an das Reichsarbeitsgericht (...) in ständiger Rechtsprechung anerkannt (...). Diese Auffassung hat sich in Rechtsprechung und Rechtslehre durchgesetzt."[76]

Der Passus drückt die ständige Annahme des Gerichts aus, die Verdachtskündigung sei von einer Kündigung wegen einer nachweisbaren Tat (also einer Tatkündigung) zu unterscheiden – der Verdacht sei weder mit dem verhaltensbezogenen[77] Vorwurf, der Arbeitnehmer habe die Tat begangen, gleichzusetzen, noch in ihm enthalten.[78] Eine Verdachtskündigung liege nur vor, wenn der Arbeitgeber sich darauf berufe, gerade der Verdacht habe das zur Fortsetzung des Arbeitsverhältnisses notwendige Vertrauen in den Arbeitnehmer zerstört.[79]

2. Besondere Rechtfertigungsvoraussetzungen im Überblick

Im Urteil vom 4.6.1964 stellt der zweite Senat ferner klar, die bloße Vermutung einer Verfehlung des Arbeitnehmers sei kein hinreichender Entlassungsgrund.[80] Der Verdacht der strafbaren Handlung oder einer sonstigen schwerwiegenden Verfehlung müsse durch objektive Tatsachen gestützt sein und einen verständigen und gerecht abwägenden Arbeitgeber zur Kündigung veranlassen können.[81] Der Verdacht müsse ferner dringend sein, also eine große Tatwahrscheinlichkeit bestehen.[82] Zudem müsse der Arbeitgeber, was das *RG* vom Dienstgeber schon 1929 eingefordert hatte,[83] vor der Kündigungserklärung zumutbare Maßnahmen zur Sachverhaltsaufklärung ergreifen; dazu gehöre es auch, dem verdächtigen Arbeitnehmer Gelegenheit zur Stellungnahme zu geben, ihn anzuhören.[84]

---

76 BAG Urt. v. 4.6.1964 – 2 AZR 310/63, Rn. 24 juris.

77 So ausdrücklich BAG Urt. v. 31.1.2019 – 2 AZR 426/18, NZA 2019, S. 893, 895.

78 Nur BAG Urt. v. 20.1.1984 – 7 AZR 143/82, Rn. 31 juris; Urt. v. 13.9.1995 – 2 AZR 587/94, NZA 1996, S. 81, 83; Urt. v. 18.6.2015 – 2 AZR 256/14, NZA 2016, S. 287, 288.

79 Nur BAG Urt. v. 4.6.1964 – 2 AZR 310/63, Ls. 1 und Rn. 29; Urt. v. 14.9.1994 – 2 AZR 164/94, NZA 1995, S. 269, 270; Urt. v. 3.6.2009 – 2 AZR 474/07, NZA 2009, S. 1136, 1142.

80 BAG Urt. v. 4.6.1964 – 2 AZR 310/63, Rn. 26 juris.

81 BAG Urt. v. 4.6.1964 – 2 AZR 310/63, Rn. 35 juris.

82 BAG Urt. v. 4.6.1964 – 2 AZR 310/63, Rn. 36 juris.

83 RG Urt. v. 4.10.1929 – 92/29 II., JW 1930, S. 2701.

84 BAG Urt. v. 4.6.1964 – 2 AZR 310/63, Rn. 36 juris.

Diese spezifischen[85] Rechtfertigungsvoraussetzungen gelten bis heute. Das *BAG* hat sie, insbesondere das Anhörungserfordernis, in der Folgerechtsprechung ausdifferenziert. Die Einzelheiten werden später dargelegt.[86] Auf einige Konkretisierungen soll jedoch bereits hier aufmerksam gemacht werden. Die erste betrifft den möglichen Bezugspunkt des Verdachts. Das *BAG* stellt insofern zuletzt nicht mehr auf eine etwaige „Straftat" des Arbeitnehmers ab – den Arbeitgeber soll vielmehr der (tatsachengestützte und dringende) Verdacht einer „Pflichtverletzung" ungeachtet ihrer strafrechtlichen Beurteilung berechtigen können.[87] Ein Tatverdacht könne eine fristlose Kündigung indes nur rechtfertigen, wenn auch die nachweisliche Tat zu ihr berechtigte.[88] Ferner verlangt das *BAG*, was im bisher Gesagten schon angelegt ist, den Eintritt einer (verdachtsbedingten) Vertrauensstörung, die so schwer wiegt, dass dem Arbeitgeber jede weitere Fortsetzung des Arbeitsverhältnisses unzumutbar ist.[89]

IV. Wiedereinstellungsanspruch und Beurteilungszeitpunkt

Der Verdachtskündigung ist die (gesteigerte) Gefahr immanent, dass sie einen eigentlich „Unschuldigen" trifft.[90] Sie ist nach dem Konzept des *BAG* nicht bereits durch die beschriebenen Prüfungskriterien hinreichend beschränkt.

---

85 Zusätzlich zu den spezifischen Rechtmäßigkeitsvoraussetzungen sind (selbstverständlich) allgemeine formelle und materielle Kündigungsanforderungen einzuhalten. Bei einer außerordentlichen Verdachtskündigung ist also zum Beispiel die Ausschlussfrist des § 626 II BGB zu wahren. Ein bestehender Betriebsrat muss gemäß §§ 102, 103 BetrVG angehört werden. Dazu ausführlich unten S. 171 ff. und S. 182 ff.

86 Unten S. 117 ff.

87 Bereits BAG Urt. v. 12.1.1956 – 2 AZR 11/54, AP Nr. 5 zu § 123 GewO. Ferner BAG Urt. v. 21.6.1995 – 2 AZR 735/94, Rn. 39 juris; Urt. v. 20.8.1997 – 2 AZR 620/96, NZA 1997, S. 1340, 1342; Urt. v. 10.6.2010 – 2 AZR 541/09, NZA 2010, S. 1227, 1230; Urt. v. 24.5.2012 – 2 AZR 206/11, NZA 2013, S. 137, 138, Urt. v. 25.10.2012 – 2 AZR 700/11, NZA 2013, S. 371, 372; Urt. v. 26.9.2013 – 8 AZR 1026/12, NZA 2014, S. 301, 302. Urt. v. 31.1.2019 – 2 AZR 426/18, NZA 2019, S. 893, 900. Näher unten S. 118 ff.

88 BAG Urt. v. 23.2.1961 – 2 AZR 187/59, NJW 1961, S. 1133; Urt. v. 21.1.1982 – 2 AZR 761/79, Rn. 25 juris; Urt. v. 21.6.1995 – 2 AZR 735/94, Rn. 40 juris. Näher unten S. 118 ff.

89 BAG Urt. v. 4.6.1964 – 2 AZR 310/63, Rn. 27, 38 juris; Urt. v. 17.10.1980 – 7 AZR 800/78, Rn. 21/22 juris; Urt. v. 14.9.1994 – 2 AZR 164/94, NZA 1995, S. 269, 272; Urt. v. 5.4.2001 – 2 AZR 217/00, NZA 2001, S. 837, 839. Näher unten S. 151 ff.

90 BAG Urt. v. 11.4.1985 – 2 AZR 239/84, NZA 1986, S. 674, 676.

Vielmehr sei dem betroffenen Arbeitnehmer, so das Gericht seit Ende 1956, zusätzlich eine Wiedereinstellungschance einzuräumen.[91] Es würde eine „große Härte und Unbilligkeit bedeuten, einem [...] gänzlich unverschuldet entlassenen Arbeitnehmer“[92] stets die Wiedereinstellung zu versagen.[93] Habe der Arbeitgeber eine wirksame Verdachtskündigung ausgesprochen, werde der gehegte Verdacht jedoch nachträglich entkräftet und überwiege das Rehabilitierungsinteresse des Arbeitnehmers, könne dieser Wiedereinstellung beanspruchen.[94]

Ein grundlegender und bisher ausgesparter Gesichtspunkt ist, was unter einer „nachträglichen“ Entkräftung des Verdachts zu verstehen ist. Welcher Zeitpunkt ist für die Beurteilung der Wirksamkeit einer Verdachtskündigung maßgeblich? Für gewöhnlich kommt es insofern auf den Kündigungszugang an.[95] Umstände, die nach diesem entstehen, können folglich weder eine unwirksame Kündigung wirksam noch eine wirksame Kündigung unwirksam machen.[96]

Betreffend die Verdachtskündigung ist allerdings unklar, ob das *BAG* an diesem Grundsatz festhält. In einschlägigen Urteilen führt es aus, der Verdacht könne im Rahmen eines Kündigungsschutzverfahrens durch nachträglich bekannt gewordene Be- oder Entlastungstatsachen verstärkt oder abgeschwächt werden.[97] Dies gelte jedenfalls, soweit die betreffenden Umstände bei Zugang der Kündigungserklärung objektiv vorlagen,[98] aber – so neuere Urteile (wieder) – ausnahmsweise auch, wenn sie erst später entstanden seien

91 BAG Urt. v. 14.12.1956 – 1 AZR 29/55, juris.
92 BAG Urt. v. 14.12.1956 – 1 AZR 29/55, Rn. 41 juris.
93 BAG Urt. v. 14.12.1956 – 1 AZR 29/55, Rn. 41 juris.
94 BAG Urt. v. 14.12.1956 – 1 AZR 29/55, Rn. 41/42 juris.
95 BAG Urt. v. 3.5.1956 – 2 AZR 388/54, Rn. 12 ff. juris.
96 BAG Urt. v. 3.5.1956 – 2 AZR 388/54, Rn. 12 juris; Urt. v. 27.2.1997 – 2 AZR 160/96, NZA 1997, S. 757, 758; BeckOKArbR/*Stoffels*[59] (2021) § 626 BGB Rn. 52.
97 BAG Urt. v. 6.11.2003 – 2 AZR 631/02, NZA 2014, S. 919, 920/921; Urt. v. 12.5.2010 – 2 AZR 587/08, NZA-RR 2011, S. 15, 18; Urt. v. 24.5.2012 – 2 AZR 206/11, NZA 2013, S. 137, 141; Urt. v. 23.10.2014 – 2 AZR 644/13, NZA 2015, S. 429, 430.
98 BAG Urt. v. 6.11.2003 – 2 AZR 631/02, NZA 2014, S. 919, 920/921; Urt. v. 12.5.2010 – 2 AZR 587/08, NZA-RR 2011, S. 15, 18; Urt. v. 24.5.2012 – 2 AZR 206/11, NZA 2013, S. 137, 141; Urt. v. 23.10.2014 – 2 AZR 644/13, NZA 2015, S. 429, 430.

und die zur Kündigung führenden Vorgänge in einem neuen Licht erscheinen lassen.[99]

C. Zusammenfassung

I. Die arbeitsrechtliche Verdachtskündigung wurde höchstrichterlich erstmals 1934 vom *RAG* anerkannt. Das *BAG* billigte die Möglichkeit einer Verdachtskündigung 1955, wie vor ihm das *RAG*, ohne eingehendere Begründung. Auch in der Folgezeit beließ es das Gericht insofern bei Evidenzbehauptungen. Eine Einordnung der Verdachtskündigung als Produkt richterlicher Rechtsfortbildung lehnt das *BAG* ab. 1994 nahm das *BAG* auf den Ansatz *Bellings*, die verdachtsbedingte Vertrauenserschütterung sei eine Erscheinungsform der (subjektiven) Grundlagenstörung, Bezug. Andere Vorschläge einer kündigungsrechtsdogmatischen Einordnung wurden/werden ausdrücklich oder schlüssig verworfen.

II. Das bundesarbeitsgerichtliche Grundkonzept der Verdachtskündigung lässt sich durch folgende Thesen zusammenfassen:
   1. Die Verdachts- ist gegenüber einer Tatkündigung eigenständig. Sie ist anhand der gegebenen Begründung zu identifizieren. Eine Verdachtskündigung liegt vor, wenn der Arbeitgeber geltend macht, gerade der Verdacht habe das zur Fortsetzung des Arbeitsverhältnisses notwendige Vertrauen in den Arbeitnehmer zerstört.
   2. Die außerordentliche Verdachtskündigung ist zulässig. Eine ordentliche (personenbedingte) Verdachtskündigung ist nicht notwendig sozial ungerechtfertigt. Sie unterliegt allerdings den spezifischen Rechtmäßigkeitsvoraussetzungen einer außerordentlichen.
   3. Letztere sind: Der Arbeitnehmer muss einer Pflichtverletzung verdächtig sein, die, wäre sie erwiesen, zur außerordentlichen Tatkündigung berechtigte. Der Verdacht muss auf objektiven Tatsachen beruhen und dringend sein, d. h., eine hohe Wahrscheinlichkeit dafür bestehen, dass er zutrifft. Zu berücksichtigen sind alle Umstände, die bei Zugang der Kündigungserklärung objektiv vorlagen, ausnahmsweise auch solche, die später, während eines Kündigungsschutzverfahrens, entstanden sind. Der Arbeitgeber muss vor der Kündigung

---

99 BAG Urt. v. 10.6.2010 – 2 AZR 541/09, NZA 2010, S. 1227, 1232. Bereits BAG Urt. v. 15.12.1955 – 2 AZR 228/54, NJW 1956, S. 807, 808.

alles ihm Zumutbare getan haben, um den Sachverhalt aufzuklären. Er hat im Regelfall insbesondere eine Verdachtsanhörung durchzuführen. Erforderlich sind ferner eine verdachtsbedingte Vertrauenszerstörung und die Unzumutbarkeit jeder weiteren Fortsetzung des Arbeitsverhältnisses.

4. Wegen der einer Verdachtskündigung inhärenten Gefahr, einen Unschuldigen zu treffen, ist dem (wirksam) gekündigten Arbeitnehmer zwingend eine Wiedereinstellungschance zu eröffnen. Voraussetzungen eines Wiedereinstellungsanspruchs sind namentlich die „nachträgliche" Entkräftung des Verdachts und ein überwiegendes Rehabilitationsinteresse des Arbeitnehmers.

2. Teil: (Einwände gegen die) Zulässigkeit der außerordentlichen Verdachtskündigung

Im 1. Teil der Arbeit wurden die Entwicklungsgeschichte und das bundesarbeitsgerichtliche Konzept der Verdachtskündigung skizziert. Im Folgenden wird die Zulässigkeit der Verdachtskündigung untersucht, wobei die Unterart der an § 626 I BGB zu messenden, außerordentlichen Verdachtskündigung fokussiert werden soll. Die ordentliche Verdachtskündigung wird später behandelt.[100]

Der von der wohl herrschenden Meinung[101] bejahten Zulässigkeit der außerordentlichen Verdachtskündigung nachzugehen, bedeutet hier, sich mit Einwänden gegen diese auseinanderzusetzen. Solche werden sowohl auf verfassungs- und einfachrechtlicher wie auch auf methodologischer Ebene erhoben.

Die Kritiker[102] rügen, die außerordentliche Verdachtskündigung verstoße gegen die Unschuldsvermutung und die Berufsfreiheit des Arbeitnehmers [A.]. Sie sei nicht mit § 626 BGB, § 627 BGB, § 46 II ArbGG in Verbindung mit § 286 I ZPO und/oder § 1 KSchG, § 9 KSchG vereinbar [B.] und/oder stelle das Ergebnis einer unzulässigen Rechtsfortbildung dar [C.].

Was ist von diesen Einwänden zu halten?

---

100 Unten S. 192 ff.

101 Seit BAG Urt. v. 12.5.1955 – 2 AZR 77/53, Rn. 14 ff. juris. Aus dem Schrifttum *Preis* Prinzipien (1987), S. 329; *Appel/Gerken* AuR 1995, S. 201, 205/206; *Hoefs* Verdachtskündigung (2001), S. 54 ff.; *Ebeling* Kündigung wegen Verdachts (2006), S. 41 ff.; *Schlegeit* BAG und die Verdachtskündigung (2008), S. 86 ff.; *Zborowska* Außerordentliche Verdachtskündigung (2015), S. 47 ff.; APS/*Vossen*[6] (2021) § 626 BGB Rn. 345 ff.; KR/*Fischermeier*[12] (2019) § 626 BGB Rn. 241 ff.; ErfK/*Niemann*[21] (2021) § 626 BGB Rn. 173 ff. MüKoBGB/*Henssler*[8] (2020) § 626 BGB Rn. 269 ff.; BeckOKArbR/*Stoffels*[59] (2021) § 626 BGB Rn. 151 ff.

102 Insbesondere *Joachim* AuR 1964, S. 33 ff.; *Schütte* NZA-Beil. 1991, S. 17 ff.; *Dörner* NZA 1992, S. 865 ff.; *ders.* AiB 1993, S. 147 ff.; *ders.* NZA 1993, S. 873 ff.; *ders.* AiB 1995, S. 663 ff.; *Naujok* AuR 1998, S. 398 ff.; *Deinert* AuR 2005, S. 285 ff.; *Buschmann* Anm. zu LAG Berlin-Brandenburg Urt. v. 24.2.2009 – 7 Sa 2017/08, AuR 2009, S. 220 f.; *Mittag/Wroblewski* AuR 2011, S. 74 ff.; *Harke* Besonderes Schuldrecht (2011), Rn. 241. Kritisch unter anderem auch *Kaiser* FS Otto, S. 173, 184; *Adam* AuR 2013, S. 15, 17; BDDH/*Greiner* (2016) § 1 KSchG Rn. 399; BDDH/*H. Hanau* (2016) Art. 12 GG Rn. 99. Aus der Rechtsprechung etwa LAG Bremen Urt. v. 23.4.1976 – 1 Sa 193/75, BB 1976, S. 1560.

A. Vereinbarkeit mit Grundrechten

I. Unschuldsvermutung

Nach Auffassung einiger Autoren steht „die" Unschuldsvermutung des Arbeitnehmers einer außerordentlichen Verdachtskündigung entgegen.[103] Vor der Einführung in den Streitstand zunächst ein Überblick über die Geltungsquellen der Unschuldsvermutung und deren Verhältnis:

1. Geltungsquellen der Unschuldsvermutung

Die Unschuldsvermutung wurzelt im römischen Recht.[104] Die Aufklärung erhob sie „zum Kernbestand der unveräußerlichen Rechte eines jeden Menschen"[105].

a) Grundgesetz

Im Grundgesetz ist sie im Gegensatz zu einigen Verfassungen der Bundesländer[106] nicht ausdrücklich kodifiziert. Gleichwohl hat die Unschuldsvermutung nach Ansicht des *BVerfG* eine verfassungsrechtliche Geltungsquelle; das Gericht leitet sie aus dem Rechtsstaatsprinzip aus Art. 20 III GG,[107] wahlweise in Verbindung mit Art. 2 I GG ab.[108] Daneben zieht es mitunter die Menschenwürde aus Art. 1 I GG und das die genannten Ansätze vereinende[109] Schuldprinzip

---

103 Etwa *Joachim* AuR 1964, S. 33, 37/38; *Schütte* NZA-Beil. 1991, S. 17, 22; *Kittner* Anm. zu BAG Urt. v. 26.3.1992 – 2 AZR 519/91, EzA Nr. 4 zu § 626 BGB Verdacht strafbarer Handlung, S. 15, 17; *Naujok* AuR 1998, S. 398, 400/401; *Deinert* AuR 2005, S. 285, 291 ff.; *Buschmann* Anm. zu LAG Berlin-Brandenburg Urt. v. 24.2.2009 – 7 Sa 2017/08, AuR 2009, S. 220; *ders.* FS Ostendorf, S. 143, 150; *Mittag/Wroblewski* Anm. zu BAG Urt. v. 10.6.2010 – 2 AZR 541/09, AuR 2011, S. 72, 74.

104 *Ebeling* Kündigung wegen Verdachts (2006), S. 42. Allgemein zur historischen Entwicklung der Unschuldsvermutung *Stuckenberg* Untersuchungen zur Unschuldsvermutung (1997), S. 11 ff. Siehe auch Art. 9 der französischen Erklärung der Menschen- und Bürgerrechte: „*Tout homme étant présumé innocent jusqu'à ce qu'il ait été déclaré coupable, [...].*"

105 *Ebeling* Kündigung wegen Verdachts (2006), S. 42; *Stuckenberg* Untersuchungen zur Unschuldsvermutung (1997), S. 542/543.

106 Im Einzelnen *K. Kühl* Unschuldsvermutung, Freispruch und Einstellung (1983), S. 10.

107 BVerfG Beschl. v. 4.2.1959 – 1 BvR 197/53, BVerfGE 9, S. 167, 169 f.; Beschl. v. 15.12.1965 – 1 BvR 513/65, BVerfGE 19, S. 342, 347; Beschl. v. 26.3.1987 – 2 BvR 589/79, BVerfG 74, S. 358, 371.

108 Etwa BVerfG Beschl. v. 29.1.1990 – 2 BvR 184/89, Rn. 7 juris; Beschl. v. 29.10.2015 – 2 BvR 388/13, Rn. 7 juris.

109 Nur *Adam/Schmidt/Schumacher* NStZ 2017, S. 7 mit weiteren Nachweisen.

heran.[110] Einige Stimmen im Schrifttum bemühen (zusätzlich) das Allgemeine Persönlichkeitsrecht aus Art. 2 I GG in Verbindung mit Art. 1 I GG.[111]

b) Europäische Menschenrechtskonvention

Ausdrücklich geregelt ist die Unschuldsvermutung in Art. 6 II der Europäischen Konvention für Menschenrechte und Grundfreiheiten. Die EMRK ist ein völkerrechtlicher Vertrag, der am 4.11.1950 unterzeichnet und mit Gesetz vom 7.8.1952[112] durch die Bundesrepublik Deutschland ratifiziert worden ist. Art. 6 EMRK ist einfaches Bundesrecht, d. h. ohne Verfassungsrang.[113] Die EMRK ist gemäß Artt. 31, 33 der Wiener Vertragsrechtskonvention vom 23.5.1969[114] mithilfe der gängigen Argumente auszulegen.[115] Maßgebend ist nach den Schlussworten der EMRK ihr englischer und französischer Text.

c) Europäische Charta der Grundrechte

Neben Art. 6 II EMRK gibt Art. 48 I der Charta der Grundrechte der Europäischen Union die Unschuldsvermutung ausdrücklich wider, indem er vorschreibt, dass „jeder Angeklagte [...] bis zum rechtsförmlich erbrachten Beweis seiner Schuld als unschuldig" gilt. Über das Verhältnis von Art. 6 II EMRK und Art. 48 I EUGRC informieren Art. 52 III EUGRC und die Charta-Erläuterung[116]. Letztere ist gemäß Art. 52 VII EUGRC zu berücksichtigen. Das Präsidium des

---

110 BVerfG Beschl. v. 26.3.1987 - 2 BvR 589/79, BVerfG 74, S. 358, 370: „Die Unschuldsvermutung ist eine besondere Ausprägung des Rechtsstaatsprinzips und hat damit Verfassungsrang." Andererseits S. 371: „Sie ist die selbstverständliche Folge eines nach Inhalt und Grenzen durch das Gebot der Achtung der Menschenwürde bestimmten, auf dem Schuldgrundsatz aufbauenden materiellen Strafrechts [...]."

111 *K. Kühl* Unschuldsvermutung, Freispruch und Einstellung (1983), S. 20; *ders.* FS Hubmann, S. 241, S. 250/251; *Lindner* AöR 2008, S. 235, 245 ff. Aus der Rechtsprechung der ordentlichen Gerichte etwa OLG Köln Urt. v. 2.6.1987 - 15 U 39/87, NJW 1987, S. 2682, 2683.

112 BGBl. 1952 II, S. 685, 935 (Zustimmungsgesetz); BGBl 1952 II, S. 14 (Bekanntmachung).

113 Etwa BVerfG Beschl. v. 15.12.1965 - 1 BvR 513/65, BVerfGE 19, S. 342, 347; Beschl. v. 29.5.1990 - 2 BvR 254/88, NJW 1990, S. 2741. Auch BAG Beschl. v. 16.9.1999 - 2 ABR 68/98, NZA 2000, S. 158, 160. Nachweise für die Gegenansicht bei SK-StPO/*Paeffgen*[4] (2011) Art. 6 EMRK Rn. 6 mit Fn. 20.

114 BGBl. 1985 II, S. 926.

115 So auch *Ebeling* Kündigung wegen Verdachts (2006), S. 47 mit Verweis auf *Däubler* NJW 1999, S. 3537, 3538. Näher *Herdegen*[19] Völkerrecht (2019), § 15 Rn. 28 ff.

116 Amtsblatt der Europäischen Union vom 14.12.2007, C 303/17 ff.

Grundrechtskonvents erläutert, Art. 48 I EUGRC entspreche Art. 6 II EMRK, teile dessen Bedeutung und Tragweite.[117] Im Unterschied zur EMRK ist auch die deutsche Textfassung von Art. 48 I EUGRC verbindlich.[118]

d) Internationaler Pakt über bürgerliche und politische Rechte

Auch der Internationale Pakt über Bürgerliche und Politische Rechte vom 19.12.1966[119] regelt die Unschuldsvermutung. Gemäß Art. 5 II IPBPR ist er gegenüber weitergehenden Gewährleistungen des nationalen und internationalen Rechts nachrangig.[120] Art. 14 II IPBPR weicht inhaltlich nicht nennenswert von Art. 6 II EMRK ab.[121] In der weiteren Darstellung wird er vernachlässigt. Die Norm steht wie Art. 6 II EMRK im Rang einfachen Bundesrechts,[122] spielt aber in der (verfassungs)gerichtlichen Spruchpraxis keine Rolle.[123]

2. Diskussionsstand

Obschon das *BAG* betont, eine außerordentliche Verdachtskündigung sei stets mit der Gefahr verbunden, einen „Unschuldigen" zu treffen, lehnt es einen Verstoß gegen die Unschuldsvermutung (aus Art. 6 II EMRK) ab.[124] Dem stimmen im Schrifttum viele zu.[125] Nicht wenige Autoren vertreten demgegenüber, mit der Unschuldsvermutung sei eine außerordentliche Verdachtskündigung nicht

---

117 Amtsblatt der Europäischen Union vom 14.12.2007, C 303/30.

118 Stern/Sachs/*Burr-Hase* (2016) EUGRCh, Einführung B I Rn. 1 ff., 10. Vergleiche auch EuGH Urt. v. 6.10.1982 - 283/81, Slg. 1982, S. 3415 Rn. 18, 19 und Art. 55 EUV.

119 In Kraft getreten am 23.3.1976, BGBl. 1973 II, S. 1553.

120 Das gleiche gilt umgekehrt für die EMRK, siehe Art. 53.

121 *K. Kühl* Unschuldsvermutung, Freispruch und Einstellung (1983), S. 11.

122 *Stuckenberg* ZStW 1999, S. 422, 423.

123 *Seibert-Fohr* ZaöRV 2002, S. 391, 413 ff.

124 BAG Urt. v. 5.5.1994 - 2 AZR 799/93, Rn. 20 juris; Urt. v. 14.9.1994 - 2 AZR 164/94, NZA 1995, S. 269, 271; Beschl. v. 16.9.1999 - 2 ABR 68/98, NZA 2000, S. 158, 160; Urt. v. 6.12.2001 - 2 AZR 496/00, NZA 2002, S. 847, 849; Urt. v. 12.2.2015 - 6 AZR 845/13, NZA 2015, S. 741, 743; Urt. v. 31.1.2019 - 2 AZR 426/18, NZA 2019, S. 893, 895. Vergleiche auch BGH Urt. v. 30.3.1995 - IX ZR 182/94, NJW 1995, S. 1954, 1955 und Beschl. v. 5.3.1998 - IX ZB 13/98, Rn. 5 juris.

125 Etwa *Hoefs* Verdachtskündigung (2001), S. 89 ff.; *Hahn* Verdachtskündigung unter Berücksichtigung einer gesetzlichen Regelung (2004), S. 33 ff.; *Ebeling* Kündigung wegen Verdachts (2006), S. 51 ff.; *Schlegeit* BAG und die Verdachtskündigung (2008), S. 56 ff.; *Lunk* NJW 2010, S. 2753; *Zborowska* Außerordentliche Verdachtskündigung (2015), S. 48 ff.

zu vereinbaren.[126] Auch einzelne Instanzgerichte ziehen die wohl überwiegende Sichtweise von Zeit zu Zeit[127] in Zweifel, besonders deutlich etwa das *LAG Köln* in einem Urteil vom 12.12.2007:

> „Das [...] Institut der Verdachtskündigung stellt für das Gebiet des Arbeitsrechts eine *Durchbrechung* der verfassungsrechtlichen Unschuldsvermutung dar, [...]. Obwohl bei der Verdachtskündigung gerade nicht mit der dafür erforderlichen Gewissheit feststeht, dass der betroffene Arbeitnehmer eine Straftat oder eine andere erhebliche Arbeitsvertragsverletzung von ähnlichem Gewicht begangen hat, soll an den bloßen Verdacht gleichwohl die äußerst einschneidende Rechtsfolge eines Arbeitsplatzverlustes geknüpft werden“[128].

Das *BAG* begründet seinen Standpunkt im Wesentlichen wie folgt: Die Unschuldsvermutung (aus Art. 6 II EMRK) sei auf den Strafprozess beschränkt; sie binde (unmittelbar)[129] nur den über den Strafvorwurf urteilenden Richter.[130] Selbst wenn man dies anders sähe, beträfen an einen Straftatverdacht anknüpfende Rechtsfolgen die Unschuldsvermutung nur, sofern sie Strafcharakter aufweisen, woran es im Falle der außerordentlichen Verdachtskündigung fehle.[131] Dass diese die Ehre und das gesellschaftliche Ansehen des Arbeitnehmers beschädigen und sogar existenzvernichtend wirken könne, ändere daran nichts.[132] Außerdem:

> „Würde man mit der Anwendung des Art. 6 Abs. 2 MRK im Privatrecht ernst machen, so bliebe [...] bis zu einer strafrechtlichen Verurteilung überhaupt keine

---

126 *Joachim* AuR 1964, S. 33, 37/38; *Schütte* NZA-Beil. 1991, S. 17, 22; *Kittner* Anm. zu BAG Urt. v. 26.3.1992 – 2 AZR 519/91, EzA Nr. 4 zu § 626 BGB Verdacht strafbarer Handlung, S. 15, 17; *Naujok* AuR 1998, S. 398, 400/401; *Deinert* AuR 2005, S. 285, 291 ff.; *Buschmann* Anm. zu LAG Berlin-Brandenburg Urt. v. 24.2.2009 – 7 Sa 2017/08, AuR 2009, S. 220; *Mittag/Wroblewski* Anm. zu BAG Urt. v. 10.6.2010 – 2 AZR 541/09, AuR 2011, S. 72, 74.

127 LAG Bremen Urt. v. 23.4.1976 – 1 Sa 193/75, BB 1976, S. 1560.

128 LAG Köln Urt. v. 12.12.2007 – 7 Sa 120/07, Rn. 20 juris, Hervorhebung des Verfassers.

129 Mit dieser Einschränkung BAG Urt. v. 31.1.2019 – 2 AZR 426/18, NZA 2019, S. 893, 896.

130 BAG Urt. v. 5.5.1994 – 2 AZR 799/93, Rn. 20 juris; Urt. v. 14.9.1994 – 2 AZR 164/94, NZA 1995, S. 269, 271; Urt. v. 12.2.2015 – 6 AZR 845/13, NZA 2015, S. 741, 743. Die Aussage des ersten Halbsatzes ist in BAG Urt. v. 31.1.2019 – 2 AZR 426/18, NZA 2019, S. 893, 896 nicht mehr aufgegriffen.

131 BAG Urt. v. 12.2.2015 – 6 AZR 845/13, NZA 2015, S. 741, 743.

132 Vergleiche BAG Urt. v. 4.8.1960 – 2 AZR 499/59, Rn. 12 juris; Urt. v. 23.2.1961 – 2 AZR 187/59, Rn. 7 juris; Urt. v. 14.11.1985 – 2 AZR 98/84, NZA 1986, S. 637, 640.

Kündigungsmöglichkeit und der Arbeitgeber könnte auf den begründeten Verdacht einer strafbaren Handlung nur mit einer sicherlich zulässigen Suspendierung des Arbeitnehmers reagieren, was dem Arbeitnehmer im Ergebnis eine bezahlte Freistellung bis zum Abschluß des Strafverfahrens verschaffen würde."[133]

Eine arbeitsrechtliche Geltung der Unschuldsvermutung hat im Schrifttum viele Befürworter[134] und wenige Gegner[135]. Entsprechendes gilt für das Argument, die Anwendung der Unschuldsvermutung im Privatrecht beschneide die Reaktionsmöglichkeiten des Arbeitgebers gegenüber dem verdächtigen Arbeitnehmer übermäßig.[136] *Deinert* wendet dagegen etwa ein, hohe Vergütungsrisiken zulasten des Arbeitgebers ließen sich im Lohnfortzahlungsrecht korrigieren.[137] Während zahlreiche Stimmen mit dem *BAG* die Einordnung der außerordentlichen Verdachtskündigung als Strafe bzw. strafähnliche Maßnahme ablehnen,[138] halten dem andere entgegen, neben wirtschaftlicher Beschwer stigmatisiere eine Verdachtskündigung einen möglicherweise Unschuldigen als Straftäter.[139]

3. *Arbeitsrechtliche Geltung der Unschuldsvermutung*

Die ausgetauschten Argumente sind einzuordnen und zu bewerten.

---

133 BAG Urt. v. 5.5.1994 – 2 AZR 799/93, Rn. 20 juris.

134 *Belling* RdA 1996, S. 223, 227/228; *Hoefs* Verdachtskündigung (2001), S. 92/93; *Hahn* Verdachtskündigung unter Berücksichtigung einer gesetzlichen Regelung (2004), S. 35; *Orth* Verdachtskündigung im Rechtsvergleich (2009), S. 145; *Thüsing* ZRP 2009, S. 127; *Lunk* NJW 2010, S. 2753; *Zborowska* Außerordentliche Verdachtskündigung (2015), S. 51. Grundsätzlich auch *Wertz* Verdachtskündigung unter Berücksichtigung des „Vertrauenskapitals" (2015), S. 73, widersprüchlich aber S. 76.

135 Vergleiche *Lunk* NJW 2010, S. 2753; *Eylert* NZA-RR 2014, S. 393, 397. Offenlassend *Toma/Reiter* NZA 2015, S. 460, 464.

136 Dafür etwa *Belling* FS Kissel, S. 11, 15.

137 *Deinert* AuR 2005, S. 285, 295.

138 Statt vieler *Belling* RdA 1996, S. 223, 227/228; *Hoefs* Verdachtskündigung (2001), S. 92/93; *K. Gamillscheg* Beendigung des Arbeitsverhältnisses (2001), S. 107; *Hahn* Verdachtskündigung unter Berücksichtigung einer gesetzlichen Regelung (2004), S. 35; *Orth* Verdachtskündigung im Rechtsvergleich (2009), S. 145; *Thüsing* ZRP 2009, S. 127; *Lunk* NJW 2010, S. 2753; *Zborowska* Außerordentliche Verdachtskündigung (2015), S. 51; *Toma/Reiter* NZA 2015, S. 460, 464.

139 *Schütte* NZA-Beil. 1991, S. 17, 22; *Deinert* AuR 2005, S. 285, 292 ff. Vergleiche auch *Naujok* AuR 1998, S. 398, 401. Für *König* RdA 1969, S. 8 kann bei der Beurteilung des § 626 I BGB das Lebensschicksal des Arbeitnehmers auf dem Spiel stehen, die Bestätigung der Kündigung schwerer wiegen als eine Strafe. Siehe auch *Preis* Prinzipien (1987), S. 477.

Die in den Urteilen zur Verdachtskündigung übliche Feststellung des *BAG*, die Unschuldsvermutung (aus Art. 6 II EMRK) sei auf den Strafprozess beschränkt und binde (unmittelbar) allein den über eine Anklage entscheidenden Richter, kann als grundsätzlich Ablehnung der arbeitsrechtlichen Geltung verstanden werden.[140]

Tatsächlich gilt die Unschuldsvermutung grundsätzlich auch im Arbeitsrecht:[141]

a) *Widerspruchsgeneigte Rechtsprechung des* BAG

Davon geht das *BAG* in anderen Zusammenhängen selbst aus. Das verdeutlicht beispielsweise ein Beschluss des zweiten Senats vom 16.9.1999.[142] Ein Arbeitgeber hatte einem Betriebsratsmitglied außerordentlich gekündigt, weil dieses mehrere Mitarbeiterinnen sexuell belästigt habe. Der Betriebsrat verweigerte die gemäß § 103 I BetrVG erforderliche Zustimmung. Der daraufhin nach § 103 II BetrVG gestellte Ersetzungsantrag wurde zurückgewiesen, weil die vom Arbeitgeber erhobenen Vorwürfe nicht nachweisbar seien. In der Folge verurteilte ein Strafgericht den fraglichen Arbeitnehmer wegen des auch der außerordentlichen Kündigung zugrunde gelegten Sachverhalts. Daraufhin sprach der Arbeitgeber eine weitere außerordentliche Tatkündigung aus und strengte unter Verweis auf das – nicht rechtskräftige – Strafurteil erneut ein Ersetzungsverfahren nach § 103 II BetrVG an. Dies blieb auch letztinstanzlich ohne Erfolg. Denn eine nicht rechtskräftige strafrechtliche Verurteilung sei keine Tatsache, die es rechtfertige, dem vormals zurückgewiesenen Begehren nun stattzugeben. Hierzu führt der zweite Senat unter anderem aus:

> „Die nicht rechtskräftige strafrechtliche Verurteilung besagt dagegen – abgesehen vom Fall der Druckkündigung – für die arbeitsrechtliche Rechtslage nichts, weil strafrechtlich bis zur Rechtskraft die im Rechtsstaatsprinzip (Art. 20 Abs. 3 GG) verfassungsrechtlich und in Art. 6 Abs. 2 MRK im Rang eines Bundesgesetzes verbürgte Unschuldsvermutung

---

140 So verstehen auch etwa *Deinert* AuR 2005, S. 285, 292 ff. und *Zborowska* Außerordentliche Verdachtskündigung (2015), S. 49/51 sowie *Klocke* AuR 2019, S. 128, 130 das Gericht.

141 *Belling* RdA 1996, S. 223, 227/228; *Hoefs* Verdachtskündigung (2001), S. 92/93; *Hahn* Verdachtskündigung unter Berücksichtigung einer gesetzlichen Regelung (2004), S. 35; *Orth* Verdachtskündigung im Rechtsvergleich (2009), S. 145; *Thüsing* ZRP 2009, S. 127; *Lunk* NJW 2010, S. 2753; *Zborowska* Außerordentliche Verdachtskündigung (2015), S. 51.

142 BAG Beschl. v. 16.9.1999 – 2 ABR 68/98, NZA 2000, S. 158. Auf die Entscheidung weist auch *Deinert* AuR 2005, S. 285, 296 hin.

gilt. [...] Die Unschuldsvermutung steht zwar vor der rechtskräftigen strafrechtlichen Verurteilung weder einer Tat-, noch einer Verdachtskündigung entgegen (...). Daraus kann aber nicht geschlossen werden, daß sie arbeitsrechtlich ohne jede Bedeutung wäre; vielmehr ist sie als verfassungsrechtliche Wertung bei der Auslegung und Anwendung der unbestimmten Rechtsbegriffe des § 626 Abs. 1 BGB zu berücksichtigen und findet so mittelbar Eingang in das Privatrecht (...). Gerade bei einer rechtskräftig entschiedenen Unwirksamkeit einer Tatkündigung bzw. der rechtskräftigen Zurückweisung eines auf eine Tatkündigung zielenden Zustimmungsersetzungsantrags verbietet es die im Strafverfahren geltende Unschuldsvermutung, schon aus der nicht rechtskräftigen strafrechtlichen Verurteilung des Arbeitnehmers ein Unwerturteil als neue Tatsache zu entnehmen, die ein erneutes Aufgreifen der Tatvorwürfe zuläßt."[143]

Ein weiteres Beispiel ist eine Entscheidung des zweiten Senats vom 20.11.1997.[144] Gegenstand war – allgemein – eine auf eine untersuchungshaftbedingte Kündigung hin erhobene Schutzklage und – konkret – der Angriff der von der beklagten Arbeitgeberin geführten Revision, das ihr ungünstige Berufungsurteil enthalte eine fehlerhafte Würdigung der durch die Arbeitsverhinderung des klagenden Arbeitnehmers verursachten negativen betrieblichen Auswirkungen. Letztere sind Voraussetzung einer haftbedingten Kündigung.[145] Das *BAG* verwarf die Rüge, unter anderem mit folgender Erwägung:

„Nicht zu beanstanden ist auch die Ansicht des Landesarbeitsgerichts, die Ungewißheit über eine kurzfristige Rückkehr des Klägers an seinen Arbeitsplatz beinhalte keine kündigungsrelevante betriebliche Auswirkung. Das Landesarbeitsgericht hat insofern den Mutmaßungen der Kriminalpolizei zur Zeit der Verhaftung des Klägers keine ausschlaggebende Bedeutung beigemessen. Das ist revisionsrechtlich nicht zu beanstanden, [...]. Entgegen der Darstellung der Revision war die Beklagte [...] nicht auf unabsehbare Zeit an der Ausübung ihrer Weisungsbefugnis gehindert. Jedenfalls liegen dazu keine tatsächlichen Feststellungen vor. Objektive Anhaltspunkte dafür gab es zum Kündigungszeitpunkt nicht bzw. sind von der Beklagten nicht vorgetragen. Schon die Einschätzung der Kriminalpolizei basiert „auf den bislang bekannten Tatsachen". Ob diese Einschätzung zur Zeit der Kündigung drei Monate später noch gerechtfertigt war, ist nicht ersichtlich gemacht worden. Die im Strafrecht geltende Unschuldsvermutung wirkt sich auch kündigungsrechtlich bis zum Beweis gegenteiliger Anhaltspunkte zugunsten des in Untersuchungshaft genommenen Arbeitnehmers aus."[146]

Besonders deutlich tritt die arbeitsrechtliche Geltung der Unschuldsvermutung schließlich in der Rechtsprechung zum Fragerecht des Arbeitgebers,

---

143 BAG Beschl. v. 16.9.1999 – 2 ABR 68/98, NZA 2000, S. 158, 160.
144 BAG Urt. v. 20.11.1997 – 2 AZR 805/96, juris.
145 Vergleiche nur APS/*Vossen*[6] (2021) § 626 BGB Rn. 315 ff.
146 BAG Urt. v. 20.11.1997 – 2 AZR 805/96, Rn. 17 juris.

genauer: zur (unspezifizierten) Arbeitgeberfrage nach eingestellten Strafverfahren, zu Tage. Die Frage sei im Regelfall unzulässig, weil der Arbeitgeber an der Antwort grundsätzlich kein berechtigtes, billigenswertes und schutzwürdiges Interesse habe.[147] Die fehlende „Erforderlichkeit"[148] folge aus Wertentscheidungen des § 53 BZRG.[149] Hiernach dürfen sich Verurteilte als unbestraft bezeichnen und brauchen den der Verurteilung zugrundeliegenden Sachverhalt nicht zu offenbaren, wenn die Verurteilung gemäß § 32 II BZRG nicht in ein Privatführungszeugnis oder nur in ein behördliches Führungszeugnis im Sinne des § 30 V und § 31 BZRG aufzunehmen oder zu tilgen ist. Die Einstellung eines Strafverfahrens entspreche keiner der in § 4 BZRG aufgezählten Verurteilungen, werde folgerichtig nicht (öffentlich) registriert.[150] Bestehe ein Verschweigerecht aber bereits in den von § 53 BZRG ausdrücklich geregelten Fällen, sei ein solches erst recht[151] anzunehmen, wenn der Arbeitgeber nach Vorgängen frage, die – wie eine Verfahrenseinstellung – überhaupt nicht registerpflichtig sind.[152] In einem Urteil vom 15.11.2012 belässt es der sechste Senat nicht bei dieser Begründung, sondern fährt fort: Unerheblich sei der Grund der Verfahrenseinstellung, insbesondere, ob eine Opportunitätsentscheidung vorliege – den von einer Verfahrenseinstellung gemäß §§ 153 ff. StPO Begünstigten schütze die Unschuldsvermutung.[153] Diese sei eine besondere Ausprägung des Rechtsstaatsprinzips in Verfassungsrang und zugleich kraft Art. 6 II EMRK Bestandteil des einfachen Rechts.[154] Sie gewährleiste auch Schutz vor Nachteilen, die Schuldspruch oder Strafe gleichkämen, denen aber kein rechtstaatliches Verfahren zur

147 BAG Urt. v. 15.11.2012 – 6 AZR 339/11, NZA 2013, S. 429, 430/431.

148 § 26 I 1 BDSG: „Personenbezogene Daten von Beschäftigten dürfen für Zwecke des Beschäftigungsverhältnisses verarbeitet werden, wenn dies für die Entscheidung über die Begründung eines Beschäftigungsverhältnisses oder nach Begründung des Beschäftigungsverhältnisses für dessen Durchführung oder Beendigung oder zur Ausübung oder Erfüllung der sich aus einem Gesetz oder einem Tarifvertrag, einer Betriebs- oder Dienstvereinbarung (Kollektivvereinbarung) ergebenden Rechte und Pflichten der Interessenvertretung der Beschäftigten *erforderlich* ist", Hervorhebung des Verfassers.

149 BAG Urt. v. 15.11.2012 – 6 AZR 339/11, NZA 2013, S. 429, 430/432.

150 BAG Urt. v. 15.11.2012 – 6 AZR 339/11, NZA 2013, S. 429, 432.

151 BAG Urt. v. 20.3.2014 – 2 AZR 1071/12, NZA 2014, S. 1131, 1135 [„umso mehr"].

152 BAG Urt. v. 15.11.2012 – 6 AZR 339/11, NZA 2013, S. 429, 432; Urt. v. 20.3.2014 – 2 AZR 1071/12, NZA 2014, S. 1131, 1135.

153 BAG Urt. v. 15.11.2012 – 6 AZR 339/11, NZA 2013, S. 429, 432/433.

154 BAG Urt. v. 15.11.2012 – 6 AZR 339/11, NZA 2013, S. 429, 433.

Schuldfeststellung vorausgegangen sei.[155] Nach Einstellung des Strafverfahrens stehe dem Betroffenen „auf Grund" (!) der Unschuldsvermutung das Verschweigerecht gemäß § 53 BZRG zu.[156]

Die erwähnten Entscheidungen ziehen diejenigen zur Verdachtskündigung, soweit diese sich zum arbeitsrechtlichen Geltungsbereich der Unschuldsvermutung verhalten, in Zweifel. Die höchstrichterliche Rechtsprechung erscheint widersprüchlich. Eine Klarstellung durch das *BAG* wäre wünschenswert. Dieser Befund ersetzt freilich nicht die Rechtfertigung der oben aufgestellten These, die Unschuldsvermutung gelte grundsätzlich auch im Arbeitsrecht. Insofern ist zwischen den einzelnen Geltungsquellen zu differenzieren.

b) Keine Geltung der unionsrechtlichen Unschuldsvermutung

Die bereichsspezifische Anwendbarkeit der EUGRC richtet sich nach deren Art. 51 I 1. Danach gilt die Charta unter anderem nur bei der Durchführung des Rechts der Union. Eine Durchführung von Unionsrecht liegt – einfach gesagt – vor, wenn ein Mitgliedsstaat einen Unionsrechtsakt vollzieht.[157] Erfasst ist damit namentlich die legislative Umsetzung von Unionsrecht durch einen Mitgliedsstaat ebenso wie die administrative Anwendung des Umsetzungsgesetzes.[158] Bestrebt, die Effektivität des durch die EUGRC geschaffenen Grundrechtsschutzes sicherzustellen, hat der *EuGH* festgestellt, in Fällen, die einen hinreichenden Zusammenhang zum Unionsrecht aufwiesen, sei die EUGRC immer anwendbar.[159]

Der nationale Gesetzgeber hat § 626 I BGB, an dem eine außerordentliche Verdachtskündigung primär zu messen ist, nicht aufgrund bzw. in Vollzug eines Unionsrechtsakts geschaffen.[160] Das Recht zur (außerordentlichen) Kündigung eines Arbeitsverhältnisses ist im Allgemeinen nicht Gegenstand europäischer Rechtsangleichung.[161] Mangels ausreichenden thematischen Bezugs ist

---

155 BAG Urt. v. 15.11.2012 – 6 AZR 339/11, NZA 2013, S. 429, 433.

156 BAG Urt. v. 15.11.2012 – 6 AZR 339/11, NZA 2013, S. 429, 433. Für die Arbeitgeberfrage nach anhängigen Strafverfahren soll die Unschuldsvermutung keine Rolle spielen, BAG Urt. v. 20.5.1999 – 2 AZR 320/98, NZA 1999, S. 975, 976; Urt. v. 27.7.2005 – 7 AZR 508/04, NZA 2005, S. 1243, 1246; Urt. v. 6.9.2012 – 2 AZR 270/11, NZA 2013, S. 1087, 1089; Urt. v. 20.3.2014 – 2 AZR 1071/12, NZA 2014, S. 1131, 1135.

157 Meyer/Hölscheidt/*Schwerdtfeger*[5] (2019) Art. 51 EUGRC Rn. 48 ff., 50.

158 Nur *Jarass/Beljin* NVwZ 2004, S. 1, 6 ff.

159 EuGH Urt. v. 10.7.2014 – C-198/13, NZA 2014, S. 1325, 1326.

160 Zur Entstehung von § 626 BGB auch noch unten S. 106 ff.

161 Vergleiche BAG Urt. v. 8.12.2011 – 6 AZN 1371/11, NZA 2012, S. 286; APS/*Preis*[6] (2021) Grundlagen A, Rn. 44/45.

mithin weder das eine Verdachtskündigung anerkennende/beurteilende Gericht noch der jene aussprechende Arbeitgeber verpflichtet, die unionsrechtliche Unschuldsvermutung aus Art. 48 I EUGRC zu berücksichtigen.[162]

c) *Verbindlichkeit der konventions- bzw. verfassungsrechtlichen Unschuldsvermutung*

Art. 6 II EMRK regelt die konventionsrechtliche Unschuldsvermutung; die EMRK ist ein völkerrechtlicher Vertrag und zugleich einfaches Gesetzesrecht.[163] Gemäß Art. 1 EMRK sichern die Vertragsparteien allen ihrer Herrschaftsgewalt unterstehenden Personen die Rechte und Freiheiten aus der Konvention zu. Dabei handelt es sich um objektive Garantien gegenüber dem Staat und seinen Einrichtungen, zumeist um Abwehrrechte.[164] Den nationalen Gerichten obliegt es, sich im Rahmen methodischer Standards an der zur EMRK ergangenen Rechtsprechung des *EGMR* zu orientieren („normative Leitfunktion“[165]).[166] Zwar besteht keine formale Bindungswirkung;[167] einfaches Recht und die Verfassung sind aber im Lichte der einschlägigen Urteile so konventionsfreundlich wie möglich auszulegen.[168] Folgerichtig zieht auch das *BVerfG* Art. 6 II EMRK bzw. die hierzu ergangene Rechtsprechung des *EGMR* als Orientierungshilfe heran, um den Mindestgehalt der verfassungsrechtlichen Unschuldsvermutung zu bestimmen.[169]

Die (unmittelbare) Verbindlichkeit von Art. 6 II EMRK gegenüber vertragsstaatlichen Gerichten als Hoheitsträgern kann nicht zweifelhaft sein – seine

162 Offenlassend *Wertz* Verdachtskündigung unter Berücksichtigung des „Vertrauenskapitals“ (2015), S. 69/70.

163 Siehe oben S. 39 mit Fn. 113.

164 EUArbR/*Schubert*[3] (2020) Art. 1 EMRK Rn. 26 ff.

165 SK-StPO/*Paeffgen*[4] (2011) Art. 6 EMRK Rn. 9.

166 BVerfG Beschl. v. 14.10.2004 – 2 BvR 1481/04, NJW 2004, S. 3407, 3409; Urt. v. 4.5.2011 – 2 BvR 2365/09 NJW 2011, S. 1931, 1935 f.

167 *Ress* ZaöRV 2004, S. 621, 630.

168 BVerfG Beschl. v. 26.3.1987 – 2 BvR 589/79, BVerfGE 74, S. 358, 370; Urt. v. 4.5.2011 – 2 BvR 2365/09, NJW 2011, S. 1931, 1935; Urt. v. 12.6.2018 – 2 BvR 1068/14, BeckRS 2018, 11031.

169 BVerfG Beschl. v. 26.3.1987 – 2 BvR 589/79, BVerfGE 74, S. 358, 370; Beschl. v. 29.5.1990 – 2 BvR 254/88, NJW 1990, S. 2741, 2742; Beschl. v. 5.4. 2010 – 2 BvR 366/10, Rn. 6 juris.

Drittwirkung aber schon.[170] Gegen sie spricht das Schutzkonzept der EMRK in Verbindung mit deren Rang in der Normenhierarchie:

Eine von manchen[171] erwogene unmittelbare Drittwirkung könnte zweckwidrig dazu führen, dass sich die Vertragsstaaten ihrer Verantwortung, die Garantien der EMRK einzulösen, entziehen.[172] Einer mitunter befürworteten[173] mittelbaren Drittwirkung lässt sich entgegenhalten, dass die EMRK einfaches Bundesrecht ist, und sie Gewährleistungen gegen die Vertragsstaaten beinhaltet.[174] Dementsprechend kann eine natürliche Person im Rahmen einer Individualbeschwerde nach Artt. 34, 35 EMRK allein die Verletzung eines der in der Konvention oder den zugehörigen Protokollen anerkannten Rechte „durch eine der hohen Vertragsparteien" rügen.[175]

Auf eine Entscheidung kommt es letztlich „von Verfassungs wegen" nicht an. Gerichtliche Maßnahmen, die dem Inhalt von Art. 6 II EMRK zuwiderlaufen, bedeuten zwangsläufig einen Verstoß gegen das unter Berücksichtigung der Konvention auszulegende, „analoge" Verfassungsrecht, mithin[176] Art. 20 III GG und/oder Art. 1 I GG (in Verbindung mit Art. 2 I GG).[177] Wegen der grundrechtlichen Verankerung der Unschuldsvermutung bzw. der Ausstrahlungswirkung der Grundrechte auf das Privatrecht ist ferner plausibel,[178] dass ein Privater „das, was Art. 6 II EMRK garantiert," nicht nur staatlichen Stellen, sondern prinzipiell auch Privaten, zum Beispiel seinem Arbeitgeber, entgegenhalten kann.[179]

Die an Art. 6 II EMRK orientierte, verfassungsrechtliche Unschuldsvermutung gilt deshalb grundsätzlich auch im Arbeitsrecht.[180] Einen entsprechend

---

170 Zum Meinungsstand EUArbR/*Schubert*[3] (2020) Art. 1 EMRK Rn. 42/43 mit weiteren Nachweisen.

171 *Frister* GA 1985, S. 553, 556.

172 *Schweitzer* in: HGR VI/1 (2010), § 138 Rn. 70. Vergleiche auch *Grabenwarter/Pabel*[6] Europäische Menschenrechtskonvention (2019), § 19 Rn. 8.

173 Nachweise bei *Bleckmann* FS Bernhardt, S. 309, 311 ff.

174 EUArbR/*Schubert*[3] (2020) Art. 1 EMRK Rn. 42/43 mit weiteren Nachweisen.

175 *Ebeling* Kündigung wegen Verdachts (2006), S. 48.

176 Oben S. 38 f.

177 Vergleiche nur BVerfG Beschl. v. 29.5.1990 – 2 BvR 254/88, NJW 1990, S. 2741 ff. mit weiteren Nachweisen und *Lindner* AöR 2008, S. 235, 245 ff.

178 Näher unten S. 59 ff.

179 *Klocke* AuR 2019, S. 128, 130.

180 Im Ergebnis *Belling* RdA 1996, S. 223, 227/228; *Hoefs* Verdachtskündigung (2001), S. 92/93; *Hahn* Verdachtskündigung unter Berücksichtigung einer gesetzlichen Regelung (2004), S. 35; *Orth* Verdachtskündigung im Rechtsvergleich (2009), S. 145; *Thüsing* ZRP 2009, S. 127; *Lunk* NJW 2010, S. 2753; *Zborowska* Außerordentliche

differenzierten Ausgangspunkt lassen die bundesarbeitsgerichtlichen Entscheidungen zur Verdachtskündigung bisher vermissen.

4. *Vereinbarkeit von Unschuldsvermutung und Verdachtskündigung*

Von der arbeitsrechtlichen Geltung ist die Frage zu trennen, ob die außerordentliche Verdachtskündigung mit den Gewährleistungen der Unschuldsvermutung vereinbar ist. Das *BAG* bejaht dies bekanntlich hilfsweise.[181]

a) *Zum Inhalt der Unschuldsvermutung*

Im Rahmen einer Stellungnahme ist die Unschuldsvermutung zunächst inhaltlich zu konkretisieren. Wer beabsichtigt, dies zu tun, muss jedoch feststellen, dass hier „alles Denkbare [...] ernsthaft vertreten wird, und zugleich das bunte Bild der Widersprüche kaum jemanden stört“[182]. So meinen die einen zum Beispiel, jede – auch außerjustizielle – Schuldzuschreibung sei verboten, während andere der Auffassung sind, die Unschuldsvermutung habe allenfalls rhetorische Autorität.[183] Eine eigenständige Darstellung und Besprechung jeder Deutung würde den Rahmen der vorliegenden Arbeit sprengen. Die folgenden Ausführungen müssen deshalb darauf beschränkt bleiben, die Gewährleistungen der verfassungsrechtlichen[184] Unschuldsvermutung anhand der maßgeblichen Gesetze unter Auswertung der einschlägigen Rechtsprechung zu skizzieren:

Die Ge- und Verbote der Unschuldsvermutung konkretisieren sich entsprechen den sachlichen Gegebenheiten.[185] Wie gesehen, ist der Inhalt der Unschuldsvermutung auch unter Rückgriff auf die ausdrückliche Regelung des Art. 6 II EMRK zu ermitteln. Die deutsche Sprachfassung dieser Norm ist nicht verbindlich. Im hiesigen Zusammenhang schadet es allerdings nicht, von ihr auszugehen. Relevante Bedeutungsunterschiede zur englischen oder französischen Version sind nicht erkennbar. Nach dem deutschen Text von Art. 6 II EMRK

Verdachtskündigung (2015), S. 51; BDDH/*Sagan* (2016) Art. 1 EMRK Rn. 18; *Klocke* AuR 2019, S. 128, 130. Vergleiche auch SK-StPO/*Meye*[5] (2019) Art. 6 EMRK Rn. 344.

181 Oben S. 40 ff.

182 *Stuckenberg* ZStW 1999, S. 422; ausführlich zum Meinungsspektrum S. 426/427 (ebenda).

183 Zusammenfassung bei *Stuckenberg* ZStW 1999, S. 422, 426/427.

184 Auf diesen Zusatz wird im Folgenden aus Darstellungsgründen möglichst verzichtet.

185 BVerfG Beschl. v. 26.3.1987 – 2 BvR 589/79, BVerfGE 74, S. 358, 371/372; Beschl. v. 29.5.1990 – 2 BvR 254/88, NJW 1990, S. 2741; Urt. v. 19.3.2013 – 2 BvR 2628/10, NJW 2013, S. 1058, 1061.

„gilt jede Person, die einer Straftat angeklagt ist, bis zum gesetzlichen Beweis ihrer Schuld als unschuldig".

Der Wortlaut „Person, die einer Straftat angeklagt ist" ist nicht dahin zu verstehen, die Unschuldsvermutung sei einem förmlich Angeklagten im Sinne von § 157 StPO vorbehalten; sie schützt vielmehr jedermann, auch schon während des strafprozessualen Vorverfahrens und über das Hauptverfahren hinaus.[186]

Sich des Zwecks der Hauptverhandlung im Strafverfahren zu erinnern, fördert das Verständnis der Wendung „bis zum gesetzlichen Beweis ihrer Schuld":

> „In [der Hauptverhandlung] soll der Sachverhalt endgültig aufgeklärt und festgestellt werden; dies hat in einer Weise zu geschehen, die nach allgemeiner Prozeßerfahrung die größte Gewähr für die Erforschung der Wahrheit und zugleich für die bestmögliche Verteidigung des Angeklagten und damit für ein gerechtes Urteil bietet (...). Erst die durchgeführte Hauptverhandlung setzt den Richter in den Stand [...], sich eine Überzeugung zur Schuldfrage zu bilden."[187]

Die Entscheidungsreife zum Schuldspruch ist, anders gesagt, die „prozessordnungsgemäße Grundlage für ein Erkenntnis zur Schuld"[188]. Schuld meint strafrechtliche Vorwerfbarkeit.[189]

Zentral sind sodann die Worte „gilt [...] als unschuldig". Sie kennzeichnen die in Art. 6 II EMRK enthaltene Rechtsvermutung.[190] Rechtsvermutungen sind Rechtssätze, die in Vermutungsbasis, Gegenbeweis und Vermutungsobjekt aufgegliedert werden können.[191] Im Fall von Art. 6 II EMRK beschreibt der Begriff „unschuldig" das Vermutungsobjekt.[192] Damit kann nicht Unschuld im materiellen Sinn, d. h. das Fehlen einer Voraussetzung eines Straftatbestandes, gemeint sein.[193] Andernfalls wäre jede Feststellung oder Äußerung eines Straftatverdachts rechtswidrig,[194] weil sie zwangsläufig eine Wahrscheinlichkeitsaussage über die

186 SK-StPO/*Paeffgen*[4] (2011) Art. 6 EMRK Rn. 47; SK-StPO/*Meye*[5] (2019) Art. 6 EMRK Rn. 319 ff.

187 BVerfG Beschl. v. 26.3.1987 – 2 BvR 589/79, BVerfGE 74, S. 358, 372/373.

188 BVerfG Beschl. v. 26.3.1987 – 2 BvR 589/79, BVerfGE 74, S. 358, 372.

189 BGH Beschl. v. 18.3.1952 – GSSt 2/51, BGHSt 2, S. 194, 200.

190 Zum Folgenden instruktiv *Stuckenberg* ZStW 1999, S. 422, 442 ff.

191 *Stuckenberg* ZStW 1999, S. 422, 443.

192 *Stuckenberg* ZStW 1999, S. 422, 443.

193 *Stuckenberg* Untersuchungen zur Unschuldsvermutung (1997), S. 489/490, 452; *Staudinger* Unschuldsvermutung im Strafprozess (2015), S. 84.

194 *Stuckenberg* ZStW 1999, S. 422, 446; Meyer/Hölscheidt/*Eser/Kubiciel*[5] (2019) Art. 48 EUGRC Rn. 6. Vergleiche auch *Jarass* NStZ 2012, S. 611, 612.

Strafbarkeit beinhaltet.[195] Folgerichtig schlösse die Unschuldsvermutung insbesondere schon die gesetzmäßige (§ 152 II StPO, § 170 I StPO, § 203 StPO) Durchführung eines Strafverfahrens aus.[196] Dieser bedarf es jedoch gerade, um einen Verstoß gegen Art. 6 II EMRK zu vermeiden („bis zum gesetzlichen Beweis ihrer Schuld").[197] Der Widerspruch ist aufzulösen, indem man auf den formellen Unschuldsbegriff abstellt.[198] Formelle Unschuld zu vermuten heißt, „bis zur verfahrensmäßigen Feststellung der Schuld jedermann als jemanden zu behandeln, dessen Schuld noch nicht verfahrensmäßig festgestellt"[199] worden ist.

Als Verweisungsnorm[200] wirkt die Unschuldsvermutung durch Rechtssätze, die eine Strafschuldfeststellung voraussetzen.[201] Zugleich setzt sie das Verbot von Strafe ohne Schuld (Art. 20 III GG, Art. 2 I GG, Art. 1 I GG)[202] fort:

> „Aus dem Prinzip, daß keine Strafe ohne Schuld verhängt werden darf, folgt die Aufgabe des Strafprozesses, den Strafanspruch des Staates in einem justizförmig geordneten Verfahren durchzusetzen, das eine wirksame Sicherung der Grundrechte des Beschuldigten gewährleistet (...). Dem Täter müssen deshalb Tat und Schuld nachgewiesen werden (...). Bis zum gesetzlichen Nachweis der Schuld wird seine Unschuld vermutet [...]".[203]

---

195 *Staudinger* Unschuldsvermutung im Strafprozess (2015), S. 38. Vergleiche *Gilberg* DB 2006, S. 1555, 1558.

196 Meyer/Hölscheidt/*Eser/Kubiciel*[5] (2019) Art. 48 EUGRC Rn. 6. Vergleiche *Staudinger* Unschuldsvermutung im Strafprozess (2015), S. 84.

197 Pointiert Meyer/Hölscheidt/*Eser/Kubiciel*[5] (2019) Art. 48 EUGRC Rn. 6: „Wäre dabei das ‚gelten' als ‚unschuldig', solange nicht der rechtsförmliche Beweis von Schuld erbracht ist, wirklich beim Wort zu nehmen, so müsste sich ein Grunddilemma bereits daraus ergeben, dass für den zu erbringenden Schuldnachweis ein Verfahren gegen eine Person zu führen wäre, die, weil als unschuldig geltend, eigentlich keinem Verfahren unterworfen werden dürfte [...]." Für die grundsätzliche Zulässigkeit von Verdachtsäußerungen trotz Unschuldsvermutung auch EGMR Urt. v. 25.8.1987 - 9912/82 [ECLI:1987:0825JUD000991282], Rn. 62; Urt. v. 15.1.2015 – 48144/09, Rn. 53 juris; Urt. v. 23.1.2018 - 15374/11 [ECLI:2018:0123JUD001537411], Rn. 38 ff.

198 *Staudinger* Unschuldsvermutung im Strafprozess (2015), S. 84 mit weiteren Nachweisen.

199 *Stuckenberg* ZStW 1999, S. 422, 446.

200 *Stuckenberg* ZStW 1999, S. 422, 444.

201 Differenzierend *Stuckenberg* ZStW 1999, S. 422, 444.

202 BVerfG Beschl. v. 25.10.1966 – 2 BvR 506/63, BVerfGE 20, S. 323, 332; Beschl. v. 24.10.1996 – 2 BvR 1851/94, BVerfGE 95, S. 96, 140; Urt. v. 30.6.2009 – 2 BvE 2/08, BVerfGE 123, S. 267, 413.

203 BVerfG Beschl. v. 26.3.1987 – 2 BvR 589/79, BVerfGE 74, S. 358, 370/371.

Weil die Unschuldsvermutung das Verbot von Strafe ohne Schuld fortsetzt, verbietet sie jede Strafe ohne gesetzesförmige Schuldfeststellung.[204] D. h., sie widerstrebt jeder Strafe, die ohne ordnungsgemäßen Schuldnachweis verhängt oder vollstreckt wird.[205] Der Satz „keine Strafe ohne Schuld" gilt aber nicht allein für Strafen, sondern auch für strafähnliche[206] Entscheidungen oder Maßnahmen.[207]

b) Was eine Strafe zur Strafe macht

Auf dieser Basis kann die Unschuldsvermutung verletzt werden, indem eine Maßnahme mit Kriminalstrafcharakter gegenüber einem Einzelnen ohne die ex- oder implizit erforderliche Feststellung der Strafschuld ergriffen wird.[208]

Weil ersichtlich weder § 626 I BGB noch das *BAG* für die Wirksamkeit einer außerordentlichen Verdachtskündigung eine Strafschuldfeststellung voraussetzen und die Verdachtsfeststellung, so sie heute ein „strafrechtliches *labeling*"[209] erhält,[210] als solche – wie oben dargelegt wurde – unverfänglich ist, ist zu prüfen, ob die außerordentliche Verdachtskündigung so viele Strafmerkmale auf sich vereint, dass sie eine strafverfahrensmäßige Schuldfeststellung – implizit – erfordert(e).[211] Dafür

---

204 BVerfG Beschl. v. 15.12.1965 – 1 BvR 513/65, BVerfGE 19, S. 342, 347; Beschl. v. 26.3.1987 – 2 BvR 589/79, BVerfGE 74, S. 358, 371.

205 BVerfG Beschl. v. 15.12.1965 – 1 BvR 513/65, BVerfGE 19, S. 342, 347; Beschl. v. 26.3.1987 – 2 BvR 589/79, BVerfGE 74, S. 358, 371.

206 Auch Maßnahmen, die einer „Strafe gleichkommen", sind „strafähnlich", BVerfG Beschl. v. 26.3.1987 – 2 BvR 589/79, BVerfGE 74, S. 358, 371 und 376.

207 BVerfG Beschl. v. 25.10.1966 – 2 BvR 506/63, NJW 1967, S. 195, 196.

208 Ähnlich SK/*Paeffgen*[4] (2011) Art. 6 EMRK Rn. 180 ff.; SK-StPO/*Meye*[5] (2019) Art. 6 EMRK Rn. 332, 357. In der Sache wohl auch BDDH/*Sagan* (2016) Art. 1 EMRK Rn. 18.

209 Begriff von *Eylert* NZA-RR 2014, S. 393, 397.

210 Vergleiche die früher gängige Diktion des *BAG* der Verdacht einer „strafbaren Handlung", „Straftat" oder eines „Verbrechens" könne zur Kündigung berechtigen. Inzwischen dürfte sich durchgesetzt haben, dass es für die Wirksamkeit einer außerordentlichen Verdachtskündigung nicht auf die strafrechtliche Beurteilung des Vorwurfs ankommt [etwa BAG Urt. v. 25.11.2010 – 2 AZR 801/09, NZA-RR 2012, S. 222, 223; Urt. v. 24.5.2012 – 2 AZR 206/11, NZA 2013, S. 137, 139]. Die Arbeitsgerichte sollten sorgfältig darauf achten, keinen gegenteiligen Eindruck zu vermitteln. Als gutes Vorbild spricht der zweite Senat jüngst nur noch davon, der „Verdacht einer Pflichtverletzung" könne den Arbeitgeber zur Kündigung des Arbeitsverhältnisses berechtigen [BAG Urt. v. 31.1.2019 – 2 AZR 426/18, NZA 2019, S. 893, 895]. Dieser unverfängliche Ausdruck ist sachgerecht.

211 Vergleiche auch *Deinert* AuR 2005, S. 285, 293.

muss geklärt werden, wann eine Maßnahme unter Umständen als Strafe oder strafähnlich qualifiziert werden kann.

Das Sanktionssystem des deutschen Strafrechts ist zweispurig.[212] Es gibt Strafen und Maßregeln. Hauptstrafen sind die Freiheits- und die Geldstrafe (§§ 38 bis 43 StGB). *Grotius* hat Strafe als Zufügung eines Übels zur Vergeltung eines Übels definiert.[213] Fast wortgleich erklärte das *BVerfG* rund 340 Jahre später am 4.7.1967[214], jede Kriminalstrafe sei ihrem Wesen nach Vergeltung durch Zufügung eines Strafübels.[215] Die Entscheidung behandelt, ob eine gebührenpflichtige Verwarnung nach dem StVG (§ 22 a. F.)[216] als Strafe einzuordnen ist. Dazu müsse festgestellt werden, ob die gebührenpflichtige Verwarnung auf den Betroffenen wie eine Kriminalstrafe wirke und dieselben Folgen für ihn habe.[217] Zwar führe die aufgrund § 22 StVG a. F. zu zahlende Verwarnungsgebühr wie eine Geldstrafe zu Vermögenseinbuße; ferner wirkten Verwarnungsgebühr und Geldstrafe präventiv.[218] Prävention sei aber kein Wesensmerkmal, sondern Nebenwirkung von Strafe.[219] Insbesondere weil sie Vergeltung weder bewirke noch bezwecke, sei die gebührenpflichtige Verwarnung nach § 22 StVG a. F. wesensmäßig keine Strafe.[220] Nach ähnlichen Maßstäben hatte der zweite Senat bereits am 25.10.1966[221] mit Blick auf § 890 I ZPO entschieden. Den dort vorgesehenen Zwangsmaßnahmen, Ordnungsgeld und -haft, bescheinigte der Senat allerdings Strafähnlichkeit.[222] Dass sie auf Repression und Vergeltung für rechtlich verbotenes Verhalten abziele, kennzeichne eine Strafe und unterscheide sie von reinen Präventionsmaßnahmen.[223] Mit der Strafe werde dem Täter sein

---

212 BVerfG Urt. v. 5.2.2004 – 2 BvR 2029/01, NJW 2004, S. 739, 744.

213 Wiedergegeben nach *Frister*[8] Strafrecht Allgemeiner Teil (2019), Kap. 1 Rn. 1.

214 BVerfG Beschl. v. 4.7.1967 – 2 BvL 10/62, BVerfGE 22, S. 125.

215 BVerfG Beschl. v. 4.7.1967 – 2 BvL 10/62, BVerfGE 22, S. 125, 132.

216 § 22 StVG in der Fassung vom 16.7.1957 lautete: „Bei leichteren Übertretungen, die nach diesem Gesetz oder den auf Grund dieses Gesetzes erlassenen Rechtsvorschriften strafbar sind, kann ein Polizeibeamter […], den auf frischer Tat betroffenen Täter verwarnen und eine Gebühr bis zu zwei Deutsche Mark erheben."

217 BVerfG Beschl. v. 4.7.1967 – 2 BvL 10/62, BVerfGE 22, S. 125, 131.

218 BVerfG Beschl. v. 4.7.1967 – 2 BvL 10/62, BVerfGE 22, S. 125, 131/132.

219 BVerfG Beschl. v. 4.7.1967 – 2 BvL 10/62, BVerfGE 22, S. 125, 132.

220 BVerfG Beschl. v. 4.7.1967 – 2 BvL 10/62, BVerfGE 22, S. 125, 132.

221 BVerfG Beschl. v. 25.10.1966 – 2 BvR 506/63, BVerfGE 20, S. 323.

222 BVerfG Beschl. v. 25.10.1966 – 2 BvR 506/63, BVerfGE 20, S. 323, 331 ff.

223 BVerfG Beschl. v. 25.10.1966 – 2 BvR 506/63, BVerfGE 20, S. 323, 331. Ebenso BVerfG Urt. v. 19.3.2013 – 2 BvR 2628/10, BVerfGE 133, S. 133, 168; Beschl. v. 23.11.2014 – 2 BvR 2545/12, Rn. 9 juris. Der Zweck der Maßnahme wird auch dort

Rechtsverstoß vorgehalten und vorgeworfen.[224] Ordnungsgeld und -haft dienten einerseits dazu, den Schuldner zu disziplinieren, andererseits, den begangenen Pflichtenverstoß zu sühnen.[225] Nach § 890 I ZPO solle begangenes Unrecht geahndet werden.[226]

Ein anders akzentuiertes[227] Wesen der Strafe vermittelt ein Beschluss des *BVerfG* vom 16.7.1969[228]. Die Schwere des Eingriffs in die Rechtsstellung des Staatsbürgers kennzeichne die Kriminalstrafe.[229] Sie enthalte einen ethischen Schuldvorwurf und werde regelmäßig in ein Register eingetragen.[230] Den Gesichtspunkt des sozialethischen Unwerturteils hatte der erste Gerichtssenat schon in der bereits angerissenen Reugeld-Entscheidung vom 3.2.1959[231] betont. Strafe könne nur ein Übel sein, das wegen eines rechtswidrigen Verhaltens verhängt werde.[232] Das Reugeld[233] erfülle diese Voraussetzung nicht. Zwar sei es

---

zum entscheidenden Kriterium, wo das BVerfG die „angedrohte Rechtsfolge" in den Blick nimmt, um ihren Strafcharakter zu erörtern, vergleiche etwa BVerfG Beschl. v. 6.6.1967 – 2 BvR 375/60, BVerfGE 22, S. 49, 79. Dazu *Volk* ZStW 1971, S. 405, 408/409.

224 BVerfG Beschl. v. 25.10.1966 – 2 BvR 506/63, BVerfGE 20, S. 323, 331.

225 BVerfG Beschl. v. 25.10.1966 – 2 BvR 506/63, BVerfGE 20, S. 323, 332.

226 BVerfG Beschl. v. 25.10.1966 – 2 BvR 506/63, BVerfGE 20, S. 323, 332.

227 Kritisch *Volk* ZStW 1971, S. 405, 420.

228 BVerfG Beschl. v. 16.7.1969 – 2 BvL 11/69, BVerfGE 27, S. 36.

229 BVerfG Beschl. v. 16.7.1969 – 2 BvL 11/69, BVerfGE 27, S. 36, 40.

230 BVerfG Beschl. v. 16.7.1969 – 2 BvL 11/69, BVerfGE 27, S. 36, 40.

231 BVerfG Beschl. v. 3.2.1959 – 2 BvL 10/56, BVerfGE 9, S. 137.

232 BVerfG Beschl. v. 3.2.1959 – 2 BvL 10/56, BVerfGE 9, S. 137, 144.

233 Zum Hintergrund: „Bei dem ersten Versuch einer Liberalisierung des Außenhandels der Bundesrepublik, der mit dem Liberalisierungsstopp im Frühjahr 1951 endete, hatte sich gezeigt, daß Einfuhrgenehmigungen oft mißbräuchlich in mehrfacher Höhe des Bedarfs und der wirklich vollzogenen Einfuhren beantragt wurden. Importeure beantragten Genehmigungen, auch wenn sie sich noch nicht zu einer Einfuhr entschlossen hatten, sondern zunächst die Marktentwicklung abwarten wollten. Anscheinend wurden sogar Einfuhrgenehmigungen in der Absicht erwirkt, keine Einfuhr vorzunehmen, sondern eine solche durch Konkurrenten zu verhindern. Die übersetzte Antragstellung blockierte den Bestand verfügbarer Devisen und machte es den verantwortlichen Stellen unmöglich, den Devisenbedarf richtig abzuschätzen" [BVerfG Beschl. v. 3.2.1959 – 2 BvL 10/56, BVerfGE 9, S. 137]. Deshalb erließ der Gesetzgeber am 27. Dezember 1951 ein Gesetz gegen unbegründete Nichtausnutzung von Einfuhrgenehmigungen, dessen § 1 I regelte: „Wird eine im Einfuhrverfahren erteilte Genehmigung nicht oder nicht vollständig ausgenutzt, so kann die zuständige Verwaltungsbehörde gegen denjenigen, dem die Genehmigung erteilt worden ist, ein Reugeld festsetzen."

wie Strafe Rechtsnachteil, den der Gesetzgeber an einen von ihm missbilligten Sachverhalt geknüpft habe, um general- und spezialpräventiv zu wirken.[234] Es enthalte aber kein strafspezifisches Unwerturteil.[235] Vergleichbares urteilte der erste Senat einen Tag später[236], als er § 23 WiStrG a. F.[237] für mit dem Grundgesetz vereinbar erklärte. In der nach § 23 WiStrG a. F. möglichen Geldbuße vermochten die Richter das Wesen der Strafe nicht zu erkennen:

> „Das bedeutet, daß der Schuldvorwurf hier die Sphäre des Ethischen nicht erreicht. Dem Täter wird – der Idee nach – nicht Auflehnung gegen die staatliche Rechtsordnung in einem grundsätzlichen, mit fehlerhafter Persönlichkeitshaltung zusammenhängenden Sinne zur Last gelegt; demgemäß fehlt der Geldbuße der Ernst der staatlichen Strafe."[238]

Dass Strafe von dem ihr anhaftenden sozialethischen Unwerturteil geprägt sei, hat das *BVerfG* in Folgeentscheidungen wiederholt betont.[239]

Damit kann zusammengefasst werden: Für das Vorliegen einer Strafe bzw. strafähnlichen Maßnahme spricht, (*i*) dass ihr Urheber eine staatliche Stelle ist, (*ii*) dass mit ihr Vergeltung/Repression geübt werden soll, (*iii*) dass sie in einem öffentlichen Register vermerkt wird, (*iv*) dass sie Freiheitsentzug oder Vermögenseinbuße plus gesellschaftliche Stigmatisierung zur Folge[240] hat und (*v*) ihr ein sozialethisches Unwerturteil anhaftet.

---

234 BVerfG Beschl. v. 3.2.1959 – 2 BvL 10/56, BVerfGE 9, S. 137, 145.

235 BVerfG Beschl. v. 3.2.1959 – 2 BvL 10/56, BVerfGE 9, S. 137, 145.

236 BVerfG Beschl. v. 4.2.1959 – 1 BvR 197/53, BVerfGE 9, S. 167.

237 § 23 WiStrG in der Fassung vom 26.7.1949 lautete: „Wird eine Zuwiderhandlung gegen Bestimmungen dieses Gesetzes in einem Betrieb begangen, so kann wegen Verletzung der Aufsichtspflicht eine Geldbuße gegen die Inhaber oder Leiter [...] festgesetzt werden, wenn [...]."

238 BVerfG Beschl. v. 4.2.1959 – 1 BvR 197/53, BVerfGE 9, S. 167, 171. In die gleiche Stoßrichtung BVerfG Beschl. v. 6.6.1967 – 2 BvR 375/60, BVerfGE 22, S. 49, 79.

239 Etwa BVerfG Beschl. v. 10.4.1997 – 2 BvL 45/92, BVerfGE 96, S. 10, 25; Beschl. v. 9.7.1997 – 2 BvR 1371/96, BVerfGE 96, S. 245, 249; Beschl. v. 26.2.2008 – 2 BvR 392/07, BVerfGE 120, S. 224, 240; Urt. v. 30.6.2009 – 2 BvE 2/08, BVerfGE 123, S. 267, 408; Beschl. v. 21.11.2016 – 2 BvL 1/15, Rn. 56 juris.

240 Deutlich BVerfG Beschl. v. 26.3.1987 – 2 BvR 589/79, BVerfGE 74, S. 358, 376: „Schuldzuweisungen an den Beschuldigten und die darauf gegründete Auferlegung auch der Auslagen des Privatklägers [werden] es regelmäßig den Parteien und auch unbeteiligten Dritten als naheliegend erscheinen lassen, die Überbürdung stehe an Stelle einer Bestrafung."

c) Teilt die Verdachtskündigung das Wesen einer Kriminalstrafe?

Erklärt der Arbeitgeber eine außerordentliche Verdachtskündigung, übt er – erstens – ein zivilrechtliches Gestaltungsrecht aus.[241] Die Durchsetzung seiner Interessen erfolgt zwar einseitig, was bekanntlich auch ein Attribut hoheitlichen Handelns ist. Jedoch kann auch unter Berücksichtigung einer strukturellen Unterlegenheit des Arbeitnehmers keine Rede davon sein, dass der kündigende Arbeitgeber dem Arbeitnehmer „wie ein Hoheitsträger" gegenübertritt.[242]

Mit der außerordentlichen Verdachtskündigung soll ferner – zweitens – kein vergangenes Verhalten sanktioniert oder gesühnt, sondern eine künftige Belastung des Arbeitsverhältnisses ausgeschlossen werden.[243]

Eine außerordentliche Verdachtskündigung wird – drittens – nicht registriert. Die Verbreitung der Verdächtigung durch ein (qualifiziertes) Arbeitszeugnis, auf dessen Ausstellung er allein gemäß § 109 I 1, 3 GewO Anspruch hat, muss der Arbeitnehmer nicht dulden.[244] Der Arbeitgeber ist auf Zeugniswahrheit verpflichtet.[245] Inhalt der Wahrheitspflicht ist, dass der Arbeitgeber ein nach Wortlaut und Sinnzusammenhang richtiges Arbeitszeugnis auszustellen hat.[246] Damit ist ausgeschlossen, im Arbeitszeugnis eine Verdächtigung aufzunehmen.[247] Dies

---

241 *Orth* Verdachtskündigung im Rechtsvergleich (2009), S. 145; *Rieble* NJW 2009, S. 2101, 2102. Vergleiche auch *Deinert* AuR 2005, S. 285, 293; SK-StPO/*Meye*[5] (2019) Art. 6 EMRK Rn. 46. Kritisch *Klocke* AuR 2019, S. 128, 130.

242 Tendenziell anders zur Rechtfertigung der Geltung des Verhältnismäßigkeitsgrundsatzes im Arbeitsrecht *Preis* Prinzipien (1987), S. 264 ff.

243 BAG Urt. v. 13.12.2018 – 2 AZR 370/18, NZA 2019, S. 445, 448/449. Aus dem Schrifttum statt vieler *Belling* Anm. zu BAG Urt. v. 29.7.1993 – 2 AZR 90/93, SAE 1994, S. 210, 211; *ders.* RdA 1996, S. 223, 228; *Hoefs* Verdachtskündigung (2001), S. 92/93; *Deinert* AuR 2005, S. 285, 293; *Ebeling* Kündigung wegen Verdachts (2006), S. 74, 79; *Fischermeier* FS ARGE Arbeitsrecht, S. 275, 278; *Orth* Verdachtskündigung im Rechtsvergleich (2009), S. 144/145; *Eylert* NZA-RR 2014, S. 393, 397; *Zborowska* Außerordentliche Verdachtskündigung (2015), S. 50/51; *Wertz* Verdachtskündigung unter Berücksichtigung des „Vertrauenskapitals" (2015), S. 75 f. Kritisch *Klocke* AuR 2019, S. 128, 130.

244 Ebenso *Schuld* in Mittag (Hrsg.) Aspekte der Beendigung von Arbeitsverhältnissen (2010), S. 137, 144/147; Staudinger/*Preis* (2019) § 626 BGB Rn. 41. Vergleiche auch ErfK/*Müller-Glöge*[21] (2021) § 109 GewO Rn. 24.

245 Nur BAG Urt. v. 18.11.2014 – 9 AZR 584/13, NZA 2015, S. 435, 437.

246 BAG Urt. v. 29.7.1971 – 2 AZR 250/70, NJW 1971, S. 2325; Urt. v. 18.11.2014 – 9 AZR 584/13, NZA 2015, S. 435, 437.

247 LAG Hamm Urt. v. 27.2.1997 – 4 Sa 1691/96, NZA-RR 1998, S. 151, 158.

würde durch die Mitteilung der Tatsache, das Arbeitsverhältnis sei infolge einer Verdachtskündigung beendet worden, jedoch zwangsläufig geschehen.[248]

Nicht von der Hand zu weisen ist – viertens –, dass die außerordentliche Verdachtskündigung die faktische Wirkung einer Geldstrafe insofern teilt, als dass sie für den gekündigten Arbeitnehmer zu finanziellen Einbußen führt.[249] Der Arbeitnehmer verliert seinen Arbeitsplatz. Eine Erschwernis bei der Stellensuche aufgrund des regelmäßig auffälligen Beendigungsdatums liegt nahe.[250] Allerdings muss er als Bewerber nicht wahrheitsgemäß auf die etwaige Frage nach dem Beendigungsgrund der früheren Beschäftigung antworten.[251] Nur so ist ein Wertungswiderspruch dazu, dass ein Hinweis auf die Verdachtskündigung im Arbeitszeugnis unzulässig ist, vermeidbar. Dessen ungeachtet darf der wegen Verdachts entlassene Arbeitnehmer nicht mit einer Sperrzeit nach § 159 I 1, 2 Nr. 1 SGB III belegt werden.[252] Gemäß § 159 I 1 SGB III ruht der Anspruch auf Arbeitslosengeld, wenn sich der Arbeitnehmer, ohne hierfür einen wichtigen Grund zu haben, versicherungswidrig verhalten hat. Nach der Definition des § 159 I 2 Nr. 1 SGB III liegt ein versicherungswidriges Verhalten unter anderem vor, wenn der vormalige Arbeitnehmer, jetzt Arbeitslose, die Beendigung des Beschäftigungsverhältnisses durch ein *arbeitsvertragswidriges* Verhalten veranlasst und dadurch vorsätzlich oder grob fahrlässig die Arbeitslosigkeit herbeigeführt hat. Eine Sperrzeit infolge einer außerordentlichen Verdachtskündigung kommt nicht in Betracht, weil bzw. solange[253] ein Vertragsverstoß des Arbeitnehmers nicht nachgewiesen ist.[254]

---

248 Im Ergebnis auch *Schuld* in Mittag (Hrsg.) Aspekte der Beendigung von Arbeitsverhältnissen (2010), S. 137, 144/147; Staudinger/*Preis* (2019) § 626 BGB Rn. 41.

249 Vergleiche *Joachim* AuR 1964, S. 33, 37/38; *Dörner* NZA 1993, S. 873, 876/877; *Naujok* AuR 1998, S. 398, 401; *Deinert* AuR 2005, S. 285, 294.

250 Vergleiche *Preis* Prinzipien (1987), S. 477; im Übrigen nur *Deinert* AuR 2005, S. 285, 294.

251 Im Ergebnis wie hier zum Beispiel MHdBArbR/*Benecke*[5] (2021) § 33 Rn. 96 [arbeitgeberseitige Kündigung als Umstand außerhalb der Arbeitnehmersphäre].

252 *Hoefs* Verdachtskündigung (2001), S. 294. Anders *Dörner* NZA 1993, S. 873, 877; LSG Rheinland-Pfalz Beschl. v. 6.8.2002 – L 1 AL 127/01, BeckRS 9999, 06697; *Deinert* AuR 2005, S. 285, 294; *Huber/Uzuner* NZWiSt 2016, S. 94, 97.

253 HSS/*Scholz*[7] (2021) § 159 SGB III Rn. 25.

254 SG Aachen Urt. v. 26.1.2007 – S 8 AL 11/06, BeckRS 2007, 41629 mit Verweis auf *M. Kühl* Sperrzeit bei Arbeitsaufgabe (2006), S. 196; KKW/*Mutschler*[6] (2019) § 159 SGB III Rn. 30.

Dass mit dem verdachtsbedingten Verlust des Arbeitsplatzes auch ein Ansehensverlust und soziale Zurücksetzung einhergehen kann, ist nicht zu unterschätzen.[255] Das mit einer Strafe einhergehende sozialethische Unwerturteil vermittelt die außerordentliche Verdachtskündigung jedoch – fünftens – auch nicht.[256] Mit ihr wird dem Arbeitnehmer nicht vorgeworfen, sich „gegen die Rechtsordnung in einem grundsätzlichen, mit fehlerhafter Persönlichkeitshaltung zusammenhängenden Sinne“[257] aufgelehnt zu haben. Der Arbeitnehmer wird entlassen, weil er mutmaßlich seinen Arbeitsvertrag in schwerwiegender Weise verletzt hat, hierdurch die Vertrauensgrundlage des Arbeitsverhältnisses gestört und dem Arbeitgeber die Fortführung des insofern beeinträchtigten[258] Arbeitsverhältnisses nicht zuzumuten ist. Die Strafbarkeit des fraglichen Verhaltens ist irrelevant.[259]

5. *Zwischenergebnis*

Insgesamt vereint eine außerordentliche Verdachtskündigung also nicht so viele Strafmerkmale, dass sie als Strafe oder als strafähnlich qualifiziert werden kann.[260] Die außerordentliche Verdachtskündigung verstößt nicht gegen die (verfassungsrechtliche) Unschuldsvermutung.[261]

II. Berufsfreiheit

Einige Autoren sehen in der außerordentlichen Verdachtskündigung einen Verstoß gegen die Berufsfreiheit des Arbeitnehmers aus Art. 12 I GG, weil sie diese

---

255 *Schütte* NZA-Beil. 1991, S. 17, 22; *Deinert* AuR 2005, S. 285, 294 ff.

256 *Belling* Anm. zu BAG Urt. v. 29.7.1993 – 2 AZR 90/93, SAE 1994, S. 210, 211; *Hoefs* Verdachtskündigung (2001), S. 92/93; *Ebeling* Kündigung wegen Verdachts (2006), S. 79; *Fischermeier* FS ARGE Arbeitsrecht, S. 275, 278; *Thüsing* ZRP 2009, S. 127; *Zborowska* Außerordentliche Verdachtskündigung (2015), S. 51.

257 BVerfG Beschl. v. 4.2.1959 – 1 BvR 197/53, BVerfGE 9, S. 167, 171.

258 Näher unten S. 106 ff.

259 Siehe auch *Wertz* Verdachtskündigung unter Berücksichtigung des „Vertrauenskapitals“ (2015), S. 77 f. Näher unten S. 118 ff.

260 So auch BAG Urt. v. 12.2.2015 – 6 AZR 845/13, NZA 2015, S. 741, 743. Aus dem Schrifttum *Belling* RdA 1996, S. 223, 227/228; *Hoefs* Verdachtskündigung (2001), S. 92/93; *Hahn* Verdachtskündigung unter Berücksichtigung einer gesetzlichen Regelung (2004), S. 35; *Orth* Verdachtskündigung im Rechtsvergleich (2009), S. 145; *Thüsing* ZRP 2009, S. 127; *Lunk* NJW 2010, S. 2753; *Zborowska* Außerordentliche Verdachtskündigung (2015), S. 51; BDDH/*Sagan* (2016) Art. 1 EMRK Rn. 18.

261 Für eine ausführlichere Zusammenfassung siehe unten S. 64.

unzulässig beschränke.[262] Namentlich *Dörner* hat insofern – bezugnehmend auf den Grundsatz der Verhältnismäßigkeit – Bedenken geäußert.[263] Die außerordentliche Verdachtskündigung diene keinem normativ legitimierten Zweck. Ein praktisches Bedürfnis sei dafür nicht hinreichend. Dessen ungeachtet könne der Arbeitgeber die Beendigung des Arbeitsverhältnisses auf milderem Wege erreichen, nämlich durch Verdachtsauflösung nach § 9 I 2 KSchG.[264] Die fristlose Beendigung des Arbeitsverhältnisses bedrohe die wirtschaftliche Existenz des Arbeitnehmers. Es sei unangemessen, den Arbeitgeber zu ermächtigen, einen Arbeitnehmer in die unter Umständen langfristige Arbeitslosigkeit zu schicken, ohne dass ein Fehlverhalten feststehe.

Das *BAG* entgegnet, die Verdachtskündigung bedürfe zwar besonderer verfassungsrechtlicher Legitimation, ihre spezifischen Wirksamkeitsvoraussetzungen schlössen eine unverhältnismäßige Verkürzung von Art. 12 I GG jedoch aus.[265] Das *BVerfG* teilt diese Sichtweise;[266] ebenso das Gros der Stimmen im Schrifttum.[267]

1. *Bereichsspezifische Relevanz und deren Umfang*

Dass die Berufsfreiheit des Arbeitnehmers bereichsspezifisch relevant ist, leuchtet ein. Die außerordentliche Verdachtskündigung beschränkt das Interesse des von ihr betroffenen Arbeitnehmers, einen bestehenden Arbeitsvertrag weiter durchzuführen.[268] Dieses ist ebenso wie ein flankierendes Vermögensinteresse[269]

---

262 *Dörner* AiB 1993, S. 147, 167 ff.; *ders.* NZA 1993, S. 873 ff.; APS/*ders.*[3] (2007) § 626 BGB Rn. 377. Kritisch beispielsweise auch *Heilmann* Wiedereinstellung (1964), S. 57 ff.; *Deinert* AuR 2005, S. 285, 296/297; BDDH/*H. Hanau* (2016) Art. 12 GG Rn. 99.

263 Zum Folgenden insbesondere *Dörner* NZA 1993, S. 873 ff., 875/876.

264 Zur Verdachtsauflösung ausführlich unten S. 76 ff.

265 BAG Urt. v. 14.9.1994 –2 AZR 164/94, NZA 1995, S. 269, 270/271; Urt. v. 31.1.2019 – 2 AZR 426/18, NZA 2019, S. 893, 896.

266 BVerfG Beschl. v. 15.12.2008 – 1 BvR 347/08, Rn. 12 juris. Vergleiche auch Beschl. v. 4.11.2008 – 1 BvR 2587/06, Rn. 11 ff. juris; Beschl. v. 11.4.2018 – 1 BvR 3080/09, Rn. 47 juris.

267 Etwa *Lücke* BB 1997, S. 1842, 1845/1846; *Hoefs* Verdachtskündigung (2001), S. 94 ff.; *Ebeling* Kündigung wegen Verdachts (2006), S. 81 ff.; *Zborowska* Außerordentliche Verdachtskündigung (2015), S. 60 ff.; MHdBArbR/*Rachor*[4] (2018) § 126 Rn. 1; KR/*Fischermeier*[12] (2019) § 626 BGB Rn. 241 ff.

268 Etwa *Hoefs* Verdachtskündigung (2001), S. 94/95; *K. Gamillscheg* Anm. zu BAG Urt. v. 18.11.1999 – 2 AZR 743/98, SAE 2001, S. 182/183.

269 Eine außerordentliche Verdachtskündigung birgt zudem die Gefahr sozialer Deklassierung Unschuldiger und berührt damit das Interesse des gekündigten Arbeitnehmers

(Stichwort: Arbeitsplatz als Existenzgrundlage)[270] Art. 12 I GG zuzuordnen, denn die Vorschrift gewährleistet in Verbindung mit dem Sozialstaatsprinzip aus Art. 20 I GG[271] unter anderem, eine gewählte Beschäftigung beizubehalten.[272] Die Wirksamkeit einer Arbeitgeberkündigung ist zwar nicht unmittelbar an Art. 12 I GG zu messen.[273] Auslegung, Fortbildung[274] und Anwendung kündigungsschutzrechtlicher Vorschriften wie § 626 I BGB müssen ihr dennoch gebührend Rechnung tragen.[275]

Hierfür kann nicht allein auf die Grundrechtsbindung der Rechtsprechung oder Gesetzgebung[276] (Art. 1 III GG) verwiesen werden. Denn „[d]as Gericht hat die Grundrechte zu beachten, soweit sie gelten; nicht etwa gelten sie, weil ein Gericht entscheidet"[277]. Entscheidend ist daher die „Ausstrahlungswirkung der Grundrechte auf das Privatrecht".[278]

Dieses Schlagwort verbindet wichtige grundrechtsdogmatische Erkenntnisse. Grundrechte sind hauptsächlich Abwehrrechte gegen den Staat.[279] Sie wirken, was Art. 1 III GG und die Ausnahme des Art. 9 III 2 GG bestätigen, nicht unmittelbar zwischen grundrechtsberechtigten Privaten.[280] Dass ein Privater unter

---

an Nicht-Entsozialisierung. Sie hat deshalb eine persönlichkeitsrechtliche Dimension [vergleiche auch *K. Gamillscheg* Anm. zu BAG Urt. v. 18.11.1999 – 2 AZR 743/98, SAE 2001, S. 182/183]. Diese dürfte wegen des unmittelbaren Kündigungsbezugs allerdings von Art. 12 I GG (mit)erfasst werden.

270 APS/*Preis*[6] (2021) Grundlagen G Rn. 4.

271 Siehe dazu aber *Oetker* RdA 1997, S. 9, 13.

272 BVerfG Urt. v. 24.4.1991 –1 BvR 1341/90, BVerfGE 84, S. 133, 146; Beschl. v. 27.1.1998 – 1 BvL 22/93, BVerfGE 97, S. 169, 175.

273 Nur *Hergenröder* ZfA 2002, S. 355, 369.

274 Vergleiche noch unten S. 83 ff.

275 Nur BVerfG Beschl. v. 10.6.1964 – 1 BvR 37/63, BVerfGE 18, S. 85, 93; Beschl. v. 24.2.2015 – 1 BvR 472/14, NJW 2015, S. 1506, 1508; Beschl. v. 18.4.2018 – 2 BvR 883/17, Rn. 24 juris; *Preis* RdA 1989, S. 327, 332.

276 Vergleiche *Röthel* Normkonkretisierung (2004), S. 114: „Wo die Rechtsprechung anstelle des Gesetzgebers zur Regelbildung aufgerufen ist […] unterliegt die richterlicher Regelbildung denselben Anforderungen wie die Normsetzung durch den Gesetzgeber."

277 *Doehring*[3] Staatsrecht (1984), S. 209; mit Verweis auf diesen *Pötters* Grundrechte und Beschäftigtendatenschutz (2013), S. 57.

278 *Pötters* Grundrechte und Beschäftigtendatenschutz (2013), S. 57.

279 BVerfG Urt. v. 15.1.1958 – BvR 400/51, BVerfGE 7, S. 198, 204.

280 Nur BVerfG Urt. v. 15.1.1958 – BvR 400/51, BVerfGE 7, S. 198, 204/205. Anders noch BAG Urt. v. 3.12.1954 – 1 AZR 150/54, NJW 1955, S. 606, 607.

Umständen gleichwohl zu einem grundrechtskonformen Verhalten gezwungen werden kann, ist Folge der objektiv-rechtlichen Dimension der Grundrechte.[281] Nach dem wegweisenden *Lüth*-Urteil des *BVerfG* vom 15.1.1958 hat das Grundgesetz in seinem Grundrechteabschnitt eine objektive Werteordnung errichtet, die für alle Bereiche des Rechts Geltung beansprucht.[282] Die Einzelgrundrechte enthalten sonach Wertentscheidungen, die auch „jenseits staatlicher Bedrohungen in einer Gesellschaft gelten sollen"[283], d. h., anderen Grundrechtsträgern mittelbar entgegengehalten werden können.[284] Für die Verwirklichung grundrechtlicher Wertentscheidung hat vorrangig der Gesetzgeber zu sorgen.[285] In Abwesenheit einer konkreten Gestaltung, etwa in Form der Generalklausel des § 626 I BGB, liegt es an den Gerichten, die Ausstrahlungswirkung zu sichern.[286]

Mit Blick auf die Berufsfreiheit des Arbeitnehmers aus Art. 12 I GG gilt es allerdings zu beachten, dass sie weder eine Bestandsschutzgarantie gewährleistet, noch schlechthin vor einem Arbeitsplatzverlust aufgrund privater Disposition schützt.[287] Das *BVerfG* entnimmt dem Grundrecht die staatliche Pflicht, abhängig Beschäftigte lediglich mit einem Mindestbestandsschutz zu versorgen.[288] Dem tragen die geltenden Kündigungsvorschriften, d. h., auch § 626 I BGB, grundsätzlich hinreichend Rechnung.[289]

---

281 Pointiert *Störring* Untermaßverbot (2009), S. 29.

282 BVerfG Urt. v. 15.1.1958 – BvR 400/51, BVerfGE 7, S. 198, 205.

283 *Störring* Untermaßverbot (2009), S. 30.

284 BVerfG Urt. v. 15.1.1958 – BvR 400/51, BVerfGE 7, S. 198, 205; BAG Urt. v. 27.2.1985 – GS 1/84, AP Nr. 14 zu § 611 BGB Beschäftigungspflicht; *Hager* JZ 1994, S. 373 mit Fn. 10.

285 Nur BVerfG Urt. v. 25.2.1975 – 1 BvF 1/74, BVerfGE 39, S. 1, 41.

286 BVerfG Beschl. v. 23.4.1986 – 2 BvR 487/80, BVerfGE 73, S. 261; Beschl. v. 19.10.1993 – 1 BvR 567/89, BVerfGE 89, S. 214, 229 ff., *Oetker* RdA 1997, S. 9, 15, 19. Die Delegation der Normbildung im Rahmen von § 626 I BGB an die Gerichte [unten S. 87 ff.] ist als solche verfassungsrechtlich nicht zu beanstanden, vergleiche BVerfG Urt. v. 27.1.1998 – 1 BvL 15/87, BVerfGE 97, S. 169, 175; APS/*Preis*[6] (2021) Grundlagen A. Rn. 23; *Dörner* NZA 1993, S. 873, 874.

287 BVerfG Urt. v. 24.4.1991 – 1 BvR 1341/90, BVerfGE 84, S. 133, 146/147; Urt. v. 27.1.1998 – 1 BvL 15/87, BVerfGE 97, S. 169, 175; *Dieterich* RdA 1992, S. 330, 332; MHdBArbR/*Fischinger*[5] (2021) § 7 Rn. 75.

288 BVerfG Urt. v. 27.1.1998 – 1 BvL 15/87, BVerfGE 97, S. 169, 175; *Dieterich* RdA 1992, S. 330, 332; APS/*Preis*[6] (2021) Grundlagen A. Rn. 24/25; ErfK/*Schmidt*[21] (2021) Art. 12 GG Rn. 36 ff.

289 BVerfG Urt. v. 24.4.1991 – 1 BvR 1341/90, BVerfGE 84, S. 133, 147; Urt. v. 27.1.1998 – 1 BvL 15/87, BVerfGE 97, S. 169, 175; MHdBArbR/*Fischinger*[5] (2021) § 7 Rn. 75.

Betreffend die außerordentliche Verdachtskündigung kann es folglich nur darum gehen, ob mit ihr der grundrechtliche Mindeststandard unterboten wird.[290] Hingegen kommt es nicht darauf an, ob die bundesarbeitsgerichtliche Rechtsprechung zur außerordentlichen Verdachtskündigung die Berufsfreiheit des Arbeitnehmers „optimal" berücksichtigt.[291]

Gegenteiliges legen die im arbeitsrechtlichen Diskurs üblichen[292] Bezugnahmen auf den Grundsatz der Verhältnismäßigkeit allerdings nahe. Dessen (regelförmige) Anwendung verbietet sich indes, weil im Privatrechtskonflikt beide Streitenden Grundrechte geltend machen können.[293] Führt man sich dies vor Augen, ist es entgegen der Annahme *Dörners*[294] evident, dass die außerordentliche Verdachtskündigung einem normativ legitimierten Zweck dient – sie fördert die von Art. 12 I GG gewährleistete Kündigungsfreiheit des Arbeitgebers.[295]

In der Kündigungssituation können sich Arbeitnehmer *und* Arbeitgeber auf ihre Freiheit aus Art. 12 I GG berufen.[296] Einen aus dem Grundrechtedasein ableitbaren,[297] prinzipiellen Vorrang „der" Freiheit,[298] welcher hoheitliche Bindung an den Grundsatz der Verhältnismäßigkeit rechtfertigt,[299] gibt es im privaten – wenn auch ungleichgewichtigen – Gleichordnungsverhältnis gerade

---

290 Vergleiche *Röthel* Normkonkretisierung (2004), S. 113 ff. unter Verweis auf die Figur des Untermaßverbots [zu dieser insbesondere *Canaris* AcP 1984, S. 201, 203 ff.]. Im Ausgangspunkt weiter BVerfG Beschl. v. 24.2.2015 – 1 BvR 472/14, NJW 2015, S. 1506, 1508.

291 Neben den in der vorgehenden Fn. 290 Genannten auch etwa BVerfG Beschl. v. 10.6.1964 – 1 BvR 37/63, BVerfGE 18, S. 85, 93; Beschl. v. 18.4.2018 – 2 BvR 883/17, Rn. 24 juris; BAG Urt. v. 21.9.2017 – 2 AZR 865/16, Rn. 29 juris. Vergleiche aber *K. Gamillscheg* Beendigung des Arbeitsverhältnisses (2001), S. 106/107.

292 *Dörner* AiB 1993, S. 147, 167 ff.; *ders.* NZA 1993, S. 873 ff.; *Hoefs* Verdachtskündigung (2001), S. 95 ff.; *Ebeling* Kündigung wegen Verdachts (2006), S. 81 ff.

293 BVerfG Beschl. v. 8.3.1988 – 1 BvL 9/85, BVerfGE 78, S. 38, 54 ff., 56 [Sondervotum *Henschel*]; *Böckenförde* Der Staat 1990, S. 1, 19 ff.; *Rüfner* in: HStR[3] (2011) § 197 Rn. 109. Auch *Bieder* Verhältnismäßigkeit (2006), S. 105; *Stürner* Verhältnismäßigkeit im Schuldvertragsrecht (2010), S. 304; BVerfG Beschl. v. 24.2.2015 – 1 BvR 472/14, NJW 2015, S. 1506, 1508.

294 *Dörner* NZA 1993, S. 873 ff., 875/876.

295 Ähnlich *Hoefs* Verdachtskündigung (2001), S. 96/97.

296 Etwa *K. Gamillscheg* Anm. zu BAG Urt. v. 18.11.1999 – 2 AZR 743/98, SAE 2001, S. 182/183.

297 *Stürner* Verhältnismäßigkeit im Schuldvertragsrecht (2010), S. 294.

298 Vergleiche *Pötters* Grundrechte und Beschäftigtendatenschutz (2013), S. 73.

299 *Stürner* Verhältnismäßigkeit im Schuldvertragsrecht (2010), S. 305.

nicht.[300] Deshalb ist es, anders zum Beispiel als *Dörner* meint,[301] verfassungsrechtlich insbesondere auch nicht entscheidend, ob und in wie fern dem Arbeitgeber mit der Verdachtsauflösung nach § 9 I 2 KSchG ein milderes Mittel zur Verfügung steht, um sein Dispositionsinteresse zu befriedigen.[302]

2. Keine relevante Beeinträchtigung

Maßgebend ist, ob die außerordentliche Verdachtskündigung dem grundrechtlich gebotenen Mindestbestandsschutz gerecht wird, bzw. die bundesarbeitsgerichtlichen Vorgaben sicherstellen, dass der verdächtige Arbeitnehmer nicht willkürlich entlassen werden kann.[303]

Insofern ist zunächst zu berücksichtigen, dass die außerordentliche Verdachtskündigung nach der Rechtsprechung einen Verdacht voraussetzt, der eine objektive Tatsachengrundlage hat. Der Verdacht muss dringend sein, wodurch gewährleistet ist, dass die Kündigung denjenigen Arbeitnehmer trifft, der sich aus der Belegschaft als wahrscheinlichster Störer, als riskantester Kandidat hervorgetan hat.[304] Zur Versachlichung trägt ferner bei, dass sich der Verdacht auf eine Pflichtverletzung beziehen muss, die, wäre sie erwiesen, eine außerordentliche Tatkündigung rechtfertigen würde.[305] Vor der Kündigung muss der Arbeitgeber das ihm Zumutbare unternehmen, um den Verdacht zu verifizieren;[306] die Anhörungsobliegenheit bietet gewissermaßen (Grundrechts-)Schutz durch Verfahren.[307] Ferner sieht die bundesarbeitsgerichtliche Rechtsprechung für unschuldig, aber wirksam entlassene Arbeitnehmer eine Wiedereinstellungschance vor.[308] Die Beendigung des Arbeitsverhältnisses ist somit (potentiell)[309] umkehrbar. Insgesamt ist daher eine willkürliche Entlassung in einen Pflichtverletzungsverdacht geratener Arbeitnehmer

---

300 *Rüfner* in: HStR³ (2011) § 197 Rn. 108; BVerfG Beschl. v. 8.3.1988 – 1 BvL 9/85, BVerfGE 78, S. 38, 54 ff., 56 [Sondervotum *Henschel*]. Anders *Preis* Prinzipien (1987), S. 280 ff.

301 *Dörner* NZA 1993, S. 873 ff., 875/876.

302 Zur Verdachtsauflösung ausführlich noch S. 73 ff.

303 Zu diesem Maßstab *Ruffert* Vorrang der Verfassung und Eigenständigkeit des Privatrechts (2001), S. 464; *Preis* NZA 1997, S. 1256, 1264 ff.

304 Vergleiche auch *vom Stein* Fehleinschätzungen (1989), S. 49.

305 Vergleiche etwa BAG Urt. v. 21.11.2013 – 2 AZR 797/11, NZA 2014, S. 243, 246.

306 *Ebeling* Kündigung wegen Verdachts (2006), S. 83; *K. Gamillscheg* Anm. zu BAG Urt. v. 18.11.1999 – 2 AZR 743/98, SAE 2001, S. 182/183.

307 Vergleiche *Lembke* RdA 2013, S. 82, 85/87.

308 *Ebeling* Kündigung wegen Verdachts (2006), S. 83.

309 Unten S. 208 ff.

ausgeschlossen, mithin eine relevante Beeinträchtigung von Art. 12 I GG nicht gegeben.

III. Zusammenfassung

Im vorangegangenen Untersuchungsabschnitt wurde diskutiert, ob die außerordentliche Verdachtskündigung gegen grundrechtliche Gewährleistungen der Unschuldsvermutung und/oder der Berufsfreiheit verstößt. Beides ist zu verneinen.

1. Die Unschuldsvermutung hat verschiedene Geltungsquellen, unter anderem eine verfassungs- bzw. grundrechtliche, die unter Berücksichtigung von Art. 6 II EMRK zu konkretisieren ist. Die verfassungsrechtliche Unschuldsvermutung gilt auch im Arbeitsrecht. Sie kann infolge unmittelbarer bzw. mittelbarer Grundrechtswirkung sowohl Hoheitsträgern (zum Beispiel Arbeitsgerichten) als auch Privaten (zum Beispiel Arbeitgebern) entgegengehalten werden. Die verfassungsrechtliche Unschuldsvermutung kann namentlich verletzt werden, indem eine Maßnahme mit Kriminalstrafcharakter gegenüber einem Einzelnen ohne die ex- oder implizit erforderliche Feststellung der Strafschuld ergriffen wird. Eine außerordentliche Verdachtskündigung ist mit der verfassungsrechtlichen Unschuldsvermutung vereinbar. Sie vereint nicht so viele (Wesens-)Merkmale einer Strafe auf sich, dass sie als solche oder als strafähnlich zu qualifizieren wäre.[310] Die Verdachtskündigung setzt weder ex- noch implizit eine Strafschuldfeststellung voraus. Folglich kann sie weder einem gesetzförmigen Strafschulderkenntnis vorgreifen noch eine verfahrensmäßige Feststellung strafrechtlicher Unschuld konterkarieren.
2. Die außerordentliche Verdachtskündigung ermöglicht es nicht, einem Arbeitnehmer aus „evident unsachlichen Gründen ohne Bezug zum Arbeitsverhältnis“[311] (wirksam) zu kündigen. Sie ist in und wegen ihrer schutzpflichtgemäßen Ausgestaltung mit der arbeitnehmerseitigen Berufsfreiheit vereinbar. Zur Vollständigkeit sei ergänzt, dass, anders als mitunter nahegelegt,[312] auch ein Verbot der außerordentlichen Verdachtskündigung

310 Im Einzelnen oben S. 56 ff.

311 BDDH/*H. Hanau* (2016) Art. 12 GG Rn. 93.

312 Etwa von BAG Urt. v. 14.9.1994 – 2 AZR 164/94, NZA 1995, S. 269, 270/271; LKB/*Krause*[16] (2019) § 1 KSchG Rn. 435. Angedeutet auch bei *Belling* FS Kissel, S.11, 16/17; *Schwarze* Anm. zu LAG Düsseldorf Urt v. 25.6.2003 – 14 Sa 657/03, LAGE Nr. 2 zu § 626 BGB 2002, S. 11, 12.

grundrechtlich unverfänglich sein dürfte. Zwar läge gegebenenfalls eine Verkürzung der *arbeitgeber*seitigen Berufsfreiheit vor. Deren Kernbereich, die Gewährleistung einer betriebs-, verhaltens- und personenbedingten Kündigungsmöglichkeit,[313] bliebe durch ein Verdachtskündigungsverbot jedoch ebenfalls unberührt.

B. Einfachgesetzliche Einwände

Die außerordentliche Verdachtskündigung ist nach hier vertretener Auffassung also nicht grundrechtswidrig. Im nächsten Schritt sind etwaige Verstöße gegen einfaches Gesetzesrecht in den Blick zu nehmen.

I. „Kein objektiver Kündigungsanlass"

Einzelne Autoren rügen, die Verdachtskündigung sei mit dem Erfordernis, die (fristlose) Entlassung eines Arbeitnehmers auf Tatsachen zu stützen, nicht zu vereinbaren.[314] Das Tatsachenerfordernis ist durch § 626 I BGB vorgegeben:

> „Das Dienstverhältnis kann von jedem Vertragsteil aus wichtigem Grund ohne Einhaltung einer Kündigungsfrist gekündigt werden, wenn *Tatsachen* vorliegen, auf Grund derer dem Kündigenden unter Berücksichtigung aller Umstände des Einzelfalles und unter Abwägung der Interessen beider Vertragsteile die Fortsetzung des Dienstverhältnisses bis zum Ablauf der Kündigungsfrist oder bis zu der vereinbarten Beendigung des Dienstverhältnisses nicht zugemutet werden kann."[315]

Ein Verdacht sei keine Tatsache, sondern eine (eigenwertungsabhängige) Schlussfolgerung.[316] Letzteres trifft zu.[317] Das Hegen eines Verdachts ist nichtsdestotrotz eine (innere) Tatsache.[318] Denn Tatsachen sind „konkrete, nach Zeit und Raum bestimmte, der Vergangenheit oder Gegenwart angehörige Geschehnisse oder Zustände der Außenwelt und des menschlichen Seelenlebens"[319].

Der Kritik ist allerdings beizupflichten, soweit sie impliziert, dass sich subjektive Umstände als Kündigungsanlass nicht eignen. § 626 I BGB setzt einen

---

313 BDDH/*H. Hanau* (2016) Art. 12 GG Rn. 93.

314 *Schütte* NZA-Beil. 1991, S. 17, 21. Vergleiche auch *Naujok* AuR 1998, S. 398.

315 Hervorhebung des Verfassers.

316 *Schütte* NZA-Beil. 1991, S. 17, 21; *Naujok* AuR 1998, S. 398.

317 So auch *Hoefs* Verdachtskündigung (2001), S. 105.

318 *Hoefs* Verdachtskündigung (2001), S. 104; *Lunk* NJW 2010, S. 2753/2754.

319 BGH Urt. v. 18.10.1973 – III ZR 192/71, Rn. 29 juris. Ebenso etwa BVerfG Beschl. v. 30.6.1993 – 2 BvR 459/93, NJW 1993, S. 2165/2166.

objektiven Kündigungsanlass voraus; Befindlichkeiten des Kündigenden sind grundsätzlich unerheblich.[320] Dafür spricht zum einen der grundrechtlich gebotene Mindestbestandsschutz,[321] zum anderen der einfachgesetzliche Vergleich zu § 627 BGB.[322] Letzterer ist nach seinem klaren Wortlaut auf Arbeitsverhältnisse nicht anwendbar und ermöglicht die fristlose Beendigung eines Schuldverhältnisses, das höhere Dienste zum Gegenstand hat, anlässlich des Verlusts des subjektiven (empfundenen) Vertrauens.[323]

Vermutungen im Sinne eines bloß subjektiven Empfindens stützen eine Kündigung nach § 626 I BGB also nicht.[324] Hiermit steht die außerordentliche Verdachtskündigung jedoch in Einklang.[325] Nicht jede Verdächtigung eines Arbeitnehmers ist kündigungserheblich.[326] Vielmehr bedarf der Verdacht stets einer objektiven Tatsachengrundlage, um als Kündigungsanlass in Frage zu kommen.[327] Damit ist zugleich ein systematischer Widerspruch zu § 627 BGB ausgeschlossen.[328]

---

320 Stellvertretend Staudinger/*Preis* (2019) § 626 BGB Rn. 57; MüKoBGB/*Henssler*[8] (2020) § 626 BGB Rn. 117.

321 BAG Urt. v. 14.9.1994 – 2 AZR 164/94, NZA 1995, S. 269, 271; *Enderlein* RdA 2000, S. 325, 326.

322 So auch *Enderlein* RdA 2000, S. 325, 327.

323 *Schwarze*[2] Recht der Leistungsstörungen (2017), S. 227.

324 Nur BAG Urt. v. 4.6.1964 – 2 AZR 310/63, Rn. 26 juris. Insoweit verfehlt *Wertz* Verdachtskündigung unter Berücksichtigung des „Vertrauenskapitals" (2015), S. 92 [Kündigungsgrund bei einer Verdachtskündigung sei der durch den Verdacht „empfundene Wegfall des Vertrauens in die Redlichkeit und das Pflichtbewusstsein des Vertragspartners"; zutreffend hingegen S. 31 f.].

325 So auch *Hoefs* Verdachtskündigung (2001), S. 105; *Zborowska* Außerordentliche Verdachtskündigung (2015), S. 52/53; *Ebeling* Kündigung wegen Verdachts (2006), S. 119.

326 BAG Urt. v. 12.5.2010 – 2 AZR 587/08, NZA-RR 2011, S. 15, 18; Urt. v. 25.11.2010 – 2 AZR 801/09, NZA-RR 2012, S. 222, 223; Urt. v. 24.5.2012 – 2 AZR 206/11, NZA 2013, S. 137; Urt. v. 25.10.2012 – 2 AZR 700/11, NZA 2013, S. 371, 372; Urt. v. 23.5.2013 – 2 AZR 102/12, NZA 2013, S. 1416, 1418; Urt. v. 2.3.2017 – 2 AZR 698/15, NZA 2017, S. 1051, 1052; Urt. v. 31.1.2019 – 2 AZR 426/18, NZA 2019, S. 893, 896. Auch schon BAG Urt. v. 22.11.1973 – 2 AZR 580/72, AP Nr. 67 zu § 626 BGB.

327 *Hoefs* Verdachtskündigung (2001), S. 105; *Zborowska* Außerordentliche Verdachtskündigung (2015), S. 52/53. Abweichend [die dem Beweis zugängliche (innere) Tatsache sei der Vertrauensverlust des Arbeitgebers] *Lücke* BB 1997, S. 1842, 1844; *Ebeling* Kündigung wegen Verdachts (2006), S. 119; *Lunk* NJW 2010, S. 2753/2754.

328 Das verkennen *Harke* Besonderes Schuldrecht (2011), Rn. 241 und *Prütting* FS Moll, S. 553, 554. Im Ergebnis wie hier *Otto* Wegfall des Vertrauens als Grund zur

II. „Unterentwickelte Tatkündigung"

1. *Nachweisliche Tat als ausschließlicher Kündigungsanlass?*

Ein verwandter Einwand lautet, die Anerkennung einer außerordentlichen Verdachtskündigung „lockere" die durch § 626 I BGB vorgegebene Tatsachenbindung – die betreffenden Sachverhalte ließen nämlich keinen sicheren Schluss auf das Vorliegen eines wichtigen Grunds zu.[329] Darin drückt sich ein Vorverständnis aus, wonach eine auf § 626 I BGB gestützte Kündigung Indizien erfordert, die die Annahme einer Vertragsstörung in Form einer nachweislichen Pflichtverletzung zulassen (Fälle der Tatkündigung).[330] Diese verengende Sichtweise findet im Wortlaut von § 626 I BGB keine Stütze.[331] § 628 I 2 BGB, § 314 II 1 BGB, § 723 I 3 BGB sprechen gegen sie. Ebenso verhält es sich mit der Entwicklungsgeschichte von § 626 BGB. Aus ihr geht hervor, dass die inhaltliche Bestimmung außerordentlicher Kündigungsgründe weitgehend der Rechtsprechung überlassen werden sollte.[332] In den Motiven heißt es:

> „Für den Dienstverstrag sind besondere Vorschriften nöthig, welche […] beiden Theilen das Recht verleihen, noch vor Ablauf der Dienstzeit vom Vertrag unter gewissen Voraussetzungen für die Zukunft sich loszusagen. Ein solches Recht muß ihnen zustehen *nicht allein* in dem Falle, wenn der andere Theil seine Vertragspflichten verletzt oder nur mangelhaft erfüllt, *sondern auch*, wenn ohne eine solche Pflichtversäumniß eine wesentliche Aenderung der bei Eingehung des Vertrages muthmaßlich gewürdigten Umstände eintritt."[333]

2. *Umkehr der Beweislast/Absenkung des Beweismaßes?*

Steht damit fest, dass die Tatkündigung eine, aber nicht die einzige gesetzgeberisch bzw. gesetzlich vorgesehene Fallgruppe des § 626 I BGB ist, entbehrt die

---

außerordentlichen Kündigung (2000), S. 41/42; *Ebeling* Kündigung wegen Verdachts (2006), S. 107.

329 In diesem Sinne *Schütte* NZA-Beil. 1991, S. 17, 21; *Dörner* AiB 1993, S. 147, 152 ff.; *ders.* AiB 1995, S. 663, 664 ff. Ähnlich *Schwerdtner* Brennpunkte des Arbeitsrechts (2001), S. 243, 258; *Schwarze* Anm. zu LAG Düsseldorf Urt v. 25.6.2003 – 14 Sa 657/03, LAGE Nr. 2 zu § 626 BGB 2002, S. 11, 12.

330 Vergleiche auch *Hoefs* Verdachtskündigung (2001), S. 105; *Zborowska* Außerordentliche Verdachtskündigung (2015), S. 53.

331 *Hoefs* Verdachtskündigung (2001), S. 105; *Zborowska* Außerordentliche Verdachtskündigung (2015), S. 53.

332 Mugdan II, S. 262 [Motive], S. 913/914 [Protokolle], S. 1256 [Denkschrift].

333 Mugdan II, S. 261 [Motive], Hervorhebung des Verfassers.

weitere Kritik, die Verdachtskündigung sei (auch deshalb) eine unterentwickelte Tatkündigung, weil sie vergleichsweise geringe Beweisanforderungen habe, einer belastbaren Grundlage.[334]

Für die außerordentliche Verdachtskündigung ist weder[335] eine Umkehr der gesetzlichen Beweislastverteilung hinsichtlich der kündigungsbegründenden Tatsachen noch[336] ein Widerspruch zu § 46 II ArbGG, § 286 I ZPO bzw. dem dort geregelten Beweismaß festzustellen.[337] Die Last, die verdachtsbegründenden Tatsachen darzulegen und zu beweisen, trägt der Arbeitgeber.[338] Das *BAG* entlastet den Arbeitgeber hinsichtlich Darlegungsobliegenheit nur ausnahmsweise, wenn die Erfüllung ihm als Außenstehendem unmöglich ist, dem Arbeitnehmer die wesentlichen Tatsachen hingegen aufgrund seines Wahrnehmungsbereichs hingegen bekannt sein müssen.[339] Im Übrigen muss der Arbeitgeber das Vorliegen der den Verdacht stützenden objektiven Tatsachen auch voll, d. h. zur zweifelsfreien Gewissheit,[340] nachweisen.[341]

---

334 Im Ergebnis ebenso *Hoefs* Verdachtskündigung (2001), S. 105, 109/110; *Ebeling* Kündigung wegen Verdachts (2006), S. 28 ff.; *Zborowska* Außerordentliche Verdachtskündigung (2015), S. 55; *Fischermeier* FS ARGE Arbeitsrecht, S. 275, 277.

335 Anders *Schütte* NZA-Beil. 1991, S. 17, 21; *Dörner* AiB 1993, S. 147, 151 ff.; *ders.* AiB 1995, S. 663, 664 ff.; *K. Gamillscheg* Beendigung des Arbeitsverhältnisses (2001), S. 107.

336 Anders *Dörner* AiB 1993, S. 147, 153/154; *ders.* AiB 1995, S. 663, 664/665; *Buschmann.* FS Ostendorf, S. 143, 150. Vergleiche auch *Prütting* Gegenwartsprobleme der Beweislast (1983), S. 135 [„non-liquet" bezüglich der Tat]; GMP/*ders.*[9] (2017) § 58 ArbGG Rn. 91; *Thüsing/Pötters* Anm. zu BAG Urt. v. 10.6.2010 – 2 AZR 541/09, EzA Nr. 32 zu § 626 BGB 2002, S. 21, 22; Staudinger/*Preis* (2019) § 626 BGB Rn. 226 [Verzicht auf den Vollbeweis]; ähnlich schon *Moritz* NJW 1978, S. 402, 403.

337 Ebenso *Hoefs* Verdachtskündigung (2001), S. 105, 109/110; *Ebeling* Kündigung wegen Verdachts (2006), S. 28 ff.; *Zborowska* Außerordentliche Verdachtskündigung (2015), S. 55; *Fischermeier* FS ARGE Arbeitsrecht, S. 275, 277; *Lunk* NJW 2010, S. 2753, 2754.

338 Etwa BAG Urt. v. 10.2.2005 – 2 AZR 189/04, NZA 2005, S. 1056, 1058; Urt. v. 20.6.2013 – 2 AZR 546/12, NZA 2014, S. 143, 145.

339 BAG Urt. v. 16.7.2015 – 2 AZR 85/15, NZA 2016, S. 161, 165.

340 BGH Urt. v. 17.2.1970 – III ZR 139/67, NJW 1970, S. 946, 948.

341 BAG Urt. v. 31.1.2019 – 2 AZR 426/18, NZA 2019, S. 893, 896. Der Arbeitgeber trägt die Darlegungs- und Beweislast grundsätzlich auch für solche Tatsachen, die einen vom Gekündigten behaupteten Rechtfertigungs- oder Entschuldigungsgrund ausschließen, BAG Urt. v. 17.3.2016 – 2 AZR 110/15, Rn. 32 juris; *Belling* Anm. zu BAG Urt. v. 29.7.1993 – 2 AZR 90/93, SAE 1994, S. 210, 212.

Die außerordentliche Verdachtskündigung führt mithin – aus der richtigen Perspektive – weder zu einer Verschiebung der Darlegungs- und Beweislast noch zu einer Verringerung des Beweismaßes betreffend den Kündigungsgrund.[342]

3. *Absenkung der materiellen Anforderungen an den Sachgrund?*

Zu klären bleibt hiernach – als entscheidender Gesichtspunkt –[343], ob das *BAG* durch die Billigung einer außerordentlichen Verdachtskündigung die materiellrechtlichen Anforderungen an den wichtigen Grund im Sinne von § 626 I BGB abgesenkt hat.

Die außerordentliche Verdachtskündigung ermöglicht dem Arbeitgeber zwar die einseitige Beendigung eines Arbeitsverhältnisses „ohne Tatnachweis". Die damit (im Vergleich zu einer verdachtskündigungsfreien Rechtsordnung) einhergehende Begünstigung wird jedoch durch das Erfordernis zumutbarer Sachverhaltsaufklärung relativiert,[344] das nach der Rechtsprechung ausschließlich für die Verdachtskündigung besteht.[345] Dabei ist auch zu bedenken, dass namentlich die dem Arbeitgeber obliegende Anhörung des Arbeitnehmers diesem eine Chance bietet, von einer voreiligen Tatkündigung verschont zu bleiben.

Ein Missverhältnis der materiellen Anforderungen ist auch sonst nicht zu besorgen. Zentral (und unerlässlich) ist insofern neben der vorausgesetzten Dringlichkeit des Verdachts, dass das *BAG* die Wirksamkeit einer Verdachtskündigung davon abhängig macht, dass der gegen den Arbeitnehmer erhobene Vorwurf, wäre er erwiesen, eine außerordentliche Tatkündigung rechtfertigen würde.[346] Eine Beschränkung auf den Verdacht „schwerer Straftaten", vorsätzlicher Pflichtverletzungen oder dahingehend, dass die außerordentliche Verdachtskündigung nur gegenüber Arbeitnehmern in „Vertrauenspositionen" wirksam sein könne, ist nicht angezeigt.[347]

---

342 Ebenso *Hoefs* Verdachtskündigung (2001), S. 105, 109/110; *Ebeling* Kündigung wegen Verdachts (2006), S. 28 ff.; *Zborowska* Außerordentliche Verdachtskündigung (2015), S. 55; *Fischermeier* FS ARGE Arbeitsrecht, S. 275, 277; *Lunk* NJW 2010, S. 2753, 2754.

343 Vergleiche *Schwarze* Anm. zu LAG Düsseldorf Urt v. 25.6.2003 – 14 Sa 657/03, LAGE Nr. 2 zu § 626 BGB 2002, S. 11, 12 ff.

344 *Hoefs* Verdachtskündigung (2001), S. 110.

345 Näher zur Aufklärungsobliegenheit unten S. 138 ff.

346 *Schwarze* Anm. zu LAG Düsseldorf Urt v. 25.6.2003 – 14 Sa 657/03, LAGE Nr. 2 zu § 626 BGB 2002, S. 11, 15.

347 *Hoefs* Verdachtskündigung (2001), S. 165 ff. Dazu auch unten S. 113.

Die Billigung einer Verdachtskündigung hat die materiell-rechtliche Hürde einer außerordentlichen Kündigung mithin nicht gesenkt.[348]

4. *Zwischenergebnis*

Der Vorwurf, die Verdachtskündigung sei eine „unterentwickelte" Tatkündigung, ist nach Maßgabe des Vorstehenden insgesamt unberechtigt.

III. „Missachtung des Stufenverhältnisses der Kündigungsarten"

Die Verdachtskündigung kann nicht überzeugend gemäß § 1 II KSchG typisiert werden.[349] Für eine ordentliche Verdachtskündigung ist bei Anwendbarkeit des KSchG kein Raum; sie ist weder durch Gründe im Verhalten oder der Person des Arbeitnehmers noch durch dringende betriebliche Erfordernisse bedingt. *Adam* meint, dies schließe die Zulässigkeit einer außerordentlichen Verdachtskündigung aus, das „Stufenverhältnis der Kündigungsarten" entlarve sie als unmögliche Konstruktion.[350]

1. *Zum Stufenverhältnis der Kündigungsarten*

Der Begriff umschreibt einen bedeutenden gesetzessystematischen Zusammenhang.[351] Das außerordentliche Kündigungsrecht ist ein unabdingbares Ausnahmerecht,[352] welches (auch) bei ordentlicher Unkündbarkeit nicht entfällt.[353]

Beide Kündigungsarten ermöglichen dem Arbeitgeber die einseitige Beendigung des Arbeitsverhältnisses. Fristlos kann er allerdings nur nach § 626 BGB kündigen (§ 620 II BGB, § 622 BGB). Die außerordentliche Kündigung ist das vergleichsweise schärfere Eingriffsmittel.[354] Sie ist ein funktionsgleiches „Mehr gegenüber der milderen ordentlichen Kündigung"[355].[356]

---

348 *Hoefs* Verdachtskündigung (2001), S. 110; *Schwarze* Anm. zu LAG Düsseldorf Urt v. 25.6.2003 – 14 Sa 657/03, LAGE Nr. 2 zu § 626 BGB 2002, S. 11, 15.

349 Ausführlich unten S. 192 ff.

350 *Adam* AuR 2013, S. 15, 17; *ders.* Anm. zu LAG Berlin-Brandenburg Urt. v. 10.2.2012 – 6 Sa 1845/11, LAGE Nr. 11 zu § 626 BGB 2002 Verdacht strafbarer Handlung, S. 11, 18/19.

351 Eingehend *Preis* Prinzipien (1987), S. 480 ff.

352 Nur *Bröhl* Außerordentliche Kündigung (2005), S. 69 mit weiteren Nachweisen.

353 *Preis/Hamacher* FS Arbeitsgerichtsbarkeit RP, S. 245 mit Fn. 1.

354 *Feuerborn* Sachliche Gründe (2003), S. 290.

355 *Feuerborn* Sachliche Gründe (2003), S. 290.

356 *Preis* Prinzipien (1987), S. 480 ff. mit Verweis auf *Galperin* DB 1964, S. 1114, 1117.

Herschel hat daraus geschlossen, die (inneren) Grenzen der ordentlichen Kündigung müssten erst recht bei der Beurteilung der Wirksamkeit einer außerordentlichen beachtet werden.[357] Oder mit *Preis*:

> „Eine außerordentliche Kündigung ist jedenfalls dann unwirksam, wenn sie schon an den Rechtsschranken scheitern müsste, die für eine ordentliche Kündigung gelten."[358]

2. *Unzulässigkeit der außerordentlichen Verdachtskündigung wegen Sozialwidrigkeit einer ordentlichen?*

In Anwendung dieser Leitformel mag man wie folgt argumentieren: Eine Verdachtskündigung sei weder durch Gründe in der Person oder dem Verhalten des Arbeitnehmers noch durch dringende betriebliche Erfordernisse bedingt und deshalb (stets) sozialwidrig im Sinne des § 1 I, II KSchG.[359] Weil die Schranke der Sozialwidrigkeit wegen des Stufenverhältnisses der Kündigungsarten auch im Rahmen von § 626 I BGB entfaltet werden müsse,[360] könne eine außerordentliche Verdachtskündigung (gegenüber Arbeitnehmern mit ordentlichem Kündigungsschutz) nicht zulässig sein.[361]

Die Schlussfolgerung ist jedoch nicht zwingend.[362] Methodisch überzeugender ist es, eine außerordentliche Verdachtskündigung (auch jenseits der Fälle gesetzlicher oder wirksam vereinbarter ordentlicher Unkündbarkeit) nicht stets daran scheitern zu lassen, dass eine ordentliche sozialwidrig wäre.[363]

---

357 *Herschel* BB 1982, S. 253, 254.

358 *Preis* Prinzipien (1987), S. 482; Staudinger/*ders.* (2019) § 626 BGB Rn. 7. Ebenso *Feuerborn* Sachliche Gründe (2003), S. 290; MüKoBGB/*Henssler*[8] (2020) § 626 BGB Rn. 96.

359 Der Sache nach *Adam* AuR 2013, S. 15, 17; *ders.* Anm. zu LAG Berlin-Brandenburg Urt. v. 10.2.2012 – 6 Sa 1845/11, LAGE Nr. 11 zu § 626 BGB 2002 Verdacht strafbarer Handlung, S. 11, 18/19.

360 Etwa *Feuerborn* Sachliche Gründe (2003), S. 290/291.

361 *Adam* AuR 2013, S. 15, 17; *ders.* Anm. zu LAG Berlin-Brandenburg Urt. v. 10.2.2012 – 6 Sa 1845/11, LAGE Nr. 11 zu § 626 BGB 2002 Verdacht strafbarer Handlung, S. 11, 18/19.

362 Anders *Wertz* Verdachtskündigung unter Berücksichtigung des „Vertrauenskapitals" (2015), S. 66/67; *Preis* Prinzipien (1987), S. 476, zurückhaltender aber S. 483 [es *dürfte* keinen außerordentlichen Kündigungsgrund geben, der sich der Dreiteilung des § 1 II KSchG nicht zuordnen lasse].

363 HK/*Dorndorf*[4] (2001) § 1 KSchG Rn. 844; MHdBArbR/*Rachor*[4] (2018) § 126 Rn. 1, 27 ff.; KR/*dies.*[12] (2019) § 1 KSchG Rn. 423. Wohl auch *Belling* Anm. zu BAG Urt. v. 29.7.1993 – 2 AZR 90/93, SAE 1994, S. 210, 212/213. Vergleiche – allgemein – auch *Heimbach* Verhältnis der außerordentlichen Kündigung des Arbeitgebers zur

Dafür kann angeführt werden, dass sich der Gesetzgeber bewusst dafür entschieden hat, § 626 I BGB offen als Generalklausel auszugestalten.[364] § 626 I BGB gilt ferner unabhängig von der Anwendbarkeit des KSchG und anders als dieses auch für eine Kündigung des Arbeitnehmers.[365] Zudem haben die Kündigungsarten verschiedene Geltungsgründe – während das Recht zur außerordentlichen Kündigung „Ausdruck zumutbarer Selbstbindung“[366] ist, beschreiben die Voraussetzungen der ordentlichen Kündigung die „Grenzen der Fremdbindung der Arbeitsvertragsparteien“[367].[368] Hierzu passt die Beobachtung, dass nur die außerordentliche Kündigung eines Arbeitsvertrags den Grundsatz *pacta sunt servanda* durchbricht.[369] § 626 I BGB und § 1 KSchG sind zudem zweckverschieden.[370] Eine teleologische Schnittmenge besteht nur insoweit, als die einschränkenden Voraussetzungen von § 626 BGB den Erhalt des Vertrags fördern.[371] In erster Linie soll durch § 626 I BGB jedoch die (sofortige) Vertragslösung bei extremen Belastungen ermöglicht werden.[372]

Diese Argumente verbieten es nicht, § 626 I BGB orientiert an § 1 I, II KSchG zu dogmatisieren.[373] Sie sprechen zugleich dafür, dass nicht *jede* außerordentliche (Arbeitsgeber-)Kündigung durch Gründe, die in der Person oder dem Verhalten des Arbeitnehmers liegen, oder durch dringende betriebliche Erfordernisse

---

ordentlichen (2009), S. 145/146, die sich gleichwohl [S. 151/152] dagegen ausspricht, die Verdachtskündigung nur als außerordentliche zuzulassen; *D. Reuter* FS Richardi, S. 361, 362 ff.; KR/*Fischermeier*[12] (2019) § 626 BGB Rn. 157/158.

364 Mugdan II, S. 262 [Motive], S. 913/914 [Protokolle], S. 1256 [Denkschrift]; MHdBArbR/*Rachor*[4] (2018) § 124 Rn. 18; *Appel/Gerken* AuR 1995, S. 201, 205.

365 MHdBArbR/*Rachor*[4] (2018) § 124 Rn. 18.

366 *Heimbach* Verhältnis der außerordentlichen Kündigung des Arbeitgebers zur ordentlichen (2009), S. 145/146.

367 *Heimbach* Verhältnis der außerordentlichen Kündigung des Arbeitgebers zur ordentlichen (2009), S. 145/146.

368 So *Heimbach* Verhältnis der außerordentlichen Kündigung des Arbeitgebers zur ordentlichen (2009), S. 145/146. Ebenso *D. Reuter* FS Richardi, S. 361, 362 f.

369 *Preis* Prinzipien (1987), S. 162, 174 ff., 476; Staudinger/*ders.* (2019) § 626 BGB Rn. 5.

370 *Heimbach* Verhältnis der außerordentlichen Kündigung des Arbeitgebers zur ordentlichen (2009), S. 64, 145/146.

371 Vergleiche *Stürner* Verhältnismäßigkeit (2010), S. 11.

372 Staudinger/*Preis* (2019) § 626 BGB Rn. 5; ErfK/*Niemann*[21] (2021) § 626 BGB Rn. 1.

373 *Preis* Prinzipien (1987), S. 480 ff.; MüKoBGB/*Henssler*[8] (2020) § 626 BGB Rn. 2; MHdBArbR/*Wank*[3] (2009) § 98 Rn. 49/50; KR/*Fischermeier*[12] (2019) § 626 BGB Rn. 135 ff. Anders *Heimbach* Verhältnis der außerordentlichen Kündigung des Arbeitgebers zur ordentlichen (2009), S. 62 ff., 145/146; *D. Reuter* FS Richardi, S. 361, 369 ff.

bedingt sein *muss.*[374] Dem Stufenverhältnis der Kündigungsarten kann bei dieser Sichtweise Rechnung getragen werden, indem man eine außerordentliche Kündigung, die der Arbeitgeber auf einen in § 1 I, II KSchG benannten Grund stützt, (hinsichtlich des Bezugszeitraums der Zumutbarkeitsprüfung) höheren Anforderungen unterstellt als eine entsprechend begründete ordentliche.[375]

Die später zu begründende Sozialwidrigkeit einer ordentlichen Verdachtskündigung schließt die außerordentliche – trotz Stufenverhältnisses der Kündigungsarten – mithin nicht (zwingend) aus.

IV. „Missachtung eines Stufenverhältnisses zum Auflösungsantrag"

Nach manchen Stimmen ist eine außerordentliche Verdachtskündigung in Ansehung von § 9 I 2 KSchG unzulässig.[376]

Namentlich *Dörner* hat vorgebracht, mit ihrer Anerkennung habe das *BAG* den Anwendungsbereich von § 626 I BGB „auf Fälle erweitert, [...] die an sich im Rahmen des § 9 KSchG zu erörtern"[377] seien und dabei ein Stufenverhältnis zwischen den Vorschriften missachtet.[378] Überhaupt enthalte § 9 I 2 KSchG die sachgerechte Lösung für den mit der außerordentlichen Verdachtskündigung bedachten Interessenkonflikt.[379]

1. Grundsätzliches zu § 9 I 2 KSchG

Um die Kritik beurteilen zu können, ist es notwendig, sich mit dem Instrument des Auflösungsantrags näher vertraut zu machen.

Auszugehen ist dafür von § 9 I 1 KSchG:

---

374 *D. Reuter* FS Richardi, S. 361, 370. Auch MHdBArbR/*Rachor*[4] (2018) § 124 Rn. 18; KR/*Fischermeier*[12] (2019) § 626 BGB Rn. 135, 157. Für die Druckkündigung auch *Insam* DB 2005, S. 2298, 2299/2300.

375 *D. Reuter* FS Richardi, S. 361, 370. Vergleiche auch *Appel/Gerken* AuR 1995, S. 201, 205.

376 Insbesondere *Schütte* NZA-Beil. 1991, S. 17, 21; *Dörner* NZA 1993, S. 873, 876; *ders.* AiB 1993, S. 147, 154; *ders.* AiB 1995, S. 663, 666/667.

377 *Dörner* NZA 1993, S. 873, 876.

378 *Dörner* NZA 1993, S. 873, 876. Ebenso *Schütte* NZA-Beil. 1991, S. 17, 21/22. Anders zum Beispiel *Deinert* AuR 2005, S. 285, 296.

379 Dafür auch BDDH/*H. Hanau* (2016) Art. 12 GG Rn. 99 [„dulde und liquidiere"]. Kritisch *Kittner* Anm. zu BAG Urt. v. 26.3.1992 – 2 AZR 519/91, EzA Nr. 4 zu § 626 BGB Verdacht strafbarer Handlung, S. 15, 18.

> „Stellt das Gericht fest, daß das Arbeitsverhältnis durch die Kündigung nicht aufgelöst ist, ist jedoch dem Arbeitnehmer die Fortsetzung des Arbeitsverhältnisses nicht zuzumuten, so hat das Gericht auf Antrag des Arbeitnehmers das Arbeitsverhältnis aufzulösen und den Arbeitgeber zur Zahlung einer angemessenen Abfindung zu verurteilen."

Der hier vornehmlich interessierende § 9 I 2 KSchG bestimmt, dass das Gericht die gleiche Entscheidung auf Antrag des Arbeitgebers zu treffen hat, wenn Gründe vorliegen, die eine den Betriebszwecken dienliche weitere Zusammenarbeit zwischen Arbeitgeber und Arbeitnehmer nicht erwarten lassen.

Die Vorschrift sieht also – grob gesagt – vor, dass ein sinnentleertes Arbeitsverhältnis im Rahmen eines Kündigungsschutzverfahrens auf Antrag durch Gestaltungsurteil aufgelöst werden kann, obschon es durch die angegriffene(n) Kündigung(en) nicht wirksam beendet worden ist. Ist der Antrag begründet, hat das Gericht die Auflösung des Arbeitsverhältnisses gemäß § 9 II KSchG auf den Zeitpunkt des Ablaufs der einschlägigen (ordentlichen) Kündigungsfrist festzusetzen. Als pauschalen Ausgleich für den Arbeitsplatzverlust erhält der Arbeitnehmer einen Abfindungsanspruch gegen den Arbeitgeber. Die Höhe ist nach § 10 KSchG zu bestimmen. Sie kann gemäß § 10 I KSchG bis zu 12 Monatsverdiensten, bei höherem Alter oder längerer Betriebszugehörigkeit auch zwischen 15 und 18 Monatsverdiensten, betragen (§ 10 III KSchG). Das Gericht hat über sie im Rahmen pflichtgemäßen Ermessens zu entscheiden.[380] Regelsätze sind, anders noch unter Geltung von § 87 BRG 1920 (ein Monatsverdienst pro Jahr der Betriebszugehörigkeit), nicht vorgegeben.[381] Aus § 10 II, III KSchG erhellt, dass insbesondere das Alter des Arbeitnehmers, die Dauer seiner Betriebs- bzw.[382] Unternehmenszugehörigkeit und die Höhe seines Arbeitsentgelts relevante Bemessungsfaktoren sind.[383]

§ 9 I 2 KSchG hat Ausnahmecharakter, weil er abweichend vom Grundkonzept des KSchG Abfindungs- anstelle von Bestands- bzw. Vertragserhaltungsschutz vermittelt.[384] Der Antrag ergänzt[385] das kündigungsrechtliche Instrumentarium

---

380 BAG Urt. v. 26.8.1976 – 2 AZR 377/75, AP Nr. 68 zu § 626 BGB.

381 KR/*Spilger*[12] (2019) § 10 KSchG Rn. 31; LKB/*Linck*[16] (2019) § 10 KSchG Rn. 12.

382 LKB/*Linck*[16] (2019) § 10 KSchG Rn. 12.

383 KR/*Spilger*[12] (2019) § 10 KSchG Rn. 28, 52-57.

384 Etwa BAG Urt. v. 14.1.1993 – 2 AZR 343/92, NZA 1994, S. 309, 311; Urt. v. 7.3.2002 – 2 AZR 158/01, NZA 2003, S. 261, 263. Ebenso BVerfG Beschl. v. 22.10.2004 – 1 BvR 1944/01, Rn. 25 juris.

385 KR/*Spilger*[12] (2019) § 9 KSchG Rn. 10.

und stellt ein Korrektiv für die durch die Sozialwidrigkeit einer Kündigung bewirkte Bindung an den Arbeitsvertrag dar.[386]

Die Norm hat im Wesentlichen drei Anwendungsvoraussetzungen: Ein Kündigungsrechtsstreit muss anhängig sein und das Arbeitsverhältnis zum Auflösungszeitpunkt bestehen; ferner muss sich die streitgegenständliche Kündigung als „sozialwidrig" erwiesen haben.[387]

Letzteres bedarf hier besonderer Beachtung. Ein arbeitgeberseitiger Auflösungsantrag kommt nur in Betracht, wenn der Arbeitnehmer - auch - gegen eine ordentliche Kündigung geklagt hat. Betrifft der Kündigungsrechtsstreit hingegen ausschließlich eine außerordentliche Kündigung, kann der Arbeitgeber ihn nicht stellen.[388] Der zwingende[389] Gegenschluss aus § 13 I 3 KSchG stimmt mit dem Willen des historischen Gesetzgebers überein.[390] Eine Analogie scheidet daher aus,[391] ebenso eine deren Voraussetzungen umgehende teleologische Reduktion der durch § 13 I 3 KSchG vorgegebenen „negativen Regel".[392]

---

386 BAG Urt. v. 28.8.2008 - 2 AZR 63/07, NZA 2009, S. 275, 278; LKB/*Linck*[16] (2019) § 9 KSchG Rn. 16, 18.

387 Statt vieler APS/*Biebl*[6] (2021) § 9 KSchG Rn. 5 ff. Scheitert die Kündigung auch aus anderen Gründen, etwa an § 168 SGB IX, darf der Arbeitgeber grundsätzlich keinen Auflösungsantrag nach § 9 I 2 KSchG stellen [zum Beispiel BAG Urt. v. 9.10.1979 - 6 AZR 1059/77, NJW 1980, S. 1484; Urt. v. 31.7.2014 - 2 AZR 434/13, NZA 2015, S. 358, 361]. Nach der Gegenauffassung ist dem Arbeitgeber ein Auflösungsantrag auch möglich, wenn das Arbeitsgericht nicht nur die Sozialwidrigkeit der Kündigung festgestellt hat, denn der Arbeitnehmer könne einen arbeitgeberseitigen Auflösungsantrag ausschließen, indem er die soziale Rechtfertigung der ordentlichen Kündigung nicht bestreite [*J.H. Bauer* DB 1985, S. 1180, 1183; *Tschöpe* FS Schwerdtner, S. 217, 227/228; APS/*Biebl*[6] (2021) § 9 KSchG Rn. 11].

388 BAG Urt. v. 26.10.1979 - 7 AZR 752/77, NJW 1980, S. 1484; Urt. v. 30. 9. 2010 – 2 AZR 160/09, NZA 2011, S. 349; *Tschöpe* FS Schwerdtner, S. 217, 221; APS/*Biebl*[6] (2021) § 13 KSchG Rn. 24; ErfK/*Kiel*[21] (2021) § 13 KSchG Rn. 4.

389 *Tschöpe* FS Schwerdtner, S. 217, 221; *Keßler* NZA-RR 2002, S. 1, 3; APS/*Biebl*[6] (2021) § 13 KSchG Rn. 24; ErfK/*Kiel*[21] (2021) § 13 KSchG Rn. 4.

390 RdA 1951, S. 58, 64: „Der Arbeitgeber bleibt dagegen bei unbegründeter außerordentl. Kündigung an das Arbeitsverhältnis gebunden. Er kann nicht die Auflösung des Arbeitsverhältnisses durch das Gericht beantragen; die Vorschriften des § 7 Abs. 1 Satz 2 und 3 finden keine entsprechende Anwendung."

391 *J.A. Weber* RdA 2011, S. 108, 114; APS/*Biebl*[6] (2021) § 13 KSchG Rn. 24; LKB/*Linck*[16] (2019) § 13 KSchG Rn. 16.

392 Dafür aber *J.A. Weber* RdA 2011, S. 108, 116 ff.

Das bedeutet: Hegt der Arbeitgeber gegen einen Arbeitnehmer einen Verdacht, und will er darauf einen Auflösungsantrag nach § 9 I 2 KSchG stützen, muss er zuvor eine ordentliche Kündigung erklären. Dabei kann es sich aus der eingenommenen Perspektive (Auflösungsantrag als *Alternative* zur außerordentlichen Verdachtskündigung) nur um eine Tatkündigung handeln.[393] Zur Eröffnung des Anwendungsbereichs von § 9 I 2 KSchG genügt es allerdings, wenn der Arbeitgeber eine außerordentliche, hilfsweise ordentliche Tatkündigung erklärt.[394]

2. *Statthaftigkeit einer Verdachtsauflösung*

Für die Auflösung auf Antrag des Arbeitgebers bedarf es in materieller Hinsicht Umstände, aufgrund derer eine den Betriebszwecken dienliche Zusammenarbeit der Arbeitsvertragsparteien nicht zu erwarten steht. Eine Ausnahme vom Begründungserfordernis besteht gemäß § 14 II 2 KSchG für Angestellte in leitender Stellung. Die Wendung „Betriebszwecken dienliche Zusammenarbeit" ist weitgehend unbestimmt, was auf das Erfordernis einer einzelfallabhängigen Interessenabwägung auf Subsumtionsebene hinweist.[395] Der Richter hat eine Prognose anzustellen – „nicht erwarten lassen".[396] Maßgeblich ist die objektive Lage bei Schluss der letzten mündlichen Verhandlung in der Tatsacheninstanz.[397] Auflösungsbegründende Tatsachen können mithin auch nach Zugang der vom Arbeitnehmer angegriffenen Kündigung, zum Beispiel im Verlauf des Kündigungsschutzverfahrens, (objektiv) entstehen.[398]

Welche Umstände eine künftige, den Betriebszwecken dienliche weitere Zusammenarbeit von Arbeitgeber und Arbeitnehmer voraussichtlich ausschließen, benennt § 9 I 2 KSchG nicht. Klar ist aber, dass der Arbeitgeber sie substantiiert

393 Vergleiche *Hoefs* Verdachtskündigung (2001), S. 85; ErfK/*Kiel*[21] (2021) § 9 KSchG Rn. 17.

394 BAG Urt. v. 26.10.1979 – 7 AZR 752/77, NJW 1980, S. 1484, 1485; *Keßler* NZA-RR 2002, S. 1, 3; APS/*Biebl*[6] (2021) § 9 KSchG Rn. 15; *Tautphäus* Auflösung des Arbeitsverhältnisses (2018), S. 211 ff.; KR/*Spilger*[12] (2019) § 9 KSchG Rn. 18; ErfK/*Kiel*[21] (2021) § 13 KSchG Rn. 5.

395 Vergleiche ErfK/*Kiel*[21] (2021) § 9 KSchG Rn. 13.

396 So auch ErfK/*Kiel*[21] (2021) § 9 KSchG Rn. 13.

397 BAG Urt. v. 7.3.2002 – 2 AZR 158/01, NZA 2003, S. 261, 263/264; Urt. v. 23.6.2005 – 2 AZR 256/04, NZA 2006, S. 363, 364/365.

398 Etwa *J.H. Bauer* DB 1985, S. 1180, 1181; *Gravenhorst* NZA-RR 2007, S. 57, 58; KR/*Spilger*[12] (2019) § 9 KSchG Rn. 70.

vortragen und nötigenfalls beweisen muss.[399] Das war nicht immer so.[400] Das Begründungserfordernis besteht erst seit Inkrafttreten des KSchG 1951.[401] Die Beweislast für die auflösungsbegründenden Tatsachen wurde dem Arbeitgeber im Zuge des ersten Arbeitsrechtsbereinigungsgesetzes 1969 auferlegt.[402] Weil die

---

399 BVerfG Beschl. v. 22.10.2004 – 1 BvR 1944/01, Rn. 26 juris; BAG Urt. v. 24.5.2005 – 8 AZR 246/04, NZA 2005, S. 1178, 1181; Urt. v. 19.11.2015 – 2 AZR 217/15, NZA 2016, S. 540, 545.

400 Zur Geschichte Auflösungsantrags: Das Betriebsrätegesetzes vom 4.2.1920 [im Folgenden BRG] bahnte dem allgemeinen materiellen Kündigungsschutz den Weg, indem es die ordentliche Kündigung eines Arbeitgebers, in dessen Betrieb ein Betriebsrat vorhanden war, an bestimmte Gründe band [APS/*Preis*[6] (2021) Grundlagen A Rn. 7 ff.]. Lagen solche nicht vor und kündigte der Arbeitgeber trotzdem ordentlich, konnte der Arbeitnehmer Einspruch einlegen und – nach Billigung durch den Betriebsrat – vor das Arbeitsgericht ziehen, §§ 84-86 BRG. Befand dieses, dass kein ausreichender Kündigungsgrund vorliegt, hatte es den Einspruch des Arbeitnehmers gemäß § 87 S. 1 BRG für begründet zu erklären; dadurch war der Bestand des Arbeitsverhältnisses indes nicht gesichert, vielmehr konnte sich der Arbeitgeber ohne Angabe von Gründen gegen die Weiterbeschäftigung des zu Unrecht gekündigten Arbeitnehmers entscheiden. Gegebenenfalls hatte das Arbeitsgericht gemäß § 87 S. 2 BRG zugunsten des Arbeitnehmers eine Entschädigung auszuurteilen. Mit Inkrafttreten des KSchG 1951 am 10.8.1951 wurde die Wirksamkeit einer ordentlichen Arbeitgeberkündigung von ihrer sozialen Rechtfertigung abhängig gemacht. § 7 I 2 KSchG 1951 ermöglichte einen Auflösungsantrag des Arbeitgebers für den Fall des Scheiterns der Kündigung, sofern Gründe vorlagen, die eine den Betriebszwecken dienliche weitere Zusammenarbeit nicht erwarten ließen. Abzulehnen hatte das Arbeitsgericht den arbeitgeberseitigen Auflösungsantrag gemäß § 7 I 3 KSchG 1951, wenn der Arbeitnehmer die Unrichtigkeit der vom Arbeitgeber vorgetragenen Gründe in wesentlichen Punkten beweisen konnte oder die Kündigung offensichtlich willkürlich oder aus nichtigen Gründen unter Missbrauch der Machtstellung des Arbeitgebers erfolgt war. Anders als nach dem Stand des BRG musste der Arbeitgeber, um eine gerichtliche Auflösung des Arbeitsverhältnisses zu erwirken, gemäß § 7 I 2 KSchG 1951 einen Auflösungsgrund vorbringen – die Last, dessen Unrichtigkeit darzulegen und zu beweisen hatte gemäß § 7 I 3 KSchG 1951 allerdings der Arbeitnehmer. Konnte er diese nicht stemmen, hatte das Arbeitsgericht das Vorbringen des Arbeitgebers als zutreffend zu unterstellen und seiner Entscheidung zugrunde zu legen. Die Darlegungs- und Beweislastverteilung sollte den Arbeitgeber von „der Schwierigkeit, eine Zerrüttung persönlicher Beziehungen nachzuweisen“ [BT-Drucks. Nr. 2090, S. 13] verschonen. Im Zuge des ersten Arbeitsrechtsbereinigungsgesetzes vom 14.9.1969 strich der Gesetzgeber die Beweislastregel des § 7 I 3 KSchG 1951 ohne nähere Begründung. Zum Vorstehenden auch *Tschöpe* FS Schwerdtner, S. 217/218; *Keßler* NZA-RR 2002, S. 1, 2.

401 Siehe soeben Fn. 400

402 Siehe soeben Fn. 400.

Anforderung eines Auflösungsgrundes seit Inkrafttreten des KSchG 1951 (fort) besteht, kann für die Auslegung der zu § 7 I 2 KSchG 1951 in der Fassung vom 10.8.1951 ergangene gesetzgeberische Hinweis herangezogen werden,[403] mit der Auflösungsmöglichkeit auf Antrag des Arbeitgebers sei für die Fälle vorgesorgt, „in denen die Vertrauensgrundlage, auf der das Arbeitsverhältnis beruht, fortgefallen“[404] ist. Das ist vieldeutig und noch wenig greifbar.

Überzeugend ist, dass Auflösungsgründe weder an § 626 I BGB noch § 1 I, II KSchG zu messen sind.[405] Anderenfalls würde § 9 I 2 KSchG leerlaufen – müsste die auflösungserhebliche Störung kündigungserheblich sein, wäre das Gestaltungsmittel des Auflösungsantrags überflüssig – der Arbeitgeber könnte kündigen, ohne dem Arbeitnehmer eine Abfindung zu zahlen.[406] Die Auflösungsgründe können sich nach verbreiteter Formel auf „die Tätigkeit oder das Verhalten des Arbeitnehmers,[407] [...] sein Verhältnis zum Arbeitgeber, sonstigen Vorgesetzten oder Mitarbeitern oder seine Eignung für die ihm gestellten Aufgaben“[408] beziehen.[409] Rein wirtschaftliche oder betriebliche Erwägungen bleiben außer Betracht.[410]

---

403 In diesem Sinne auch *Tschöpe* FS Schwerdtner, S. 217, 227; *Keßler* NZA-RR 2002, S. 1, 2; *Gravenhorst* NZA-RR 2007, S. 57, 58; *Sieweke* NZA 2011, S. 1324.

404 RdA 1951, S. 58, 64.

405 BAG Urt. v. 14.5.1987 – 2 AZR 294/86, NZA 1988, S. 16, 17; Urt. v. 2.6.2005 – 2 AZR 234/04, Rn. 28 juris.

406 BAG Urt. v. 14.05.1987 – 2 AZR 294/86, NZA 1988, S. 16, 17; Urt. v. 3.11.1981 – 2 AZR 204/82, Rn. 25 juris; *Tschöpe* FS Schwerdtner, S. 217, 231; APS/*Biebl*[6] (2021) § 9 KSchG Rn. 49; LKB/*Linck*[16] (2019) § 9 KSchG Rn. 43, 44.

407 Unter Umständen kann der Arbeitgeber für seinen Auflösungsantrag das Verhalten Dritter, beispielsweise des Prozessbevollmächtigten des Arbeitnehmers anführen, BAG Urt. v. 7.3.2002 – 2 AZR 158/01, NZA 2003, S. 261, 263. Näher KR/*Spilger*[12] (2019) § 9 KSchG Rn. 67.

408 *Herschel* Anm. zu BAG Urt. v. 15.2.1973 – 2 AZR 16/72, AP Nr. 2 zu § 9 KSchG 1969, zu II. 1. mit Verweis auf *A. Hueck/G. Hueck*[9] (1974) § 9 KSchG Bemerkung 19.

409 BAG Urt. v. 7.12.1972 – 2 AZR 235/72, AP Nr. 1 zu § 9 KSchG 1969; Urt. v. 15.2.1973 – 2 AZR 16/72, AP Nr. 2 zu § 9 KSchG 1969; Urt. v. 19.11.2015 – 2 AZR 217/15, NZA 2016, S. 540, 545. Auch BDDH/*Eylert* (2016) § 9 KSchG Rn. 48 ff.; *Tautphäus* Auflösung des Arbeitsverhältnisses (2018), S. 265 ff.

410 BAG Urt. v. 7.12.1972 – 2 AZR 235/72, AP Nr. 1 zu § 9 KSchG 1969; Urt. v. 15.2.1973 – 2 AZR 16/72, AP Nr. 2 zu § 9 KSchG 1969; *J.H. Bauer* DB 1985, S. 1180, 1181; *Gravenhorst* NZA-RR 2007, S. 57, 59.

Einem Beschluss des *BVerfG* vom 15.12.2008 zufolge erlaubt § 9 I 2 KSchG auch eine Verdachtsauflösung.[411] Ob das Arbeitsverhältnis endgültig zerrüttet sei, müsse unter Abwägung der wechselseitigen, je durch Art. 12 I GG geschützten Interessen von Arbeitnehmer und Arbeitgeber entschieden werden.[412] Unter bestimmten Umständen könne ein Pflichtverletzungsverdacht die Erwartung rechtfertigen, die Arbeitsvertragsparteien würden künftig nicht vertrauensvoll zusammenarbeiten.[413]

Die Verdachtsauflösung § 9 I 2 KSchG komme insbesondere in Frage, wenn der Arbeitgeber eine sozialwidrige Tatkündigung erklärt habe.[414] In Übertragung der seitens des *BAG* für eine außerordentliche[415] Verdachtskündigung entwickelten Wirksamkeitsvoraussetzung sei für eine Verdachtsauflösung zu verlangen, dass der Arbeitgeber dringende und objektiv begründete Verdachtsmomente darlege und zur hinreichenden Gewissheit des Arbeitsgerichts nachweise und alles Zumutbare zur Aufklärung des Sachverhalts unternommen habe.[416] Der betroffene Arbeitnehmer müsse Gelegenheit erhalten haben, den Verdacht auszuräumen,[417] wobei hierfür eine gerichtliche Anhörung im Kündigungsschutzverfahren genüge.[418]

3. *Kein Stufenverhältnis – keine interessengerechte(re) Lösung*

Der Auflösungsantrag nach § 9 I 2 KSchG erlaubt es dem Arbeitgeber also, sein Interesse an der Beendigung eines Arbeitsverhältnisses einseitig durchzusetzen. Das *BVerfG* hat bestätigt, die gerichtliche Auflösung eines Arbeitsverhältnisses könne auch auf einen Pflichtverletzungsverdacht gestützt werden. Die mit der

---

411 BVerfG Beschl. v. 15.12.2008 – 1 BvR 347/08, juris. Ebenso BDDH/*Eylert* (2016) § 9 KSchG Rn. 48; ErfK/*Kiel*[21] (2021) § 9 KSchG Rn. 17. Grundsätzlich auch *Tautphäus* Auflösung des Arbeitsverhältnisses (2018), S. 305/306. Skeptisch KR/*Spilger*[12] (2019) § 9 KSchG Rn. 70 [„nicht unproblematisch"]. Anders *Kittner* Anm. zu BAG Urt. v. 26.3.1992 – 2 AZR 519/91, EzA Nr. 4 zu § 626 BGB Verdacht strafbarer Handlung, S. 15, 18 [keine Auflösung aufgrund Vermutungen].

412 BVerfG Beschl. v. 15.12.2008 – 1 BvR 347/08, Rn. 11 juris.

413 BVerfG Beschl. v. 15.12.2008 – 1 BvR 347/08, Rn. 11 juris.

414 BVerfG Beschl. v. 15.12.2008 – 1 BvR 347/08, Rn. 14 juris.

415 Die bundesverfassungsgerichtliche Entscheidung nimmt ein bundesarbeitsgerichtliches Urt. v. 29.11.2007 [2 AZR 724/06, AP Nr. 40 zu § 626 BGB Verdacht strafbarer Handlung] in Bezug, welches eine außerordentliche Verdachtskündigung behandelt.

416 BVerfG Beschl. v. 15.12.2008 – 1 BvR 347/08, Rn. 12/13 juris.

417 BVerfG Beschl. v. 15.12.2008 – 1 BvR 347/08, Rn. 12/13 juris.

418 BVerfG Beschl. v. 15.12.2008 – 1 BvR 347/08, Rn. 13 juris.

außerordentlichen Verdachtskündigung erfasste Problematik lässt sich auch über § 9 I 2 KSchG einer Lösung zuführen. Dafür, dass diese ausschließlich ist, fehlen allerdings belastbare Anhaltspunkte.[419]

Insbesondere ist kein zuverlässiger Schluss von der Eignung eines Umstands als Auflösungsgrund auf die Nichteignung als Kündigungsgrund möglich. Die gesetzliche Systematik offenbart nur, dass das Arbeitsgericht eine den Betriebszwecken nicht dienliche Zusammenarbeit *auch* aufgrund von Umständen prognostizieren darf, welche eine (außerordentliche oder ordentliche) Kündigung nicht rechtfertigen können. Aus der Abstufung der materiell-rechtlichen Anforderungen an den Sachgrund kann seinerseits kein gesetzlich zwingender Vorrang der Verdachtsauflösung gegenüber der außerordentlichen Verdachtskündigung abgeleitet werden.[420] Der entsprechenden Annahme steht entgegen, dass der Auflösungsantrag kündigungsakzessorisch ist.[421] Der Arbeitgeber kann ihn nur/erst stellen, wenn der Arbeitnehmer (erfolgreich) gegen eine (Tat-)Kündigung klagt.[422]

Letzteres spricht wiederum mitentscheidend gegen die Sachgerechtigkeit einer reinen „Auflösungslösung" (Verdachtsauflösung *statt* -kündigung).[423] Sie nimmt die prozedurale Unzulänglichkeit in Kauf, dass ein Arbeitgeber, der sich wegen eines schwerwiegenden Pflichtverletzungsverdachts von einem Arbeitnehmer trennen möchte, diesem zunächst wegen einer nachweislichen Pflichtverletzung – unter Umständen bewusst – unwirksam kündigen muss.[424] Der „seltsam anmutende Weg der Rechtsverwirklichung"[425] führt zu einer zwingenden prozessualen Kostentragungspflicht des Arbeitgebers nach § 91 ZPO, § 92 ZPO.[426]

---

419 *Hoefs* Verdachtskündigung (2001), S. 84/85.

420 So aber *Dörner* NZA 1993, S. 873, 876; *ders.* AiB 1993, S. 147, 154; *ders.* AiB 1995, S. 663, 666/667. Wie hier *Hoefs* Verdachtskündigung (2001), S. 84/85.

421 *Hoefs* Verdachtskündigung (2001), S. 84/85.

422 Oben S. 73 ff.

423 *Hoefs* Verdachtskündigung (2001), S. 85; DHSW/*Griebeling/Herget*[4] (2017) § 626 BGB Rn. 91.

424 *Hoefs* Verdachtskündigung (2001), S. 85; DHSW/*Griebeling/Herget*[4] (2017) § 626 BGB Rn. 91.

425 *Meyer* Kündigung wegen Sicherheitsbedenken (1997), S. 112 zum parallel gelagerten Problem eines arbeitgeberseitigen Auflösungsantrags in den Fällen der echten Druckkündigung.

426 *Hoefs* Verdachtskündigung (2001), S. 87.

Hinzu kommt folgender Gesichtspunkt: Stellt sich nach dem Eintritt der materiellen Rechtskraft (§ 322 ZPO) des Auflösungsurteils heraus, dass der dem Arbeitnehmer gemachte Tatvorwurf zutreffend gewesen ist, wird jener eine auf den Abfindungstitel gezahlte Geldsumme trotzdem in der Regel behalten können.[427] Der Arbeitgeber wird nicht einmal die Zwangsvollstreckung aus dem Abfindungstitel wegen dessen „Erschleichung" oder „Missbrauchs" gemäß § 826 BGB abwenden können.[428] Jener ist nämlich schon nicht materiell unrichtig;[429] im Zeitpunkt der Auflösungsentscheidung war der Arbeitnehmer nur pflichtverletzungsverdächtig.

Die nach § 9 I 2 KSchG getroffene Entscheidung ist für den Arbeitnehmer zwar insofern eine vergleichsweise mildere Maßnahme, als sie den wirtschaftlichen Vorteil einer Abfindung nebst Restvergütung bringt und wegen § 9 II KSchG ein auffälliges Beendigungsdatum vermieden wird. Sie ist aber auch unumkehrbar. Eine Wiedereinstellungschance für den Arbeitnehmer besteht nicht; auch nicht, wenn nach dem Abschluss der Tatsacheninstanz (als dem maßgeblichen Beurteilungszeitpunkt)[430] die auflösungsspezifische Prognose, eine den Betriebszwecken dienliche Zusammenarbeit der Parteien stehe nicht zu erwarten, durch einen Unschuldsnachweis zweifelhaft wird.[431] Das der Prognose innewohnende Fehlerrisiko wird in Richtung auf den Arbeitnehmer durch den Abfindungstitel abgegolten.[432] Dieser gleicht den (endgültigen) Verlust des Besitzstandes aus.[433]

V. Zusammenfassung

Die (außerordentliche) Verdachtskündigung ist nicht nur mit der Unschuldsvermutung bzw. der Berufsfreiheit des von ihr betroffenen Arbeitnehmers, sondern auch mit einfachem Gesetzesrecht, namentlich §§ 626, 627 BGB, § 46 II ArbGG in Verbindung mit § 286 I ZPO, § 1 KSchG, § 9 KSchG, vereinbar.

1. Das durch § 626 I BGB vorgegebene Tatsachenerfordernis ist gewahrt. Die Verdachtskündigung verstößt nicht gegen den Grundsatz, dass (rein) subjektive Umstände als Kündigungsanlass ausscheiden. Sie kommt nach einhelliger Auffassung nur in Frage, wenn sich der Verdacht als potentielle innere

427 Offenlassend *Hoefs* Verdachtskündigung (2001), S. 86.
428 Offenlassend *Hoefs* Verdachtskündigung (2001), S. 86.
429 Vergleiche nur BGH Urt. v. 5.6.1963 – IV ZR 136/62, NJW 1964, S. 349.
430 Oben S. 73 ff.
431 Näher unten S. 208 ff.
432 Vergleiche BAG Urt. v. 28.6.2000 – 7 AZR 904/98, NZA 2000, S. 1097, 1101.
433 Vergleiche BAG Urt. v. 28.6.2000 – 7 AZR 904/98, NZA 2000, S. 1097, 1101.

Tatsache auf objektive Indizien stützt. Deshalb widerspricht die Anerkennung einer Verdachtskündigung auch nicht § 627 BGB, nach dem ein subjektiver (empfundener) Vertrauensverlust kündigungsbegründend sein kann, der jedoch ausdrücklich nicht für Arbeitsverhältnisse gilt.

2. Die Verdachtskündigung verstößt nicht gegen § 626 I BGB in Verbindung mit § 46 II ArbGG in Verbindung mit § 286 I ZPO. § 626 I BGB ist nicht zu entnehmen, dass die Kündigungstatsachen den Schluss auf eine Vertragsstörung in Form einer nachweislichen Pflichtverletzung ermöglichen müssen. Führt man sich dies vor Augen, kann keine Rede davon sein, dass die Verdachtskündigung eine Beweiserleichterung für den kündigenden Arbeitgeber bedeutet, sie mit einer Beweislastumkehr oder Beweismaßsenkung einhergeht. Dem Arbeitgeber obliegt es nach allgemeinen Prozessgrundsätzen, die den Verdacht tragenden Indizien darzulegen und nötigenfalls zur praktisch zweifelsfreien Gewissheit nachzuweisen. Das *BAG* hat im Wege der Anerkennung der Verdachtskündigung im Übrigen nicht die materiellen Anforderungen an den erforderlichen Sachgrund im Sinne des § 626 I BGB verringert. Ein materielles Missverhältnis der Verdachts- gegenüber der Tatkündigung ist nicht ersichtlich.
3. Eine Verdachtskündigung passt sich, wie an späterer Stelle[434] auszuführen ist, (auf Basis der hierzu entwickelten Dogmatik) nicht in die Trias der ordentlichen Kündigungsgründe aus § 1 I, II KSchG ein. Dass eine ordentliche Verdachtskündigung im Anwendungsbereich des KSchG unstatthaft ist, schließt die Zulässigkeit einer außerordentlichen als solches nicht aus. Nach vorzugswürdiger Auffassung kann eine an § 626 I BGB zu messende außerordentliche (Arbeitgeber-)Kündigung auch wirksam sein, wenn sie nicht durch Gründe, die in der Person oder dem Verhalten des Arbeitnehmers liegen, oder durch dringende betriebliche Erfordernisse im Sinne von § 1 I, II KSchG bedingt ist. Um das Stufenverhältnis der Kündigungsarten zu wahren, muss freilich eine außerordentliche Kündigung, die der Arbeitgeber auf einen in § 1 I, II KSchG geregelten Grund stützt, höheren Anforderungen unterstellt werden als eine entsprechend begründete ordentliche Kündigung.
4. Schließlich lässt sich aus § 9 I 2 KSchG kein (gesetzessystematisches) Argument gegen die Zulässigkeit einer außerordentlichen Verdachtskündigung gewinnen. Zwar besteht – unter anderem nach der Rechtsprechung des *BVerfG* – auch die Möglichkeit einer Verdachtsauflösung. Daraus, dass ein qualifizierter Verdacht bzw. eine verdachtsbedingte Vertrauensstörung als

434 Unten S. 192 ff.

Auflösungsgrund im Sinne von § 9 I 2 KSchG geeignet ist, folgt jedoch nicht notwendig, dass er als Kündigungsgrund ausscheidet. Die Verdachtsauflösung ist bei verständiger Würdigung im Übrigen auch keine sach- interessengerechte(re) Alternative zur außerordentlichen Verdachtskündigung.

C. Zum Einwand unzulässiger Rechtsfortbildung

Die außerordentliche Verdachtskündigung wird mitunter als ein Produkt unzulässiger richterlicher[435] Rechtsfortbildung qualifiziert.[436]

Damit steht ein Verstoß gegen Art. 20 III GG in Verbindung mit Art. 2 I GG im Raum; das *BVerfG* zieht die Vorschriften als Grundlage für den Schutz vor einer verfassungsrechtswidrigen Rechtsfortbildung heran.[437] Die Bezugnahme auf Art. 20 III GG deutet an, worum es im Kern geht: einen Übergriff in die Rechtsetzungskompetenz des Gesetzgebers (Art. 20 II 2 GG).[438] Der Richter begibt sich unzulässigerweise „aus der Rolle des Normanwenders in die einer normsetzenden Instanz“[439] und entzieht sich seiner Gesetzesbindung (Art. 97 I GG, Art. 20 III GG).[440] Das tut er nach verbreiteter Auffassung jedoch nicht mit jeder Fortbildung des Rechts.[441] Das *BVerfG* geht – im Gegenteil – davon aus, jene gehöre grundsätzlich zum Gestaltungsauftrag der Gerichte.[442] Hierfür werden neben Art. 20 III GG („Gesetz *und Recht*“)[443] und Art. 95 III GG (Möglichkeit

---

435 *Muthorst*[2] Grundlagen (2020), S. 146: „In einem Rechtsstaat wird die letzte Entscheidung über die Anwendung des Rechts auf einen Sachverhalt von Richtern getroffen. Deshalb ist Rechtsfortbildung im letzten Moment immer richterlicher Rechtsfortbildung.“

436 *Schütte* NZA-Beil. 1991, S. 17, 21 ff.; *Dörner* NZA 1993, S. 873, 877; AiB 1993, S. 147, 173; *ders.* AiB 1995, S. 663, 666/667; *Naujok* AuR 1998, S. 398, 402 mit Fn. 69; *Adam* AuR 2013, S. 15, 17; *ders.* Anm. zu LAG Berlin-Brandenburg Urt. v. 10.2.2012 – 6 Sa 1845/11, LAGE Nr. 11 zu § 626 BGB 2002 Verdacht strafbarer Handlung, S. 11, 19. Zweifelnd auch *Deinert* AuR 2005, S. 285, 287/288.

437 Nur BVerfG Beschl. v. 25.1.2011 – BvR 918/10, BVerfGE 128, S. 193, 209.

438 Vergleiche *Frieling* Gesetzesmaterialien und Wille des Gesetzgebers (2017), S. 158.

439 BVerfG Beschl. v. 25.1.2011 – 1 BVR 918/10, NJW 2011, S. 836, 837.

440 BVerfG Beschl. v. 25.1.2011 – 1 BVR 918/10, NJW 2011, S. 836, 837.

441 Grundsätzlich ablehnend aber zum Beispiel *Hillgruber* JZ 1996, S. 118.

442 Grundlegend BVerfG Urt. v. 18.12.1953 – 1 BvL 106/53, BVerfGE 3, S. 225, 243/244. Anschließend insbesondere Beschl. v. 10.10.1961 – 2 BvL 1/59, BVerfGE 13, S. 153, 164; Beschl. v. 14.2.1973 – 1 BvR 112/65, BVerfGE 34, S. 269, 287/288. Für weitere Nachweise siehe *Ulber* EuGRZ 2012, S. 365, 366 mit Fn. 9.

443 BVerfG Beschl. v. 14.2.1973 – 1 BvR 112/65, BVerfGE 34, S. 269, 286/287.

der Grundsatzentscheidung)[444] auch Art. 19 IV GG (Justizgewährleistungsanspruch)[445] und einfachgesetzliche Aufgabenzuweisungen[446] wie § 45 IV ArbGG oder § 132 IV GVG angeführt. Die Zulässigkeitsgrenze werde überschritten, wo der „Richter seine eigene materielle Gerechtigkeitsvorstellung an die Stelle derjenigen des Gesetzgebers"[447] setze.[448] Konkreter:

> „Der Richter darf sich nicht dem vom Gesetzgeber festgelegten Sinn und Zweck des Gesetzes entziehen. Er muss die gesetzgeberische Grundentscheidung respektieren und den Willen des Gesetzgebers unter gewandelten Bedingungen möglichst zuverlässig zur Geltung bringen. Er hat hierbei den anerkannten Methoden der Gesetzesauslegung zu folgen (…). Eine Interpretation, die als richterliche Rechtsfortbildung den klaren Wortlaut des Gesetzes hintanstellt, keinen Widerhall im Gesetz findet und vom Gesetzgeber nicht ausdrücklich oder […] stillschweigend gebilligt wird, greift unzulässig in [dessen] Kompetenzen […] ein."[449]

I. Die Debatte im Überblick

In der interessierenden Debatte sind drei Meinungsgruppen zu unterscheiden.

Manche Stimmen vertreten, die außerordentliche Verdachtskündigung sei das Ergebnis unzulässiger Rechtsfortbildung.[450] Abweichend von allgemeinen Grundsätzen könne der Arbeitgeber einen Arbeitnehmer fristlos entlassen, ohne dass er eine Pflichtverletzung (zur praktischen Gewissheit des Gerichts)

444 Näher *Wank* Grenzen richterlicher Rechtsfortbildung (1978), S. 115 f.

445 So zum Beispiel *Sendler* NJW 1987, S. 3240. Kritisch *Durner* JA 2008, S. 7, 9.

446 Zuletzt etwa BVerfG Beschl. v. 6.6.2018 – 1 BvL 7/14, NZA 2018, S. 774, 780. Kritisch Maunz/Dürig/*Hillgruber*[93] (2020) Art. 97 GG Rn. 71 [Ausnahmen]. Gemäß § 45 IV ArbGG bzw. § 132 IV GVG kann der erkennende Senat [des *BAG* bzw. *BGH*] eine Frage von grundsätzlicher Bedeutung dem Großen Senat zur Entscheidung vorlegen, wenn das zur Fortbildung des Rechts erforderlich ist.

447 BVerfG Beschl. v. 25.1.2011 – 1 BVR 918/10, NJW 2011, S. 836, 837.

448 *Ulber* EuGRZ 2012, S. 365, 367 ff.; zum Individualarbeitsrecht *Preis* RdA 1989, S. 327 ff.

449 BVerfG Beschl. v. 25.1.2011 – 1 BVR 918/10, NJW 2011, S. 836, 838; Beschl. v. 26.9.2011 – 2 BvR 2216/06, NJW 2012, S. 669, 670; Beschl. v. 6.6.2018 – 1 BvL 7/14, NZA 2018, S. 774, 780.

450 *Schütte* NZA-Beil. 1991, S. 17, 21 ff.; *Dörner* NZA 1993, S. 873, 877; AiB 1993, S. 147, 173; *ders.* AiB 1995, S. 663, 666/667; *Naujok* AuR 1998, S. 398, 402 mit Fn. 69; *Adam* AuR 2013, S. 15, 17; *ders.* Anm. zu LAG Berlin-Brandenburg Urt. v. 10.2.2012 – 6 Sa 1845/11, LAGE Nr. 11 zu § 626 BGB 2002 Verdacht strafbarer Handlung, S. 11, 17/18. Zweifelnd auch *Deinert* AuR 2005, S. 285, 287/288.

nachweisen müsse.[451] Die außerordentliche Verdachtskündigung passe sich in die Typologie des § 1 II KSchG nicht ein.[452] Eine zur Rechtsfortbildung berechtigende „Gesetzeslücke" sei nicht erkennbar; der Arbeitgeber sei auf einen Auflösungsantrag nach § 9 I 2 KSchG zu verweisen, der insgesamt interessengerechter sei.[453] Andere Autoren bejahen den rechtsfortbildenden Charakter, allerdings auch die Zulässigkeit der Gestaltung.[454] So zum Beispiel *Preis*, dem zufolge die außerordentliche Verdachtskündigung mangels vorgegebener gesetzgeberischer Interessenbewertung und des unabweisbaren praktischen Bedürfnisses letztlich nicht zu beanstanden ist.[455] *Prütting* meint, die Möglichkeit einer Verdachtskündigung sei § 626 I BGB nicht im Wege der Auslegung zu entnehmen.[456] Unter den Wortlaut der Vorschrift könne der Verdacht (als Kündigungsgrund) nicht subsumiert werden, gesetzessystematisch stehe § 627 BGB entgegen und das *telos* sei unergiebig.[457] Letztlich sei die Rechtsfortbildung aber insbesondere mangels Verstoßes gegen die Unschuldsvermutung und die Berufsfreiheit des Entlassenen zulässig.[458] *Hoefs* rechtfertigt die Möglichkeit einer Verdachtskündigung hingegen im Wege teleologischer Auslegung von § 626 I BGB.[459] Wegen ihrer besonderen Rechtmäßigkeitsvoraussetzungen sei die außerordentliche Verdachtskündigung jedoch als Rechtsfortbildungsprodukt zu qualifizieren.[460] Für die Zulässigkeit streite das Vorliegen einer trotz § 9 I 2 KSchG bestehenden Gesetzeslücke,[461] dass kein Verstoß gegen die geltende Rechtsordnung

---

451 *Schütte* NZA-Beil. 1991, S. 17, 21 ff.; *Dörner* NZA 1993, S. 873, 877; AiB 1993, S. 147, 150 ff., 173; *ders.* AiB 1995, S. 663, 666/667.

452 *Adam* AuR 2013, S. 15, 17.

453 *Schütte* NZA-Beil. 1991, S. 17, 21 ff.; *Dörner* NZA 1993, S. 873, 877; AiB 1993, S. 147, 173; *ders.* AiB 1995, S. 663, 666/667; *Naujok* AuR 1998, S. 398, 402 mit Fn. 69; *Adam* Anm. zu LAG Berlin-Brandenburg Urt. v. 10.2.2012 – 6 Sa 1845/11, LAGE Nr. 11 zu § 626 BGB 2002 Verdacht strafbarer Handlung, S. 11, 17/18. Auch BDDH/*H. Hanau* (2016) Art. 12 GG Rn. 99.

454 *Preis* DB 1988, S. 1444, 1448; *Hoefs* Verdachtskündigung (2001), S. 79 ff.; *C. Fischer* Topoi (2007), S. 192; *Kalb* ZfA 2016, S. 467; *Prütting* FS Moll, S. 553, 554/555; MüKoBGB/*Henssler*[8] (2020) § 626 BGB Rn. 269.

455 *Preis* DB 1988, S. 1444, 1448.

456 *Prütting* FS Moll, S. 553, 554.

457 *Prütting* FS Moll, S. 553, 554.

458 *Prütting* FS Moll, S. 553, 554/555.

459 *Hoefs* Verdachtskündigung (2001), S. 79/80.

460 *Hoefs* Verdachtskündigung (2001), S. 80 ff. So dürfte auch MüKoBGB/*Henssler*[8] (2020) § 626 BGB Rn. 269 zu verstehen sein.

461 *Hoefs* Verdachtskündigung (2001), S. 82 ff.

festzustellen sei,[462] und sich die außerordentliche Verdachtskündigung in die Strukturen des Kündigungsrechts einpassen und positiv (auch verfassungsrechtlich)[463] begründen lasse.[464] Eine dritte Auffassung verneint bereits den Rechtsfortbildungscharakter.[465] Diese vertritt auch das *BAG*:

> „Bei der Verdachtskündigung sind Kündigungsgrund objektive Tatsachen, die für den Verlust des zur Fortsetzung des Arbeitsverhältnisses notwendigen Vertrauens ursächlich sind. Daß nicht die Gewißheit, sondern der Verdacht einer Pflichtverletzung ein Element in der entsprechenden Kausalkette darstellt, ist keine Besonderheit, die die Verdachtskündigung aus dem Anwendungsbereich des § 626 I BGB herausfallen läßt. Die Anerkennung der Möglichkeit einer Verdachtskündigung stellt also keine Rechtsfortbildung dar, deren Zulässigkeitsvoraussetzungen erst geklärt werden müßten, vielmehr hält sich die Rechtsprechung des *BAG* zur Verdachtskündigung im Rahmen der gewöhnlichen Gesetzesauslegung."[466]

II. Stellungnahme

1. Zur methodischen Einordnung

Aus der geschilderten Diskussion geht als vorrangige Frage hervor, ob die außerordentliche Verdachtskündigung methodisch als Anwendungsfall richterlicher Rechtsfortbildung einzuordnen ist. Die Krux der Rechtsfortbildung ist freilich, dass ihr Gegenstand bisher nicht geklärt werden konnte.[467] Die Problematik ist in jeder Hinsicht und in allen Einzelheiten umstritten.[468] Eine eingehende Auseinandersetzung bedürfte einer eigenständigen Monographie und kann im Rahmen der vorliegenden Arbeit nicht geleistet werden. Die hiesige Darstellung muss deshalb auf folgende Hinweise beschränkt bleiben:

---

462 *Hoefs* Verdachtskündigung (2001), S. 88 ff.

463 *Hoefs* Verdachtskündigung (2001), S. 117 ff.

464 *Hoefs* Verdachtskündigung (2001), S. 121.

465 Etwa *Lücke* BB 1997, S. 1842, 1844; *Hahn* Verdachtskündigung unter Berücksichtigung einer gesetzlichen Regelung (2004), S. 54/55; *Fischermeier* FS ARGE Arbeitsrecht, S. 275, 277; *Schlegeit* BAG und die Verdachtskündigung (2008), S. 85/86; *Zborowska* Außerordentliche Verdachtskündigung (2015), S. 52 ff.; *Wertz* Verdachtskündigung unter Berücksichtigung des „Vertrauenskapitals" (2015), S. 66.

466 BAG Urt. v. 14.9.1994 – 2 AZR 164/94, NZA 1995, S. 269, 271.

467 Nur *Möllers*^{2} (2019) Methodenlehre, S. 437/438 mit weiteren Nachweisen.

468 *C.Fischer* Topoi (2007), S. 38 ff.; *Grosche* Rechtsfortbildung (2011), S. 87 ff.; Krüper/*Sauer*^{3} Grundlagen des Rechts (2017), § 9 Rn. 35.

a) „Richterrechtlich" entwickelte Fallgruppe

Die außerordentliche Verdachtskündigung ist eine aufgrund von § 626 I BGB „richterrechtlich" entwickelte Fallgruppe:

Die These beruht auf einem weiten Verständnis des Richterrechts, wonach dieses – in Abgrenzung zur (theoretischen)[469] „reinen" Rechtsanwendung – in Rede steht, wo dem Gesetz kein „fertiger, anwendungsbereiter Wertmaßstab"[470] zu entnehmen ist, der „ohne wertende, gebotsbildende Akte des Richters"[471] verwirklicht werden könnte.[472]

Aus dem Text von § 626 I BGB erhellt, dass Bedingung für das außerordentliche Kündigungsrecht das Vorliegen von Tatsachen ist, aufgrund derer dem Kündigenden ein vorübergehendes Festhalten am Schuldverhältnis unzumutbar ist.[473] Es kommt also (mit)entscheidend darauf an, was (un)zumutbar ist.

Der unbestimmte[474] Rechtsbegriff der Zumutbarkeit verkörpert indes keinen eigenen Wertinhalt.[475] Seine Anwendung bedarf typischerweise ergänzender Eigenwertungen des Anwenders.[476] In Abwesenheit konkreter normativer Vorgaben sind auch die Anerkennung und Ausgestaltung der außerordentlichen Verdachtskündigung von richterlichen Eigenwertungen geprägt.

Symptomatisch ist insofern, dass zum Beispiel die Rechtmäßigkeitsvoraussetzungen der Dringlichkeit des objektiven Verdachts[477] und der Wirksamkeit einer hypothetischen außerordentlichen Tatkündigung auf *a priori* ergebnisoffenen[478] Abwägungsentscheidungen beruhen.[479]

---

469 Eingehend *Bülow* Gesetz und Richteramt (1885), S. 30 ff.; *Ogorek* Richterkönig oder Subsumtionsautomat[2] (2008), S. 39 ff.

470 *Rüthers*[8] Unbegrenzte Auslegung (2017), S. 460.

471 *Rüthers*[8] Unbegrenzte Auslegung (2017), S. 460.

472 *Rüthers*[8] Unbegrenzte Auslegung (2017), S. 460.

473 Vergleiche auch ErfK/*Niemann*[21] (2021) § 626 BGB Rn. 15.

474 *Kamanabrou* Arbeitsrecht (2017), Rn. 1303.

475 Vergleiche *Preis* Prinzipien (1987), S. 98 ff., 101; *ders.* ZG 1988, S. 319, 323/324 mit weiteren Nachweisen.

476 Vergleiche *Engisch*[12] (2018) Einführung in das juristische Denken, S. 176 ff.

477 Vergleiche BAG Urt. v. 14.9.1994 – 2 AZR 164/94, NZA 1995, S. 269, 271. Auch BAG Urt. v. 31.1.2019 – 2 AZR 426/18, NZA 2019, S. 893, 896.

478 Vergleiche *Reimer*[2] (2020) Juristische Methodenlehre, Rn. 485.

479 BAG Urt. v. 14.9.1994 – 2 AZR 164/94, NZA 1995, S. 269, 271; Urt. v. 31.1.2019 – 2 AZR 426/18, NZA 2019, S. 893, 896. Vergleiche auch BVerfG Beschl. v. 11.4.2018 – 1 BvR 3080/09, Rn. 47 juris; *Oetker* RdA 1997, S. 9, 19; *Schönfeld* NZA 1999, S. 299, 303.

Die außerordentliche Verdachtskündigung ist im Zuge der Konkretisierung der Generalklausel[480] des § 626 I BGB entwickelt worden; typologisch ist sie richtigerweise gesetzes- oder normkonkretisierendes Richterrecht.[481]

b) *Rechtsfortbildungsprodukt?*

Der Tatbestand von § 626 I BGB ist also wertungsausfüllungsbedürftig.[482] Wertende Rechtsanwendung (oder: -findung) vollzieht sich nach traditioneller Vorstellung, die in der geschilderten Debatte um die außerordentliche Verdachtskündigung klar hervortritt,[483] entweder durch Auslegung *oder* durch Rechtsfortbildung.[484] Auslegen sei mit Blick auf Art. 20 III GG unproblematisch, Recht fortbilden (verfassungsrechtlich) potentiell prekär.[485]

Richtigerweise präformiert die methodische Definition der Entscheidungstätigkeit nicht deren Verfassungsgemäßheit.[486] Das Problem der Abgrenzung von Auslegung und Rechtsfortbildung ist daher in erster Linie von theoretischem Interesse.[487] Dass die Verfahren überhaupt (trennscharf) abgegrenzt werden können, wird zunehmend bezweifelt;[488] wohl zu Recht.

Beiden Herangehensweisen wohnt ein rechtsschöpferisches Moment inne.[489] Die richterliche Tätigkeit ist „keine rekonstruktive, sondern eine konstruktive“[490] und

---

480 Vergleiche *Preis* Prinzipien (1987), S. 101.

481 Zur Typologie des Richterrechts: *Ipsen* Richterrecht und Verfassung (1975), S. 63 ff.

482 *Preis* Prinzipien (1987), S. 98 ff., 101; *ders.* ZG 1988, S. 319, 323/324 mit weiteren Nachweisen.

483 Vergleiche oben S. 84 f.

484 Nur *C. Fischer* Topoi (2007), S. 38 ff.; *ders.* ZfA 2002, S. 215, 218 ff.

485 Deutlich Maunz/Dürig/*Hillgruber*[93] (2020) Art. 97 GG Rn. 55 ff., 63. Vergleiche auch *Röthel* Normkonkretisierung (2004), S. 133 [Auslegung als Methode der gebundenen Rechtsentscheidung]; *Dieterich* RdA 1993, S. 67: „Dieser Vortrag ist *gefahrgeneigte* Arbeit – allein schon deshalb, weil er von ‚Rechtsfortbildung' spricht. Das Wort weckt Gefühle – sogar bei nüchternen Juristen. Den einen klingt es zu sehr nach Theorie, den anderen zu sehr nach *Politik*“, Hervorhebungen des Verfassers; ferner *C. Fischer* Topoi (2007), S. 310 ff.

486 Vergleiche *Höpfner* RdA 2018, S. 321, 324/325; *Kruse* Verfassungsrechtliche Grenzen richterlicher Rechtsfortbildung (2019), S. 58 ff., 112 ff.

487 Ebenso *Wimalasena* Normbildung (2016), S. 128/129.

488 *Bumke* in ders. (Hrsg.) Richterrecht (2012), S. 33, 35 ff.; *Kruse* Verfassungsrechtliche Grenzen richterlicher Rechtsfortbildung (2019), S. 112 ff.; *Sagan* jM 2020, S. 52, 54.

489 *Ecker* JZ 1969, S. 477; *Meier-Hayoz* JZ 1981, S. 417, 419; *Röthel* Normkonkretisierung (2004), S. 144/145; *Wimalasena* Normbildung (2016), S. 128; *Kruse* Verfassungsrechtliche Grenzen richterlicher Rechtsfortbildung (2019), S. 114.

490 *Esser* Vorverständnis und Methodenwahl in der Rechtsfindung (1972), S. 181.

auch Auslegen – entgegen überkommender Auffassung –[491] ein „Akt bewertenden Erkennens, dem […] willenhafte Elemente nicht fehlen“[492].

Bekennt man sich offen dazu, ist die Bezeichnung der Tätigkeit als „Auslegung“ oder „Rechtsfortbildung“ selbst aus methodischer Sicht zweitrangig.[493] Auch der erste Senat des *BVerfG* spricht seit 2010 wiederholt von der „rechtsfortbildenden Auslegung“ durch die Fachgerichte.[494] Der Gesetzgeber trennt ebenfalls nicht. So ist in der Begründung zu § 543 II ZPO zu lesen, die Revision zum *BGH* sei zur *Fortbildung des Rechts* unter anderem zuzulassen, wenn „der Einzelfall Veranlassung gebe, Leitsätze für die *Auslegung* von Gesetzesbestimmungen des materiellen oder Verfahrensrechts aufzustellen […]“[495].

Wer trotz dessen unterscheiden möchte, sollte mit der (wohl noch) herrschenden Meinung die „Wortsinngrenze“ bemühen.[496] Der umstrittene[497] Ansatz geht auf *Larenz*[498] zurück, nach dem Auslegung und Rechtsfortbildung zwei Stufen *desselben*

---

491 Nach *von Savigny* ermöglicht die Auslegung eine „Rekonstruktion des dem Gesetz innewohnenden Gedankens“ [System des heutigen römischen Rechts III (1840), S. 213]. Der Auslegende solle vom Standpunkt des Gesetzgebers, „dessen Ausspruch entstehen lassen“ (Juristische Methodenlehre, S. 19). *Windscheid* [zitiert nach *Engisch*[12] (2018) Einführung in das juristische Denken, S. 133] zufolge hat sich der Interpret „möglichst vollständig in die Seele des Gesetzgebers hineinzudenken“. Auslegen beschränkt sich dann auf das Erkennen des Erkannten. Textinterpretation ist aber mit der allgemeinen Rezeptionstheorie immer auch ein produktiver Vorgang, nur *C. Fischer* ZfA 2002, S. 215, 231/232.

492 BVerfG Beschl. v. 14.2.1973 – 1 BvR 112/65, BVerfGE 34, S. 269, 287.

493 *Wimalasena* Normbildung (2016), S. 129.

494 BVerfG Beschl. v. 28.7.2010 – 1 BvR 2133/08, NVwZ 2011, S. 159, 160; Beschl. v. 25.1.2011 – 1 BVR 918/10, NJW 2011, S. 836, 838; Beschl. v. 16.2.2012 – 1 BvR 127/10, Rn. 24 juris; Beschl. v. 17.9.2013 – 1 BvR 1928/12, Rn. 34 juris; Beschl. v. 23.5.2016 – 1 BvR 2230/15, Rn. 40 juris; Beschl. v. 31.10.2016 – 1 BvR 871/13, Rn. 22 juris; Beschl. v. 26.11.2018 – 1 BvR 318/17, Rn. 30 juris.

495 BT-Drucks. 14/4722, S. 104, Hervorhebung des Verfassers.

496 BVerfG Urt. v. 20.3.2002 – 2 BvR 794/95, BVerfGE 105, S. 135, 157; BGH Urt. v. 26.11.2008 – VIII ZR 200/05, NJW 2009, S. 427, 428; BAG Urt. v. 17.11.2009 – 9 AZR 844/08, NZA 2010, S. 1020, 1023.

497 Dagegen etwa *Höpfner* Systemkonforme Auslegung (2008), S. 145 ff., 166 ff.; *C. Fischer* Topoi (2007), S. 39/40, 558; *Wank* Auslegung und Rechtsfortbildung im Arbeitsrecht (2013), S. 75, 132; *Rüthers/C. Fischer/Birk*[11] Rechtstheorie (2020), Rn. 793.

498 *Larenz*[5] Methodenlehre (1983), S. 351 ff. Orientiert am traditionellen Dreiklang „Rechtsfindung *secundum legem* [Auslegung im engen Sinne], *praeter legem* [Lückenfüllung] und *contra legem* [grundsätzlich unzulässige Gesetzesberichtigung]“ unterscheidet er: Auslegung, gesetzesimmanente und gesetzesübersteigende

gedanklichen Verfahrens sind. Die Grenzlinie bilde der äußerst mögliche Wortsinn des anzuwendenden Gesetzestexts. Sei die Entscheidung von ihm gedeckt, werde die Grenze der Auslegung zur Rechtsfortbildung nicht überschritten.

Aus sprachphilosophischer Sicht ist zu bedenken, dass Gesetzesbegriffe als Worte keine reale Bedeutung haben; diese ergibt sich erst aus dem jeweiligen Gebrauchskontext.[499] „Die" Wortsinngrenze überschreiten deshalb nur, aber immerhin, solche Deutungsangebote, die nach Maßgabe der im juristischen Diskurs – derzeit – etablierten Sprachregeln nicht anschlussfähig sind.[500] Dieses Kriterium ist wandel- und auch manipulierbar.[501] Die Gegenthese der Vertreter[502] der subjektiven Theorie, wonach der Richter Recht (bereits) fortbildet, wenn er nach einer Interessenbewertung entscheidet, die entstehungsgeschichtlich nicht verifizierbar ist, vermag freilich noch weniger zu überzeugen – denn im Gegensatz zu dem damit als maßgebend in Bezug genommenen (Kollektiv-) Willen des historischen Gesetzgebers ist der Gesetzestext als direktes Ergebnis gesetzgeberischen Entscheidens feststellbar.[503]

Folgt man dem, sind die Anerkennung der Möglichkeit und die Ausgestaltung der außerordentlichen Verdachtskündigung mit dem *BAG* als Auslegung von § 626 I BGB zu qualifizieren. Dessen Wortsinn steht ihnen nicht entgegen.[504] Ein Befund, der nicht verwundern kann. Die Begriffe des „wichtigen Grunds" bzw. der „Zumutbarkeit" haben keinen klaren „Kern" – vom unscharfen „Hof" ganz zu schweigen.[505]

Rechtsfortbildung. Gesetzesimmanente und gesetzesübersteigende Rechtsfortbildung betreffe das Ausfüllen von „Lücken" durch Wertungen, die innerhalb bzw. außerhalb des gesetzlichen Regelungsplans lägen [S. 351]. Grundsätzlich unzulässig sei eine Rechtsfortbildung erst, wenn sie nicht mehr durch spezifisch rechtliche Erwägungen gerechtfertigt werden könne [S. 398 ff.].

499 *Sagan* jM 2020, S. 52, 54/55 mit weiteren Nachweisen.

500 Nur *M. Reuter* Ghettorenten (2019), S. 53, 54 mit weiteren Nachweisen.

501 *C. Fischer* Topoi (2007), S. 39/40.

502 Zum Beispiel *C. Fischer* ZfA 2002, S. 215, 232 ff.; *ders.* Topoi (2007), S. 488, 510, 558; *Höpfner* Systemkonforme Auslegung (2008), S. 143 ff., 149.

503 *Jacobi* Normwirkung (2008), S. 98 ff.; *M. Reuter* Ghettorenten (2019), S. 53.

504 So auch *Hoefs* Verdachtskündigung (2001), S. 77. Anders *Prütting* FS Moll, S. 553, 554.

505 *Preis* Prinzipien (1987), S. 100/101. Zur Terminologie *Heck* AcP 1914, S. 1, 46: „Wir haben einen Vorstellungskern, den nächstliegenden Wortsinn, und einen Vorstellungshof, der allmählich in wortfremde Vorstellungen führt", sowie S. 173: „Mit verschwindender Ausnahme ist jedes Wort mehrdeutig. Ein sicherer Bedeutungskern ist von einem allmählich schwindenden Bedeutungshof umgeben."

Hoefs teilt neben dieser Einschätzung auch den hier vertretenen Abgrenzungsansatz.[506] Dass er die außerordentliche Verdachtskündigung trotzdem als Rechtsfortbildung einordnet, ist widersprüchlich. Der Verweis auf die besonderen Rechtmäßigkeitsvoraussetzungen deutet darauf hin, dass nach seinem Vorverständnis eigentlich die Höhe des bundesarbeitsgerichtlichen Eigenwertungsanteils, der in der Fallgruppe steckt, ausschlaggebend sein soll. Eine Unterscheidung von Auslegung und Rechtsfortbildung nach (dem Grad) der kreativen Eigenleistung muss allerdings unscharf bleiben – sie ist letztlich nicht intersubjektiv vermittelbar und daher nicht praktikabel.[507]

2. *Kein „pathologischer" Fall schöpferischer Rechtsanwendung – zugleich: (abrundende) Zusammenfassung des 2. Darstellungsteils*

Unabhängig von der methodischen Differenzierung ist die außerordentliche Verdachtskündigung kein in Ansehung von Art. 20 III GG „pathologischer" Fall schöpferischer Rechtsanwendung. Ihre Entwicklung ist kompetenztechnisch unverfänglich. Sie beeinflusst als gesetzeskonkretisierendes Richterrecht die Rechtsetzungsprärogative[508] des Gesetzgebers nicht.[509] Dafür lässt sich auch anführen, dass die zwei bisherigen Anläufe, die Rechtsfigur legislativ zu verbieten/einzuschränken, wie einleitend erwähnt, gescheitert sind. Darin kann eine – unausgesprochene – Bestätigung der bundesarbeitsgerichtlichen Rechtsprechung gesehen werden.[510]

§ 626 I BGB ist als Generalklausel ein „Stück offen gelassener Gesetzgebung"[511],[512] deren Ausfüllung delegierter Regelbildung entspricht.[513] Die vom *BAG* für die Verdachtskündigung entworfenen Obersätze treten nicht an die Stelle des (selbst verfassungsmäßigen)[514] § 626 I BGB.[515] Vor diesem Hintergrund kann keine Rede davon sein, dass sich das Gericht die Rolle des Normsetzers „angemaßt" hätte. Es hat ein unvollständiges Gesetz in anwendungsermöglichender Weise planmäßig ergänzt.

506 Vergleiche *Hoefs* Verdachtskündigung (2001), S. 75.
507 *Grosche* Rechtsfortbildung (2011), S. 94 ff., 98.
508 *Röthel* Normkonkretisierung (2004), S. 57/58 mit Fn. 58.
509 Vergleiche *Ipsen* Richterrecht und Verfassung (1975), S. 132; *Ossenbühl* in HStR³ (2007) § 100 Rn. 52/55. Auch *Röthel* Normkonkretisierung (2004), S. 60 ff.
510 Vergleiche zu diesem Argument auch *Möllers*² (2019) Methodenlehre, S. 447/448.
511 *Hedemann* Flucht in die Generalklauseln (1933), S. 58.
512 *Preis* Prinzipien (1987), S. 101.
513 Vergleiche *Röthel* Normkonkretisierung (2004), S. 49 ff.; *Belling* FS Kissel, S. 11, 17.
514 APS/*Preis*⁶ (2021) Grundlagen A. Rn. 23; *Dörner* NZA 1993, S. 873, 874.
515 Vergleiche *Ossenbühl* in HStR³ (2007) § 100 Rn. 53.

Planmäßig, weil der historische Gesetzgeber die Aufgabe, den Begriff des wichtigen Grunds zu bestimmen, bewusst der Rechtsprechung überlassen hat.[516]

Dabei stellen Anerkennung und Ausgestaltung der außerordentlichen Verdachtskündigung den Wortlaut von § 626 I BGB nicht hintan. Sie führen zu keinen gesetzessystematischen Friktionen[517] und entziehen sich ferner nicht dem (freilich vagen)[518] Normzweck[519], es den Dienst- bzw. Arbeitsvertragsparteien zu ermöglichen, ihr Dauerschuldverhältnis bei extremen Belastungen sofort einseitig aufzulösen.[520] Das *BAG* hat, anders gesagt, bei seiner Regelbildung die „in der Delegationsnorm angelegten systematischen und teleologischen Anhaltspunkte [nicht] missachtet"[521].

Dagegen vorgebrachte grundrechtliche wie einfachgesetzliche Einwände greifen nicht durch: Verstöße gegen die Unschuldsvermutung oder die Berufsfreiheit (Art. 12 I GG) des Arbeitnehmers, § 626 BGB, § 627 BGB, § 46 II ArbGG in Verbindung mit § 286 I ZPO, § 1 KSchG, § 9 KSchG liegen richtigerweise nicht vor. Die außerordentliche Verdachtskündigung wird dem Postulat richterlicher Gesetzesbindung (Art. 9 I GG) insgesamt gerecht.[522]

---

516 Mugdan II, S. 913 [Protokolle].

517 So auch *Hoefs* Verdachtskündigung (2001), S. 77/78. Anders *Harke* Besonderes Schuldrecht (2011), Rn. 241; *Prütting* FS Moll, S. 553, 554.

518 Insoweit ist *Prütting* FS Moll, S. 553, 554 zuzustimmen.

519 Nur Staudinger/*Preis* (2019) § 626 BGB Rn. 5; ErfK/*Niemann*[21] (2021) § 626 BGB Rn. 1.

520 So auch *Hoefs* Verdachtskündigung (2001), S. 79 ff.

521 Vergleiche *Röthel* Normkonkretisierung (2004), S. 122.

522 Im Ergebnis wie hier *Preis* DB 1988, S. 1444, 1448; *Lücke* BB 1997, S. 1842, 1844; *Hoefs* Verdachtskündigung (2001), S. 79 ff.; *Hahn* Verdachtskündigung unter Berücksichtigung einer gesetzlichen Regelung (2004), S. 54/55; *Fischermeier* FS ARGE Arbeitsrecht, S. 275, 277; *C. Fischer* Topoi (2007), S. 192; *Schlegeit* BAG und die Verdachtskündigung (2008), S. 85/86; *Zborowska* Außerordentliche Verdachtskündigung (2015), S. 52 ff.; *Kalb* ZfA 2016, S. 467; MüKoBGB/*Henssler*[8] (2020) § 626 BGB Rn. 269.

3. Teil: Dogmatik der Verdachtskündigung

Im 2. Teil der vorliegenden Arbeit wurde die Zulässigkeit der (außerordentlichen) Verdachtskündigung eingehend erörtert und im Ergebnis bejaht.

Im 3. Teil wird die Dogmatik der Verdachtskündigung beleuchtet. Dabei soll zunächst (wiederum) die Unterart der außerordentlichen Verdachtskündigung im Vordergrund stehen. Die seitens des *BAG* zur Fallgruppe gebildeten Obersätze sollen im Einzelnen gewürdigt, erläutert und/oder kritisiert werden. Dabei soll im Einzelnen folgendermaßen vorgegangen werden:

Ausgehend von § 626 I BGB ist der Verdachtskündigungsgrund in den Blick zu nehmen [A.]. Der Tatverdacht ist von der Verdachtstat als Kündigungsanlass abzugrenzen, das Verhältnis von Verdachts- und Tatkündigung zu beleuchten [A. I.]. Anschließend ist zu sondieren, warum, inwiefern und unter welchen Voraussetzungen sich schon[523] der (qualifizierte) Verdacht einer Pflichtverletzung des Arbeitnehmers konkret nachteilig auf ein Arbeitsverhältnis auswirken kann [A. II.]. Zum Themenkreis gehört es ferner, sich mit dem Konzept einer vereinenden Vertrauenskündigung auseinanderzusetzen [A. III.].

Im Folgeschritt sind die einzelnen Wirksamkeitskriterien einer außerordentlichen Verdachtskündigung darzustellen [B.]. Zu behandeln ist das Erfordernis eines dringenden Tatverdachts [B. I.] und dasjenige zumutbarer Sachverhaltsaufklärung durch den Arbeitgeber [B. II.]. Anschließend ist auf Struktur und Inhalt der von § 626 I BGB angeordneten Zumutbarkeitsprüfung einzugehen [B. III.]. Als allgemeine Rechtfertigungsvoraussetzungen einer außerordentlichen Verdachtskündigung sind die Einhaltung der Kündigungserklärungsfrist aus § 626 II BGB sowie die Durchführung einer ordnungsgemäßen Betriebsratsanhörung gemäß § 102 BetrVG erörterungsbedürftig [B. IV-V.].

Das Problem der Sozialwidrigkeit einer ordentlichen Verdachtskündigung ist in einem eigenen Abschnitt unter [C.] zu behandeln. Zum Ende des dritten Darstellungsteils ist zu beantworten, ob – und gegebenenfalls unter welchen Voraussetzungen – einem wirksam, aber unschuldig gekündigten Arbeitnehmer ein Anspruch auf Wiedereinstellung zustehen kann [D.].

523 Vergleiche *Rüthers/Bakker* Anm. zu BAG Urt. v. 3.4.1986 – 2 AZR 324/85, EzA Nr. 63 zu § 102 BetrVG 1972, S. 557, 558a.

A. Verdachtskündigungsgrund

§ 626 I BGB ermöglicht eine fristlose Entlassung aus wichtigem Grund. Nach dem Text der Vorschrift bedarf jede außerordentliche Kündigung – erstens – eines (sachlichen) Grunds. Dieser muss – zweitens – wichtig sein.[524] Das ist der Fall, wenn er so schwer wiegt, dass dem Arbeitgeber ein weiteres Festhalten am Vertrag nicht zumutbar ist. Im Folgenden soll fokussiert werden, wie der von § 626 I BGB vorausgesetzte sachliche Grund einer Verdachtskündigung zu definieren ist. Die Zumutbarkeitsprüfung wird an späterer Stelle[525] dargestellt.

Was ein sachlicher Grund im Sinne von § 626 I BGB sein kann, bezeichnet das Gesetz nicht näher. Der Wortlaut gibt immerhin vor, dass auf ihn aus Tatsachen zu schließen ist. Diese müssen – systematisch zwingend § 627 BGB) – objektiv nachprüfbar sein .[526] Es bedarf also eines objektiven Kündigungsanlasses.[527]

Dieser muss sich nachteilig im Sinne einer Störung auf das Arbeitsverhältnis auswirken.[528] Hierfür spricht unter anderem die Entstehungsgeschichte von § 626 I BGB – die außerordentliche Kündigung eines Arbeitsvertrags soll nach den einschlägigen Materialien beispielsweise (nur) möglich sein, wenn der Arbeitnehmer seine Vertragspflichten verletzt oder sich bei der Eingehung des Arbeitsvertrages mutmaßlich gewürdigte Umstände wesentlich ändern.[529]

---

524 Ähnlich unterteilt das *BAG* – geleitet von revisionsrechtlichen Erwägungen – die Prüfung von § 626 I BGB in ständiger Rechtsprechung in zwei Stufen: Zunächst sei nach dem Vorliegen eines „an sich wichtigen Grund" zu fragen, anschließend die „Wichtigkeit im Einzelfall" festzustellen [etwa BAG Urt. v. 17.5.1984 – 2 AZR 3/83, NZA 1985, S. 91, 92; Urt. v. 2.3.1989 – 2 AZR 280/88, NZA 1989, S. 755/756; Urt. v. 22.3.2018 – 8 AZR 190/17, NZA 2018, S. 1191, 1192]. Hierzu kritisch zum Beispiel *Preis* Prinzipien (1987), S. 478/479; MHdBArbR/*Rachor*[4] (2018) § 124 Rn. 8. Vergleiche auch *Adomeit/Spinti* AR-Blattei 1010.8 Rn. 67; ErfK/*Niemann*[21] (2021) § 626 BGB Rn. 15/16.

525 Unten S. 151 ff.

526 In diesem Sinne auch *Enderlein* RdA 2000, S. 325, 327.

527 Nur MüKoBGB/*Henssler*[8] (2020) § 626 BGB Rn. 117.

528 Vergleiche etwa KR/*Fischermeier*[12] (2019) § 626 BGB Rn. 118 ff.; MüKoBGB/*Henssler*[8] (2020) § 626 BGB Rn. 118. Ein anderer Gesichtspunkt ist, ob aufgrund der ausgemachten Störung bzw. der sie begleitenden realen Umstände eine Pflicht des Arbeitgebers zur *künftigen* Zusammenarbeit mit dem Arbeitnehmer abgelehnt werden muss. Diese prognostische Überlegung gehört richtigerweise zur Prüfung der Zumutbarkeit, siehe unten S. 151 ff.

529 Siehe oben S. 67 f.

Worin ist der objektive Kündigungsanlass bei der außerordentlichen Verdachtskündigung zu sehen? In wie fern und unter welchen Voraussetzungen kann er ein Arbeitsverhältnis „stören"?

I. Tatverdacht als Kündigungsanlass – Eigenständigkeit der Verdachtskündigung

Mangels Nachweisbarkeit scheidet die Verdachtstat als Kündigungsanlass aus.[530] Bei verständiger Würdigung ist der objektive Anlass einer außerordentlichen Verdachtskündigung stattdessen der durch nachprüfbare Indizien gestützte, gegen den Arbeitnehmer bestehende Tatverdacht.[531]

Die fehlende Identität der Anlässe ist das ausschlaggebende Argument dafür, dass die Gründe von Verdachts- und Tatkündigung andersartig sind.[532] Die Kündigung anlässlich eines Verdachts ist gegenüber derjenigen anlässlich einer bzw. der (Verdachts-)Tat eigenständig.[533]

---

530 BAG Urt. v. 12.12.1984 – 7 AZR 575/83, NZA 1985, S. 623/624: „Bei einer derartigen Verdachtskündigung ist Kündigungsgrund nicht der Vorwurf eines entsprechenden strafbaren Verhaltens des Arbeitnehmers, sondern allein der durch bestimmte Umstände hervorgerufene dringende Tatverdacht als solcher [...]." Vergleiche auch *Zborowska* Außerordentliche Verdachtskündigung (2015), S. 35 mit weiteren Nachweisen in Fn. 30. Anders zum Beispiel *Monjau* DB 1960, S. 1067, 1069; *Gentges* Prognoseprobleme im Kündigungsschutzrecht (1995), S. 249 ff.

531 Vergleiche etwa BAG Urt. v. 14.9.1994 – 2 AZR 164/94, NZA 1995, S. 269, 270; Urt. v. 18.11.1999 – 2 AZR 743/98, NZA 2000, S. 418, 419; Urt. v. 13.3.2008 – 2 AZR 961/06, NZA 2008, S. 809, 810. Der hier vertretene Definitionsansatz [siehe soeben] ermöglicht es zwanglos, sowohl den tatsachengestützten Verdacht als auch die durch diese bedingte Vertrauenserschütterung unter den Begriff des „Kündigungsgrunds" zu fassen [vergleiche demgegenüber *Belling* FS Kissel, S. 11, 25; *Hoefs* Verdachtskündigung (2001), S. 139/140; *Ebeling* Kündigung wegen Verdachts (2006), S. 88 ff.; *Zborowska* Außerordentliche Verdachtskündigung (2015), S. 36 ff.].

532 So auch *Zborowska* Außerordentliche Verdachtskündigung (2015), S. 71/72, widersprüchlich jedoch auf S. 159.

533 Statt vieler BAG Urt. v. 20.1.1984 – 7 AZR 143/82, Rn. 31 juris; Urt. v. 13.9.1995 – 2 AZR 587/94, NZA 1996, S. 81, 83; Urt. v. 18.6.2015 – 2 AZR 256/14, NZA 2016, S. 287, 288; SPV/*Preis*[11] (2015), Rn. 705; Staudinger/*ders.* (2019) § 626 BGB Rn. 224; ErfK/*Niemann*[21] (2021) § 626 BGB Rn. 175; MüKoBGB/*Henssler*[8] (2020) § 626 BGB Rn. 270.

1. *Statt (eigenständiger) Verdachtskündigung: einzelfallabhängige Beweislastumkehr oder Beweismaßsenkung?*

a) Ansatz Grunskys

Einen abweichenden, die Eigenständigkeit der Verdachtskündigung ablehnenden Ansatz vertritt *Grunsky*.[534] Ihm zufolge kann ein Tatverdacht nicht Kündigungsgrund im Sinne des § 626 I BGB sein.[535] Im Einzelfall müsse jedoch/vielmehr unterstellt werden, der Arbeitnehmer habe die Verdachtstat begangen, auch wenn der Arbeitgeber dies nicht zur praktischen Gewissheit (§ 46 II ArbGG, § 286 I ZPO) nachzuweisen vermöge.[536] *Grunsky* dogmatisiert die Verdachtskündigung als prozessuales Beweisproblem[537]; sie verdanke ihr Dasein dem Bedürfnis, den Arbeitgeber im Einzelfall vom Risiko der Unaufklärbarkeit des Sachverhalts zu befreien.[538] Eine Umkehr der für die kündigungsbegründenden

---

534 *Grunsky* Anm. zu BAG Urt. v. 27.1.1972 – 2 AZR 157/71, AP Nr. 2 zu § 626 BGB Ausschlußfrist; *ders.* ZfA 1977, S. 167 ff. Zur „Vertrauenskündigung" unten S. 114 ff.

535 *Grunsky* Anm. zu BAG Urt. v. 27.1.1972 – 2 AZR 157/71, AP Nr. 2 zu § 626 BGB Ausschlußfrist, zu 1.

536 *Grunsky* Anm. zu BAG Urt. v. 27.1.1972 – 2 AZR 157/71, AP Nr. 2 zu § 626 BGB Ausschlußfrist; *ders.* ZfA 1977, S. 167, 174 ff.

537 *Pfandlsteiner* [Verdachtskündigung (1987), S. 17 zitiert nach *Hoefs* Verdachtskündigung (2001), S. 127 mit Fn. 25] meint, der typischen Beweisnot des Arbeitgebers könne durch eine Anwendung der Grundsätze des Anscheinsbeweises abgeholfen werden. Das dürfte nur in seltenen Fällen zutreffen [*Hoefs* Verdachtskündigung (2001), S. 127/128]. Ein Anscheinsbeweis kommt „in Frage, wenn [...] ein typischer Geschehensablauf vorliegt, der nach der Lebenserfahrung auf eine bestimmte Ursache oder Folge hinweist und so sehr das Gepräge des Gewöhnlichen und Üblichen trägt, daß die besonderen individuellen Umstände in ihrer Bedeutung zurücktreten", BGH Urt. v. 26.9.1961 – VI ZR 92/61, NJW 1962, S. 31. Kündigungsrechtliche Sachverhalte eignen meist nicht für eine entsprechende Beweispraxis [*Hoefs* Verdachtskündigung (2001), S. 128]. Erstens wird das Geschehen zumeist keine Typizität aufweisen, die es rechtfertigt, die Einzelumstände zu vernachlässigen [*Hoefs* Verdachtskündigung (2001), S. 128. Vergleiche auch *Eylert* NZA-RR 2014, S. 393, 394]. Wegen der Vielfalt möglicher Geschehensabläufe gibt es – zweitens – keinen Erfahrungssatz, der diese verallgemeinernd zusammenfassen könnte [*Hoefs* Verdachtskündigung (2001), S. 128; *Prütting* FS Moll, S. 553, 555]. Drittens ist ein Anscheinsbeweis für steuerbares menschliches Verhalten grundsätzlich ausgeschlossen [BGH Urt. v. 26.1.1983 – IVb ZR 344/81, NJW 1983, S. 1548, 1551].

538 *Grunsky* Anm. zu BAG Urt. v. 27.1.1972 – 2 AZR 157/71, AP Nr. 2 zu § 626 BGB Ausschlußfrist, zu 1.; *ders.* ZfA 1977, S. 167, 173 ff.

Tatsachen vorgesehenen Beweislastverteilung[539] sei angezeigt, falls dem Arbeitgeber die Beweisführung nicht zugemutet, sie von ihm billigerweise nicht verlangt werden könne.[540] Je dringlicher der Verdacht und je schwerwiegender der mutmaßliche Vertragsverstoß, desto eher sei eine Beweislastumkehr im konkreten Fall angezeigt.[541] Folgt man dem, läge es gegebenenfalls am Arbeitnehmer, einen „Unschulds"-Nachweis zu führen. Eine unklare Beweislage ginge zu seinen Lasten. Einen entsprechenden Ansatz hat wie bereits dargestellt[542] auch schon das *RAG* verfolgt.

Mit *Prütting* muss „die objektive Beweislast als eine gesetzliche Risikoverteilung abstrakt geregelt"[543] sein. Zum Zwecke eines reibungslosen Prozessverlaufe muss voraussehbar sein, welche Partei für welche Tatsachen beweisbelastet ist.[544] Dies ist nicht gewährleistet, wenn die Beweislastverteilung von konkreten Umständen des Einzelfalls, für die die Verteilung der Beweislast ihrerseits noch zu klären wäre, abhängt.[545] Einer (abstrakten) Rechtsnorm lassen sich die Überlegungen *Grunskys* nicht zuweisen.[546] Insbesondere ist ein Rückgriff auf § 280 I 2 BGB ausgeschlossen.[547] Danach ist lediglich das Vertretenmüssen des Schuldners, nicht dessen Pflichtverletzung, zu vermuten.[548] Zudem entfaltet die in § 280 I 2 BGB geregelte Beweislastumkehr in Streitigkeiten zwischen

---

539 Nach allgemeinen Beweisgrundsätzen ist der Kündigende für die kündigungsbegründenden Tatsachen darlegungs- und beweisbelastet, nur BAG Urt. v. 17.4.1956 – 2 AZR 340/55, AP Nr. 8 zu § 626 BGB.

540 *Grunsky* Anm. zu BAG Urt. v. 27.1.1972 – 2 AZR 157/71, AP Nr. 2 zu § 626 BGB Ausschlußfrist, zu 3.; ZfA 1977, S. 167, 177 ff.

541 *Grunsky* Anm. zu BAG Urt. v. 27.1.1972 – 2 AZR 157/71, AP Nr. 2 zu § 626 BGB Ausschlußfrist, zu 3.; ZfA 1977, S. 167, 177 ff.

542 Vergleiche oben S. 25.

543 *Prütting* FS Moll, S. 553, 555; *ders.* Gegenwartsprobleme der Beweislast (1983), S. 190 ff.

544 KR/*Fischermeier*[12] (2019) § 626 BGB Rn. 241; *Ebeling* Kündigung wegen Verdachts (2006), S. 30. Vergleiche auch *Zborowska* Außerordentliche Verdachtskündigung (2015), S. 70. Auch schon *Dörner* NZA 1992, S. 865, 872.

545 *Ebeling* Kündigung wegen Verdachts (2006), S. 30; *Prütting* FS Moll, S. 553, 555; KR/*Fischermeier*[12] (2019) § 626 BGB Rn. 241. Vergleiche auch *Zborowska* Außerordentliche Verdachtskündigung (2015), S. 70.

546 *Hoefs* Verdachtskündigung (2001), S. 125/126; *Ebeling* Kündigung wegen Verdachts (2006), S. 30/31; *Zborowska* Außerordentliche Verdachtskündigung (2015), S. 70. Vergleiche auch *Dörner* NZA 1992, S. 865, 872.

547 *Ebeling* Kündigung wegen Verdachts (2006), S. 30/31.

548 Nur Jauernig/*Stadler*[18] (2021), § 280 BGB Rn. 23 ff.

Arbeitgeber und Arbeitnehmer wegen § 619a BGB keine Wirkung.[549] Ergänzt sei, dass die von *Grunsky* (er bezieht seine Ausführungen ausdrücklich nur auf § 626 BGB) der Sache nach befürwortete Beweislastumkehr im Bereich der ordentlichen Kündigung wegen § 1 II 4 KSchG einer Rechtsfortbildung *contra verbis legis* entspräche, die sich nicht allein mit „Billigkeitserwägungen" rechtfertigen lässt.[550] Der Ansatz ist daher insgesamt abzulehnen.[551]

b) Ansatz Prüttings

Prütting spricht sich ebenfalls gegen die Eigenständigkeit von Verdachts- und Tatkündigung und für eine prozessrechtliche Lösung aus.[552] Nach seiner Auslegung kann nur eine Tat (materieller) Kündigungsgrund im Sinne des § 626 I BGB sein.[553] Dogmatische Widersprüche, die entstünden, wenn man den Verdacht als Kündigungsanlass anerkenne, könnten durch eine rechtsfortbildende Absenkung des auf die Tat bezogenen Regelbeweismaßes (§ 46 II ArbGG, § 286 I ZPO) auf den Grad der überwiegenden Wahrscheinlichkeit (§ 294 ZPO) umgangen werden.[554] In der Sache schlägt *Prütting* damit vor, ein „non-liquet" betreffend die Tat als Merkmal in § 626 I BGB hineinzulesen.[555]

Prämisse der vorgeschlagenen Beweiserleichterung ist, dass § 626 I BGB eine Verdachtsentlassung selbst nicht ermöglicht. Unter den Normtext sei eine auf einen Tatverdacht gestützte Kündigung nicht subsumierbar, denn dieser spreche von „Tatsachen".[556] Die systematische Einbeziehung von § 627 BGB indiziere,

549 *Ebeling* Kündigung wegen Verdachts (2006), S. 30/31.

550 Vergleiche *Prütting* RdA 1999, S. 107, 110/111. Im Ergebnis *Hoefs* Verdachtskündigung (2001), S. 127; *Ebeling* Kündigung wegen Verdachts (2006), S. 29/30.

551 So auch BAG Urt. v. 31.1.2019 – 2 AZR 426/18, NZA 2019, S. 893, 896. Aus dem Schrifttum nur *Henssler* Anm. zu LAG Köln Urt. v. 16.1.1990 – 11 Sa 853/89, LAGE Nr. 27 zu § 1 KSchG, S. 9, 11; *Dörner* NZA 1992, S. 865, 872; *Belling* FS Kissel, S. 11, 13/14; *Lücke* BB 1997, S. 1842, 1846; *Hoefs* Verdachtskündigung (2001), S. 124 ff.; *Ebeling* Kündigung wegen Verdachts (2006), S. 28 ff.; *Zborowska* Außerordentliche Verdachtskündigung (2015), S. 54 ff.; *Prütting* FS Moll, S. 553, 555.

552 *Prütting* FS Moll, S. 553 ff., 557 ff. Angedeutet GMP/*ders.*[9] (2017) § 58 ArbGG Rn. 91.

553 GMP/*Prütting*[9] (2017) § 58 ArbGG Rn. 91; *ders.* FS Moll, S. 553, 554.

554 *Prütting* FS Moll, S. 553, 556/557.

555 Vergleiche *Prütting* FS Moll, S. 553, 557. So bereits *ders.* Gegenwartsprobleme der Beweislast (1983), S. 135; *Schwerdtner* Brennpunkte des Arbeitsrechts (2001), S. 243, 258.

556 *Prütting* FS Moll, S. 553, 554. Vergleiche auch *Schütte* NZA-Beil. 1991, S. 17, 19.

dass die Verdachtskündigung eines Arbeitsverhältnisses ausscheide.[557] Aus dem Zweck von § 626 I BGB lasse sich nichts Gegenteiliges schließen.[558]

In Letzterem ist *Prütting* beizupflichten. Die weiteren Auslegungsargumente überzeugen dagegen nicht. Wie an anderer Stelle ausgeführt, ist die Verdachtskündigung sowohl mit dem Tatsachenerfordernis des § 626 I BGB, als auch mit § 627 BGB vereinbar.[559] Dass die Anerkennung und Ausgestaltung der Verdachtskündigung rechtsschöpferische Züge hat(te), ist unbestreitbar. Weil sich die betreffenden Obersätze aber – wie im Folgenden noch zu zeigen sein wird – durchaus in die materielle Normstruktur einfügen,[560] ist der prozessuale Kunstgriff weder notwendig noch zweckmäßig. Im Gegenteil entspräche er dem schiefen Bild der „Verdachtskündigung als unterentwickelte Tatkündigung"[561].

2. *Zum praktischen Verhältnis von Verdachts- und Tatkündigung*

Trotz ihrer zu befürwortenden Eigenständigkeit stehen (außerordentliche) Verdachts- und Tatkündigung nicht beziehungslos nebeneinander.[562]

Das zeigt sich vor allem[563] praktisch. Dem Arbeitgeber steht es im Ausgangspunkt frei, denselben Sachverhalt zum Anlass für eine Verdachts- und/oder eine Tatkündigung zu nehmen.[564] Klagt der Arbeitnehmer gegen die Kündigung[565], hängt das arbeitsgerichtliche Prüfprogramm grundsätzlich von deren

---

557 *Prütting* FS Moll, S. 553, 554.

558 *Prütting* FS Moll, S. 553, 554.

559 Oben S. 65 f.

560 Bemerkenswert ist, dass *Prütting* [FS Moll, S. 353, 357] letztlich selbst vorschlägt zu § 626 I BGB einen S. 2 hinzuzudenken mit dem Inhalt: Ein wichtiger Grund (!) ist auch dann gegeben, wenn starke Verdachtsmomente für eine schwerwiegende Verfehlung bestehen, die das für eine Fortsetzung des Dienstverhältnisses unerlässliche Vertrauen zerstören. Zum Vertrauensargument ausführlich unten S. 102 ff.

561 Vergleiche *Hoefs* Verdachtskündigung (2001), S. 128/129; *Zborowska* Außerordentliche Verdachtskündigung (2015), S. 56.

562 BAG Urt. v. 6.12.2001 – 2 AZR 496/00, NZA 2002, S. 847, 850; Urt. v. 3.7.2003 – 2 AZR 437/02, NZA 2004, S. 307, 310; Urt. v. 23.6.2009 – 2 AZR 474/07, NZA 2009, S. 1136, 1142; Urt. v. 10.6.2010 – 2 AZR 541/09, NZA 2010, S. 1227, 1229.

563 Zum Erfordernis der Wirksamkeit einer hypothetischen Tatkündigung unten S. 118.

564 BAG Urt. v. 23.6.2009 – 2 AZR 474/07, NZA 2009, S. 1136.

565 Zur Wahrung der Präklusionsfrist des § 4 S. 1 KSchG bei zeitgleicher Verdachts- und Tatkündigung LAG Rheinland-Pfalz Urt. v. 16.4.2015 – 5 Sa 701/14, NZA-RR 2015, S. 411.

Begründung ab.[566] Die Verdachtskündigung knüpft an einen, auf ein vergangenes[567] Verhalten bezogenen, objektiven Tatverdacht an, den sich der Arbeitgeber zu eigen[568] macht: Gerade der Verdacht mache ihm eine Fortsetzung des Arbeitsverhältnisses unzumutbar.[569] Die Tatkündigung begründet der Arbeitgeber

---

566 Vergleiche BAG Urt. v. 4.6.1964 – 2 AZR 310/63, Rn. 29 juris; Urt. v. 14.9.1994 – 2 AZR 164/94, NZA 1995, S. 269, 270; Urt. v. 3.6.2009 – 2 AZR 474/07, NZA 2009, S. 1136, 1142; Urt. v. 31.1.2019 – 2 AZR 426/18, NZA 2019, S. 893, 895.

567 Darin liegt der Unterschied zur Fallgruppe der Kündigung „wegen Sicherheitsbedenken". Für erstere macht der Arbeitgeber eine konkret drohende Beeinträchtigung berechtigter Sicherheitsinteressen, zum Beispiel Schutz des Betriebsvermögens, -eigentums und der körperlichen Integrität der Betriebsangehörigen, geltend [*Plum* NZA 2019, S. 497, 498]. Kennzeichnend ist, dass der Arbeitnehmer eine solche in der Vergangenheit auch nicht nur möglicherweise verursacht hat [BAG Urt. v. 28.2.1963 – 2 AZR 342/62, Rn. 9 ff. juris; Urt. v. 26.10.1987 – 2 AZR 24/77, Rn. 15 ff. juris; Urt. v. 20.7.1989 – 2 AZR 114/87, NJW 1990, S. 597 ff.; Urt. v. 21.3.1996 – 2 AZR 479/95, Rn. 13 ff. juris; Urt. v. 12.8.1999 – 2 AZR 55/99, NZA 1999, S. 1209, 1211; *Meyer* Kündigung wegen Sicherheitsbedenken (1997), S. 117 ff.]. Man kann also gegenüberstellen: Für die Verdachtskündigung beruft sich der Arbeitgeber auf den Verdacht einer vergangenen Tat, für die Kündigung wegen Sicherheitsbedenken auf den Verdacht einer künftigen [*Hoefs* Verdachtskündigung (2001), S. 62/63; auch *Meyer* Kündigung wegen Sicherheitsbedenken (1997), S. 117 ff.; *Plum* NZA 2019, S. 497, 498].

568 Dies ist das Abgrenzungskriterium zur Fallgruppe der „echten Druckkündigung". Eine Druckkündigung kommt namentlich in Betracht, wenn ein Kunde des Arbeitgebers von diesem unter Androhung von Nachteilen, etwa dem Abbruch der Geschäftsbeziehung, ernsthaft verlangt, einen bestimmten Mitarbeiter zu entlassen [nur BAG Urt. v. 19.6.1986 – 2 AZR 563/85, NZA 1987, S. 21, 22; Urt. v. 18.7.2013 – 6 AZR 420/12, NZA 2014, S. 109, 112]. Dabei macht sich der Arbeitgeber den Vorwurf, der dem Entlassungsverlangen zugrunde liegt, und beispielsweise auch in einem Tatverdacht bestehen kann [LAG Düsseldorf Urt. v. 29.1.1963 – 8 Sa 2/63, BB 1963, S. 859; LAG Berlin-Brandenburg Urt. v. 27.11.1995 – 9 Sa 85/95, NZA-RR 1996, S. 283, 285] *nicht* zu eigen [*Meyer* Kündigung wegen Sicherheitsbedenken (1997), S. 111]. Unter Umständen kann der Arbeitgeber die Beendigung des Arbeitsverhältnisses sowohl auf eine Verdachts-, als auch eine Druckkündigung stützen [*Hoefs* Verdachtskündigung (2001), S. 73 mit Fn. 104]. Die kündigungsrechtliche Zulässigkeit und Einordnung der echten Druckkündigung ist ebenso wie diejenige der Verdachtskündigung seit jeher umstritten. Zum Diskussionsstand nur Staudinger/*Preis* (2019) § 626 BGB Rn. 235.

569 BAG Urt. v. 4.6.1964 – 2 AZR 310/63, Rn. 29 juris; Urt. v. 14.9.1994 – 2 AZR 164/94, NZA 1995, S. 269, 270; Urt. v. 3.6.2009 – 2 AZR 474/07, NZA 2009, S. 1136, 1142; Urt. v. 31.1.2019 – 2 AZR 426/18, NZA 2019, S. 893, 895.

hingegen mit einer bzw. *der* nachweislichen Tat.[570] Die Kündigungsbegründung muss (unter Umständen gemäß § 626 II 3 BGB, aber) jedenfalls erfolgen, damit der Arbeitgeber seiner prozessualen Darlegungslast genügt.[571] Entscheidend ist der objektive Erklärungswille.[572]

Bringt der Arbeitgeber – bis zum Schluss der letzten mündlichen Verhandlung in der Tatsacheninstanz –[573] zum Ausdruck, er stütze die Kündigung ausschließlich auf eine nachweisliche Pflichtverletzung des Arbeitnehmers, ist der Kündigungsschutzklage stattzugeben, wenn das Arbeitsgericht jene für nicht erwiesen hält.[574] Ein Übergang zur Verdachtskündigung ist aus betriebsverfassungsrechtlichen Gründen regelmäßig ausgeschlossen.[575]

Macht der Arbeitgeber deutlich, er stütze die Kündigung (hilfsweise) auf den gegen den Arbeitnehmer bestehenden Tatverdacht, darf das Arbeitsgericht sie als Verdachtskündigung behandeln.[576] Er ist zugleich nicht daran gehindert, in den Entscheidungsgründen auf eine nachweisliche Tat des Arbeitnehmers abzustellen.[577] Das *BAG* meint zutreffend, entscheidend sei der Sachverhalt, wie er sich nach dem Parteivorbringen und dem Ergebnis einer eventuell durchgeführten Beweisaufnahme darstelle.[578] Die Verdachtskündigung werde nicht deshalb unwirksam, weil es dem Arbeitgeber gelinge, den Tatnachweis zu führen.[579]

---

570 BAG Urt. v. 4.6.1964 – 2 AZR 310/63, Rn. 29 juris; Urt. v. 14.9.1994 – 2 AZR 164/94, NZA 1995, S. 269, 270; Urt. v. 3.6.2009 – 2 AZR 474/07, NZA 2009, S. 1136, 1142; Urt. v. 31.1.2019 – 2 AZR 426/18, NZA 2019, S. 893, 895.

571 *Hoefs* Verdachtskündigung (2001), S. 56, 142; *Zborowska* Außerordentliche Verdachtskündigung (2015), S. 32.

572 *Hoefs* Verdachtskündigung (2001), S. 143; *Ebeling* Kündigung wegen Verdachts (2006), S. 33; *Zborowska* Außerordentliche Verdachtskündigung (2015), S. 31. Vergleiche auch BAG Urt. v. 21.6.1995 – 2 AZR 735/94, Rn. 36 juris.

573 LAG Düsseldorf Urt. v. 19.2.2019 – 3 Sa 559/17, Rn. 84 juris.

574 Nur BAG Urt. v. 22.2.1980 – 7 AZR 236/78, Rn. 30 juris.

575 BAG Urt. v. 20.1.1984 – 7 AZR 143/82, Rn. 31/32 juris; Urt. v. 20.6.2013 – 2 AZR 546/12, NZA 2014, S. 143, 148; Urt. v. 16.7.2015 – 2 AZR 85/15, NZA 2016, S. 161, 163. Näher unten S. 187 ff.

576 Etwa BAG Urt. v. 21.6.1995 – 2 AZR 735/94, Rn. 36/37; Urt. v. 29.1.1997 – 2 AZR 292/96, NZA 1997, S. 813, 814; Urt. v. 6.12.2001 – 2 AZR 496/00, NZA 2002, S. 847, 850.

577 BAG Urt. v. 10.6.2010 – 2 AZR 541/09, NZA 2010, S. 1227, 1229 mit weiteren Nachweisen.

578 BAG Urt. v. 10.6.2010 – 2 AZR 541/09, NZA 2010, S. 1227, 1229 mit weiteren Nachweisen.

579 BAG Urt. v. 6.12.2001 – 2 AZR 496/00, NZA 2002, S. 847, 850; Urt. v. 10.6.2010 – 2 AZR 541/09, NZA 2010, S. 1227, 1229.

Ergänzt sei noch, dass ein rechtskräftiges Urteil, mit dem die Unwirksamkeit einer außerordentlichen Verdachtskündigung festgestellt wird, eine spätere Kündigung wegen der (Verdachts-)Tat nicht ausschließt.[580] Ebenso im umgekehrten Fall.[581] Eine verbotene[582] Wiederholungskündigung liegt nicht vor; insofern kommt die Andersartigkeit der Kündigungsgründe wieder zum Tragen.[583]

II. Nachteilige Verdachtswirkung auf das Arbeitsverhältnis: Vertrauenserschütterung

Ein zur außerordentlichen Kündigung berechtigender Anlass kann der gegen den Arbeitnehmer bestehende Tatverdacht freilich nur sein, wenn er sich konkret nachteilig auf das Arbeitsverhältnis auswirkt.[584]

Worin diese notwendige Beeinträchtigung besteht/bestehen kann, ist nicht offensichtlich. Eine vom Arbeitnehmer veranlasste Vertragsstörung ist gerade nicht nachweisbar. Das *BAG* stellt in ständiger Rechtsprechung fest, der Verdacht einer (gravierenden) Vertragswidrigkeit könne eine kündigungserhebliche Vertrauenserschütterung bewirken.[585] Die These bedarf differenzierter Begründung. Eine solche hat das *BAG* bis heute nicht (aus)formuliert. Darin dürfte eine wesentliche Ursache für das „Akzeptanzproblem“[586] der Rechtsfigur liegen.[587]

Regelmäßig bemüht das *BAG* die ungesicherte Schlussfolgerung, weil „jedes Arbeitsverhältnis [...] als personenbezogenes Dauerschuldverhältnis ein gewisses gegenseitiges Vertrauen“[588] der Parteien voraussetze, sei eine Erschütterung desselben kündigungserheblich.[589]

---

580 BAG Urt. v. 12.12.1984 – 7 AZR 575/83, NZA 1985, S. 623/624.

581 BAG Urt. v. 6.9.1990 – 2 AZR 162/90, Rn. 23 ff. juris.

582 Etwa BAG Urt. v. 18.12.2014 – 2 AZR 163/14, NZA 2015, S. 635, 638/639.

583 BAG Urt. v. 12.12.1984 – 7 AZR 575/83, NZA 1985, S. 623/624; *Zborowska* Außerordentliche Verdachtskündigung (2015), S. 34/35.

584 Oben S. 94 f.

585 Insbesondere BAG Urt. v. 4.6.1964 – 2 AZR 310/63, Rn. 27 juris; Urt. v. 14.9.1994 – 2 AZR 164/94, NZA 1995, S. 269, 270; Urt. v. 18.11.1999 – 2 AZR 743/98, NZA 2000, S. 418, 419; Urt. v. 13.3.2008 – 2 AZR 961/06, NZA 2008, S. 809, 810; Beschl. v. 12.3.2009 – 2 ABR 24/08, NZA-RR 2010, S. 180, 183; Urt. v. 31.1.2019 – 2 AZR 426/18, NZA 2019, S. 893, 895/896.

586 Vergleiche oben S. 21 f.

587 Vergleiche auch *Gilberg* DB 2006, S. 1555 ff.; *Eylert* NZA-RR 2014, S. 393, 396.

588 Zuerst BAG Urt. v. 14.9.1994 – 2 AZR 164/94, NZA 1995, S. 269, 270.

589 BAG Urt. v. 14.9.1994 – 2 AZR 164/94, NZA 1995, S. 269, 270; Urt. v. 21.6.1995 – 2 AZR 735/94, Rn. 31 juris; Urt. v. 31.1.2019 – 2 AZR 426/18, NZA 2019, S. 893, 895.

Hierbei ist schon unklar, was unter einem „gewissen“ gegenseitigen Vertrauen zu verstehen sein soll.[590] Worauf bezieht sich dieses? Lediglich scheinkonkretisierend ist der gelegentliche Verweis auf das gestörte Vertrauen des Arbeitgebers in die „Redlichkeit“[591] oder „Zuverlässigkeit“[592] des Arbeitnehmers.[593] Warum ist eine verdachtsbedingte Vertrauensstörung kündigungs-rechts-erheblich? Mit dem Hinweis auf das „personenbezogene Dauerschuldverhältnis“ erweckt das Gericht zudem den Eindruck, die unhaltbare[594] Idee eines personenrechtlichen Gemeinschaftsverhältnisses wieder[595] aufgreifen zu wollen.[596] Davon unabhängig kann ein schuldverhältnistypischer Vertrauensbefund die Rechtserheblichkeit einer Vertrauenserschütterung nicht allein rechtfertigen.[597]

---

590 Gemeint könnte einerseits sein, dass ein gegenseitiges Vertrauen „in einem bestimmten Umfang“, andererseits „mit Sicherheit“ gegeben sein muss. Kritisch auch *Gilberg* DB 2006, S. 1555, 1558.

591 BAG Urt. v. 26.2.1987 – 2 AZR 170/86, Rn. 22 juris; Beschl. v. 10.2.1999 – 2 ABR 31/98, NZA 1999, S. 708, 710; Urt. v. 23.6.2009 – 2 AZR 103/08, NZA 2009, S. 1198, 1202; Urt. v. 10.6.2010 – 2 AZR 541/09, NZA 2010, S. 1227, 1232; Urt. v. 31.1.2019 – 2 AZR 426/18, NZA 2019, S. 893, 900.

592 BAG Urt. v. 6.2.1997 – 2 AZR 51/96, Rn. 23 juris; Urt. v. 10.6.2010 – 2 AZR 541/09, NZA 2010, S. 1227, 1232; Urt. v. 21.6.2012 – 2 AZR 153/11, Rn. 19/20 juris.

593 Kritisch auch *Schwarze* Anm. zu LAG Düsseldorf Urt v. 25.6.2003 – 14 Sa 657/03, LAGE Nr. 2 zu § 626 BGB 2002, S. 11, 12; *Enderlein* RdA 2000, S. 325 ff.

594 Die Idee, das Arbeitsverhältnis sei ein personenrechtliches Gemeinschaftsverhältnis, wird *v. Giercke* [FS Brunner, S. 36, 37 ff.] zugeschrieben. Während der NS-Epoche wurde sie bekanntlich ideologisch aufgeladen, das Arbeitsverhältnis seinem schuldrechtlichen Charakter beraubt. Auf die Einzelheiten kann hier nicht eingegangen werden. Nur so viel: Das Arbeitsverhältnis ist kein personenrechtliches Rechtsverhältnis, weil die Person des Arbeitnehmers als solche nicht Gegenstand des Arbeitsverhältnisses ist [*Weller* Persönliche Leistungen (2012), S. 83 mit Verweis auf die Motive zum BGB [Mugdan II, S. 253/254], wonach „Gegenstand der Verpflichtung [...] die Dienste für sich betrachtet oder die Arbeit als solche“ sind]. Ein Gemeinschaftsverhältnis ist das Arbeitsverhältnis schon deshalb nicht, weil es – anders als etwa die Gemeinschaft [§§ 741 ff. BGB] oder Gesellschaft [§§ 705 ff. BGB] – durch weitreichende Interessengegensätze geprägt ist [etwa *Düsel* Gespaltene Loyalität (2008), S. 109].

595 Dazu etwa noch BAG Urt. v. 3.12.1998 – 2 AZR 754/97 NZA 1999, S. 584, 585 mit weiteren Nachweisen.

596 Vergleiche *Preis* Prinzipien (1987), S. 359/360; *ders.* AuR 2010, S. 242, 245.

597 In diesem Sinne auch *Belling* FS Kissel, S. 11, 19 und *Otto* Wegfall des Vertrauens als Grund zur außerordentlichen Kündigung (2000), S. 89, 219.

1. Vertrauensgrundlage(n) des Arbeitsverhältnisses

Richtig ist allerdings, dass die Eingehung und eine sinnvolle Durchführung eines Arbeitsverhältnisses faktisch davon abhängen, dass sich die Vertragsparteien gegenseitig vertrauen.[598]

Obschon es keine allgemeingültige Definition des blankettartigen[599] Vertrauensbegriffs gibt, dürfte disziplinübergreifend anerkannt sein, dass der Vertrauende auf ein Informationsproblem reagiert und Vertrauen der Reduktion sozialer Komplexität sowie der Stabilisierung unsicherer Erwartungen dient.[600] Arbeitgeber und Arbeitnehmer können trotz einschlägiger Zusicherung nur mutmaßen, dass der jeweils andere fähig und willens ist, seine (Vertrags-)Versprechen einzulösen, das verbleibende „Unsicherheitsmoment" müssen sie durch gegenseitiges Vertrauen überbrücken.[601] Insofern hat Vertrauen (auch)[602] für die Eingehung eines Arbeitsverhältnisses tragende Bedeutung.[603]

Des Weiteren ist die Durchführung des eingegangenen Arbeitsverhältnisses vergleichsweise riskant; sie erfordert deshalb ein relativ hohes Mindestmaß gegenseitigen Vertrauens.[604] Weil das Arbeitsverhältnis auf Dauer angelegt ist, können im Arbeitsvertrag regelmäßig nur Rahmenbedingungen der Zusammenarbeit festgelegt werden; infolgedessen funktioniert dieser nur bedingt als Vertrauenssubstitut.[605] Die Art und Weise der Vertragsabwicklung bringt es mit sich, dass beide Parteien wiederkehrend mehr oder minder unkontrolliert

598 Nur *Belling* RdA 1996, S. 223, 229; *Gilberg* DB 2006, S. 1555, 1558 ff.; *Wertz* Verdachtskündigung unter Berücksichtigung des „Vertrauenskapitals" (2015), S. 25 ff.

599 *Oechsler* Gerechtigkeit im modernen Austauschvertrag (1997), S. 215.

600 Eingehend und eingängig *Jandt* Vertrauen (2008), S. 41 ff.

601 Vergleiche *Luhmann*[5] Vertrauen (2014), S. 27; *Gilberg* DB 2006, S. 1555, 1559.

602 Vergleiche *Ebeling* Kündigung wegen Verdachts (2006), S. 128 ff.

603 *Gilberg* DB 2006, S. 1555, 1559.

604 *v. Craushaar* Einfluss des Vertrauens auf die Privatrechtsbildung (1969), S. 16 [„hohe Vertrauensdichte"]; *Otto* Wegfall des Vertrauens als Grund zur außerordentlichen Kündigung (2000), S. 88 ff.; *Ebeling* Kündigung wegen Verdachts (2006), S. 128 ff.; *Zborowska* Außerordentliche Verdachtskündigung (2015), S. 44; *Wertz* Verdachtskündigung unter Berücksichtigung des „Vertrauenskapitals" (2015), S. 27 ff. Auch *Luhmann*[5] Vertrauen (2014), S. 17 ff., 27 ff.

605 Vergleiche *Weller* Persönliche Leistungen (2012), S. 61. Zur vertrauenssubstituierenden Funktion von Verträgen im Allgemeinen *Jandt* Vertrauen (2008), S. 57 ff. Siehe auch *Wertz* Verdachtskündigung unter Berücksichtigung des „Vertrauenskapitals" (2015), S. 26/27.

auf die Rechtsgüter der jeweils anderen einwirken können.[606] Der Arbeitnehmer unterwirft sich der Weisungsmacht des Arbeitgebers und riskiert (unter Umständen) seine Gesundheit.[607] Der Arbeitgeber verschafft dem Arbeitnehmer Zugang zu Betriebsanlagen und -angehörigen; er riskiert Fehlverhalten.[608] Dabei gilt: Je größer der Kontrollverlust und das Potential materieller wie immaterieller Schäden sind, desto mehr Vertrauen bedarf es.[609] Vor diesem Hintergrund liegt es nahe, dass ein erhöhter, das notwendige Mindestmaß übersteigender Vertrauensbedarf besteht, wo die Leistungserbringung einen persönlichen Umgang der Vertragsparteien erfordert oder mit ihm einhergeht.[610] Doch auch in „entpersönlichten Arbeitsverhältnissen“[611] kann er – abhängig von der Stellung des Arbeitnehmers und bezogen auf dessen Tätigkeit – gegeben sein.[612]

Insgesamt wird deutlich: Die Durchführung des Arbeitsvertrags ist darauf angewiesen, dass Arbeitnehmer und Arbeitgeber fortlaufend kooperieren, sie

---

606 *Henssler* Anm. zu LAG Köln Urt. v. 16.1.1990 – 11 Sa 853/89, LAGE Nr. 27 zu § 1 KSchG, S. 9, 10/11; *Belling* RdA 1996, S. 223, 229; *Otto* Wegfall des Vertrauens als Grund zur außerordentlichen Kündigung (2000), S. 88 ff., 97/98; *Gilberg* DB 2006, S. 1555, 1559; *Ebeling* Kündigung wegen Verdachts (2006), S. 129/130; *Zborowska* Außerordentliche Verdachtskündigung (2015), S. 44/45; *Bengelsdorf* SAE 2017, S. 31, 41.

607 Nur *Gilberg* DB 2006, S. 1555, 1559; *Ebeling* Kündigung wegen Verdachts (2006), S. 129/130 (2006); *Zborowska* Außerordentliche Verdachtskündigung (2015), S. 44/45; *Wertz* Verdachtskündigung unter Berücksichtigung des „Vertrauenskapitals“ (2015), S. 27/28.

608 Nur *Gilberg* DB 2006, S. 1555, 1559; *Ebeling* Kündigung wegen Verdachts (2006), S. 129/130 (2006); *Zborowska* Außerordentliche Verdachtskündigung (2015), S. 44/45; *Wertz* Verdachtskündigung unter Berücksichtigung des „Vertrauenskapitals“ (2015), S. 27.

609 Vergleiche *Luhmann*[5] Vertrauen (2014), S. 19.

610 *Preis* Prinzipien (1987), S. 360. Auch *Wertz* Verdachtskündigung unter Berücksichtigung des „Vertrauenskapitals“ (2015), S. 28. Vergleiche *Däubler*[12] (2017) Arbeitsrecht, Rn. 866, wonach eine außerordentliche Verdachtskündigung nur zu rechtfertigen ist, falls Arbeitgeber und Arbeitnehmer einen engen persönlichen Umgang pflegen.

611 *Preis* Prinzipien (1987), S. 360.

612 *Belling* RdA 1996, S. 223, 229; *Otto* Wegfall des Vertrauens als Grund zur außerordentlichen Kündigung (2000), S. 92 ff.; *Hahn* Verdachtskündigung unter Berücksichtigung einer gesetzlichen Regelung (2004), S. 92/93; *Ebeling* Kündigung wegen Verdachts (2006), S. 129; *Zborowska* Außerordentliche Verdachtskündigung (2015), S. 45. Zurückhaltender *Preis* Prinzipien (1987), S. 360. Anders *Däubler*[12] (2017) Arbeitsrecht, Rn. 866 und der Sache nach auch *Moritz* NJW 1978, S. 402, 405/406.

vertrauensvoll zusammenwirken.[613] Nur so können sie den beiderseits angestrebten wirtschaftlichen Erfolg erreichen.[614]

2. *Kündigungserheblichkeit einer Vertrauenserschütterung*

Die vorstehenden Befunde tragen freilich nicht die – normative – Annahme, der Arbeitgeber sei im Falle einer (noch näher zu differenzierenden) verdachtsbedingten Vertrauensstörung unter Umständen kündigungsbefugt.[615] Diese muss mit spezifisch rechtlichen Erwägungen begründet werden.[616]

a) Fehlen einer ausdrücklichen gesetzlichen Anordnung

Eine ausdrückliche gesetzliche Anordnung fehlt. Anders lagen die Dinge noch im 19. Jahrhundert. Einschlägige Regelungen enthielten etwa § 1241 des Sächsischen BGB von 1863 und Art. 630 des Dresdener Entwurfs von 1866.[617] Auch bei der Kodifizierung von § 626 I BGB war angedacht worden, nach Vorbildern[618] in HGB und GewO eine Regel aufzunehmen, wonach ein „Vertrauens- oder Treubruch" zur außerordentlichen Kündigung berechtigen solle.[619] Der Vorschlag wurde verworfen,[620] ohne dass eine (voll)inhaltliche Ablehnung ersichtlich ist.

Als solche muss auch nicht die protokollierte Bemerkung verstanden werden, bei einer „gewöhnlichen Arbeitsverrichtung" spiele das Vertrauensmoment keine solche Rolle, dass darauf „in Ansehung der Kündigungsberechtigung ein *besonderes* Gewicht zu legen"[621] sei. Darin kommt vielmehr nur die mittlerweile durch die Bereichsausnahme in § 627 BGB positivierte Wertung zum Ausdruck,

---

613 Vergleiche BeckOGK/*Martens* (2021) § 314 BGB Rn. 4; *Bengelsdorf* SAE 2017, S. 31, 41; *Wertz* Verdachtskündigung unter Berücksichtigung des „Vertrauenskapitals" (2015), S. 27.

614 Vergleiche MüKoBGB/*Gaier*[8] (2019) § 314 BGB Rn. 19.

615 Das verkennt neben *Gilberg* DB 2006, S. 1555, 1559 ff. auch *Wertz* Verdachtskündigung unter Berücksichtigung des „Vertrauenskapitals" (2015), S. 25 ff., 64. Wie hier *Belling* FS Kissel, S. 11, 19 und *Otto* Wegfall des Vertrauens als Grund zur außerordentlichen Kündigung (2000), S. 89, 219.

616 *Belling* FS Kissel, S. 11, 19 und *Otto* Wegfall des Vertrauens als Grund zur außerordentlichen Kündigung (2000), S. 89, 219.

617 Näher *Otto* Wegfall des Vertrauens als Grund zur außerordentlichen Kündigung (2000), S. 44 ff.

618 Nämlich § 72 I Nr. 1 HGB a. F. [10.5.1887] und §§ 133a-c GewO a. F. [1.6.1891].

619 Mugdan II, S. 912 [Protokolle].

620 Mugdan II, S. 913 [Protokolle].

621 Mugdan II, S. 913 [Protokolle], Hervorhebung des Verfassers.

wechselseitiges Vertrauen sei für ein Arbeitsverhältnis nicht so prägend, dass es aufgrund einer willkürlichen Vertrauensentziehung beendet werden kann.[622]

b) *Anknüpfung an das Prinzip des Vertrauensschutzes*

Normative Indizien für eine Kündigungsbefugnis des Arbeitgebers bei einer objektivierten Vertrauensstörung enthalten (heute) die Materialien zu § 9 I 2 KSchG und zu § 314 BGB.[623] Zum Auflösungsantrag heißt es dort, mit ihm sei für Fälle vorgesorgt, „in denen die Vertrauensgrundlage, auf der das Arbeitsverhältnis beruht, fortgefallen"[624] sei. Nach der Begründung von § 314 BGB, den § 626 I BGB als Spezialvorschrift grundsätzlich verdrängt,[625] stellt namentlich die pflichtverletzungsbedingte „Zerstörung des Vertrauensverhältnisses" eine kündigungsrelevante Beeinträchtigung der Dauervertragsbeziehung dar.[626]

Ihre tiefere Rechtfertigung erfährt die Kündigungserheblichkeit derweil durch das Prinzip des Vertrauensschutzes.[627] Dieses kann zum Ausfüllen von § 626 I BGB herangezogen werden.[628] Denn das Recht zur Kündigung aus wichtigem Grund wurzelt selbst im Grundsatz von Treu und Glauben.[629] Ein

---

622 Im Ergebnis wie hier *Otto* Wegfall des Vertrauens als Grund zur außerordentlichen Kündigung (2000), S. 41/42; *Ebeling* Kündigung wegen Verdachts (2006), S. 141/142. Anders *Harke* Besonderes Schuldrecht (2011), Rn. 241.

623 *Ebeling* Kündigung wegen Verdachts (2006), S. 118; *Stoffels* in Maschmann (Hrsg.) Kündigungsrecht: alte und neue Fragen (2013), S. 37, 38; *Lembke* RdA 2013, S. 82, 85.

624 RdA 1951, S. 58, 64.

625 Nur MüKoBGB/*Henssler*[8] (2020) § 626 BGB Rn. 52.

626 BT-Drucks. 14/6040, S. 177.

627 Siehe bereits *Canaris* Vertrauenshaftung im deutschen Privatrecht (1981, Nachdruck), S. 625 Fn. 1; *Preis* Prinzipien (1987), S. 357 ff. In der Folge vor allem *Otto* Wegfall des Vertrauens als Grund zur außerordentlichen Kündigung (2000), S. 33 ff., 66 ff.; *Ebeling* Kündigung wegen Verdachts (2006), S. 101 ff., 128 ff.

628 Nur *Preis* Prinzipien (1987), S. 357 ff.; *Otto* Wegfall des Vertrauens als Grund zur außerordentlichen Kündigung (2000), S. 34 ff. Schon *Herschel* FS Müller, S. 191, 200, nach dem „die Befugnis zur außerordentlichen Kündigung nichts anderes als eine befreiende Reaktion auf eine enttäuschte berechtigte Erwartung, auf das fehlgeschlagene Vertrauen, die bestehenden Voraussetzungen eines intakten Arbeitsverhältnisses würden andauern", bedeutet.

629 MüKoBGB/*Henssler*[8] (2020) § 626 BGB Rn. 1. Rechtshistorisch BeckOGK/*Martens* (2021) § 314 BGB Rn. 3.1: „Die Klagen aus einer locatio conductio rei waren im römischen Recht sog. bonae fidei iudicia, bei denen der Richter alles zusprechen musste, was dem jeweiligen Kläger nach Treu und Glauben (ex fide bona) zustand. Vor diesem Hintergrund entwickelten die römischen Juristen die Lösungsrechte bei Miete und Pacht, aus denen im 19. Jh. von den Pandektisten dann das außerordentliche

ergänzender Hinweis[630] auf die mit dem Recht zur außerordentlichen Beendigung eines Dauerschuldverhältnisses teleologisch verbundene[631] Geschäftsgrundlagendoktrin ist zweifelhaft,[632] jedenfalls ist er verzichtbar.

c) *Dogmatische* Minima *einer kündigungserheblichen verdachtsbedingten Vertrauensstörung*

Für die vom *BAG* als Evidenzbehauptung formulierte These, eine Vertrauensstörung könne unter Umständen zur außerordentlichen Kündigung berechtigen, gibt es also (in der Tat auch) normative Anhaltspunkte.

Selbstverständlich ist indes nicht jede behauptete Vertrauenserschütterung kündigungserheblich, das subjektive Vertrauensempfinden ist im Rahmen von § 626 I BGB nicht maßgebend.[633] Dies missachtete noch das *RAG*, was zu einer konturlosen, den grundrechtlich gebotenen Mindestkündigungsschutz unterlaufenden „Vertrauensrechtsprechung" führte, die während der NS-Epoche auch im Zeichen der antiliberalen Umdeutung des Arbeitsverhältnisses in ein personenrechtliches Gemeinschaftsverhältnis stand.[634] Der historische Befund sensibilisiert für die Notwendigkeit eines objektiv-normativen Maßstabs in Bezug auf die Vertrauensstörung.[635]

Kündigungsrecht aus wichtigem Grund für Mietverträge abstrahiert wurde (…). Das RG stützte vor Geltung des BGB ein Recht zur fristlosen Kündigung aus wichtigem Grund für den Dienstvertrag ebenfalls auf die bona fides, dh das Prinzip von Treu und Glauben." Vergleiche auch Staudinger/*Looschelders/Olzen*, (2019) § 242 BGB Rn. 204.

630 *Belling* FS Kissel, S. 11, 16 ff.; *ders.* RdA 1996, S. 223, 229 ff.; *Otto* Wegfall des Vertrauens als Grund zur außerordentlichen Kündigung (2000), S. 43, 218; *Ebeling* Kündigung wegen Verdachts (2006), S. 99 ff., 131.

631 *Preis* Prinzipien (1987), S. 476; *Oetker* Dauerschuldverhältnis (1994), S. 418 ff.

632 Denn die kündigungsrelevante „Vertrauenserwartung" des Arbeitgebers geht – wie gleich auszuführen sein wird – dahin, dass der Arbeitnehmer den Arbeitsvertrag absprachegemäß erfüllt. Diese Erwartung findet in Form privatautonom begründeter Haupt- und Nebenpflichten (§§ 611a, 241 BGB) eine Entsprechung im Vertrag, gehört also (auch) zu dessen „Welt" [zu diesem Bild BeckOGK/*Martens* (2021) § 313 BGB Rn. 3], was dagegenspricht, dass sie zugleich Gegenstand der subjektiven Geschäftsgrundlage im Sinne des § 313 I, II BGB ist [vergleiche BGH Urt. v. 1.2.1984 – VIII ZR 54/83, NJW 1984, 1177, 1178; Jauernig/*Stadler*[18] (2021) § 313 BGB Rn. 8].

633 Vergleiche oben S. 65 f.

634 Näher *Otto* Wegfall des Vertrauens als Grund zur außerordentlichen Kündigung (2000), S. 49 ff. Vergleiche auch oben Fn. 594.

635 *Otto* Wegfall des Vertrauens als Grund zur außerordentlichen Kündigung (2000), S. 53. Auch *Zborowska* Außerordentliche Verdachtskündigung (2015), S. 42/43.

Für die dogmatischen *Minima* bietet es sich insofern an, die Strukturmerkmale[636] des Prinzips des Vertrauensschutzes fruchtbar zu machen.[637] Dies hat zur Folge:

Eine konkrete Beeinträchtigung des Arbeitsverhältnisses kann – erstens – allein in der Enttäuschung eines (*i*) objektiven, (*ii*) vom Arbeitnehmer zu verantwortenden sowie (*iii*) schutzwerten Vertrauenstatbestands liegen.[638] Dieser entspricht für den hiesigen Zusammenhang bei verständiger Würdigung der durch die wechselseitige Zustimmung zum Vertragsschluss hervorgerufenen Erwartung des Arbeitgebers, der Arbeitnehmer sei fähig und willens, die eingegangenen Pflichten künftig ordnungsgemäß zu erfüllen („normatives Vertrauendürfen"[639]).[640] Auf eine Enttäuschung dieser Erwartung kann sich Arbeitgeber zur Rechtfertigung einer außerordentlichen Kündigung zugleich – zweitens – nur erfolgreich berufen, falls jene, die Enttäuschung, ihrerseits (*i*) objektiv nachvollziehbar und (*ii*) dem betroffenen Arbeitnehmer zurechenbar ist.[641]

Kritisch zum objektiven Maßstab *Bengelsdorf* SAE 2011, S. 122, 133/134; *Schrader* NZA 2011, S. 180, 181.

636 *Canaris* Vertrauenshaftung im deutschen Privatrecht (1981, Nachdruck), S. 491 ff.

637 So bereits *Preis* Prinzipien (1987), S. 358 ff.; *Otto* Wegfall des Vertrauens als Grund zur außerordentlichen Kündigung (2000), S. 84 ff.; *Ebeling* Kündigung wegen Verdachts (2006), S. 128 ff., siehe aber S. 142 mit Fn. 410. Im Ergebnis wohl auch *Wertz* Verdachtskündigung unter Berücksichtigung des „Vertrauenskapitals" (2015), S. 32.

638 Vergleiche *Preis* Prinzipien (1987), S. 358 ff.; *Otto* Wegfall des Vertrauens als Grund zur außerordentlichen Kündigung (2000), S. 84 ff.; *Ebeling* Kündigung wegen Verdachts (2006), S. 128 ff.

639 *Schwarze* Anm. zu LAG Düsseldorf Urt. v. 25.6.2003 – 14 Sa 657/03, LAGE Nr. 2 zu § 626 BGB 2002, S. 11, 14. Auch *Otto* Wegfall des Vertrauens als Grund zur außerordentlichen Kündigung (2000), S. 43.

640 *Belling* FS Kissel, S. 11, 18 ff.; *ders.* RdA 1996, S. 223, 229 ff.; *Otto* Wegfall des Vertrauens als Grund zur außerordentlichen Kündigung (2000), S. 66 ff.; *Schwarze* Anm. zu LAG Düsseldorf Urt. v. 25.6.2003 – 14 Sa 657/03, LAGE Nr. 2 zu § 626 BGB 2002, S. 11, 14; *Schwerdtner* Brennpunkte des Arbeitsrechts (2001), S. 243, 244; *Ebeling* Kündigung wegen Verdachts (2006), S. 128 ff.; *Zborowska* Außerordentliche Verdachtskündigung (2015), S. 43/44.

641 Siehe die Nachweise in Fn. 638. Vor diesem Hintergrund könnte man freilich als Grundfrage aufwerfen, ob nicht *jede* außerordentliche Kündigung auch eine „Vertrauenskündigung" ist. Ein entsprechendes Verständnis zeigt sich etwa bei *Herschel* FS Müller, S. 191, 200 und *Belling* RdA 1996, S. 223, 225/226. Auch *Preis* Prinzipien (1987), S. 458/459 bemerkt: „Es gilt im Grunde nichts Anderes als bei der Rückkehr zur Leistungsbereitschaft, *zumal jede Schlechtleistung auch als Vertrauensstörung begriffen werden kann; denn immerhin wird das Vertrauen des Arbeitgebers enttäuscht, der Arbeitnehmer werde seine Arbeit vertragsgemäß erfüllen*", Hervorhebung

Eine in diesem Sinne kündigungserhebliche Vertrauenserschütterung kann sowohl aufgrund einer nachweislichen Vertragspflichtverletzung des Arbeitnehmers, als auch anlässlich eines einschlägigen Verdachts zu unterstellen sein.[642] Denn schon letzterer eignet dazu, die Erwartung einer künftig vereinbarungsgemäßen Vertragserfüllung objektiv nachvollziehbar zu frustrieren.[643]

Psychologisch und soziologisch scheint die vertrauenbrechende Wirkung eines Verdachts gesichert: Der Verdächtigende berichtet nicht über eine „als gewiss angesehene Vorstellung von Wirklichkeit“[644]. Er erklärt, dass etwas „irgendwie wahrscheinlich“[645] zutrifft.[646] Verdacht kommt von „verdenken“, und zwar in der Bedeutung „Übles von jemandem/etwas denken“.[647] Der Begriff ist negativ belegt, im alltäglichen Gebrauch dokumentiert er meist innere Ablehnung.[648] Semantisch ist Misstrauen das „Zweifeln an der Vertrauenswürdigkeit einer Person“.[649] Der Psychologe *Mellinger* definiert Misstrauen als Gefühl, dass die Motive eines anderen nicht diejenigen sind, die er zu erkennen gibt.[650] Das in einem anderen vermutete Übel kann befürchten lassen, dieser werde ein erwartetes Verhalten nicht zeigen.[651] Wenngleich Vertrauen gegen Verdachtsmomente bis zu einem gewissen Grad immun sein/werden kann,[652] ist doch nicht zu übersehen, dass „wenn ein Verdacht aufkommt, [..] die Wirkung zumeist

des Verfassers. Vergleiche daneben etwa KR/*Fischermeier*[12] (2019) Rn. 277, der mit Blick auf das kündigungsrechtliche Abmahnerfordernis lediglich einen „graduellen“ Unterschied zwischen Störungen im Leistungs- und Vertrauensbereich anerkennt. Die grundlegende Frage kann und muss im Rahmen der vorliegenden Arbeit nicht beantwortet werden. Die weiteren Ausführungen erheben einen Geltungsanspruch ausdrücklich nur in Bezug auf die Verdachtskündigung.

642 *Belling* FS Kissel, S. 11, 25; *Otto* Wegfall des Vertrauens als Grund zur außerordentlichen Kündigung (2000), S. 220; *Ebeling* Kündigung wegen Verdachts (2006), S. 142. Auch *Schwarze* Anm. zu LAG Düsseldorf Urt. v. 25.6.2003 – 14 Sa 657/03, LAGE Nr. 2 zu § 626 BGB 2002, S. 11, 14.

643 Siehe die in der vorstehenden Fn. 642 Genannten.

644 *T. Fischer* in ders./Hoven (Hrsg.) Verdacht (2017), S. 13, 15.

645 *Staudinger* Unschuldsvermutung (2015), S. 38.

646 *Staudinger* Unschuldsvermutung (2015), S. 38.

647 *Grimm/Grimm* Deutsches Wörterbuch Band 25 Spalte 187.

648 *T. Fischer* in ders./Hoven (Hrsg.) Verdacht (2017), S. 13/14.

649 http://www.duden.de/node/678100/revisions/1319355/view.

650 Mellinger Journal of Abnormal and Social Psychology 1956, S. 304, zitiert nach *Kassebaum* Interpersonelles Vertrauen (2004), S. 15.

651 *Kassebaum* Interpersonelles Vertrauen (2004), S. 15.

652 *Luhmann*[5] Vertrauen (2014), S. 17.

überdimensioniert [ist] und [..] weit über das hinaus [geht], was dem konkreten Anlaß, der das Faß zum Überlaufen bringt, isoliert gesehen zugerechnet werden konnte“[653].[654]

Für eine *arbeitsrechtlich* erhebliche, verdachtsbedingte Vertrauenserschütterung ist derweil unerlässlich, dass der Verdacht auf einer nachprüfbaren Tatsachengrundlage beruht und er trotz zumutbarer Aufklärungsbemühungen weder bestätigt noch widerlegt werden konnte.[655] Um einen Wertungswiderspruch zur Tatkündigung bzw. ein Absenken der materiellen Anforderungen des § 626 I BGB auszuschließen, muss die Bezugstat außerdem so beschaffen sein, dass die fristlose Entlassung im (hypothetischen) Nachweisfall (erst recht) gerechtfertigt wäre.[656]

Damit dem Arbeitnehmer die Vertrauenserschütterung zugerechnet werden kann, ist ein hinreichend dringender Pflichtverletzungsverdacht notwendig.[657] Dafür, dass der gekündigte Arbeitnehmer die (mutmaßliche) Pflichtverletzung begangen hat, muss zumindest eine überwiegende Wahrscheinlichkeit bestehen.[658] Demgegenüber hängt die Zurechenbarkeit nicht von einem eigenen (schuldhaften) Verursachungsbeitrag des Arbeitnehmers hinsichtlich der Verdachtsentstehung ab.[659]

---

653 *Luhmann*[5] Vertrauen (2014), S. 97.

654 *Luhmann*[5] Vertrauen (2014), S. 97.

655 So auch *Ebeling* Kündigung wegen Verdachts (2006), S. 141 ff., der [S. 144/145] allerdings die Dringlichkeit des Verdachts verneinen will, falls der Arbeitgeber den Sachverhalt nicht in zumutbarem Umfang aufklärt. Vergleiche auch BAG Urt. v. 25.4.2018 – 2 AZR 611/17, NZA 2018, S. 1405, 1407/1408.

656 Vergleiche *Otto* Wegfall des Vertrauens als Grund zur außerordentlichen Kündigung (2000), S. 53, 220; *Ebeling* Kündigung wegen Verdachts (2006), S. 142.

657 Vergleiche *Otto* Wegfall des Vertrauens als Grund zur außerordentlichen Kündigung (2000), S. 220. Enger *Gentges* Prognoseprobleme (1995), S. 257, der eine Zurechenbarkeit des *Verdachts* etwa durch eine Beweismittelmanipulation verlangt.

658 Näher unten S. 129 ff.

659 Wie hier BAG Urt. v. 31.1.2019 – 2 AZR 426/18, NZA 2019, S. 893, 895; *vom Stein* Fehleinschätzungen (1989), S. 59 ff.; *Ebeling* Kündigung wegen Verdachts (2006), S. 142. Im Ergebnis auch *Hoefs* Verdachtskündigung (2001), S. 140 ff., 178/179; *Zborowska* Außerordentliche Verdachtskündigung (2015), S. 58/59, 216. Anders *Heilmann* Wiedereinstellung (1964), S. 65; *Gentges* Prognoseprobleme (1995), S. 257.

3. *Zwischenfazit*

a) Mit dem *BAG* kann der Verdacht einer (schwerwiegenden) Vertragswidrigkeit ein Arbeitsverhältnis insofern konkret beeinträchtigen, als er eine relevante Vertrauensstörung bedingt.[660]

b) Der für das Arbeitsverhältnis typische „faktische" Vertrauensbefund *recht*fertigt diese Annahme – anders als das Gericht zu meinen scheint – selbst nicht hinreichend. Notwendige normative Indizien ergeben sich aus dem (Regelungs-)Zusammenhang mit § 9 I 2 KSchG bzw. § 314 BGB. Ihre „tiefere" Rechtfertigung erfährt die Kündigungserheblichkeit einer Vertrauensstörung im Arbeitsverhältnis durch das Prinzip des Vertrauensschutzes bzw. von Treu und Glauben, in dem § 626 I BGB wurzelt. Dies und die etablierten Strukturmerkmale des Vertrauensschutzprinzips ermöglichen es, (nicht nur)[661] die Rechtsfigur der außerordentlichen Verdachtskündigung kündigungsrechtssystematisch bzw. -dogmatisch einzupflegen.

c) Eine erhebliche Vertrauensstörung ist demnach (nur) anzunehmen, wenn ein objektiver Vertrauenstatbestand, der schutzwürdig und vom gekündigten Arbeitnehmer zu verantworten ist, diesem zurechenbar enttäuscht wird. Kündigungsrelevant ist bei verständiger Würdigung die privatautonom hervorgerufene Erwartung eines künftig vertragsgerechten Verhaltens bzw. in die Eignung des Arbeitnehmers. Sie kann objektiv nachvollziehbar und dem gekündigten Arbeitnehmer zurechenbar schon durch einen gegen diesen bestehenden Pflichtverletzungsverdacht frustriert werden. Dafür ist allerdings vorauszusetzen: Ein Verdacht, der
   - sich auf eine zur außerordentlichen (Tat-)Kündigung berechtigende Pflichtverletzung bezieht;

---

660 So im Ergebnis auch etwa *Belling* FS Kissel, S. 11, 16 ff.; *Otto* Wegfall des Vertrauens als Grund zur außerordentlichen Kündigung (2000), S. 33 ff.; *Ebeling* Kündigung wegen Verdachts (2006), S. 88 ff.; *Zborowska* Außerordentliche Verdachtskündigung (2015), S. 42, die jedoch jeweils nicht in der hier vertretenen Form strikt zwischen Kündigungsanlass einerseits und dessen Auswirkung andererseits unterschieden. Vergleiche zu letzterem auch KR/*Fischermeier*[12] (2019) § 626 BGB Rn. 226. Die Kündigungsrelevanz einer verdachtsbedingten Vertrauensstörung im Wesentlichen ablehnend *Meyer* Kündigung wegen Sicherheitsbedenken (1997), S. 186 ff.; *Enderlein* RdA 2000, S. 325, 329 ff.; *Hoefs* Verdachtskündigung (2001), S. 139/140.

661 Vergleiche *Otto* Wegfall des Vertrauens als Grund zur außerordentlichen Kündigung (2000), S. 141 ff.

- durch (zumutbare) Aufklärungsbemühungen weder ausgeräumt noch bestätigt werden konnte; und
- auf nachprüfbaren Tatsachen beruht, die den Schluss auf eine überwiegend wahrscheinliche Täterschaft des Gekündigten zulassen.

d) Gleicht man diesen mit dem vom *BAG* spezifisch für die außerordentliche Verdachtskündigung aufgestellten Maßstab[662] ab, kann gesagt werden, dass dieser, wenngleich nicht näher begründet, so doch kündigungsrechtsdogmatisch grundsätzlich stimmig ist.

e) Im Gesagten ist des Weiteren angelegt, dass bzw. warum es unter kündigungsrechtsdogmatischen Gesichtspunkten abzulehnen[663] ist, die Zulässigkeit einer außerordentlichen Verdachtskündigung von vornherein auf Fälle zu beschränken, in denen ein Pflichtverstoß mit konkretem Tätigkeitsbezug[664], eine vorsätzliche Vertragsverletzung[665] oder die Pflichtwidrigkeit eines eine „besondere" Vertrauensposition[666] besetzenden[667] Arbeitnehmers im Raum steht. Die berechtigte, *generalisierte* Erwartung einer künftig vereinbarungsgemäßen Vertragserfüllung besteht regelmäßig gegenüber jedem Arbeitnehmer;[668] „vertrauensfreie Arbeitsplätze" gibt es nicht.[669] Sie

---

662 Vergleiche oben S. 31 ff. und im Einzelnen unten S. 117 ff.

663 *Dörner* NZA 1992, S. 865, 871.

664 Dafür LAG Köln Urt. v. 16.1.1990 – 11 Sa 853/89, juris [hierzu näher unten S. 126 ff.]; Staudinger/*Preis* (2019) § 626 BGB Rn. 226.

665 Dafür LAG Düsseldorf Urt. v. 25.6.2003 – 14 Sa 657/03, juris [näher unten S. 123 ff.]. Unklar BAG Urt. v. 31.1.2019 – 2 AZR 426/18, NZA 2019, S. 893, 895, wonach sich ein Arbeitgeber stets darauf verlassen können muss, dass „seine Mitarbeiter die Integrität seiner Rechtsgüter, die von anderen Arbeitnehmern oder gegebenenfalls von Dritten nicht *vorsätzlich* verletzen", Hervorhebung des Verfassers.

666 *Moritz* NJW 1978, S. 402, 405/406 zufolge kann sich eine solche aus der Eigenart des Betriebs [zum Beispiel Bank oder Wachdienst] oder einer hervorgehobenen Stellung im Betrieb ergeben [leitender Angestellter, Geschäftsführer bzw. Arbeitnehmer mit Zugriff auf Betriebsgeheimnisse, Wertgegenstände etc.] ergeben. Vergleiche auch BAG Urt. v. 31.1.2019 – 2 AZR 426/18, NZA 2019, S. 893, 895.

667 Dafür *Moritz* NJW 1978, S. 402, 405/406.

668 Etwa *Ebeling* Kündigung wegen Verdachts (2006), S. 139/140; *Schlegeit* BAG und die Verdachtskündigung (2008), S. 93; *Zborowska* Außerordentliche Verdachtskündigung (2015), S. 44/45 mit weiteren Nachweisen. Auch *Hoefs* Verdachtskündigung (2001), S. 135/136; KR/*Fischermeier*[12] (2019) § 626 BGB Rn. 242.

669 Zutreffend *Schwerdtner* Brennpunkte des Arbeitsrechts (2001), S. 243, 252; *Hahn* Verdachtskündigung unter Berücksichtigung einer gesetzlichen Regelung (2004), S. 92/93; *Ebeling* Kündigung wegen Verdachts (2006), S. 129; *Zborowska* Außerordentliche Verdachtskündigung (2015), S. 45.

kann[670] auch durch den dringenden Verdacht einer „nur" fahrlässigen Vertragsverletzung (§ 276 I, II BGB) oder eines Pflichtverstoßes, der nicht unmittelbar den Leistungsaustausch betrifft (§ 241 II BGB), kündigungserheblich enttäuscht werden.[671] Eine andere, nachgeschaltete Frage ist, ob die entsprechende verdachtsbedingte Beeinträchtigung des Arbeitsverhältnisses so gravierend ist, dass es dem Arbeitgeber nicht zugemutet werden kann, den Arbeitnehmer (vorübergehend) weiterzubeschäftigen.[672] Insofern werden die genannten Aspekte relevant – als Abwägungsvariablen der Zumutbarkeitsprüfung.[673] Für das Vorliegen eines sachlichen Kündigungsgrunds sind sie nicht bestimmend.

III. Vereinende Vertrauenskündigung?

Eine kündigungserhebliche Vertrauensstörung kann also sowohl durch eine nachweisliche Pflichtverletzung des Arbeitnehmers, als auch durch einen gegen diesen bestehenden Pflichtverletzungsverdacht veranlasst sein. Diese Beobachtung greift *Gilberg* in seinem Entwurf einer vereinenden Vertrauenskündigung auf, mit der im Kern das bereits vorgestellte[674] Dogma der Eigenständigkeit von Verdachts- und Tatkündigung überwunden werden soll:[675]

---

670 Vorausgesetzt, dass der Arbeitgeber bei einem Nachweis der betreffenden Tat zur außerordentlichen Kündigung berechtigt wäre und die ihm zumutbaren Aufklärungsbemühungen fruchtlos geblieben sind.

671 Zu ersterem vergleiche *Hoefs* Verdachtskündigung (2001), S. 166; *Schwarze* Anm. zu LAG Düsseldorf Urt. v. 25.6.2003 – 14 Sa 657/03, LAGE Nr. 2 zu § 626 BGB 2002, S. 11, 13 ff.; *Ebeling* Kündigung wegen Verdachts (2006), S. 34; *Zborowska* Außerordentliche Verdachtskündigung (2015), S. 102. Zu Letzterem: *Henssler* Anm. zu LAG Köln Urt. v. 16.1.1990 – 11 Sa 853/89, LAGE Nr. 27 zu § 1 KSchG, S. 9, 14 ff.; *Ebeling* Kündigung wegen Verdachts (2006), S. 140/141; *Zborowska* Außerordentliche Verdachtskündigung (2015), S. 45/46. Auch KR/*Fischermeier*[12] (2019) § 626 BGB Rn. 242.

672 Näher unten S. 151 ff.

673 Wie hier etwa *Henssler* Anm. zu LAG Köln Urt. v. 16.1.1990 – 11 Sa 853/89, LAGE Nr. 27 zu § 1 KSchG, S. 9, 17 f.; *Schwarze* Anm. zu LAG Düsseldorf Urt. v. 25.6.2003 – 14 Sa 657/03, LAGE Nr. 2 zu § 626 BGB 2002, S. 11, 13 ff.; *Ebeling* Kündigung wegen Verdachts (2006), S. 139 ff.; *Zborowska* Außerordentliche Verdachtskündigung (2015), S. 43 ff., 102/103.

674 Oben S. 95 ff.

675 *Gilberg* DB 2006, S. 1555 ff.; *ders.* RdA 2015, S. 209 ff.; *Kalb* ZfA 2017, S. 467 ff.

1. Vorstoß Gilbergs

Der „Urgrund" jeder Verdachts- und Tatkündigung sei ein berechtigtes Misstrauen des Arbeitgebers gegenüber dem Arbeitnehmer.[676] Hierfür verweist *Gilberg* in erster Linie auf – auch im Rahmen dieser Arbeit verwertete –[677] vertrauenstheoretische Erkenntnisse *Niklas Luhmanns*.[678] Von diesen ausgehend schlussfolgert er:

> „Vertrauen ist [...] unabdingbare Voraussetzung im Arbeitsverhältnis, weil beide Vertragspartner ein Risiko eingehen müssen [...]. Wird der Arbeitnehmer einer auf das Arbeitsverhältnis bezogenen Pflichtverletzung dringend verdächtig [ergänze: oder ist ihm eine solche nachweisbar], verwandelt sich das Vertrauen abrupt in die sozial offenbare Erwartung, der andere handele zukünftig zum Nachteil des Erwartenden. Diese Erwartung heißt Misstrauen. Misstrauen wird zum Kündigungsgrund, weil es Vertrauens bedarf."[679]

Zudem, so *Gilberg* mit Blick auf die nach seinem Dafürhalten verfehlte Trennung von Verdachts- und Tatkündigung weiter, beinhalte die Tat*gewissheit* den Tat*verdacht*.[680] Beide seien sowohl in der Seele des Arbeitgebers, als auch in derjenigen des Richters „psychologische Überzeugungshaltestellen auf dem Weg zur [theoretischen] objektiven Wahrheit"[681]. Die Bewertung der Indizien erfolge individuell.[682] Es sei sachwidrig, den gerichtlichen Prüfumfang davon abhängig zu machen, ob der (konkrete) Arbeitgeber von der Pflichtverletzung des Arbeitnehmers (voll) überzeugt sei oder nicht.[683]

---

676 *Gilberg* DB 2006, S. 1555, 1556 ff.

677 Siehe dazu insbesondere oben Fn. 643.

678 *Gilberg* DB 2006, S. 1555, 1558: „Ein Ansatz bietet sich für die kündigungsschutzrechtliche Betrachtung besonders an, um den psychologischen Vertrag [angesprochen ist das psychologische Konzept impliziter Verträge] zu objektivieren: Der Begründer der soziologischen Systemtheorie, [...] *Luhmann*, hat grundlegende Erkenntnisse über den Vertrauensbegriff als Steuerungsmedium sozialer Systeme gewonnen. Wegen der sowohl personalen als auch organisatorischen Ausrichtung in einer Theorie der modernen Gesellschaft sollten seine Erkenntnisse für die Betrachtungen des Arbeitsverhältnisses unter kündigungsschutzrechtlichen Gesichtspunkten herangezogen werden."

679 *Gilberg* DB 2006, S. 1555, 1559.

680 *Gilberg* DB 2006, S. 1555, 1558.

681 *Gilberg* DB 2006, S. 1555, 1558; *ders.* RdA 2015, S. 209, 212 ff.

682 *Gilberg* DB 2006, S. 1555, 1557 f.; *ders.* RdA 2015, S. 209, 212 ff.

683 *Gilberg* DB 2006, S. 1555, 1557 f.; *ders.* RdA 2015, S. 209, 212 ff. Vergleiche oben S. 99 ff.

Statt zwischen Verdachts- und Tatkündigung zu differenzieren, sei schlicht die Berechtigung des arbeitgeberseitigen Misstrauens zu prüfen, und zwar nach einem einheitlichen Maßstab.[684] Sie könne schon bei einem tatsachengestützten, dringenden Verdacht einer vorsätzlichen Pflichtverletzung bejaht werden.[685] Jede Vertrauenskündigung setze indes eine Anhörung des Arbeitnehmers voraus; bei leichteren Pflichtverletzungen sei eine Abmahnung notwendig.[686]

2. *Stellungnahme*

Dem Vorstoß ist nicht zu folgen.[687] Wenn *Gilberg* heraushebt, die vereinende Vertrauenskündigung liefere „einen rechtssoziologisch nicht hintergehbaren Kündigungsgrund"[688], wird die tragende Bedeutung der Erkenntnisse *Luhmanns* für den Entwurf deutlich. Anders als *Gilberg* zu meinen scheint, trägt ein schuldverhältnistypischer, soziologisch differenzierbarer Vertrauensbefund die normative Annahme, eine verdachts- bzw. pflichtverletzungsbedingte Vertrauenserschütterung könne kündigungserheblich sein, jedoch nicht.[689]

Hierfür lässt sich ausgerechnet *Luhmann* zitieren, der bekennt: „Rechtssoziologie nützt – sich selbst. [...] Ein Nutzen für die Rechtspraxis ist von der Soziologie kaum zu erwarten"[690] – und: „Nur das Recht kann sagen, was Recht und was Unrecht ist."[691] Die Zitate verdeutlichen, dass *Luhmann* – hier stark verkürzt – dem Rechtssystem eine autonome, von soziologischen Erkenntnissen unabhängige Deutungshoheit über die Frage nach Recht und Unrecht zuschreibt.[692]

Treffend ist die Beobachtung[693] *Gilbergs,* dass sowohl die Wirksamkeit einer Verdachts- als auch die einer Tatkündigung davon abhängen, ob bereits die verdachts- bzw. pflichtverletzungsbedingte Vertrauensstörung als konkrete Beeinträchtigung des Arbeitsverhältnisses dem Arbeitgeber

---

684 *Gilberg* DB 2006, S. 1555, 1558 ff.; *ders.* RdA 2015, S. 209, 210/211.

685 *Gilberg* DB 2006, S. 1555, 1560; *ders.* RdA 2015, S. 209, 210.

686 *Gilberg* DB 2006, S. 1555, 1560/1561; *ders.* RdA 2015, S. 209, 210.

687 So auch *Zborowska* Außerordentliche Verdachtskündigung (2015), S. 71/72.

688 *Gilberg* DB 2006, S. 1555, 1562.

689 Oben S. 104 f.

690 *Luhmann* Soziologische Beobachtung des Rechts (1986), S. 44.

691 *Luhmann,* ZfRSoz 1999, S. 1, 4.

692 Einführend *Möhle* ZJS 2019, S. 339 ff., der auch darauf hinweist, dass Soziologie in der Vorstellung *Luhmanns* das Recht (nur) von außen betrachten könne, wobei es am Rechtssystem liege, bei einem Konflikt von externen Erkenntnissen und geschriebenen Regeln zu reagieren.

693 *Gilberg* DB 2006, S. 1555, 1556.

inner- oder außerdienstlich[718] bewusst und willentlich, ist seine sofortige Entlassung im Regelfall auch ohne vorherige Abmahnung zulässig, § 314 II 2 BGB, § 323 II Nr. 3 BGB.[719] So ist nach der Rechtsprechung des *BAG* eine fristlose Entlassung beispielsweise „an sich" zulässig bei vorsätzlichen/-m

- Tätlichkeiten/Belästigungen gegenüber Arbeitgeber/Kollegen/Dritten;[720]
- Eigentumsverletzungen (etwa Entwendung von Arbeitsmitteln);[721]
- Schlecht- oder Langsamarbeiten;[722]
- Verstößen gegen geldwäschegesetzliche Pflichten;[723]
- Falschangaben bei Arbeitszeit-[724] oder Reisekostenerfassung[725];
- Ausführen nicht genehmigungsfähiger Nebentätigkeiten.[726]

Zu prüfen ist stets, ob das entsprechende Fehlverhalten eindeutig als solches erkennbar war oder mit einer Billigung gerechnet werden durfte.[727] Dafür ist zum Beispiel zu berücksichtigen, wie konkret die betreffende Pflicht geregelt war und wie konsequent sie gehandhabt wurde.[728] Hat der Arbeitgeber vergleichbares Verhalten in der Vergangenheit geduldet? Gegebenenfalls muss er signalisieren, dies nicht länger zu tun, eine Kündigung kommt als *ultima ratio* erst nach

---

718 Zur Verletzung von § 241 II BGB durch ein außerdienstliches Verhalten *mit Bezug zu den arbeitsvertraglichen Verpflichtungen* oder zu seiner Tätigkeit des Arbeitnehmers zum Beispiel BAG Urt. v. 10.9.2009 – 2 AZR 257/08, NZA 2010, S. 220, 221/222; Urt. v. 29.6.2013 – 2 AZR 741/12, NZA 2014, S. 529, 530; Urt. v. 25.4.2018 – 2 AZR 611/17, S. 1405, 1409.

719 Nur *Schlachter* NZA 2005, S. 433, 435 f.; KR/*Fischermeier*[12] (2019) § 626 BGB Rn. 279 ff.

720 Etwa BAG Urt. v. 18.9.2008 – 2 AZR 1039/06, NZA 2006, S. 431; LAG Hamm Urt. v. 20.9.1995 – 18 Sa 124/95, NZA-RR 1996, S. 291; Urt. v. 2.3.2017 – 2 AZR 698/15, NZA 2017, S. 1051.

721 BAG Urt. v. 22.9.2016 – 2 AZR 848/15, NZA 2017, S. 112. Siehe dazu auch noch sogleich.

722 BAG Urt. v. 20.3.1969 – 2 AZR 283/68, AP Nr. 27 zu § 123 GewO.

723 BAG Urt. v. 25.4.2018 – 2 AZR 611/17, NZA 2018, S. 1405, 1409.

724 Vergleiche BAG Urt. v. 13.12.2018 – 2 AZR 370/18, NZA 2019, S. 445.

725 Vergleiche BAG Urt. v. 6.9.2007 – 2 AZR 264/06, NZA 2008, S. 636.

726 BAG Urt. v. 18.9.2008 – 2 AZR 827/06, BeckRS 2009, 55062.

727 Etwa BAG Beschl. v. 10.2.1999 – 2 ABR 31/98, NZA 1999, S. 708, 710; Urt. v. 23.6.2009 – 2 AZR 103/08, NZA 2009, S. 1198, 1201/1202; Urt. v. 10.6.2010 – 2 AZR 541/09, NZA 2010, S. 1227, 1231; *Schlachter* NZA 2005, S. 433, 436; *Preis* AuR 2010, S. 242, 244/245.

728 *Preis* AuR 2010, S. 242, 245.

Abmahnung und weiteren Verstößen in Betracht.[729] Ist die vorsätzliche Vertragswidrigkeit nicht abmahnbedürftig, kommt sie als Verdachtstat in Frage.[730]

Der geschilderte Maßstab gilt auch innerhalb der praxisrelevanten Fallgruppe der Kündigung anlässlich eines sog. „Bagatelldelikts", d. h. der Entwendung geringwertiger, im Eigentum des Arbeitgebers stehender Sachen,[731] die einen Verstoß gegen § 611a BGB, § 241 II BGB darstellt.[732]

Das Fehlen eines (erheblichen) Sachschadens schließt die (außerordentliche) Kündigungsbefugnis nicht aus.[733] Das Kündigungsrecht kennt keine feste Bagatellgrenze.[734] Eine entsprechende Anwendung von § 248a StGB wäre systemwidrig und stößt aus diesem Grund zu Recht auf Ablehnung.[735] Eine Abmahnung

---

729 BAG Urt. v. 23.6.2009 – 2 AZR 103/08, NZA 2009, S. 1198, 1201/1202; Urt. v. 10.6.2010 – 2 AZR 541/09, NZA 2010, S. 1227, 1231; *Preis* AuR 2010, S. 242, 244/245; *Stoffels* NJW 2011, S. 118, 122; *Zborowska* Außerordentliche Verdachtskündigung (2015), S. 123 ff.

730 Vergleiche *Hoefs* Verdachtskündigung (2001), S. 145 ff., 166; *Ebeling* Kündigung wegen Verdachts (2006), S. 34; *Zborowska* Außerordentliche Verdachtskündigung (2015), S. 93/94, 101 ff.

731 Etwa BAG Urt. v. 17.5.1984 – 2 AZR 3/83, NZA 1985, S. 91 [Verzehrs eines Stückes Bienenstichs]; Urt. v. 29.9.1984 – 2 AZR 633/82, NJW 1985, S. 1854 [Entwendung dreier Kiwifrüchte im Verkaufswert von 2,97 DM]; Urt. v. 2.4.1986 – 2 AZR 204/86, juris [Entwendung eines Liters Sahne im Verkaufswert von 4,80 DM; Urt. v. 10.6.2010 – 2 AZR 541/09, NZA 2010, S. 1227 [Entwendung eines Pfandbons im Wert von 1,30 EUR]. Eingehend *Zborowska* Außerordentliche Verdachtskündigung (2015), S. 104 ff.

732 BAG Urt. v. 12.8.1999 – 2 AZR 923, NZA 2000, S. 421, 424; Urt. v. 11.12.2003 – 2 AZR 36/03, NZA 2004, S. 486/487; Urt. v. 10.6.2010 – 2 AZR 541/09, NZA 2010, S. 1227, 1229/1230; *Zborowska* Außerordentliche Verdachtskündigung (2015), S. 107/108.

733 BAG Urt. v. 12.8.1999 – 2 AZR 923, NZA 2000, S. 421, 424; Urt. v. 11.12.2003 – 2 AZR 36/03, NZA 2004, S. 486/487; Urt. v. 10.6.2010 – 2 AZR 541/09, NZA 2010, S. 1227, 1229/1230; *Zborowska* Außerordentliche Verdachtskündigung (2015), S. 108 mit weiteren Nachweisen.

734 Schon BAG Urt. v. 2.6.1960 – 2 AZR 91/58, Rn. 14 juris. Ferner insbesondere BAG Urt. v. 10.6.2010 – 2 AZR 541/09, NZA 2010, S. 1227, 1229/1230. Erschöpfend, auch zur Gegenmeinung *Zborowska* Außerordentliche Verdachtskündigung (2015), S. 107 ff.

735 BAG Urt. v. 10.6.2010 – 2 AZR 541/09, NZA 2010, S. 1227, 1229/1230. Aus dem Schrifttum statt vieler: *W. Reuter* NZA 2009, S. 594; *Rieble* NJW 2009, S. 2101, 2014; *Preis* AuR 2010, S. 186/187. Abweichend etwa *Klueß* NZA 2009, S. 337 ff.

kann erforderlich sein.[736] Die erkannte Geringwertigkeit des Gegenstands ist als solche aber kein Umstand, von dem der Arbeitnehmer auf eine Duldung seines Verhaltens schließen darf.[737] Eine abweichende Sicht mag ausnahmsweise dort geboten sein, wo sich die Tat auf Gegenstände bezieht, die für den Arbeitgeber keinen wirtschaftlichen Wert (mehr) haben, weil sie zur Entsorgung bestimmt sind (etwa: Verzehr/Mitnahme nicht länger verkäuflicher Lebensmittel).[738] Die zivilrechtlich falsche Annahme, sich solche zu eigen machen zu dürfen, ist aus Laiensicht nicht fernliegend – bei sich im Einzelfall aufdrängenden Zweifeln am Schädigungsvorsatz des Arbeitnehmers ist das betreffende Verhalten regelmäßig abmahnfähig und -bedürftig.[739] In erster Linie ist die Geringfügigkeit indes *ein* Gesichtspunkt, der das konkrete Gewicht der Vertragsinteressen des Arbeitgebers beeinflusst.[740] Insofern ist sie im Rahmen der einzelfallbezogenen Interessenabwägung als Teil der Zumutbarkeitsprüfung von Bedeutung.[741]

b) Fahrlässige Vertragsverstöße

Im Unterschied zu vorsätzlichen berechtigen fahrlässige Vertragswidrigkeiten des Arbeitnehmers typischerweise nicht zur außerordentlichen Tatkündigung.[742] Fahrlässigem Fehlverhalten ist gewöhnlich mit einer Abmahnung zu begegnen.[743] Nur ausnahmsweise rechtfertigen Fahrlässigkeiten (von Mitarbeitern

---

736 BAG Urt. v. 10.6.2010 – 2 AZR 541/09, NZA 2010, S. 1227, 1231 ff.; *Preis* Prinzipien (1987), S. 459; *Oetker* Anm. zu BAG Urt. v. 20.9.1984 – 2 AZR 633/82, SAE 1985, S. 175, 177.

737 *Schlachter* NZA 2005, S. 433, 436; *Binkert* NZA 2010, S. 433, 435; *Zborowska* Außerordentliche Verdachtskündigung (2015), S. 122 ff. Anders LAG Köln Urt. v. 30.9.1999 – 5 Sa 872/99, NZA-RR 2001, S. 83: „Die mehrfache Entwendung und Benutzung von im Betrieb des Arbeitgebers verwendetem Versandmaterial von geringem Wert (hier: 3 Briefumschläge im Wert von 0,03 DM) durch den Arbeitnehmer rechtfertigt in der Regel nicht eine Kündigung ohne vorherige Abmahnung."

738 *Schlachter* NZA 2005, S. 433, 436; *Brors* FS Düwell, S. 197, 205 ff.; *Preis* AuR 2010, S. 242, 246; *Zborowska* Außerordentliche Verdachtskündigung (2015), S. 124 ff. Vergleiche auch LAG Berlin-Brandenburg Urt. v. 4.6.2015 – 5 Sa 190/15, NZA-RR 2016, S. 129, 130 ff.

739 Siehe die Nachweise in der vorstehenden Fn. 738.

740 Nur BAG Urt. v. 20.9.1984 – 2 AZR 3/83, NZA 1985, S. 91/92; Urt. v. 6.7.2000 – 2 AZR 454/99, Rn. 28 juris; APS/*Vossen*[6] (2021) § 626 BGB Rn. 275/276.

741 *Zborowska* Außerordentliche Verdachtskündigung (2015), S. 113 ff., 221 ff. Vergleiche ferner unten S. 166 ff.

742 Statt vieler MHdBArbR/*Rachor*[4] (2018) § 124 Rn. 15.

743 Statt vieler MHdBArbR/*Rachor*[4] (2018) § 124 Rn. 15.

in hervorgehobenen Stellungen) eine sofortige Entlassung, nämlich wenn sie erhebliche Schäden verursacht haben bzw. dazu geeignet waren, diese hervorzurufen.[744] Könnte eine außerordentliche Tatkündigung auf die fahrlässige Pflichtverletzung gestützt werden, kann diese auch Bezugstat einer Verdachtskündigung sein.[745]

Die gegenteilige Auffassung vertritt das *LAG Düsseldorf* in einem Urteil vom 25.7.2003.[746]

Einem Kfz-Elektriker war wegen des Verdachts gekündigt worden, es (grob) fahrlässig versäumt zu haben, die Räder eines Kundenfahrzeugs nach dem Einbau einer Standheizung (wieder) fahrsicher anzumontieren. Kurz nach der Abholung löste sich eines der Räder; der Kunde blieb unverletzt. Dem *LAG* zufolge musste die Verdachtskündigung bereits daran scheitern, dass sie sich nicht auf ein vorsätzliches Fehlverhalten bezog. Die „Integrität und Loyalität" eines Arbeitnehmers könne durch eine fahrlässige Schlechtleistung nicht in Zweifel gezogen werden.[747] Des Weiteren würden

> „mit einer so weitgehenden Zulassung der Verdachtskündigung die Beweislastregeln für einen wesentlichen Bereich des Kündigungsschutzrechts außer Kraft gesetzt werden. Der Arbeitgeber müsste nicht mehr die für eine Kündigung angeführten verhaltensbedingten Gründe in vollem Umfang beweisen, sondern könnte sich in diesen Fällen stets auf den Nachweis der für einen Verdacht sprechenden Umstände beschränken."[748]

---

744 BAG Urt. v. 4.7.1991 – 2 AZR 79/91, Os. 2 und Rn. 31 juris; MHdBArbR/*Rachor*[4] (2018) § 124 Rn. 15; ErfK/*Niemann*[21] (2021) § 626 BGB Rn. 128a mit weiteren Nachweisen.

745 *Hoefs* Verdachtskündigung (2001), S. 166/167; *Schwarze* Anm. zu LAG Düsseldorf Urt v. 25.6.2003 – 14 Sa 657/03, LAGE Nr. 2 zu § 626 BGB 2002, S. 11 ff.; *Ebeling* Kündigung wegen Verdachts (2006), S. 34; *Zborowska* Außerordentliche Verdachtskündigung (2015), S. 101 ff. Unklar insoweit BAG Urt. v. 31.1.2019 – 2 AZR 426/18, NZA 2019, S. 893, 895, wonach sich ein Arbeitgeber stets darauf verlassen können muss, dass „seine Mitarbeiter die Integrität seiner Rechtsgüter, die von anderen Arbeitnehmern oder gegebenenfalls von Dritten nicht *vorsätzlich* verletzen", Hervorhebung des Verfassers.

746 LAG Düsseldorf Urt v. 25.6.2003 – 14 Sa 657/03, juris. Ebenso APS/*Vossen*[6] (2021) § 626 BGB Rn. 345b.

747 LAG Düsseldorf Urt v. 25.6.2003 – 14 Sa 657/03, Rn. 21/22 juris.

748 LAG Düsseldorf Urt v. 25.6.2003 – 14 Sa 657/03, Rn. 21 juris.

Diese Begründung verkennt die (relative) Eigenständigkeit von Verdachts- und Tatkündigung und differenziert auch im Übrigen nicht hinreichend.[749] Das *LAG* blendet aus, dass Maßstab der vertrauenzersetzenden Qualität einer Pflichtverletzung nicht allein der Grad des Vertretenmüssens ist; sie kann sich auch aus den (möglichen) Pflichtverletzungsfolgen ergeben.[750] Die Möglichkeit einer auf den Verdacht einer fahrlässigen Pflichtverletzung gestützten Kündigung generell auszuschließen, greift daher zu kurz.[751]

Die Unzulänglichkeit war für die konkrete Entscheidung freilich unerheblich. Wie das *LAG* in seiner Hilfsbegründung zutreffend würdigt, erreichte der in Rede stehende Sorgfaltsverstoß die zur (außerordentlichen) Tatkündigung berechtigende Schwere nicht.[752] Aufgrund eines Arbeitsorganisationsmangels war das Kfz ohne die erforderliche Endkontrolle durch die dafür zuständige Fachabteilung übergeben worden. Die ernsthafte Gefährdung des Kunden hatte der Arbeitgeber also entscheidend mitzuverantworten (§ 254 BGB). Die nachgewiesene Pflichtwidrigkeit hätte ihn nicht zur fristlosen Entlassung des fraglichen Kfz-Elektrikers befugt. *Deshalb* war der Kündigungsschutzklage stattzugeben.[753]

Fahrlässige Vertragsverstöße scheiden also nicht prinzipiell als Verdachtstaten aus. Damit ist zugleich nicht gesagt, dass eine außerordentliche Verdachtskündigung, die sich auf jene bezieht, günstige Erfolgsaussichten hat. Zurecht wird im Schrifttum betont, dass die Wirksamkeit der hypothetischen Tatkündigung lediglich Mindestvoraussetzung ist und insbesondere nicht von einer sorgfältigen Abwägung befreit, ob bereits der Verdacht des fahrlässigen

---

749 Ablehnend auch *Schwarze* Anm. zu LAG Düsseldorf Urt v. 25.6.2003 – 14 Sa 657/03, LAGE Nr. 2 zu § 626 BGB 2002, S. 11, 13 ff.; *Zborowska* Außerordentliche Verdachtskündigung (2015), S. 101 ff.

750 *Schwarze* Anm. zu LAG Düsseldorf Urt v. 25.6.2003 – 14 Sa 657/03, LAGE Nr. 2 zu § 626 BGB 2002, S. 11, 14/15; *Zborowska* Außerordentliche Verdachtskündigung (2015), S. 102/103.

751 *Schwarze* Anm. zu LAG Düsseldorf Urt v. 25.6.2003 – 14 Sa 657/03, LAGE Nr. 2 zu § 626 BGB 2002, S. 11, 14/15; *Zborowska* Außerordentliche Verdachtskündigung (2015), S. 102/103.

752 LAG Düsseldorf Urt v. 25.6.2003 – 14 Sa 657/03, Rn. 23, 25 juris. Insofern zustimmend auch *Schwarze* Anm. zu LAG Düsseldorf Urt v. 25.6.2003 – 14 Sa 657/03, LAGE Nr. 2 zu § 626 BGB 2002, S. 11, 15; *Zborowska* Außerordentliche Verdachtskündigung (2015), S. 103.

753 Treffend *Schwarze* Anm. zu LAG Düsseldorf Urt v. 25.6.2003 – 14 Sa 657/03, LAGE Nr. 2 zu § 626 BGB 2002, S. 11, 14/15.

Verhaltens dem Arbeitgeber jede Weiterbeschäftigung des Arbeitnehmers unzumutbar macht.[754] Dies wird nur bei Hinzutreten besonderer Umstände zu bejahen sein, etwa wenn ein leitender Angestellter im Verdacht steht, Dritten durch Nachlässigkeiten wiederholt Einsicht in wichtige Geschäftsunterlagen ermöglicht zu haben.[755]

c) Konkreter Bezug der Vertragswidrigkeit zur Arbeitsleistung?

Keine unabdingbare Voraussetzung einer Verdachtskündigung ist ein „kündigungsrechtlich erheblicher Zusammenhang zwischen der Verdachtshandlung und der vertraglich geschuldeten Tätigkeit des Arbeitnehmers“[756].[757]

Gegenteiliges entschied das *LAG Köln* in einem Urteil vom 16.1.1990.[758] Einem Sozialpädagogen war wegen des Verdachts vorgetäuschter Arbeitsunfähigkeit gekündigt worden. Das *LAG* vermisste hier – nicht nachvollziehbar –[759] den genannten Zusammenhang, der zu verlangen sei, um den Anwendungsbereich der Verdachtskündigung angemessen zu begrenzen, und urteilte zugunsten des Klägers.[760]

Das *LAG* erläutert das bemühte Wirksamkeitserfordernis nicht näher. Gemeint ist wahrscheinlich, dass der Arbeitgeber nur zur Kündigung berechtigt sein soll, wenn der Tatverdacht die Verwertbarkeit der Arbeitskraft des Verdächtigen in Zweifel zieht.[761] Eine sachwidrige Begrenzung, weil die vertrauenzersetzende Qualität der Verdachtstat bzw. des Tatverdachts weder allein noch

---

754 *Schwarze* Anm. zu LAG Düsseldorf Urt v. 25.6.2003 – 14 Sa 657/03, LAGE Nr. 2 zu § 626 BGB 2002, S. 11, 15; *Zborowska* Außerordentliche Verdachtskündigung (2015), S. 103.

755 *Hoefs* Verdachtskündigung (2001), S. 166; *Zborowska* Außerordentliche Verdachtskündigung (2015), S. 103.

756 LAG Köln Urt. v. 16.1.1990 – 11 Sa 853/89, DB 1990, S. 1337; Staudinger/*Preis* (2019) § 626 BGB Rn. 226.

757 Ebenso *Henssler* Anm. zu LAG Köln Urt. v. 16.1.1990 – 11 Sa 853/89, LAGE Nr. 27 zu § 1 KSchG, S. 9 ff.; *Lücke* BB 1997, S. 1842, 1847; *Zborowska* Außerordentliche Verdachtskündigung (2015), S. 45/46.

758 LAG Köln Urt. v. 16.1.1990 – 11 Sa 853/89, DB 1990, S. 1337.

759 BAG Urt. v. 6.9.1990 – 2 AZR 162/90, Rn. 20/21 juris. So auch *Schwerdtner* Brennpunkte des Arbeitsrechts (2001), S. 243, 248; Staudinger/*Preis* (2019) § 626 BGB Rn. 226.

760 LAG Köln Urt. v. 16.1.1990 – 11 Sa 853/89, DB 1990, S. 1337.

761 *Henssler* Anm. zu LAG Köln Urt. v. 16.1.1990 – 11 Sa 853/89, LAGE Nr. 27 zu § 1 KSchG, S. 9, 14 ff.

entscheidend davon abhängt, dass sie/er sich auf das Kerngefüge des arbeitsvertraglichen Pflichtenprogramms bezieht.[762] Der Gesichtspunkt ist als einer unter mehreren sowohl im Rahmen der tat-, als auch der verdachtsbezogenen Interessenabwägung zu berücksichtigen. Ihn zum Wirksamkeitskriterium „hochzustilisieren"[763], überzeugt nicht.[764]

d) Sonderfall: Verdacht eines eignungsausschließenden Verhaltens

Bisher war lediglich davon die Rede, dass der schuldhafte Verstoß gegen § 611a BGB, § 241 BGB im Sinne einer positiven Vertragsverletzung[765] als Verdachtstat in Betracht kommt. Dasselbe gilt, was zu ergänzen ist, für die Nichterbringung der Arbeitsleistung infolge eines Hindernisses gemäß § 275 I BGB, die keine eigentliche Pflichtverletzung im kündigungsrechtlichen Sinn darstellt.[766]

Weniger sperrig: Auch der (tatsachengestützte und dringende) Verdacht eines die erfüllungstaugliche Diensterbringung ausschließenden Eignungsmangels kann zur außerordentlichen Kündigung berechtigen.[767] Dabei ist wiederum die filternde Mindestvoraussetzung der Wirksamkeit einer hypothetischen Tatkündigung zu beachten. Auf den Eignungsmangel müsste, seine Nachweisbarkeit unterstellt, die fristlose Entlassung des Arbeitnehmers gestützt werden können.

---

762 *Henssler* Anm. zu LAG Köln Urt. v. 16.1.1990 – 11 Sa 853/89, LAGE Nr. 27 zu § 1 KSchG, S. 9, 16 ff.; *Lücke* BB 1997, S. 1842, 1847; *Zborowska* Außerordentliche Verdachtskündigung (2015), S. 45/46.

763 *Henssler* Anm. zu LAG Köln Urt. v. 16.1.1990 – 11 Sa 853/89, LAGE Nr. 27 zu § 1 KSchG, S. 9, 14 ff., 18.

764 *Henssler* Anm. zu LAG Köln Urt. v. 16.1.1990 – 11 Sa 853/89, LAGE Nr. 27 zu § 1 KSchG, S. 9, 14 ff., 18; *Lücke* BB 1997, S. 1842, 1847; *Zborowska* Außerordentliche Verdachtskündigung (2015), S. 45/46.

765 Vergleiche *Schwarze* Anm. zu BAG Urt. v. 25.11.2010 – 2 AZR 984/08, AP Nr. 32 zu § 1 KSchG 1969 Personenbedingte Kündigung, zu I.

766 *Schwarze* Anm. zu BAG Urt. v. 25.11.2010 – 2 AZR 984/08, AP Nr. 32 zu § 1 KSchG 1969 Personenbedingte Kündigung, zu I.; *ders.*[2] Recht der Leistungsstörungen (2017), S. 248/249. Anders *Kaiser* FS Otto, S. 173, 185 ff.

767 Ablehnend MHdBArbR/*Berkowsky*[3] (2009) § 119 Rn. 2; *Ebeling* Kündigung wegen Verdachts (2006), S. 34. Im Einzelfall wie hier bejahend *Hoefs* Verdachtskündigung (2001), S. 145 ff.; *Zborowska* Außerordentliche Verdachtskündigung (2015), S. 97 ff.; SPV/*Preis*[11] (2015), Rn. 708 unter Verweis auf ArbG Braunschweig Urt. v. 22.1.1999 – 3 Ca 370/98, NZA-RR 1999, S. 192; ErfK/*Niemann*[21] (2021) § 626 BGB Rn. 177b.

Diese Hürde vermag zum Beispiel eine Kündigung wegen des Verdachts einer Krankheit regelmäßig nicht überwinden,[768] eine krankheitsbedingte Kündigung ist grundsätzlich nur unter Einhaltung der ordentlichen Kündigungsfrist möglich.[769] Allgemein ist zu bedenken: Auch eine auf den Verdacht eines Eignungsmangels gestützte Kündigung hat nur Aussicht auf Erfolg, wenn sich jener nicht im Rahmen des Zumutbaren – unter Umständen während einer Freistellung des Arbeitnehmers – aufklären lässt.[770] Spätestens auf dieser Prüfungsstufe wird eine anlässlich des Verdachts einer (ansteckenden) Krankheit erklärte Kündigung meist scheitern.[771] Entsprechendes muss etwa für eine Kündigung wegen des Verdachts des Fehlens einer Arbeitserlaubnis gelten.[772]

Es wird deutlich, dass die hier interessierende Fallgruppe im Wesentlichen auf Sachverhalte beschränkt ist, in denen hinreichende Verdachtsmomente für ein bestimmtes (namentlich außerdienstliches) *Verhalten* des Arbeitnehmers bestehen, das nicht als Vertragsverstoß (gegen die Leistungstreuepflicht aus § 241 II BGB) zu qualifizieren ist, aber durchgreifende Eignungszweifel weckt.[773] Als Beispielsachverhalte[774] können angeführt werden: der Bankeinbruch in eine fremde Bank durch einen Bankkassierer, die Entwendung der Geldbörse eines Dritten durch einen Versicherungsvertreter außerhalb von Arbeitszeit und -stätte oder die unterlassene Hilfeleistung durch einen angestellten Arzt im Urlaub.

---

768 Ebenso *Zborowska* Außerordentliche Verdachtskündigung (2015), S. 100/101.

769 Statt vieler MüKoBGB/*Henssler*[8] (2020) § 626 BGB Rn. 222.

770 Vergleiche *Hoefs* Verdachtskündigung (2001), S. 346/347; *Zborowska* Außerordentliche Verdachtskündigung (2015), S. 100.

771 *Hoefs* Verdachtskündigung (2001), S. 346/347. *Zborowska* Außerordentliche Verdachtskündigung (2015), S. 100/101. Abweichend etwa *Grunsky* ZfA 1977, S. 167, 180.

772 *Hoefs* Verdachtskündigung (2001), S. 346/347. *Zborowska* Außerordentliche Verdachtskündigung (2015), S. 100/101. Offen BAG Urt. v. 20.2.1986 – 2 AZR 201/85, NZA 1988, S. 94, 95.

773 Letztlich nicht anders *Mitterer* NZA-RR 2011, S. 449, 453; *Zborowska* Außerordentliche Verdachtskündigung (2015), S. 97 ff.

774 Frei nach HWK/*Thies*[9] (2020) § 1 KSchG Rn. 164.

2. *Dringlichkeit des Verdachts*

Der Verdacht muss stets[775] dringend,[776] die Tat also hinreichend wahrscheinlich sein.[777] Der Verdacht kann und darf ohne Zutun des Arbeitnehmers entstehen.[778] Die schuldhafte Erzeugung ist zugleich ein Indiz für die Tatbegehung.[779]

Wann ist die Tatwahrscheinlichkeit groß genug, damit der Verdacht dringend ist? In einem Urteil vom 6.9.2007 bestimmt das *BAG* negativ, zwar sei eine prozentuale Quantifizierung grundsätzlich abzulehnen, eine Wahrscheinlichkeit von nur einem Drittel für die Täterschaft des Arbeitnehmers genüge jedoch nicht.[780] Sehr eng formuliert der zweite Senat etwa am 9.3.1971, der Verdacht müsse „lückenlos“ sein.[781] Gelegentlich ist auch von einem „erdrückenden“ Verdacht die Rede.[782] Ähnlich zurückhaltend fordert das *LAG Köln*, die Tatwahrscheinlichkeit dürfe nur „knapp hinter“ der Tatgewissheit zurückbleiben.[783]

---

775 Für einen dynamischen Maßstab *Belling* FS Kissel, S. 11, 27; *Belling* Anm. zu BAG Urt. v. 29.7.1993 - 2 AZR 90/93, SAE 1994, S. 210, 212; *Otto* Wegfall des Vertrauens als Grund zur außerordentlichen Kündigung (2000), S. 225/226. Wie hier *Ebeling* Kündigung wegen Verdachts (2006), S. 142/143; *Zborowska* Außerordentliche Verdachtskündigung (2015), S. 134/135.

776 BAG Urt. v. 12.5.2010 – 2 AZR 587/08, NZA-RR 2011, S. 15, 18; Urt. v. 25.11.2010 – 2 AZR 801/09, NZA-RR 2012, S. 222, 223; Urt. v. 23.5.2013 – 2 AZR 102/12, NZA 2013, S. 1416, 1418; Urt. v. 18.6.2015 – 2 AZR 256/14, NZA 2016, S. 287, 288.

777 BAG Urt. v. 12.5.2010 – 2 AZR 587/08, NZA-RR 2011, S. 15, 18; Urt. v. 25.11.2010 – 2 AZR 801/09, NZA-RR 2012, S. 222, 223; Urt. v. 24.5.2012 – 2 AZR 206/11, NZA 2013, S. 137; Urt. v. 25.10.2012 – 2 AZR 700/11, NZA 2013, S. 371, 372; Urt. v. 23.5.2013 – 2 AZR 102/12, NZA 2013, S. 1416, 1418.

778 BAG Urt. v. 4.11.1957 – 2 AZR 57/56, Rn. 8 juris; Urt. v. 31.1.2019 – 2 AZR 426/18, NZA 2019, S. 893, 895. Ferner *Hoefs* Verdachtskündigung (2001), S. 140 ff., 178 ff.; *Ebeling* Kündigung wegen Verdachts (2006), S. 142; *Zborowska* Außerordentliche Verdachtskündigung (2015), S. 58/59, 216. Abweichend *Heilmann* Wiedereinstellung (1964), S. 65.

779 BAG Urt. v. 4.6.1964 – 2 AZR 310/63, Rn. 36 juris. Anderes gilt für die Weigerung, aktiv an der Aufklärung mitzuwirken; überzeugend gegen das *BAG* (soeben) *Zborowska* Außerordentliche Verdachtskündigung (2015), S. 139.

780 BAG Urt. v. 6.9.2007 – 2 AZR 722/06, NZA 2008, S. 219, 223.

781 BAG Urt. v. 9.3.1971 – 2 AZR 258/70, AuR 1971, S. 152. So auch *vom Stein* Fehleinschätzungen (1989), S. 62.

782 BAG Urt. v. 21.11.2013 – 2 AZR 797/11, NZA 2014, S. 243, 246; LAG Niedersachsen Urt. v. 12.3.2018 – 15 Sa 319/17, NZA-RR 2018, S. 421, 424 ff.

783 LAG Köln Urt. v. 10.8.1999 – 13 Sa 220/99, Rn. 33 juris; Urt. v. 12.12.2007 – 7 Sa 120/07, Rn. 21 juris. Für eine Kündigung wegen des Verdachts eines „Bagatelldelikts“ auch

In jüngeren Entscheidungen hat das *BAG* die Formel etabliert, die verdachtsbegründenden Umstände dürften nicht „ebenso gut" durch ein nicht zur Kündigung berechtigendes Geschehen zu erklären sein; eine auf mehr oder weniger haltbare Vermutungen gestützte Verdächtigung sei nicht ausreichend.[784] Das weist in die richtige Richtung. Die Täterschaft des Arbeitnehmers muss überwiegend wahrscheinlich sein.[785] Der Maßstab ermöglicht eine klare Abgrenzung zur Tatgewissheit (§ 286 I ZPO, § 294 ZPO).[786] Er gewährleistet, dass die Kündigung den wahrscheinlichsten Störer trifft.[787] Dies ist grundrechtlich wie kündigungsrechtsdogmatisch plausibel.[788]

Die Ermittlung der überwiegenden Wahrscheinlichkeit bedarf wertender Betrachtung unter Berücksichtigung aller den Einzelfall ausmachenden Umstände.[789] Die Täterschaft des Arbeitnehmers ist kritisch zu hinterfragen. Kommen andere als Störer in Betracht?[790] Gibt es ein nachvollziehbares Tatmotiv oder Alibi?[791] Sind etwaige Belastungen glaubhaft und die Belastenden

---

Thüsing ZRP 2009, S. 127. In diesem Sinne auch *ders./Pötters* Anm. zu BAG Urt. v. 10.6.2010 – 2 AZR 541/09, EzA Nr. 32 zu § 626 BGB 2002, S. 21, 22.

784 BAG Urt. v. 12.5.2010 – 2 AZR 587/08, NZA-RR 2011, S. 15, 18; Urt. v. 25.11.2010 – 2 AZR 801/09, NZA-RR 2012, S. 222, 223; Urt. v. 24.5.2012 – 2 AZR 206/11, NZA 2013, S. 137; Urt. v. 25.10.2012 – 2 AZR 700/11, NZA 2013, S. 371, 372.; Urt. v. 23.5.2013 – 2 AZR 102/12, NZA 2013, S. 1416, 1418; Urt. v. 2.3.2017 – 2 AZR 698/15, NZA 2017, S. 1051, 1052; Urt. v. 31.1.2019 – 2 AZR 426/18, NZA 2019, S. 893, 896. Auch schon BAG Urt. v. 22.11.1973 – 2 AZR 580/72, AP Nr. 67 zu § 626 BGB.

785 LAG Rheinland-Pfalz Urt. v. 2.12.2019 – 3 Sa 234/19, Rn. 254 juris; *Langner/Witt* DStR 2008, S. 825; *Lunk* NJW 2010, S. 2753, 2755; *Lembke* RdA 2013, S. 82, 86; *Eylert* NZA-RR 2014, S. 393, 399; *Zborowska* Außerordentliche Verdachtskündigung (2015), S. 138; MüKoBGB/*Henssler*[8] (2020) § 626 BGB Rn. 275.

786 *Zborowska* Außerordentliche Verdachtskündigung (2015), S. 136 ff.

787 Vergleiche *vom Stein* Fehleinschätzungen (1989), S. 49.

788 Hierzu oben S. 63 f. und S. 108 f.

789 BAG Urt. v. 6.9.2007 – 2 AZR 722/06, NZA 2008, S. 219, 223; *Lunk* NJW 2010, S. 2753, 2754; *Eylert* NZA-RR 2014, S. 393, 399; Kramer/*ders.*[2] IT-Arbeitsrecht (2019), B. Rn. 384.

790 Die Täterschaft weiterer Personen muss derweil nicht mit absoluter Sicherheit ausgeschlossen sein [LAG Berlin-Brandenburg Urt. v. 8.2.2012 – 24 Sa 1800/11, BeckRS 2012, 66226; *Eylert* NZA-RR 2014, S. 393, 399].

791 BAG Urt. v. 4.6.1964 – 2 AZR 310/63, Rn. 36 juris: „Das Landesarbeitsgericht hat sich nicht mit dem möglichen Beweggrund des Klägers für die ihm vorgeworfenen Verfehlungen befaßt. Hätte es dies getan, dann hätte es auf die persönlichen Verhältnisse des Klägers, insbesondere seinen Familienstand als Unverheirateter und sein recht erhebliches Einkommen eingehen und der Erwägung Raum geben müssen, ob ein

glaubwürdig?[792] Steht eine Verletzung von Vermögensinteressen in Rede, kann zum Beispiel verdachtsstärkend sein, dass der Arbeitnehmer hohe Schulden hat oder einem verschwenderischen Lebenswandel zuneigt.[793] Einschlägige Vorstrafen sind zu berücksichtigen.[794]

Für die Beurteilung der Verdachtsstärke sind praktisch insbesondere die Ergebnisse eines parallel laufenden Strafverfahrens bedeutsam. Bindend sind diese jedoch nicht,[795] insbesondere kommt es nicht darauf an, ob die Strafverfolgungsbehörden einen dringenden Straftatverdacht im (straf)prozessualen Sinne bejahen.[796] Anderenfalls hinge die Wirksamkeit einer außerordentlichen

---

Angestellter in der Lage des Klägers und nach der Art seiner Persönlichkeit wegen eines nicht sehr hohen Vermögensvorteils seine Stellung aufs Spiel setzt, um daraus Schlüsse auf die mögliche Täterschaft des Klägers zu ziehen." Auch *Hoefs* Verdachtskündigung (2001), S. 176/177.

792 Prägnant BAG Urt. v. 2.3.2017 – 2 AZR 698/15, NZA 2017, S. 1051 Os. 2: „Eine hohe Wahrscheinlichkeit für [...] eine sonstige erhebliche Pflichtwidrigkeit des Arbeitnehmers [...] kann sich daraus ergeben, dass mehrere Zeugen unabhängig voneinander und bezogen auf unterschiedliche Begebenheiten ähnliche Verhaltensweisen des Arbeitnehmers schildern. Die Annahme daraus begründeter starker Verdachtsmomente erfordert eine sorgfältige, mögliche Fehlerquellen umfassend berücksichtigende Auseinandersetzung mit der Glaubhaftigkeit der jeweiligen Aussage und der Glaubwürdigkeit der Auskunftsperson. Vergleiche bereits *Hoefs* Verdachtskündigung (2001), S. 174.

793 Staudinger/*Preis* (2019) § 626 BGB Rn. 227 mit Verweis auf LAG Heidelberg Urt. v. 22.5.1950 – Sa 23/50, BB 1950, S. 704; *Busch* MDR 1995, S. 217, 218; *Huber/Uzuner* NZWiSt 2016, S. 94, 95. Zweifelnd MüKoBGB/*Schwerdtner*[3] (1997) § 626 BGB Rn. 175.

794 Staudinger/*Preis* (2019) § 626 BGB Rn. 227. Zweifelnd MüKoBGB/*Schwerdtner*[3] (1997) § 626 BGB Rn. 175.

795 BAG Urt. v. 2.3.2017 – 2 AZR 698/15, NZA 2017, S. 1051, 1053. Nichts Anderes gilt für Entscheidungen der Verwaltungsgerichtsbarkeit, vergleiche LAG Niedersachsen Urt. v. 12.3.2018 – 15 Sa 319/17, NZA-RR 2018, S. 421, 425 [Passentzug und Ausreisebeschränkungen wegen des Verdachts der Mitgliedschaft in einer terroristischen Vereinigung]. Abweichend wohl *Kittner* Anm. zu BAG Urt. v. 26.3.1992 – 2 AZR 519/91, EzA Nr. 4 zu § 626 BGB Verdacht strafbarer Handlung, S. 15/16.

796 *Lunk* NJW 2010, S. 2753, 2755. Abweichend LAG Bremen Urt. v. 23.8.2006 – 2 Sa 51/06, Rn. 56 juris. Wohl auch *Thüsing/Pötters* Anm. zu BAG Urt. v. 10.6.2010 – 2 AZR 541/09, EzA Nr. 32 zu § 626 BGB 2002, S. 21, 22: „Ab welchem Wahrscheinlichkeitsgrad ein dringender Verdacht vorliegt, wird von der Rechtsprechung offengelassen. Als Richtschnur kann eine Parallele zum Begriff des dringenden Tatverdachts im Strafprozessrecht gezogen werden, so dass eine große Wahrscheinlichkeit zu fordern ist."

Verdachtskündigung – in Abwesenheit einer strafgerichtlichen Verurteilung – davon ab, dass der Arbeitnehmer in Untersuchungshaft genommen würde (§§ 112 ff. StPO), was sachwidrig wäre.[797] Weder eine Durchsuchung gemäß § 102 StPO,[798] die Erhebung der öffentlichen Klage gemäß § 170 I StPO,[799] die Anordnung von Untersuchungshaft gemäß §§ 112 ff. StPO[800] noch die strafgerichtliche Verurteilung[801] des Arbeitnehmers begründen für sich genommen einen dringenden Pflichtverletzungsverdacht. Ebensowenig schließen ihn – umgekehrt – die Einstellung des Strafverfahrens nach § 170 II StPO, §§ 153 ff. StPO oder ein strafgerichtlicher Freispruch aus.[802]

Das mag aus Laiensicht schwer nachvollziehbar sein, ist aber richtig.[803] Eine außerordentliche Verdachtskündigung setzt keinen *Straf*-Tatverdacht voraus.[804] Das den Kündigungssachverhalt beurteilende Arbeitsgericht ist weder an die Tatsachenfeststellungen der Strafverfolgungsbehörden noch deren (hier

797 *Lunk* NJW 2010, S. 2753, 2755.

798 BAG Urt. v. 29.11.2007 – 2 AZR 724/06, Rn. 38 juris.

799 BAG Urt. v. 26.8.1980 – 6 AZR 454/78, Rn. 29 juris; Urt. v. 29.11.2007 – 2 AZR 724/06, AP Nr. 40 zu § 626 BGB Verdacht strafbarer Handlung; Urt. v. 22.11.2012 – 2 AZR 732/11, NZA 2013, S. 665, 668. Anders noch RAG Urt. v. 2.11.1935 – RAG. 114/35, ASR 25, S. 121, 122, wonach der Arbeitgeber ohne weiteres als befugt angesehen werden muss, eine fristlose Kündigung auszusprechen, wenn die Bergpolizei nach ihren Ermittlungen zu dem Ergebnis gelange, der Arbeitnehmer habe den ihm vorgeworfenen Sabotageakt selbst ausgeführt. Weitergehend auch LAG Köln Urt. v. 31.10.1997 – 11 (8) Sa 665/97, LAGE Nr. 7 zu § 626 BGB Verdacht strafbarer Handlung und 11 (7/9) Sa 144/97, NZA-RR 1998, S. 297, 298 sowie LAG Schleswig-Holstein Urt. v. 21.4.2004 – 3 Sa 548/03, NZA-RR 2004, S. 666, 667 f. [aus der Tatsache der Anklageerhebung und anschließenden Eröffnung des Hauptverfahrens folge in der Regel, dass ein verständiger Arbeitgeber bei einem Bezug zum Arbeitsverhältnis eine Verdachtskündigung aussprechen dürfe].

800 BAG Urt. v. 24.5.2012 – 2 AZR 206/11, NZA 2013, S. 137, 139.

801 BAG Urt. v. 8.6.2000 – 2 ABR 1/00, NZA 2001, S. 91, 93.

802 Zu § 170 II StPO: BAG Urt. v. 20.8.1997 – 2 AZR 620/96, NZA 1997, S. 1340, 1342; Urt. v. 5.4.2001 – 2 AZR 217/00, NZA 2001, S. 837, 839. Zu §§ 153 ff. StPO: BAG Urt. v. 26.8.1980 – 6 AZR 454/78, Rn. 29 juris. Zum Freispruch: BAG Urt. v. 24.4.1975 – 2 AZR 118/74 AP Nr. 3 zu § 103 BetrVG 1972; Urt. v. 22.1.1998 – 2 AZR 455/97, NZA 1998, S. 726, 728; Urt. v. 2.3.2017 – 2 AZR 698/15, NZA 2017, S. 1051, 1053. Zweifelnd MüKoBGB/*Schwerdtner*[3] (1997) § 626 BGB Rn. 175. Zum Freispruch wegen „erwiesener Unschuld“ noch sogleich.

803 Staudinger/*Preis* (2019) § 626 BGB Rn. 227.

804 Oben S. 118 ff.

unerhebliche) strafrechtliche Würdigung gebunden.[805] Es darf sie auch nicht unbesehen übernehmen,[806] sondern muss sich ein eigenes Bild vom Geschehen machen und dieses arbeitsrechtlich bewerten.[807] Das folgt zwar nicht notwendig aus § 14 II EGZPO,[808] der, was mitunter übersehen wird,[809] nicht aufgehoben, sondern derzeit gegenstandslos ist,[810] aber aus einer Gesamtschau von § 149 ZPO, § 286 ZPO und § 262 II StPO.[811] Für wie wahrscheinlich die Strafverfolgungsorgane das der Kündigung zugrundeliegende Geschehen halten, kann nur verdachtsstärkend oder -schwächend sein.[812] Der gedankliche Inhalt strafprozessualer Urkunden, insbesondere eines Strafurteils, ist gemäß § 286 I ZPO, § 415 ff. ZPO zu verwerten.[813]

Nach Maßgabe des Vorstehenden ist es konsequent, dass eine außerordentliche Verdachtskündigung auch für wirksam befunden werden kann, falls der von ihr betroffene Arbeitnehmer (zuvor) strafgerichtlich aus tatsächlichen Gründen oder wegen erwiesener Unschuld freigesprochen wurde.[814]

---

805 Wie vor.

806 BAG Urt. v. 23.10.2014 – 2 AZR 865/13, NZA 2015, S. 353, 355.

807 BAG Urt. v. 2.3.2017 – 2 AZR 698/15, NZA 2017, S. 1051, 1053.

808 *Förster* Transfer der Ergebnisse von Strafverfahren Zivilverfahren (2008), S. 211 ff.

809 Etwa *Lunk* NJW 2010, S. 2753, 2755 und *Zborowska* Außerordentliche Verdachtskündigung (2015), S. 141; LAG Hamm Urt. 30.3.2012 – 18 Sa 1801/11, Rn. 46 juris.

810 Dass eine gesetzliche Vorschrift gegenstandslos ist, bedingt nicht notwendig ihre Nichtgeltung, *Heckmann* Geltungskraft und Geltungsverlust von Rechtsnormen (1997), S. 464 ff.

811 *Heese* JZ 2016, S. 390 ff. Auch BAG Urt. v. 2.3.2017 – 2 AZR 698/15, NZA 2017, S. 1051.

812 BAG Urt. v. 24.4.1975 – 2 AZR 118/74, AP Nr. 3 zu § 103 BetrVG 1972; Beschl. v. 19.9.1991 – 2 ABR 14/91, Rn. 30 juris; Urt. v. 5.6.2008 – 2 AZR 234/07, NZA-RR 2008, S. 630, 633; Urt. v. 24.5.2012 – 2 AZR 206/11, NZA 2013, S.137, 139; Urt. v. 25.10.2012 – 2 AZR 700/11, NZA 2013, S. 371, 372. MüKoBGB/*Hergenröder*[8] (2020) § 1 KSchG Rn. 226; Staudinger/*Preis* (2019) § 626 BGB Rn. 227.

813 BAG Urt. v. 23.10.2014 – 2 AZR 865/13, NZA 2015, S. 353, 355; Urt. v. 2.3.2017 – 2 AZR 698/15, NZA 2017, S. 1051, 1053.

814 Anders noch BAG Urt. v. 4.6.1964 – 2 AZR 310/63, Rn. 36 juris, wonach ein über die Wirksamkeit der Verdachtskündigung urteilendes Arbeitsgericht bei einem Freispruch wegen erwiesener Unschuld davon ausgehen muss, der gegen den Arbeitnehmer erhobene Verdacht sei von Anfang an unbegründet gewesen, sofern neue Tatsachen eine andere Beurteilung nicht rechtfertigten. Noch enger LAG Düsseldorf Urt. v. 26.7.1996 – 15 Sa 165/96, BeckRS 30908241, wonach ein strafgerichtlicher Freispruch – ungeachtet seines Anlasses – zur Unwirksamkeit der Verdachtskündigung führt. Wie hier etwa BAG Urt. v. 22.1.1998 – 2 AZR 455/97, NZA 1998, S. 726, 728; *Busch* MDR 1995, S. 217, 223.

Gegenteiliges folgt nicht aus der verfassungsrechtlichen Unschuldsvermutung,[815] sofern sich das Arbeitsgericht, wozu es nach dem sachlichen Prüfungsmaßstab ohnehin verpflichtet ist,[816] jedweder Strafschuld- bzw. Strafverdachtsfeststellung enthält, worauf beim Abfassen der Entscheidungsgründe zu achten ist.[817] Ferner kann nicht zweifelhaft sein, dass ein Arbeitgeber trotz einer (rechtskräftigen) strafgerichtlichen Verurteilung des Arbeitnehmers mit einer Tatkündigung scheitern kann, weil die Pflichtverletzung nicht zur praktischen Gewissheit des Arbeitsgerichts gereift ist.[818] Aus Arbeitgebersicht dürfte es deshalb selbst in solchen intuitiv „eindeutigen" Fällen ratsam sein, stets auf die Einhaltung auch der Voraussetzungen einer außerordentlichen Verdachtskündigung zu achten.[819]

3. *Beurteilungszeitpunkt und -maßstab*

Für die Beurteilung der Wirksamkeit einer (außerordentlichen) Kündigung ist grundsätzlich der Zeitpunkt des Zugangs der Kündigungserklärung maßgebend.[820] Nichts anderes gilt für eine außerordentliche Verdachtskündigung.[821] Es kommt – bezogen auf das Erfordernis eines dringenden Tatverdachts – darauf an, ob bei Kündigungszugang Tatsachen vorgelegen haben, aufgrund derer die Annahme gerechtfertigt ist/war, der Gekündigte habe überwiegend wahrscheinlich eine zu einer außerordentlichen (Tat-)Kündigung berechtigende

---

815 Anders LKB/*Krause*[16] (2019) § 1 KSchG Rn. 440. Ähnlich wie hier *Keiser* JR 2010, S. 55, 57 ff.; *Klocke* AuR 2019, S. 128, 131.

816 Das verkennt LKB/*Krause*[16] (2019) § 1 KSchG Rn. 440.

817 *Klocke* AuR 2019, S. 128, 131; EGMR Urt. v. 23.1.2018 – 15374/11, Rn. 38 ff. juris. Auch BAG Urt. v. 31.1.2019 – 2 AZR 426/18, NZA 2019, S. 893, 896. Falls ein Arbeitsgericht die Kündigungsschutzklage eines Arbeitnehmers nach strafprozessualer Unschuldsfeststellung mit der Begründung abweist, das Arbeitsverhältnis sei durch eine auf den Verdacht einer *Straftat* [strafbaren Handlung, Unterschlagung und so fort] gestützte Kündigung wirksam beendet worden, wäre dieses Urteil verfassungswidrig.

818 Hierzu nur BAG Beschl. v. 16.9.1999 – 2 ABR 68/98, NZA 2000, S. 158, 160; Urt. v. 8.6.2000 – 2 ABR 1/00, NZA 2001, S. 91, 93.

819 So auch Staudinger/*Preis* (2019) § 626 BGB Rn. 227.

820 Nur BAG Urt. v. 3.5.1956 – 2 AZR 388/54, Rn. 12 ff. juris; Staudinger/*Preis* (2019) § 626 BGB Rn. 58; KR/*Fischermeier*[12] (2019) § 626 BGB Rn. 116.

821 *Dörner* NZA 1992, S. 865, 870/871; *Hoefs* Verdachtskündigung (2001), S. 272; *Zborowska* Außerordentliche Verdachtskündigung (2015), S. 294/295; SPV/*Preis*[11] (2015), Rn. 714; Staudinger/*ders.* (2019) § 626 BGB Rn. 229; KR/*Fischermeier*[12] (2019) § 626 BGB Rn. 247; Erman/*Riesenhuber*[16] (2020) § 626 BGB Rn. 116.

Pflichtverletzung begangen.[822] Nicht entscheidend ist im Rahmen von § 626 I BGB demgegenüber der (mögliche) Kenntnisstand des kündigenden Arbeitgebers.[823] Relevant wird dies insbesondere, wenn der gekündigte Arbeitnehmer im Verlauf eines Kündigungsschutzverfahrens erhebliche (zuvor unter Umständen zurückgehaltene)[824] Entlastungsumstände geltend macht, die im Zugangszeitpunkt zwar – objektiv – vorlagen, dem Arbeitgeber – subjektiv – jedoch verborgen geblieben sind.[825]

Richtigerweise ist der Kündigungsschutzklage gegebenenfalls stattzugeben und der Arbeitnehmer nicht auf einen Wiedereinstellungsanspruch zu verweisen.[826] Die objektive Betrachtungsweise ist konsequent.[827] Der Sachgrund einer (außerordentlichen) Verdachtskündigung setzt sich zusammen aus dem objektiven Tatverdacht und einer verobjektivierten Vertrauensstörung.[828] Das

---

822 BAG Urt. v. 14.9.1994 – 2 AZR 164/94, NZA 1995, S. 269, 271; Urt. v. 6.11.2003 – 2 AZR 631/02, NZA 2004, S. 919, 921; Urt. v. 23.5.2013 – 2 AZR 102/12, NZA 2013, S. 1416, 1418. Auch BGH Urt. v. 19.6.2008 – III ZR 46/06, NJW-RR 2008, S. 1484, 1488. Aus dem Schrifttum *Appel/Gerken* AuR 1995, S. 201, 206; *Enderlein* RdA 2000, S. 325, 330; *Hoefs* Verdachtskündigung (2001), S. 273/274; *Schlegeit* BAG und die Verdachtskündigung (2008), S. 139; *Fischermeier* FS ARGE Arbeitsrecht, S. 275, 278/279; KR/*ders.*[12] (2019) § 626 BGB Rn. 247; *Zborowska* Außerordentliche Verdachtskündigung (2015), S. 297 ff.; BeckOKArbR/*Rolfs*[59] (2021) § 1 KSchG Rn. 201.2.

823 Dafür aber zum Beispiel *Busch* MDR 1995, S. 217, 222; *Belling* RdA 1996, S. 223, 237/238, jeweils mit weiteren Nachweisen; *Hahn* Verdachtskündigung unter Berücksichtigung einer gesetzlichen Regelung (2004), S. 114 ff.; APS/*Dörner*[3] (2007) § 626 BGB Rn. 356; *Lunk* NJW 2010, S. 2753, 2757; SPV/*Preis*[11] (2015), Rn. 714.

824 Der Arbeitnehmer ist nicht dazu verpflichtet, an der Sachverhaltsaufklärung mitzuwirken, vergleiche unten S. 139 f.

825 Vergleiche LAG München Urt. v. 20.10.2010 – 8 Sa 249/10, juris; *Zborowska* Außerordentliche Verdachtskündigung (2015), S. 298/299.

826 So aber *Preis* Prinzipien (1987), S. 349/350; SPV/*ders.*[11] (2015), Rn. 714; Staudinger/*ders.* (2019) § 626 BGB Rn. 229; *Belling* RdA 1996, S. 223, 237/238; *Busch* MDR 1995, S. 217, 222; *Hahn* Verdachtskündigung unter Berücksichtigung einer gesetzlichen Regelung (2004), S. 116.

827 *Enderlein* RdA 2000, S. 325, 330; *Hoefs* Verdachtskündigung (2001), S. 273/274; *Fischermeier* FS ARGE Arbeitsrecht, S. 275, 278/279; *Schlegeit* BAG und die Verdachtskündigung (2008), S. 139; *Zborowska* Außerordentliche Verdachtskündigung (2015), S. 299/399. Dagegen APS/*Dörner*[3] (2007) § 626 BGB Rn. 356 [Bruch mit der Zivilrechtsdogmatik].

828 Vergleiche *Enderlein* RdA 2000, S. 325, 330; *Fischermeier* FS ARGE Arbeitsrecht, S. 275, 278/279; *Schlegeit* BAG und die Verdachtskündigung (2008), S. 139. Vergleiche auch *Hoefs* Verdachtskündigung (2001), S. 273/274; *Zborowska* Außerordentliche Verdachtskündigung (2015), S. 300 und oben S. 95 ff., 102 ff.

Informationsrisiko des kündigenden Arbeitgebers ist in den Sachverhalten der außerordentlichen Verdachtskündigung im Vergleich zu anderen Fallgruppen wie einer krankheits- oder selbst tatbedingten Kündigung im Übrigen nicht gesteigert.[829] Auch das Erfordernis zumutbarer Sachverhaltsaufklärung rechtfertigt hier keine Abweichung vom Standard, auf die objektive Sachlage abzustellen.[830]

Für die außerordentliche Verdachtskündigung ist betreffend Beurteilungszeitpunkt und -maßstab also keine Sonderbehandlung angezeigt:

Die Parteien dürfen im etwaigen Kündigungsschutzverfahren Be- und Entlastungstatsachen, die bei Kündigungsausspruch objektiv berücksichtigt werden konnten („ursprüngliche"),[831] bis zum Abschluss der Tatsacheninstanz einführen, selbst wenn sie ihnen oder der jeweils anderen zunächst unbekannt waren.[832] Dem Arbeitgeber steht es frei, ursprüngliche Umstände zum Gegenstand eines weiteren, andersartigen Kündigungsvorwurfs zu machen und diesen nachzuschieben.[833] Nach Zugang der Kündigungserklärung entstehende („nachträgliche") Umstände, müssen hingegen ausgeblendet werden.[834] Belasten sie den gekündigten Arbeitnehmer, können sie vom Arbeitgeber für eine erneute (Tat- und/oder) Verdachtskündigung oder einen Auflösungsantrag nach § 9 I 2 KSchG fruchtbar gemacht werden;[835] entlasten sie ihn, kommt unter Umständen ein Wiedereinstellungsanspruch in Frage.[836] In seiner jüngeren Rechtsprechung geht das *BAG* – davon abweichend – (wieder)[837] davon aus, nachträgliche Umstände könnten für die Beurteilung der Wirksamkeit der außerordentlichen Verdachtskündigung herangezogen werden, „falls sie die

---

829 BAG Urt. v. 14.9.1994 – 2 AZR 164/94, NZA 1995, S. 269, 271; *Fischermeier* FS ARGE Arbeitsrecht, S. 275, 279; KR/*ders.*[12] (2019) § 626 BGB Rn. 247; *Zborowska* Außerordentliche Verdachtskündigung (2015), S. 300/301.

830 *Hoefs* Verdachtskündigung (2001), S. 274; *Zborowska* Außerordentliche Verdachtskündigung (2015), S. 301. Anders *Busch* MDR 1995, S. 217, 222.

831 Instruktiv *Zborowska* Außerordentliche Verdachtskündigung (2015), S. 303 ff.

832 Nur BAG Urt. v. 14.9.1994 – 2 AZR 164/94, NZA 1995, S. 269, 271; Urt. v. 6.11.2003 – 2 AZR 631/02, NZA 2004, S. 919, 921; Urt. v. 23.5.2013 – 2 AZR 102/12, NZA 2013, S. 1416, 1418.

833 BAG Urt. v. 23.5.2013 – 2 AZR 102/12, NZA 2013, S. 1416, 1418. Zu den betriebsverfassungsrechtlichen Fragen unten S. 187 ff.

834 Staudinger/*Preis* (2019) § 626 BGB Rn. 229.

835 *Zborowska* Außerordentliche Verdachtskündigung (2015), S. 296.

836 Staudinger/*Preis* (2019) § 626 BGB Rn. 229.

837 BAG Urt. v. 15.12.1955 – 2 AZR 228/54, NJW 1956, S. 807, 808.

Vorgänge, die zur Kündigung geführt haben, in einem neuen Licht erscheinen lassen"[838]. Das ist mit der Bedingungsfeindlichkeit der Kündigung als Gestaltungsrecht (§ 388 I 2 BGB) nicht zu vereinbaren.[839] Dem kann – mit Blick auf nachträglich entstehende Entlastungsmomente – nicht entgegengehalten werden, bei einem Unschuldsnachweis sei der Verdacht von Anfang an unbegründet gewesen;[840] denn Grund der außerordentlichen Verdachtskündigung ist gerade nicht die Verdachtstat.[841]

4. *Zusammenfassung*

a) Für die Wirksamkeit einer außerordentlichen Verdachtskündigung ist das Vorliegen eines dringenden Tatverdachts zu fordern. Ein dringender Tatverdacht liegt vor, wenn nachprüfbare Tatsachen es überwiegend wahrscheinlich erscheinen lassen, dass der gekündigte Arbeitnehmer eine Vertragspflichtverletzung begangen hat, die den Arbeitgeber zur außerordentlichen (Tat-) Kündigung berechtigen würde.
b) Maßgeblich ist insofern die Sachlage, wie sie sich objektiv bei Zugang der Kündigungserklärung darstellt. Der Kenntnisstand des kündigenden Arbeitgebers ist im Rahmen von § 626 I BGB hingegen nicht entscheidend.
c) Geeignete Verdachtstat ist in erster Linie ein schuldhafter, d. h. vorsätzlicher oder fahrlässiger Verstoß des Arbeitnehmers gegen den Arbeitsvertrag. Das Fehlen eines (erheblichen) Sachschadens schließt die Kündigungsbefugnis nicht per se aus. Die Wirksamkeit einer hypothetischen Tatkündigung (Erforderlichkeit einer Abmahnung?) und die verdachtsbedingte Unzumutbarkeit einer befristeten Fortsetzung des Arbeitsverhältnisses (Abstufung zur tatbezogenen Interessenabwägung)[842] sind gegebenenfalls jedoch besonders kritisch würdigen. Eines kündigungsrechtlich erheblichen Zusammenhangs zwischen der Verdachtshandlung und der vertraglich geschuldeten Tätigkeit des Arbeitnehmers in dem Sinne, dass aufgrund des Tatverdachts

838 BAG Urt. v. 10.6.2010 – 2 AZR 541/09, NZA 2010, S. 1227, 1232; Urt. v. 23.10.2014 – 2 AZR 644/13, NZA 2015, S. 429, 430.

839 *Busch* MDR 1995, S. 217, 222; *Kaiser* ZfA 2000, S. 205, 211 ff.; grundsätzlich auch *Zborowska* Außerordentliche Verdachtskündigung (2015), S. 296, aber weniger restriktiv S. 297; auch Erman/*Riesenhuber*[16] (2020) § 626 BGB Rn. 116.

840 Anders BAG Urt. v. 4.6.1964 – 2 AZR 310/63, Rn. 36 juris.

841 *Busch* MDR 1995, S. 217, 222. Vergleiche auch *Hoefs* Verdachtskündigung (2001), S. 272; *Zborowska* Außerordentliche Verdachtskündigung (2015), S. 296.

842 Vergleiche unten S. 166 ff.

die künftige Verwertbarkeit der Arbeitskraft des Verdächtigen zweifelhaft sein muss, bedarf es nicht. Bezugspunkt einer außerordentlichen Kündigung kann neben dem (tatsachengestützten und dringenden) Verdacht einer „positiven" Vertragspflichtverletzung des Arbeitnehmers auch der eines eignungsausschließenden Verhaltens sein.

d) Dringend genug ist der Tatverdacht, wenn die Tat überwiegend wahrscheinlich ist. Die entsprechende Bewertung erfolgt einzelfallabhängig. Namentlich die Ergebnisse eines den Kündigungssachverhalt betreffenden Strafverfahrens können verdachtsstärkend bzw. -schwächend sein. Bindend sind die Einschätzungen der Strafverfolgungsorgane jedoch nicht. D. h. (unter anderem): Ebensowenig wie eine strafgerichtliche Verurteilung des Arbeitnehmers als solche einen dringenden Pflichtverletzungsverdacht begründet, schließt ein Freispruch ihn aus. Die Ergebnisse der Strafverfolgung entbinden ein Arbeitsgericht nicht davon, sich ein eigenes Bild vom Geschehen zu machen und dieses arbeitsrechtlich zu beurteilen. Auf die strafrechtliche Bewertung kommt es nicht an. Sie hat in einem arbeitsgerichtlichen Urteil zu unterbleiben. Hält ein Arbeitsgericht sich nicht daran, sondern stellt ausdrücklich oder schlüssig Erwägungen zur Strafschuld des Arbeitnehmers an, ist seine Entscheidung – in Abwesenheit einer justizförmigen, strafgerichtlichen Schuldfeststellung – wegen Verstoßes gegen die Unschuldsvermutung insoweit verfassungswidrig.

II. Zumutbare Sachverhaltsaufklärung – Verdachtsanhörung

Eine wirksame Verdachtskündigung setzt neben einem dringenden Tatverdacht voraus, dass der Tatvorwurf weder ausgeräumt noch auf eine sichere Grundlage gestellt werden konnte.[843] Der Arbeitgeber ist angehalten, den Sachverhalt im Rahmen des Zumutbaren aufzuklären.[844] Welche Maßnahmen er dabei ergreifen *darf*, ist ein eigenes Thema. Eine Aufnahme der vielfältigen, namentlich datenschutz- und verfahrensrechtlichen Implikationen[845] würde den hier gesteckten Darstellungsrahmen sprengen. Sie werden daher ausgeblendet. Im Folgenden interessiert nur, was der Arbeitgeber vor dem Ausspruch einer außerordentlichen Verdachtskündigung zur Sachverhaltsaufklärung tun „*muss*".

---

843 BAG Urt. v. 28.11.2007 – 5 AZR 952/06, NZA-RR 2008, S. 344, 346 und oben S. 108 ff.

844 Nur BAG Urt. v. 11.4.1985 – 2 AZR 239/84, NZA 1986, S. 674, 676 und oben S. 108 ff.

845 Hierzu aus jüngerer Zeit etwa *Nienaber* Umfang, Grenzen und Verwertbarkeit compliancebasierter unternehmensinterner Ermittlungen (2019) oder *Schmitz* Interessenausgleich im Beschäftigtendatenschutz (2016).

Insofern kann zunächst festgestellt werden: Nicht notwendig ist, dass der kündigungswillige Arbeitgeber den Verdächtigen mit Belastungszeugen konfrontiert oder – bei einem unter Umständen strafbaren Verhalten – die Strafverfolgungsbehörden einschaltet.[846] Allerdings muss er gewissenhaft prüfen, ob neben dem „ins Visier geratenen" Arbeitnehmer andere Personen als Täter in Frage kommen.[847] Er hat Zeugen zu befragen, die zum verdachtsauslösenden Geschehen bekunden können.[848] Insbesondere bedarf es, was im Weiteren zu fokussieren ist, (regelmäßig) einer ordnungsgemäßen[849] Verdachtsanhörung des betroffenen Arbeitnehmers.[850]

1. Anhörungsobliegenheit als Wirksamkeitsvoraussetzung

Das *BAG* stuft die Verdachtsanhörung als Wirksamkeitsvoraussetzung einer Verdachtskündigung ein.[851] Der Arbeitgeber sei zu ihr „verpflichtet".[852] Dogmatisch überzeugender ist, dass dem Arbeitgeber die Anhörung des verdächtigen Arbeitnehmers obliegt.[853] Dieser kann nicht gerichtlich erzwingen, angehört zu werden.[854]

---

846 BAG Urt. v. 28.9.1989 – 2 AZR 111/89, NZA 1990, S. 568; Urt. v. 18.9.1997 – 2 AZR 36/97, NZA 1998, S. 95, 96; Urt. v. 27.11.2008 – 2 AZR 98/07, NZA 2009, S. 604.

847 LAG Schleswig-Holstein Urt. v. 25.2.2004 – 3 Sa 491/03, NZA-RR 2005, S. 132, 135.

848 LAG Hessen Beschl. v. 24.10.2012 – 12 TaBV 46/11, Rn. 30 juris.

849 *Ebeling* Kündigung wegen Verdachts (2006), S. 170 ff.

850 Nur BAG Urt. v. 11.4.1985 – 2 AZR 239/84, NZA 1986, S. 674, 676; Urt. v. 23.5.2013 – 2 AZR 102/12, NZA 2013, S. 1416, 1418; Urt. v. 23.4.2014 – 2 AZR 1037/12, S. 1017/1018.

851 BAG Urt. v. 11.4.1985 – 2 AZR 239/84, NZA 1986, S. 674, 676. Kritisch *Grunsky* ZfA 1977, S. 167, 184 f.; *Preis* DB 1988, S. 1444, 1448/1449 mit Verweis auf § 626 II 3 BGB. Dieser überzeugt jedoch nicht, weil die Verdachtsanhörung kein formelles, sondern ein materielles Wirksamkeitskriterium ist, ähnlich *Zborowska* Außerordentliche Verdachtskündigung (2015), S. 157 [zielt nicht darauf, dem Arbeitgeber die Kündigungsgründe zu offenbaren].

852 BAG Urt. v. 11.4.1985 – 2 AZR 239/84, NZA 1986, S. 674, 677; Urt. v. 13.3.2008 – 2 AZR 961/06, NZA 2008, S. 809, 810/811; Beschl. v. 12.3.2009 – 2 ABR 24/08, NZA-RR 2010, S. 180, 183. Ebenso zum Beispiel KR/*Fischermeier*[12] (2019) § 626 BGB Rn. 229; ErfK/*Niemann*[21] (2021) § 626 BGB Rn. 178c [„Anhörungspflicht"].

853 *Belling* RdA 1996, S. 223, 232 mit Fn. 126; MüKoBGB/*Schwerdtner*[3] (1997) § 626 BGB Rn. 172; *Hoefs* Verdachtskündigung (2001), S. 190/191; *Lange/Vogel* DB 2010, S. 1066, 1067; *Zborowska* Außerordentliche Verdachtskündigung (2015), S. 154/155. Vergleiche auch BAG Urt. v. 13.9.1995 – 2 AZR 587/94, NZA 1996, S. 81, 84 [„schuldhafte Obliegenheitsverletzung"].

854 *Hoefs* Verdachtskündigung (2001), S. 191; *Zborowska* Außerordentliche Verdachtskündigung (2015), S. 155. Vergleiche auch Staudinger/*Olzen* (2019) § 241 BGB Rn. 128 ff., 131.

Gegenteiliges ist auch nicht notwendig. Der Arbeitgeber schadet sich selbst, wenn er eine erforderliche Verdachtsanhörung unterlässt – er kann gegebenenfalls nicht wirksam kündigen.[855] Die Verdachtsanhörung ist datenschutzrechtlich unbedenklich.[856] Die mit ihr verbundenen, offenen Datenerhebungen sind grundsätzlich nach § 26 I 1 BDSG gerechtfertigt.[857]

2. *Rechtsgrund der Anhörungsobliegenheit*

Das Gesetz schweigt zur Anhörungsobliegenheit des Arbeitgebers – was rechtfertigt sie? Als Rechtsgrund kann nach dem eben Gesagten nicht die Fürsorge*pflicht* des Arbeitgebers (§ 241 II BGB) herangezogen werden.[858] Nicht einschlägig ist ferner die Unschuldsvermutung.[859] Diese wird auch durch eine (ordnungsgemäß begründete) außerordentliche Verdachtskündigung ohne vorangegangene Anhörung des Arbeitnehmers nicht beeinträchtigt.[860]

Richtigerweise ist für die Anhörungsobliegenheit auf § 626 I BGB selbst abzustellen.[861] Ohne ordnungsgemäße Anhörung des Arbeitnehmers ist eine verdachtsbedingte Vertrauensstörung nicht objektiv nachvollziehbar,[862] verbietet sich die Annahme einer kündigungsbegründenden Beeinträchtigung des Arbeitsverhältnisses.[863] Mit der wohl herrschenden Meinung[864] kann

855 *Hoefs* Verdachtskündigung (2001), S. 191; *Zborowska* Außerordentliche Verdachtskündigung (2015), S. 155; Erman/*Riesenhuber*[16] (2020) § 626 BGB Rn. 113.

856 BAG Urt. v. 12.2.2015 – 6 AZR 845/13, NZA 2015, S. 741, 746/747.

857 LKB/*Krause*[16] (2019) § 1 KSchG Rn. 443; ErfK/*Franzen*[21] (2021) § 26 BDSG Rn. 37. Zum Bestehen eines Geldentschädigungsanspruchs wegen rechtswidriger Observation des Verdächtigen durch eine Privatdetektei BAG Urt. v. 19.2.2015 – 8 AZR 1007/13, NZA 2015, S. 994.

858 Dafür aber zum Beispiel *Heilmann* Wiedereinstellung (1964), S. 28/29. Wohl auch *Hahn* Verdachtskündigung unter Berücksichtigung einer gesetzlichen Regelung (2004), S. 99/100.

859 Anders BeckOKArbR/*Rolfs*[59] (2021) § 1 KSchG Rn. 208. Wie hier *Zborowska* Außerordentliche Verdachtskündigung (2015), S. 156.

860 Ausführlich oben S. 38 ff.

861 Vergleiche im Übrigen auch *Hoefs* Verdachtskündigung (2001), S. 189, der dem Anhörungserfordernis allerdings wie *Preis* DB 1988, S. 1444, 1448/1449 rechtsfortbildenden Charakter beimisst; ferner bereits *vom Stein* Fehleinschätzungen (1989), S. 56/57.

862 Oben S. 108 ff.

863 Oben S. 108 ff.

864 BAG Urt. v. 13.9.1995 – 2 AZR 587/94, NZA 1996, S. 81, 93; Urt. v. 23.5.2013 – 2 AZR 102/12, NZA 2013, S. 1416, 1418; Urt. v. 23.4.2014 – 2 AZR 1037/12, S. 1017/1018; Urt. v. 25.4.2018 – 2 AZR 611/17, NZA 2018, S. 1405, 1407/1408. Aus dem Schrifttum

zudem grundsätzlich der zumutbarkeitsrelevante[865] „*ultima-ratio*-Grundsatz“ herangezogen werden. Mit dem Schlagwort wird beschrieben, dass eine Kündigung eingedenk ihres Ausnahmecharakters nur als unausweichlich letzte Störungsreaktion in Betracht kommt.[866] Kann der Arbeitgeber eine Maßnahme ergreifen, die eine tragbare Fortsetzung der Vertragsbeziehung (zureichend wahrscheinlich) ermöglicht, muss er sie statt der Kündigung wählen.[867] Die Verdachtsanhörung ist geeignet, den gegen den Arbeitnehmer gehegten Verdacht auszuräumen; sie bietet mithin die Aussicht, dass nach ihr das Arbeitsverhältnis nutzbringend fortgeführt werden kann, weshalb es durchaus plausibel ist, dass die Wirksamkeit einer Verdachtskündigung, die der Arbeitgeber ohne vorherige Anhörung des Arbeitnehmers erklärt, (auch) daran scheitert, dass sie nicht *ultima ratio* ist/war.[868] Auf das Prinzip zu rekurrieren, erscheint jedoch allein nicht tragfähig, lässt sich doch argumentieren, auch der von der Tat bisher fest überzeugte Arbeitgeber könne im Zuge einer „Tatanhörung“ von seiner Gewissheit noch abkommen.[869] Die Anhörung des Arbeitnehmers obliegt dem Arbeitgeber jedoch nach (ganz) herrschender, im Ergebnis sachgemäßer Auffassung nur vor einer Verdachts-, nicht auch vor einer Tatkündigung.[870] Verzichte der Arbeitgeber hier auf die Anhörung, gehe er „nur“ das Risiko ein, die behauptete(n)

---

etwa *Belling* Anm. zu BAG Urt. v. 29.7.1993 – 2 AZR 90/93, SAE 1994, S. 210, 213; *Ebeling* Kündigung wegen Verdachts (2006), S. 159/160; *Stoffels* in Maschmann (Hrsg.) Kündigungsrecht: alte und neue Fragen (2013), S. 37, 41; *Zborowska* Außerordentliche Verdachtskündigung (2015), S. 156; KR/*Fischermeier*[12] (2019) § 626 BGB Rn. 244; *ders.* FS ARGE Arbeitsrecht, S. 275, 281/282; *Kalb* ZfA 2016, S. 467, 473. Für eine Rechtsfortbildung *Preis* DB 1988, S. 1444, 1448/1449; *Dörner* NZA 1992, S. 865, 869/870; *Hoefs* Verdachtskündigung (2001), S. 81/82, 189.

865 Unten S. 154 ff.

866 Nur BAG Urt. v. 30.5.1978 – 2 AZR 630/76, AP Nr. 70 zu § 626 BGB.

867 BAG Urt. v. 30.5.1978 – 2 AZR 630/76, AP Nr. 70 zu § 626 BGB. Näher unten S. 154 ff.

868 Etwa *Ebeling* Kündigung wegen Verdachts (2006), S. 159/160; *Stoffels* in Maschmann (Hrsg.) Kündigungsrecht: alte und neue Fragen (2013), S. 37, 41; *Zborowska* Außerordentliche Verdachtskündigung (2015), S. 157.

869 Dahingehend zum Beispiel *Gilberg* DB 2006, S. 1555, 1560/1561; auch *Zborowska* Außerordentliche Verdachtskündigung (2015), S. 159, wodurch sie aber in Widerspruch zu S. 70/71 gerät.

870 BAG Urt. v. 23.3.1972 – 2 AZR 226/71, AP Nr. 63 zu § 626 BGB; ErfK/*Niemann*[21] (2021) § 626 BGB Rn. 47.

Tat(sachen) in einem etwaigen Kündigungsschutzverfahren nicht substantiiert darlegen und nachweisen zu können.[871]

Die Andersbehandlung leuchtet vollständig erst ein, wenn man sich vor Augen führt, dass die Verdachtsanhörung notwendiges Korrektiv dafür ist, dass mit einer Verdachtskündigung die gesteigerte Gefahr, einen Unschuldigen zu treffen, *bewusst* in Kauf genommen wird.[872] Im Gegenzug muss das Risiko einer Fehlentscheidung minimiert werden.[873] Die Anhörung ist als förmliche Reglementierung[874] so gesehen (auch) Ausdruck des Fairnessgebots – *audiatur et altera pars.*[875]

3. Anforderungen

Zweck der Anhörung ist es, den Sachverhalt insgesamt aufzuhellen,[876] und nicht, „als verfahrensrechtliche Erschwernis die Aufklärung zu verzögern und die Wahrheit zu verdunkeln“[877]. Die Verdachtsanhörung soll (unschuldige) Arbeitnehmer *und* Arbeitgeber vor einer übereilten Kündigung bewahren.[878] Sachverhaltsaufklärung wird vom Arbeitgeber im Rahmen des „Zumutbaren“ erwartet. Der Zumutbarkeitstopos weist darauf hin, dass die konkreten Anforderungen

---

871 Nur BAG Urt. v. 23.6.2009 - 2 AZR 474/07, NZA 2009, S. 1136, 1141; Urt. v. 20.10.2016 - 2 AZR 395/15, NZA 2017, S. 443, 448.

872 *Möllers/Cyglakow* JZ 2018, S. 1131, 1134. In diesem Sinne bereits LAG Köln Urt. v. 30.11.1992 - 11 Sa 413/92, Rn. 59 juris. Vergleiche auch oben S. 116 f. Ähnlich auch *Schwerdtner* Brennpunkte des Arbeitsrechts (2001), S. 243, 261 [Anhörungsobliegenheit entspringt dem „Wesen“ der Verdachtskündigung].

873 *Möllers/Cyglakow* JZ 2018, S. 1131, 1132, 1134.

874 *Möllers/Cyglakow* JZ 2018, S. 1131, 1134; LAG Köln Urt. v. 30.11.1992 - 11 Sa 413/92, Rn. 59 juris.

875 *Heilmann* Wiedereinstellung (1964), S. 29; *vom Stein* Fehleinschätzungen (1989), S. 57; *Hoefs* Verdachtskündigung (2001), S. 190; *Ebeling* Kündigung wegen Verdachts (2006), S. 160; *Möllers/Cyglakow* JZ 2018, S. 1131 ff. Der Grundsatz *audiatur et altera pars* ist für das Bürger-Staat-Verhältnis in Art. 103 I GG geregelt; eine (echte) mittelbare Drittwirkung des Prozessgrundrechts dürfte allerdings ausscheiden [BAG Urt. v. 12.2.2015 - 6 AZR 845/13, NZA 2015, S. 743, 745/746. Anders *Lembke* RdA 2013, S. 82, 85, 87].

876 BAG Urt. v. 24.5.2012 - 2 AZR 206/11, NZA 2013, S. 137, 140.

877 BAG Urt. v. 13.3.2008 - 2 AZR 961/06, NZA 2008, S. 809, 810.

878 BAG Urt. v. 23.5.2013 - 2 AZR 102/12, NZA 2013, S. 1416, 1418.

einer Verdachtsanhörung nicht nur zweckabhängig, sondern auch einzelfallabhängig sind.[879]

a) Form und Umstände

Die Anhörung, an welcher der Arbeitgeber nicht selbst teilnehmen muss,[880] setzt keine bestimmte Form voraus, sie kann schriftlich oder mündlich erfolgen.[881] Eine mündliche Anhörung bietet kommunikative Vorteile.[882] Schriftlichkeit ist beweistechnisch günstig.[883] Ein Synergieeffekt kann erzielt werden, indem die mündliche Anhörung protokolliert und das Protokoll vom Arbeitnehmer bestätigt wird.[884]

Dass der Arbeitgeber gegen den Anzuhörenden einen (dringenden) Verdacht hegt, ist nicht notwendig.[885] Falls er ihn verdächtigt, muss der Arbeitgeber darüber nicht informieren;[886] dasselbe gilt hinsichtlich einer etwaigen Kündigungsabsicht.[887] Eine ordnungsgemäße Verdachtsanhörung setzt ferner grundsätzlich nicht voraus, dass der Arbeitgeber dem Arbeitnehmer geplante Gesprächsthemen und -inhalte im Vorfeld konkret mitteilt.[888] Das gilt jedenfalls bei

879 Vergleiche BAG Urt. v. 26.9.2002 – 2 AZR 424/01, Rn. 34 juris; Urt. v. 25.4.2018 – 2 AZR 611/17, NZA 2018, S. 1405, 1407/1408; Erman/*Riesenhuber*[16] (2020) § 626 BGB Rn. 113.

880 *Zborowska* Außerordentliche Verdachtskündigung (2015), S. 171/172. Die Arbeitgeberseite sollte aus praktischen Erwägungen aber mit mindestens zwei Personen vertreten sein, *Stoffels* in Maschmann (Hrsg.) Kündigungsrecht: alte und neue Fragen (2013), S. 37, 46.

881 Vergleiche BAG Urt. v. 23.4.2014 – 2 AZR 1037/12, NZA 2014, S. 1015, 1017/1018.

882 *Zborowska* Außerordentliche Verdachtskündigung (2015), S. 169/170.

883 *Mennemeyer/Dreymüller* NZA 2005, S. 382, 386; *Eylert/Friedrichs* DB 2007, S. 2203, 2204; *Lunk* NJW 2010, S. 2753, 2757.

884 *Ebeling* Kündigung wegen Verdachts (2006), S. 167 mit Fn. 144.

885 BAG Urt. v. 25.4.2018 – 2 AZR 611/17, NZA 2018, S. 1405, 1408.

886 BAG Urt. v. 25.4.2018 – 2 AZR 611/17, NZA 2018, S. 1405, 1408.

887 BAG Urt. v. 24.5.2012 – 2 AZR 206/11, NZA 2013, S. 137, 141.

888 BAG Urt. v. 24.5.2012 – 2 AZR 206/11, NZA 2013, S. 137, 140; Urt. v. 12.2.2015 – 6 AZR 845/13, NZA 2015, S. 743, 745; *Lücke* BB 1998, S. 2259, 2261; *Hahn* Verdachtskündigung unter Berücksichtigung einer gesetzlichen Regelung (2004), S. 102/103; *Ebeling* Kündigung wegen Verdachts (2006), S. 166/167; ErfK/*Niemann*[21] (2021) § 626 BGB Rn. 178. Anders zum Beispiel LAG Berlin-Brandenburg Urt. v. 16.12.2010 – 2 Sa 2022/10, BeckRS 2011, 68001; *Lange/Vogel* DB 2010, S. 1066, 1069; *Eylert* NZA-RR 2014, S. 393, 402; *Zborowska* Außerordentliche Verdachtskündigung (2015), S. 179.

begründeter Verdunkelungsgefahr[889] und weil sich der Verdächtige möglichst unbefangen mit den Vorwürfen auseinandersetzen können soll.[890] Zumeist genügt die Einladung zu einem „wichtigen Personalgesprächs betreffend den Bestand des Arbeitsverhältnisses“[891].[892] Wird sich der Arbeitnehmer zum (potentiellen) Kündigungssachverhalt – zum Beispiel wegen dessen Komplexität[893] – jedoch absehbar nur nach Vorabinformation adäquat einlassen können, obliegt dem Arbeitgeber diese.[894] Ein Anspruch auf Einsicht in Ermittlungsakten besteht allerdings nicht.[895] Sie stehen wegen ihrer Bedeutung für ein etwaiges Kündigungsschutzverfahren Prozessakten gleich, deren Einsicht der (gekündigte) Arbeitnehmer (unstreitig) nicht beanspruchen kann.[896] Die gegenteilige unter Verweis auf § 83 I 1 BetrVG begründete Auffassung[897] überzeugt deshalb im Ergebnis nicht.

Der Arbeitnehmer darf keinesfalls unter falschem Vorwand zum Anhörungsgespräch „gelockt“ oder sonst überrumpelt werden.[898] Auf faire Rahmenbedingungen ist unbedingt zu achten.[899] Die Vertraulichkeit der Anhörung muss

---

889 BAG Urt. v. 12.2.2015 – 6 AZR 845/13, NZA 2015, S. 743, 745. Ebenso *Lücke* BB 1998, S. 2259, 2261; *Lembke* RdA 2013, S. 82, 88; auch *Eylert/Friedrichs* DB 2007, S. 2203, 2205; *Zborowska* Außerordentliche Verdachtskündigung (2015), S. 180.

890 BAG Urt. v. 24.5.2012 – 2 AZR 206/11, NZA 2013, S. 137, 140; Urt. v. 12.2.2015 – 6 AZR 845/13, NZA 2015, S. 743, 745/746; LAG Köln Beschl. v. 6.7.2018 – 9 TaBV 47/17, NZA-RR 2018, S. 599, 604.

891 *Stoffels* in Maschmann (Hrsg.) Kündigungsrecht: alte und neue Fragen (2013), S. 37, 44.

892 Vergleiche auch *Lücke* BB 1998, S. 2259, 2261; *Kalb* ZfA 2016, S. 467, 474.

893 Allgemein *Dzida* NZA 2014, S. 809 ff.

894 *Lücke* BB 1998, S. 2259, 2261; LKB/*Krause*[16] (2019) § 1 KSchG Rn. 442. Tendenziell BAG Urt. v. 23.8.2018 – 2 AZR 133/18, NZA 2018, S. 1329, 1335. Enger und dafür, bei erkennbarer Überforderung *im Anhörungsgespräch* dieses abzubrechen und zu vertagen, BAG Urt. v. 12.2.2015 – 6 AZR 845/13, NZA 2015, S. 743, 745/746.

895 LAG Hessen Urt. v. 4.9.2003 – 9 Sa 1399/02, Rn. 47 juris; LAG München Urt. v. 19.3.2009 – 3 Sa 25/09, Rn. 22 juris; *Lücke* BB 1998, S. 2259, 2261/2262; *Hoefs* Verdachtskündigung (2001), S. 197/198; *Ebeling* Kündigung wegen Verdachts (2006), S. 168; *Eylert/Friedrichs* DB 2007, S. 2203, 2205; *Schlegeit* BAG und die Verdachtskündigung (2008), S. 106; *Lunk* NJW 2010, S. 2753, 2756.

896 *Hoefs* Verdachtskündigung (2001), S. 198.

897 *Zborowska* Außerordentliche Verdachtskündigung (2015), S. 185 ff.

898 LAG Düsseldorf Beschl. v. 25.6.2009 – 5 TaBV 87/09, NZA-RR 2010, S. 184.

899 *Lembke* RdA 2013, S. 82, 88; *Eylert* NZA-RR 2014, S. 393, 402 [zu großer Situationsdruck zum Beispiel aufgrund einer überstarken Präsenz der Arbeitgeberseite ist zu vermeiden]; LKB/*Krause*[16] (2019) § 1 KSchG Rn. 88.

gewährleistet sein.[900] Bei erkennbarer Überforderung des Arbeitnehmers, ist die Anhörung zu unterbrechen und baldmöglichst fortzusetzen.[901]

b) Zeitpunkt(e)

Was den „richtigen" Zeitpunkt der Anhörung betrifft, lassen sich im Wesentlichen drei Aussagen treffen.[902] Die Anhörung muss – erstens – vor Ausspruch der Kündigung stattfinden.[903] Eine nachträgliche Anhörung genügt nicht; der Arbeitnehmer könnte die Überzeugungsbildung des Arbeitgebers nicht mehr beeinflussen.[904] Die Anhörung des Arbeitnehmers zum Verdacht ist in mitbestimmten Betrieben – zweitens – vor der Anhörung des Betriebsrats zur Kündigung nach § 102 BetrVG durchzuführen.[905] Denn (auch) letztere dokumentiert einen feststehenden Kündigungsentschluss des Arbeitgebers.[906] Ratsam[907] dürfte es – drittens – sein, die Verdachtsanhörung an das Ende der (gesamten) Sachverhaltsaufklärung zu setzen.[908] Der Arbeitgeber ist gehalten, dem Arbeitnehmer das aufklärungsbedürftige Geschehen in der Anhörung konkret zu schildern.[909] Das wird ihm am Zuverlässigsten gelingen, wenn er die ihm zur Verfügung stehenden Ermittlungsmaßnahmen bereits großzügig ausgeschöpft hat.[910]

---

900 *Lembke* RdA 2013, S. 82, 88; *Eylert* NZA-RR 2014, S. 393, 402. „Wie man es nicht macht", veranschaulichen die Fälle des LAG Berlin-Brandenburg Urt. v. 16.12.2010 – 2 Sa 2022/10, BeckRS 2011, 68001 [Anhörung eines Krankenhausmitarbeiters in der Wohnung seiner Lebensgefährtin in Anwesenheit deren Kinds zum Vorwurf der sexuellen Belästigung zulasten einer Patientin] und des LAG Köln Urt. v. 15.4.1997 – 13 (2) Sa 812/96, NZA 1998, S. 203 [telefonische Anhörung zum Vorwurf der Kassenmanipulation, wobei sich das vom Arbeitnehmer zu nutzende Telefon im Ladenlokal befand und Kunden anwesend waren].

901 BAG Urt. v. 12.2.2015 – 6 AZR 845/13, NZA 2015, S. 741, 746.

902 So auch *Zborowska* Außerordentliche Verdachtskündigung (2015), S. 167/168.

903 *Lücke* BB 1998, S. 2259, 2260; *U. Fischer* BB 2003, S. 522; *Eylert/Friedrichs* DB 2007, S. 2203.

904 *Eylert/Friedrichs* DB 2007, S. 2203.

905 LAG Köln Urt. v. 30.11.1992 – 11 Sa 413/92, Ls. 2 juris; LAG Hamm Urt. v. 30.3.2012 – 18 Sa 1801/11, Rn. 62 juris; *U. Fischer* BB 2003, S. 522, 523; *Lembke* RdA 2013, S. 82, 87.

906 LAG Hamm Urt. v. 30.3.2012 – 18 Sa 1801/11, Rn. 62 juris.

907 Unumstößlich ist das nicht: BAG Urt. v. 13.9.1995 – 2 AZR 587/94, NZA 1996, S. 81, 83.

908 *Busch* MDR 1995, S. 217, 218; *Lücke* BB 1998, S. 2259, 2260.

909 Siehe sogleich S. 147 f.

910 *Zborowska* Außerordentliche Verdachtskündigung (2015), S. 167, 168.

Die Anhörung soll in gebotener Eile, regelmäßig binnen einer Woche ab Kenntnis der verdachtsbegründenden Tatsachen, durchgeführt werden.[911] Die Ausschlussfrist des § 626 II BGB läuft grundsätzlich erst nach Ablauf des einwöchigen Anhörungszeitraums an.[912] Weiterer Aufschub kommt in Betracht, soweit es „erhebliche und verständige Gründe" für eine spätere Verdachtsanhörung gibt.[913] Hierzu zählt der Fall, dass der Arbeitnehmer innerhalb der Wochenfrist (krankheits-, urlaubs- oder untersuchungshaftbedingt) nicht zur Verfügung steht.[914] Allerdings ist der Arbeitgeber trotz Abwesenheit gehalten, sich um eine möglichst rasche Durchführung der Verdachtsanhörung zu bemühen.[915] Probates praktisches Mittel kann insofern eine schriftliche Anhörung unter Setzung einer im Einzelfall angemessen langen Äußerungsfrist sein.[916] Zu beachten ist weiterhin, dass die Überzeugungsbildung des Arbeitgebers nicht (notwendig) statisch erfolgt.[917] Denkbar ist etwa, dass die Einlassung des Arbeitnehmers den gegen ihn bestehenden Verdacht (zunächst) entkräftet und folgende Ermittlungen neue, verdachtsstärkende Belastungstatsachen zu Tage fördern.[918] Erwägt der Arbeitgeber infolgedessen den Kündigungsausspruch, hat er den betroffenen Arbeitnehmer grundsätzlich erneut anzuhören.[919]

---

911 BAG Urt. v. 10.6.1988 – 2 AZR 25/88, NZA 1989, S. 105, 106; Urt. v. 2.3.2006 – 2 AZR 46/05, NZA 2006, S. 1211, 1214; Urt. v. 27.1.2011 – 2 AZR 825/09, NZA 2011, S. 798, 799; ErfK/*Niemann*[21] (2021) § 626 BGB Rn. 178.

912 BAG Urt. v. 6.7.1972 – 2 AZR 386/71, NJW 1973, S. 214. Ausführlich unten S. 172 ff.

913 BAG Urt. v. 6.7.1972 – 2 AZR 386/71, AP Nr. 3 zu § 626 BGB Ausschlussfrist.

914 *Eylert* NZA-RR 2014, S. 393, 401/402 mit weiteren Nachweisen. Das LAG Düsseldorf [Urt. v. 13.8.1998 – 13 Sa 345/98, NZA-RR 1999, S. 640/641] hält die Anhörung eines Arbeitnehmers, der sich in Untersuchungshaft befindet, stets für entbehrlich. Ebenso *Schlegeit* [BAG und die Verdachtskündigung (2008), S. 104] und *Hunold* [NZA-RR 2012, S. 399, 400]. Das überzeugt nicht. Der Arbeitgeber muss sich stets ein eigenes Bild vom Geschehen machen und zumindest versuchen, den Arbeitnehmer schriftlich anzuhören [statt vieler *Hoefs* Verdachtskündigung (2001), S. 202 ff.; *Eylert/Friedrichs* DB 2007, S. 2203/2304].

915 *Eylert* NZA-RR 2014, S. 393, 402.

916 *Eylert* NZA-RR 2014, S. 393, 402. Auch BAG Urt. v. 24.5.2012 – 2 AZR 206/11, NZA 2013, S. 137, 140/141.

917 BAG Urt. v. 5.6.2008 – 2 AZR 234/07, NZA-RR 2008, S. 630, 632; *Eylert* NZA-RR 2014, S. 393, 406.

918 BAG Urt. v. 13.9.1995 – 2 AZR 587/94, NZA 1996, S. 81, 83.

919 BAG Urt. v. 13.9.1995 – 2 AZR 587/94, NZA 1996, S. 81, 83.

c) Umfang

Die Anhörung muss sich mit dem BAG auf einen „greifbaren Sachverhalt beziehen“[920] und es dem Arbeitnehmer ermöglichen, „bestimmte, zeitlich und räumlich eingegrenzte Tatsachen gegebenenfalls zu bestreiten oder den Verdacht entkräftende Tatsachen aufzuzeigen und so zur Aufhellung der für den Arbeitgeber im Dunkeln liegenden Geschehnisse beizutragen“[921]. Sie ist nicht an § 102 BetrVG zu messen.[922] Der Grundsatz der subjektiven Determinierung gilt hier nicht.[923] Notwendig und hinreichend ist, dass der Arbeitnehmer erkennen kann, „welchen Sachverhalt der Arbeitgeber für aufklärungsbedürftig hält, dass er jedenfalls auch seine, des Arbeitnehmers, Verantwortung dafür in Betracht zieht und dass ihm, dem Arbeitnehmer, Gelegenheit gegeben werden soll, zu den aufklärungsbedürftigen Geschehnissen“[924] Stellung zu nehmen. Die Umstände, aus denen er seinen Verdacht ableitet, hat der Arbeitgeber anzugeben.[925] Bleiben Fragen offen, muss der Aufklärungsprozess eventuell fortgeführt werden.[926]

d) Beiziehung Dritter

Der Arbeitnehmer darf schon aus dem Gesichtspunkt der Waffengleichheit[927] einen Rechtsanwalt zum Anhörungsgespräch hinzuzuziehen.[928] Das gilt auch, wenn der Anhörung auf Arbeitgeberseite keine betriebsfremden Personen

---

920 BAG Urt. v. 13.3.2008 – 2 AZR 961/06, NZA 2008, S. 809, 810; Urt. v. 25.4.2018 – 2 AZR 611/17, NZA 2018, S. 1405, 1408.

921 BAG Urt. v. 13.3.2008 – 2 AZR 961/06, NZA 2008, S. 809, 810; Urt. v. 25.4.2018 – 2 AZR 611/17, NZA 2018, S. 1405, 1408.

922 BAG Urt. v. 13.9.1995 – 2 AZR 587/94, NZA 1996, S. 540, 542; Urt. v. 25.4.2018 – 2 AZR 611/17, NZA 2018, S. 1405, 1408; *Hoefs* Verdachtskündigung (2001), S. 196; *Zborowska* Außerordentliche Verdachtskündigung (2015), S. 181/182.

923 BAG Urt. v. 25.4.2018 – 2 AZR 611/17, NZA 2018, S. 1405, 1408; *Zborowska* Außerordentliche Verdachtskündigung (2015), S. 182. Anders *Lücke* BB 1998, S. 2259, 2261 [„übertragbar“].

924 BAG Urt. v. 25.4.2018 – 2 AZR 611/17, NZA 2018, S. 1405, 1408.

925 BAG Urt. v. 26.9.2002 – 2 AZR 424/01 AP Nr. 37 zu § 626 BGB Verdacht strafbarer Handlung; *Hoefs* Verdachtskündigung (2001), S. 199.

926 *Dzida* NZA 2013, S. 412, 414; *Eylert* NZA-RR 2014, S. 393, 403.

927 *Eylert* NZA-RR 2014, S. 393, 403. Vergleiche auch *Lembke* RdA 2013, S. 82, 88.

928 BAG Urt. v. 13.3.2008 – 2 AZR 961/06, NZA 2008, S. 809, 811; *Eylert/Friedrichs* DB 2007, S. 2203, 2204/2205; *Lange/Vogel* DB 2010, S. 1066, 1068 ff.; *Stoffels* in Maschmann (Hrsg.) Kündigungsrecht: alte und neue Fragen (2013), S. 37, 45/46. Anders KR/*Fischermeier*[12] (2019) § 626 BGB Rn. 244; LAG Köln Beschl. v. 6.7.2018 – 9 TaBV 47/17, NZA-RR 2018, S. 599, 604 [nur bei drohender Überforderung des Arbeitnehmers].

beiwohnen.[929] § 613 BGB steht mangels Teilnahmepflicht des Arbeitnehmers nicht entgegen.[930] Dem Arbeitnehmer obliegt es lediglich, an der Sachverhaltsaufklärung mitzuwirken.[931] Hierzu dürfte er im Beistand einer Vertrauensperson eher bereit sein,[932] weshalb die Beiziehung auch zweckmäßig ist.[933] Eine Beeinträchtigung etwaiger Geheimhaltungsinteressen des Arbeitgebers steht wegen § 43a II BRAO, § 2 BORA nicht zu befürchten.[934] Der Arbeitgeber ist allerdings nicht verpflichtet, den Arbeitnehmer über sein Hinzuziehungsrecht zu belehren.[935] Die Anwesenheit eines Betriebsratsmitglieds während des Anhörungsgesprächs kann der Arbeitgeber schon mit Blick auf § 82 II 2 BetrVG nicht verhindern.[936] Thema ist (auch) die Beurteilung der Leistung des Arbeitnehmers sowie die – zweifelhafte gewordene – Möglichkeit seiner weiteren beruflichen Entwicklung im Betrieb.[937]

---

929 *Eylert/Friedrichs* DB 2007, S. 2203, 2204/2205. Anders *Lembke* RdA 2013, S. 82, 88.

930 *Lange/Vogel* DB 2010, S. 1066, 1067; *Eylert* NZA-RR 2014, S. 393, 403/404; *Zborowska* Außerordentliche Verdachtskündigung (2015), S. 175. Anders *Lembke* RdA 2013, S. 82, 88.

931 *Fischermeier* FS ARGE Arbeitsrecht, S. 275, 282/283. Die fehlende Mitwirkung des Arbeitnehmers an der Sachverhaltsaufklärung kann den Arbeitgeber von der Durchführung einer (weiteren) Anhörung befreien sowie die Negativprognose unterstützen; eine prozessuale Präklusion von Entlastungstatsachen findet allerdings nicht statt, *Fischermeier* FS ARGE Arbeitsrecht, S. 275, 282/283; *Kalb* ZfA 2016, S. 467, 475/476. Auch BAG Urt. v. 15.5.1986 – 2 AZR 397/85, Rn. 40 juris; Urt. v. 24.05.2012 – 2 AZR 206/11, NZA 2013, S. 137, 141; *Zborowska* Außerordentliche Verdachtskündigung (2015), S. 190/191. Anders zu Letzterem *Hahn* Verdachtskündigung unter Berücksichtigung einer gesetzlichen Regelung (2004), S. 116; *Toma/Reiter* NZA 2015, S. 460, 462 ff.

932 *Zborowska* Außerordentliche Verdachtskündigung (2015), S. 172/173.

933 *Eylert/Friedrichs* DB 2007, S. 2203, 2204/2205; *Lange/Vogel* DB 2010, S. 1066, 1068; *Zborowska* Außerordentliche Verdachtskündigung (2015), S. 172.

934 *Lange/Vogel* DB 2010, S. 1066, 1068.

935 Nur *Eylert/Friedrichs* DB 2007, S. 2203, 2205 [allerdings bezogen auf § 82 II 2 BetrVG]; *Hunold* NZA-RR 2012, S. 399, 401/402; *Lembke* RdA 2013, S. 82, 89; *Stoffels* in Maschmann (Hrsg.) Kündigungsrecht: alte und neue Fragen (2013), S. 37, 46. Anders möglicherweise LAG Berlin-Brandenburg Urt. v. 30.3.2012 – 10 Sa 2272/11, NZA-RR 2012, S. 353, 355.

936 *Hunold* NZA-RR 2012, S. 399, 402; *Lembke* RdA 2013, S. 82, 88; *Stoffels* in Maschmann (Hrsg.) Kündigungsrecht: alte und neue Fragen (2013), S. 37, 45.

937 *Stoffels* in Maschmann (Hrsg.) Kündigungsrecht: alte und neue Fragen (2013), S. 37, 45.

e) *Entbehrlichkeit*

Ausnahmsweise ist es unschädlich, wenn der Arbeitgeber den verdächtigen Arbeitnehmer nicht anhört – Leitfrage ist insofern, ob die Anhörung aus *ex-ante*-Sicht objektiv dazu geeignet ist, zur Aufklärung des Sachverhalts beizutragen.[938] Das Unterlassen der Anhörung schadet namentlich nicht (ist in der Diktion des *BAG* nicht „schuldhaft“[939]), wenn der Arbeitnehmer ohne Angabe oder Offensichtlichkeit[940] eines relevanten Grunds[941] ankündigt, er werde eine Stellungnahme verweigern.[942] Ferner, wenn sich der Arbeitnehmer frei- oder unfreiwillig zum Vorwurf nicht innerhalb einer vom Arbeitgeber gesetzten, angemessen Äußerungsfrist erklärt und dem Arbeitgeber ein weiteres Zuwarten mit der Kündigung nicht zugemutet werden kann.[943] Das *LAG Berlin-Brandenburg* gibt dazu in einer jüngeren Entscheidung präzisierende Hinweise:

> „[Die Verdachtsanhörung ist entbehrlich], wenn der Arbeitgeber davon ausgehen darf, der Arbeitnehmer werde sich in absehbarer Zeit nicht äußern (können). Hat etwa der Arbeitnehmer mehrmals um eine Verlängerung der gesetzten Frist zur Stellungnahme gebeten und hat sich seine Prognose, wann er sich werde äußern können, wiederholt als unzutreffend erwiesen, wird dem Arbeitgeber ein weiteres Zuwarten nicht zuzumuten sein. Mehrfache ergebnislose Fristverlängerungen können überdies die Annahme rechtfertigen, der Arbeitnehmer wolle sich in Wirklichkeit ohnehin nicht äußern. Einige

---

938 Vergleiche *Ebeling* Kündigung wegen Verdachts (2006), S. 169, 171/172; *Zborowska* Außerordentliche Verdachtskündigung (2015), S. 161.

939 Zu Recht kritisch zu dieser gebräuchlichen Begriffsverwendung *Hoefs* Verdachtskündigung (2001), S. 200; *Zborowska* Außerordentliche Verdachtskündigung (2015), S. 159/160.

940 *Zborowska* Außerordentliche Verdachtskündigung (2015), S. 163.

941 Relevante Gründe können zum Beispiel sein: „unfaire“ Rahmenbedingungen [*Langner/Witt* DStR 2008, S. 825, 827] oder die Notwendigkeit einer umfangreichen Prüfung von Unterlagen [BAG Urt. v. 28.11.2007 – 5 AZR 952/06, NZA-RR 2008, S. 344, 346; *Lembke* RdA 2013, S. 82, 89].

942 BAG Urt. v. 30.4.1987 – 2 AZR 283/86, NZA 1987, S. 699. Anschaulich auch BAG Urt. v. 6.11.2003 – 2 AZR 631/02, AP Nr. 39 zu § 626 BGB Verdacht strafbarer Handlung.

943 BAG Urt. v. 20.3.2014 – 2 AZR 1037/12, NZA 2014, S. 1015, 1017. Aus praktischer Sicht sollte der Arbeitgeber in entsprechenden „Störfällen“ stets binnen zwei Wochen nach Erlangung der Kenntnis der verdachtsbegründenden Tatsachen kündigen (§ 626 II BGB). Lässt sich der Arbeitnehmer anschließend ein, kann unter Berücksichtigung des Vortrags entscheiden werden, ob die Kündigung zurückzunehmen oder eine vorsorglich eine weitere auszusprechen ist, *Lembke* RdA 2013, S. 82, 90; *Kalb* ZfA 2016, S. 467, 475.

> weitere Tage warten zu müssen, wird der Arbeitgeber dabei eher hinzunehmen haben als eine Wartezeit von mehreren Wochen. Es kann wiederum auch das Ende eines längeren Zeitraums abzuwarten sein, wenn schon die bisherigen Aufklärungsmaßnahmen längere Zeit in Anspruch genommen haben und keine Ansprüche des Arbeitnehmers aus Annahmeverzug drohen."[944]

Dem ist zuzustimmen. Auf die (von vornherein) fehlende Mitwirkungsbereitschaft des Arbeitnehmers soll auch aus dessen Verhalten nach Kündigung geschlossen werden können,[945] etwa wenn er im Kündigungsschutzverfahren darauf beharrt, sich nicht zur Sache einzulassen.[946]

Führt der Arbeitgeber Tatsachen in einen laufenden Kündigungsrechtsstreit ein, die den Verdacht erhärten, muss der Arbeitnehmer nicht erneut angehört werden.[947] Ebenso verhält es sich, wenn der Arbeitgeber einen Kündigungsgrund „nachschiebt", er also Tatsachen in das Verfahren einführt, die den Verdacht einer weiteren Pflichtverletzung begründen, ihm indes erst nach der (erfolgten) Verdachtsanhörung zur Kenntnis gelangt sind.[948] Der Arbeitnehmer kann sich in beiden Fällen im Kündigungsschutzverfahren ausreichend verteidigen; der Präventionszweck der Verdachtsanhörung ist nicht mehr erreichbar.[949]

4. *Zusammenfassung*

Das Thema „Verdachtsanhörung" ist, was die obigen Ausführungen zeigen, reich an Detailfragen und -problemen. Unter weitgehendem Verzicht auf die Einzelheiten sind folgende Grundüberlegungen zusammenfassen:

a) Dem Arbeitgeber obliegt es grundsätzlich, einen Arbeitnehmer anzuhören, bevor er ihm gegenüber eine außerordentliche Verdachtskündigung erklärt. Die ordnungsgemäße Durchführung einer erforderlichen Verdachtsanhörung ist exklusive Wirksamkeitsvoraussetzung der außerordentlichen Verdachtskündigung. Normativ lässt sich die Anhörungsobliegenheit des Arbeitgebers – in Abwesenheit einer ausdrücklichen gesetzlichen Regelung – auf § 626 I BGB selbst stützen. Sie ist Ausdruck des Vertrauensschutz-, des *ultima-ratio*-Prinzips sowie der Gebote der Waffengleichheit und Fairness.

---

944 LAG Berlin-Brandenburg Urt. v. 4.8.2016 – 10 Sa 378/16, NZA-RR 2017, S. 21, 24.

945 BAG Urt. v. 30.04.1987 – 2 AZR 283/86, NZA 1987, S. 699, 700; Urt. v. 28.11.2007 – 5 AZR 952/06, NZA-RR 2008, S. 344, 346; *Lembke* RdA 2013, S. 82, 89.

946 *Zborowska* Außerordentliche Verdachtskündigung (2015), S. 161, 164.

947 BAG Urt. v. 23.5.2013 – 2 AZR 102/12, NZA 2013, S. 1416, 1418.

948 BAG Urt. v. 23.5.2013 – 2 AZR 102/12, NZA 2013, S. 1416, 1418.

949 BAG Urt. v. 23.5.2013 – 2 AZR 102/12, NZA 2013, S. 1416, 1418.

Sie trägt dazu bei, das bewusst in Kauf genommene Risiko, mit der außerordentlichen Verdachtskündigung einen eigentlich Unschuldigen zu treffen, zu verringern.

b) Zweck der Verdachtsanhörung ist es (mithin), den bis dato im Dunkeln liegenden Sachverhalt in Gänze, d. h. auch in Richtung auf eine mögliche Entlastung, aufzuhellen und beide, Arbeitnehmer und Arbeitgeber, vor einer voreiligen, unberechtigten Kündigung zu bewahren. Daran sind die an eine ordnungsgemäße Verdachtsanhörung zu stellenden Anforderungen auszurichten.

c) Die Verdachtsanhörung ist also ordnungsgemäß, wenn sie zweckgerecht durchgeführt bzw. gestaltet wurde. Dazu bedarf es keiner bestimmten Form, jedoch eines „fairen" (Gesprächs-)Rahmens. Der Anzuhörende ist, (nur) soweit dies für eine adäquate Einlassung notwendig ist, und Anhaltspunkte für eine „Verdunkelungsgefahr" fehlen, vorab über den Anhörungsinhalt zu informieren. Im Rahmen der Verdachtsanhörung, die stets vor Kündigungsausspruch und regelmäßig binnen einer Woche nach Abschluss der übrigen Sachverhaltsaufklärung erfolgen muss, hat der Arbeitgeber den von ihm ermittelten Sachverhalt einlassungsfähig, insbesondere zeitlich und örtlich, einzugrenzen. Dem Arbeitnehmer muss ausreichend Gelegenheit gegeben werden, Entlastungstatsachen aufzuzeigen. Er kann nicht beanspruchen, Ermittlungsakten des Arbeitgebers einzusehen, hat aber das Recht, eine Vertrauensperson (beispielsweise einen Rechtsanwalt oder ein Betriebsratsmitglied) hinzuzuziehen. Kann eine Verdachtsanhörung zureichend wahrscheinlich nichts zur Klärung des mutmaßlichen Geschehens beitragen, ist sie entbehrlich. So zum Beispiel, wenn der Anzuhörende die Mitwirkung im Vorfeld kategorisch/sachgrundlos verweigert oder mit einer (gegebenenfalls schriftlichen) Stellungnahme aus anderen Gründen nicht (mehr) gerechnet werden muss.

III. Unzumutbarkeit der Fortsetzung des Arbeitsverhältnisses

Der Tatbestand des § 626 I BGB ist, wie bereits an früherer Stelle dargelegt wurde,[950] zweigliedrig. Die außerordentliche Beendigung eines Arbeitsverhältnisses bedarf zunächst eines sachlichen Kündigungsgrunds, genauer: eines objektiven Anlasses, der sich konkret nachteilig auf das Arbeitsverhältnis auswirkt. Der Sachgrund einer Verdachtskündigung setzt sich nach hier vertretener

950 Oben S. 94 ff.

Auffassung aus dem gegen den Arbeitnehmer bestehenden Tatverdacht und einer durch ihn bewirkten Vertrauenserschütterung zusammen. Diese ist kündigungserheblich, falls die berechtigte Erwartung eines künftig vertragsgerechten Verhaltens bzw. in die Eignung des Arbeitnehmers objektiv nachvollziehbar und diesem zurechenbar enttäuscht wurde.[951] Davon ist auszugehen, wenn gegen den Arbeitnehmer ein durch Tatsachen gestützter, dringender Verdacht einer zur außerordentlichen Kündigung berechtigenden Tat besteht und er trotz zumutbarer Ermittlungsmaßnahmen des Arbeitgebers, namentlich der Durchführung einer Verdachtsanhörung, nicht aufgeklärt werden konnte.[952] Vor diesem Hintergrund lassen sich die unter [I.] und [II.] erörterten Voraussetzungen als „sachgrundrelevant" bezeichnen.

Das Vorliegen eines sachlichen Kündigungsgrunds allein befugt den Arbeitgeber jedoch nicht dazu, das Arbeitsverhältnis einseitig fristlos zu beenden. Der Sachgrund muss, wie § 626 I BGB vorsieht, auch (ge)wichtig sein. Insofern ist eine Prognose zu erstellen.[953] Die festgestellte Störung muss dem Arbeitgeber nach einzelfallbezogener Abwägung der beiderseitigen Interessen jedes weitere Festhalten am Vertrag unzumutbar machen,[954] in ihrer Auswirkung auf jenen ein überwiegendes (sofortiges) Lösungsinteresse rechtfertigen.[955]

Dementsprechend ist auch für jede außerordentliche Verdachtskündigung zu sondieren, ob es dem Kündigenden trotz Vorliegens der sachgrundrelevanten Voraussetzungen zumutbar ist, den verdächtigen Arbeitnehmer wenigstens

---

951 Oben S. 102 ff., S. 108 ff.

952 Wie vor.

953 Grundlegend zum so genannten „Prognoseprinzip" *Preis* Prinzipien (1987), S. 322 ff. Dagegen etwa *Rüthers* NJW 1998, S. 1433, 1435 ff. Hierauf erwidernd *Preis* NJW 1998, S. 1889 ff. Zum Meinungsstand mit weiteren Nachweisen KR/*Fischermeier*[12] (2019) § 626 BGB Rn. 118.

954 In dem Sinne auch *Oechsler*[2] (2017) Vertragliche Schuldverhältnisse, § 7 Rn. 1038 und *Schwarze*[2] (2017) Recht der Leistungsstörungen, § 15 Rn. 59. Ein entsprechendes „Prognosedenken" ist ferner bei Staudinger/*Preis* (2019) § 626 BGB Rn. 92 angedeutet: „Der außerordentlichen Kündigung kommt kein Strafcharakter zu (…), sondern es geht um die Vermeidung des Risikos künftiger Störungen des Arbeitsverhältnisses *sowie um die Abwägung von Interessen im Zusammenhang mit der Frage, ob dem Arbeitgeber die Fortsetzung des Dauerschuldverhältnisses für die Zukunft zumutbar ist* […]", Hervorhebung des Verfassers. Siehe zudem BAG Urt. v. 13.12.2018 – 2 AZR 370/18, Rn. 38 juris.

955 Vergleiche *Schwarze*[2] (2017) Recht der Leistungsstörungen, S. 224.

befristet weiterzubeschäftigen, in ihn „weiterhin Vertrauen zu investieren".[956] Nur im Falle des Verneinens, wenn das Bestandsinteresse des Arbeitnehmers nicht schutzwürdig ist, kann das Vertrauensverhältnis der Parteien als durch den nicht ausgeräumten[957] Tatverdacht *zer*stört bewertet werden.[958]

Die sofortige Unzumutbarkeit einer Fortsetzung des Arbeitsverhältnisses ist durch normativ belastbare Kriterien zu ermitteln.[959] Was das für die Fallgruppe der Verdachtskündigung bedeutet, soll im Weiteren näher dargelegt werden. Zu betrachten sind zunächst mögliche Implikationen des – schon im Zusammenhang mit der Verdachtsanhörung angesprochenen –[960] *ultima-ratio*-Prinzips. Anschließend ist aufzuzeigen, welche Gesichtspunkte für die (sonstige) Gewichtung von Lösungs- bzw. Bestandsinteresse regelmäßig zu berücksichtigen sind.

---

956 BAG Urt. v. 4.6.1964 – 2 AZR 310/63, Rn. 13, 27 juris; Urt. v. 18.8.1982 – 7 AZR 235/80, Rn. 27 juris; *Belling* FS Kissel, S. 11, 28; *ders.* RdA 1996, S. 223, 231 ff.; *Ebeling* Kündigung wegen Verdachts (2006), S. 155 ff. *Lembke* RdA 2013, S. 82, 89; *Zborowska* Außerordentliche Verdachtskündigung (2015), S. 138.

957 Hierauf für die Wahrung des Prognoseprinzips abstellend *Preis* Prinzipien (1987), S. 329. Ihm folgend *Schwerdtner* Brennpunkte des Arbeitsrechts (2001), S. 243, 245.

958 Vergleiche etwa BAG Urt. v. 4.6.1964 – 2 AZR 310/63, Rn. 29 juris; Urt. v. 23.6.2009 – 2 AZR 474/07, NZA 2009, S. 1136, 1142; Urt. v. 26.9.2013 – 8 AZR 1026/12, NZA 2014, S. 301, 302. Ebenso *Zborowska* Außerordentliche Verdachtskündigung (2015), S. 138. Siehe schon *Preis* Prinzipien (1987), S. 363/364 mit Fn. 41. Sehr kritisch *Dörner* NZA 1992, S. 865, 867 und *Enderlein* RdA 2000, S. 325 ff., die meinen, mit dem *Narrativ* [vergleiche MüKoBGB/*Henssler*[8] (2020) § 626 BGB Rn. 118] werde das kündigungsrechtliche Prognoseprinzip unterlaufen, weil darauf verzichtet werde, die Gefahr eines künftigen Fehlverhaltens des Arbeitnehmers festzustellen. Beide Autoren verkennen jedoch, dass es Störungsqualitäten gibt, aufgrund derer ein künftiges Zusammenarbeiten der Parteien unmittelbar ausscheidet [vergleiche (*insofern* treffend) *Rüthers* NJW 1998, S. 1433, 1435; für die ordentliche Arbeitgeberkündigung: ErfK/*Oetker*[21] (2021) § 1 KSchG Rn. 80]. Das folgt normativ inzwischen zwanglos aus § 314 I, II 1 *und* 3 BGB. Mit dem Prognosegedanken ist dies jedenfalls vereinbar, wenn man ihn – wie hier vertreten – darauf bezieht, ob dem Arbeitgeber wegen/trotz des vorliegenden Sachgrunds ein *weiteres* Festhalten am Arbeitsvertrag (un)zumutbar ist und sich nicht die (verfehlte) Frage stellt, wie wahrscheinlich es ist, dass ein Arbeitnehmer, der in der Vergangenheit überwiegend wahrscheinlich gegen den Arbeitsvertrag verstoßen hat, dies in der Zukunft in vergleichbarer Weise wiederholen wird.

959 Instruktiv *Preis* Prinzipien (1987), S. 222 ff.

960 Oben S. 140 f.

1. Ultima-ratio-Prinzip

Die außerordentliche Arbeitgeberkündigung nach § 626 I BGB ist ein Ausnahmerecht mit weitreichenden Rechtsfolgen, sie muss die unausweichlich letzte Störungsreaktion bleiben.[961] Kann der Arbeitgeber durch geeignete, den Umständen nach angemessene mildere Maßnahmen auf die eingetretene Störung reagieren, muss er das tun.[962] Hält er sich nicht daran, scheidet die Wirksamkeit der außerordentlichen Kündigung aus; sie war dann nicht die *ultima ratio*.[963]

Als mildere Mittel gegenüber einer außerordentlichen Kündigung sind – allgemein – eine ordentliche (Beendigungs-)Kündigung, Abmahnung, Ver- oder Umsetzung des betroffenen Arbeitnehmers zu erwägen.[964] Zu untersuchen ist, ob – konkret – der eine außerordentliche Verdachtskündigung beabsichtigende Arbeitgeber im Sinne des *ultima-ratio*-Prinzips auf die bzw. eine der genannten Maßnahmen verwiesen sein/werden kann. In die Erörterung ist – als noch unerwähntes Mittel – eine Suspendierung des verdächtigen Arbeitnehmers einzubeziehen.

a) Ordentliche Verdachtskündigung

Nach verbreiteter Auffassung ist die ordentliche Kündigung das für die außerordentliche Kündigung *spezifische* mildere Mittel.[965] Lässt sich diese Annahme auf

---

961 BAG Urt. v. 30.5.1978 – 2 AZR 630/76, AP Nr. 70 zu § 626 BGB. Kritisch *Rüthers* NJW 1998, S. 1433, 1434 ff. Hiergegen *Preis* NJW 1998, S. 1889, 1892 ff. Auch *ders.* Prinzipien (1987), S. 476; *ders.* AuR 2010, S. 4, 5 mit weiteren Nachweisen.

962 BAG Urt. v. 30.5.1978 – 2 AZR 630/76, AP Nr. 70 zu § 626 BGB.

963 Nur MüKoBGB/*Henssler*[8] (2020) § 626 BGB Rn. 95. Nach herrschender Meinung wurzelt der *ultima-ratio*-Grundsatz seinerseits in einem aus dem Öffentlichen Recht entliehenen Verhältnismäßigkeitsgrundsatz [nur BAG Urt. v. 30.5.1978 – 2 AZR 630/76, AP Nr. 70 zu § 626 BGB; *Preis* Prinzipien (1987), S. 254 ff.]. Richtigerweise gilt *dieser* nicht für die Rechtsbeziehung von Arbeitgeber und Arbeitnehmer [*Stückmann/Kohlepp* RdA 2000, S. 331 ff.; allgemein: *L. Kähler* in Jaestedt/Lepsius (Hrsg.) Verhältnismäßigkeit (2015), S. 209 ff.]. Das muss und soll hier nicht ausgebreitet werden. Für einen *ultima-ratio*-Grundsatz im beschriebenen Sinn lässt sich neben dem bereits Gesagten allgemein auf § 314 II BGB [nur BAG Urt. v. 10.6.2010 – 2 AZR 541/09, NZA 2010, S. 1227, 1231], § 1 II 1, 3 KSchG und/oder § 2 I Nr. 2 SGB III [nur ErfK/*Oetker*[21] (2021) § 1 KSchG Rn. 74 ff.] verweisen.

964 Nur BeckOKArbR/*Stoffels*[59] (2021) § 626 BGB Rn. 55 mit weiteren Nachweisen.

965 *Preis* Prinzipien (1987), S. 482 ff.; BDDH/*Meyer* (2016) § 626 BGB Rn. 74; ErfK/*Niemann*[21] (2021) § 626 BGB Rn. 28; BeckOKArbR/*Stoffels*[59] (2021) § 626 BGB Rn. 69.

die Fallgruppe der Verdachtskündigung übertragen? Die Rechtsprechung verhält sich hierzu, soweit erkennbar, bisher nicht. Die richtige Antwort lautet: Nein.[966]

Eine ordentliche Verdachtskündigung scheidet als mildere Alternative zur außerordentlichen Verdachtskündigung bereits aus, weil sie (im Anwendungsbereich des KSchG) dem Arbeitgeber nicht zur Verfügung steht.[967]

Das *BAG* und die Mehrheit der Stimmen im Schrifttum sehen letzteres freilich anders und erkennen die Zulässigkeit einer ordentlichen Verdachtskündigung grundsätzlich an.[968] Teilt man diese Einschätzung, lässt sich zwar sagen, dass eine ordentliche Verdachtskündigung mildere Rechtsfolgen als eine außerordentliche hat. Denn § 622 BGB vermittelt dem Gekündigten einen Zeitschutz,[969] das Arbeitsverhältnis wird nicht sofort beendet. Während der Kündigungsfrist bleibt sein Vergütungsanspruch erhalten. Jedoch darf nicht übersehen werden, dass die Wirksamkeit einer ordentlichen Verdachtskündigung nach bundesarbeitsgerichtlicher Rechtsprechung (mit Ausnahme von § 626 II BGB) an den materiellen Voraussetzungen einer außerordentlichen Verdachtskündigung zu messen ist.[970] Demnach ist insbesondere nicht nur diese, sondern auch jene unwirksam, falls es dem Arbeitgeber zumutbar ist/wäre, die einschlägige Kündigungsfrist abzuwarten.[971] Daher kann dem Arbeitgeber praktisch nie mit Verweis auf das *ultima-ratio*-Prinzip vorgehalten werden, auch eine ordentliche Verdachtskündigung hätte als Störungsreaktion genügt.[972]

Anders [„aliud"] *Heimbach* Verhältnis der außerordentlichen Kündigung des Arbeitgebers zur ordentlichen (2009), S. 163.

966 Wie hier *Belling* RdA 1996, S. 223, 234; *Zborowska* Außerordentliche Verdachtskündigung (2015), S. 210/211. Vergleiche auch HK/*Dorndorf*[4] (2001) § 1 KSchG Rn. 844. Anders *Hoefs* Verdachtskündigung (2001), S. 258 ff.; *Ebeling* Kündigung wegen Verdachts (2006), S. 175 ff.

967 Ausführlich unten S. 192 ff., ansatzweise schon oben S. 70 ff.

968 Oben S. 30 f. und noch näher unten S. 192 ff.

969 *Oetker* Dauerschuldverhältnis (1994), S. 281; *Preis* Prinzipien (1987), S. 54 je mit weiteren Nachweisen.

970 Dazu näher unten S. 193 ff. Vergleiche *Zborowska* Außerordentliche Verdachtskündigung (2015), S. 210/211.

971 BAG Urt. v. 21.11.2013 – 2 AZR 797/11, NZA 2014, S. 243, 246; Urt. v. 18.6.2015 – 2 AZR 256/14, NZA 2016, S. 287, 288; Urt. v. 31.1.2019 – 2 AZR 426/18, NZA 2019, S. 893, 895.

972 Treffend *Zborowska* Außerordentliche Verdachtskündigung (2015), S. 210/211.

Auch auf Basis der herrschenden Meinung zur Statthaftigkeit der ordentlichen Verdachtskündigung kommt diese mithin nicht als (mildere) Alternative im Sinne des *ultima-ratio*-Prinzips in Frage.[973]

b) (Verdachts-)Abmahnung

Betreffend das gegenüber der Kündigung grundsätzlich mildere, weil arbeitsvertragserhaltende Mittel der Abmahnung ist zu differenzieren:[974]

aa) Keine „kündigungsersetzende Verdachtsabmahnung"

Eine „kündigungsersetzende Verdachtsabmahnung"[975] gibt es nicht.[976] Besteht gegen den Arbeitnehmer der tatsachengestützte, dringende Verdacht einer zur außerordentlichen (Tat-)Kündigung *berechtigenden* Vertragswidrigkeit, ist die Abmahnung kein geeignetes Reaktionsmittel. Warum?

Dass vor einer außerordentlichen Kündigung grundsätzlich eine Abmahnung des Schuldners in Erwägung zu ziehen ist, regelt verallgemeinerungsfähig[977] § 314 II BGB. Nach dessen Satz 1 knüpft eine Abmahnung an einen (steuerbaren)[978] Vertragsverstoß an. Durch die Abmahnung

> „weist der Arbeitgeber [...] den Arbeitnehmer [...] auf dessen vertragliche Pflichten hin und macht ihn auf die Verletzung dieser Pflichten aufmerksam [Rügefunktion]. Zugleich fordert er ihn für die Zukunft zu einem vertragstreuen Verhalten auf und kündigt [...] individualrechtliche Konsequenzen für den Fall einer erneuten Pflichtverletzung an [Warnfunktion]"[979].

---

973 Ebenso *Zborowska* Außerordentliche Verdachtskündigung (2015), S. 210/211.

974 Insbesondere *Stoffels* in Maschmann (Hrsg.) Kündigungsrecht: alte und neue Fragen (2013), S. 37, 47/48.

975 *Ritter* NZA 2012, S. 19.

976 *Stoffels* in Maschmann (Hrsg.) Kündigungsrecht: alte und neue Fragen (2013), S. 37, 47/48; ErfK/*Niemann*[21] (2021) § 626 BGB Rn. 34; *Zborowska* Außerordentliche Verdachtskündigung (2015), S. 209; auch ArbG Frankfurt Urt. v. 8.10.1997 – 9 Ca 171/97, NZA-RR 1998, S. 355, 356. Anders *Ritter* NZA 2012, S. 19 ff. Unklar LAG Köln Beschl. v. 6.7.2018 – 9 TaBV 47/17, NZA-RR 2018, S. 599, 604; LAG Düsseldorf Urt. v. 28.6.2019 – 6 Sa 994/18, Rn. 53 juris.

977 Vergleiche BAG Urt. v. 12.1.2006 – 2 AZR 179/05, NZA 2006, S. 980, 984; Urt. v. 19.4.2007 – 2 AZR 10/06, NZA 2007, S. 571, 576; Urt. v. 23.10.2008 – 2 AZR 483/07, NZA-RR 2009, S. 362, 366; ErfK/*Niemann*[21] (2021) § 626 BGB Rn. 29.

978 Nur *Hoefs* Verdachtskündigung (2001), S. 263/264; *Zborowska* Außerordentliche Verdachtskündigung (2015), S. 206 ff.

979 Nur BAG Urt. v. 15.7.1992 – 7 AZR 466/91, NZA 1993, S. 220, 221; Urt. v. 27.11.2008 – 2 AZR 675/07, NZA 2009, S. 842, 843 jeweils mit weiteren Nachweisen.

In den Sachverhalten der außerordentlichen Verdachtskündigung steht indes gerade nicht fest, dass der Arbeitnehmer (steuerbar) gegen den Arbeitsvertrag verstoßen hat; es fehlt an einem geeigneten Anknüpfungspunkt für die abmahnungsimmanente Rüge und Warnung.[980] Eine „kündigungsersetzende Verdachtsabmahnung" ist also funktional ausgeschlossen.[981] *Niemann* bringt es auf den Punkt: „[D]er Verdacht einer Pflichtverletzung kann nicht [sinnvoll] unter Kündigungsandrohung gerügt werden"[982].

bb) Möglichkeit eines einschlägigen „Hinweises"

Der *Hinweis*, ein dem Tatvorwurf entsprechendes Verhalten werde nicht geduldet, bleibt dem Arbeitgeber freilich unbenommen.[983] Er dürfte allerdings nur zweckmäßig sein, wenn die Kündigung letztlich unterbleiben soll.[984] Die Mitteilung kann individuell gegenüber dem bzw. den Verdächtigen oder betriebsöffentlich erfolgen.[985] Sie ist in der Sache wie eine – nicht vollwertige – sog. „Vorratsabmahnung"[986] zu behandeln. Bei einer künftigen, nachweislichen Pflichtverletzung kann *deren* Abmahnung vor Ausspruch einer *Tat*kündigung verzichtbar sein, weil der Arbeitnehmer nicht (mehr) erfolgreich geltend machen kann, er habe mit der Billigung seines Verhaltens gerechnet bzw. rechnen dürfen (vergleiche § 314 II BGB).[987]

---

980 *Stoffels* in Maschmann (Hrsg.) Kündigungsrecht: alte und neue Fragen (2013), S. 37, 47; *Zborowska* Außerordentliche Verdachtskündigung (2015), S. 209.

981 *Hahn* Verdachtskündigung unter Berücksichtigung einer gesetzlichen Regelung (2004), S. 64; *Stoffels* in Maschmann (Hrsg.) Kündigungsrecht: alte und neue Fragen (2013), S. 37, 47/48; *Zborowska* Außerordentliche Verdachtskündigung (2015), S. 206 ff.; Staudinger/*Preis* (2019) § 626 BGB Rn. 223.

982 ErfK/*Niemann*[21] (2021) § 626 BGB Rn. 34.

983 *Stoffels* in Maschmann (Hrsg.) Kündigungsrecht: alte und neue Fragen (2013), S. 37, 48 [nach Abschluss der Sachverhaltsermittlungen inklusive Anhörung des Arbeitnehmers]; *Zborowska* Außerordentliche Verdachtskündigung (2015), S. 209.

984 Der Arbeitgeber setzt sich ansonsten unter Umständen dem Vorwurf widersprüchlichen Verhaltens (§ 242 BGB) aus, weil er dem verdächtigen Arbeitnehmer durch den Hinweis „eine zweite Chance" in Aussicht stellt.

985 *Zborowska* Außerordentliche Verdachtskündigung (2015), S. 209.

986 Nur MüKoBGB/*Henssler*[8] (2020) § 626 BGB Rn. 109 mit weiteren Nachweisen.

987 *Zborowska* Außerordentliche Verdachtskündigung (2015), S. 210.

cc) Unwirksamkeit wegen Abmahnbedürftigkeit der Tat

Das in § 314 II BGB konkretisierte Abmahnungserfordernis kann für die außerordentliche Verdachtskündigung vor diesem Hintergrund nur insofern Bedeutung gewinnen, als sich der Verdacht auf eine abmahnbedürftige und deshalb *nicht* zur außerordentlichen Tatkündigung berechtigende Pflichtverletzung bezieht.[988] Dann scheitert die Wirksamkeit der außerordentlichen Verdachtskündigung unmittelbar daran, dass eine außerordentliche Tatkündigung rechtswidrig wäre,[989] mittelbar am *ultima-ratio*-Prinzip.

Wann es einer Abmahnung bedürfte, hängt von den Einzelfallumständen ab.[990] Im Grundsatz gilt, dass der Arbeitnehmer abzumahnen ist, wenn er darauf (Hinweis, Rüge und Warnung) hin zu einem vertragsgemäßen Verhalten zurückkehren kann (Steuerbarkeit) und voraussichtlich auch wird (vergleiche § 314 II 2 BGB; § 323 II Nr. 1, 2 BGB).[991] Bei – gemessen an Art und Ausmaß – gravierenden (gegenwärtigen) Störungen kann es angezeigt sein, den Arbeitgeber vom entsprechenden Prognoserisiko direkt zu befreien (vergleiche § 314 II 3 BGB; § 323 II Nr. 3 BGB).[992] Ein tatbezogenes Abmahnerfordernis ist besonders sorgfältig zu prüfen, falls ein fahrlässiger Vertragsverstoß des Arbeitnehmers im Raum steht bzw. hinsichtlich des Schädigungsvorsatzes begründete Zweifel bestehen.[993]

---

988 *Stoffels* in Maschmann (Hrsg.) Kündigungsrecht: alte und neue Fragen (2013), S. 37, 47; SPV/*Preis*[11] (2015) Rn. 703; *Zborowska* Außerordentliche Verdachtskündigung (2015), S. 205 ff. Entsprechendes gilt, wenn eine ordentliche *Tat*kündigung die angemessene Störungsreaktion wäre.

989 Vergleiche oben S. 108 ff., 118 ff.

990 Seine frühere Rechtsprechung [noch zum Beispiel BAG Urt. 17.2.1994 – 2 AZR 616/93, AP Nr. 116 zu § 626 BGB], wonach es einer Abmahnung nur bei Störungen „im Leistungsbereich" und (in der Regel) nicht bei solchen im „Vertrauensbereich" bedürfe, hat das *BAG* inzwischen aufgegeben [BAG Urt. v. 4.6.1997 – 2 AZR 526/96, AP Nr. 137 zu § 626 BGB; Urt. v. 12.8.1999 – 2 AZR 923/98, NZA 2000, S. 421, 426].

991 Vergleiche etwa BAG Urt. v. 10.6.2010 – 2 AZR 541/09, NZA 2010, S. 1227, 1231; Urt. v. 18.12.2014 – 2 AZR 163/14, NZA 2015, S. 335, 639; auch *Kaiser* FS Otto, S. 173, 180/181.

992 Vergleiche BAG Urt. v. 10.6.2010 – 2 AZR 541/09, NZA 2010, S. 1227, 1231; Urt. v. 20.11.2014 – 2 AZR 651/13, NZA 2015, S. 294, 296; *Kaiser* FS Otto, S. 173, 180/181. Zum Risikogedanken auch *Binkert* NZA 2016, S. 721, 726.

993 Dazu schon oben S. 120 ff., 123.

c) *Verdachtsfreistellung*

Nach dem Gesagten kann der Wirksamkeit einer außerordentlichen Verdachtskündigung die (unterstellte) Möglichkeit einer ordentlichen nicht entgegengehalten werden. Auf eine „kündigungsersetzende Verdachtsabmahnung" ist der Arbeitgeber nie verpflichtet. Kann gegen eine außerordentliche Verdachtskündigung mit Verweis auf das *ultima-ratio*-Prinzip erfolgreich eingewendet werden, der Arbeitgeber habe den Verdächtigen freistellen können?

aa) *Verdachtsfreistellung als milderes Mittel*

Zunächst zur Orientierung: Grundsätzlich ist der Arbeitgeber dazu verpflichtet, seine Arbeitnehmer zu beschäftigen.[994] Der Beschäftigungsanspruch ist zwar nicht ausdrücklich gesetzlich geregelt, er ist jedoch als Ergänzung des geltenden Kündigungsschutzes anzuerkennen.[995] Mit dem *BAG* kann er ferner als persönlichkeitsrechtsnotwendig (§ 242 BGB in Verbindung mit Art. 2 I GG, Art. 1 I GG) angesehen werden.[996] In Arbeit zu sein, ist ein treibender Motor der Persönlichkeitsentfaltung.[997]

Der Arbeitgeber muss den Arbeitnehmer ausnahmsweise nicht beschäftigen, wenn er ein berechtigtes und überwiegendes Freistellungsinteresse geltend machen kann.[998] Gegebenenfalls darf er den Arbeitnehmer suspendieren, das Ruhen der Beschäftigungspflicht einseitig herbeiführen.[999] Freistellungsanlass kann auch ein hinreichender Pflichtverletzungsverdacht sein („Verdachtsfreistellung").[1000] Dabei wird das Beschäftigungsinteresse des Arbeitnehmers schon

---

994 Etwa BAG Urt. v. 10.11.1955 – 2 AZR 591/54, NJW 1956, S. 359, 360; Urt. v. 9.4.2014 – 10 AZR 637/13, NZA 2014, S. 719, 720. Prägnant *Adomeit* NJW 1986, S. 901: „Die Leistung, die der Arbeitgeber mit dem Abschluss des Arbeitsvertrages verspricht, ist nicht so sehr, Geld zu zahlen, sondern Arbeit zu geben. Man nimmt den Arbeitgeber erst richtig ernst, wenn man von ihm verlangt, was sein Begriff besagt: zu beschäftigen." Kritisch *H. Weber/J.-A. Weber* RdA 2007, S. 344, 346/347.

995 Staudinger/*Richardi/Fischinger* (2020) § 611a BGB Rn. 1759.

996 BAG Beschl. v. 27.2.1985 – GS 1/84, Rn. 48, 51 juris; MHdBArbR/*Reichold*[5] (2021) § 92 Rn. 1.

997 BAG Beschl. v. 27.2.1985 – GS 1/84, Rn. 48 juris.

998 BAG Urt. v. 19.8.1976 – 3 AZR 173/75, Rn. 26 ff. juris.

999 BAG Beschl. v. 27.2.1985 – GS 1/84, Rn. 55 juris; MHdBArbR/*Reichold*[5] (2021) § 41 Rn. 21. Wohl strenger ErfK/*Preis*[21] (2021) § 611a BGB Rn. 567: nur unter den Voraussetzungen des § 626 BGB.

1000 BAG Urt. v. 5.5.1994 – 2 AZR 799/93, Rn. 20 juris; *Luckey* NZA 1992, S. 873, 875; *Fesenmeyer* Freistellung des Arbeitnehmers (2007), S. 31/32; MHdBArbR/*Reichold*[5] (2021) § 41 Rn. 21; ErfK/*Müller-Glöge*[21] (2021) § 620 BGB Rn. 44.

bei einem nicht dringenden Verdacht zurückzustehen haben, sofern greifbare Anhaltspunkte für eine Täterschaft vorliegen.[1001] Mit zunehmender Dauer erhöht sich allerdings die Begründungslast, sodass eine längerfristige Freistellung nur gerechtfertigt ist, wenn sich die gegen den Arbeitnehmer sprechenden Verdachtsmomente verdichten.[1002]

Stellt der Arbeitgeber einen Arbeitnehmer (verdachtsveranlasst) frei, bleibt die Vergütungspflicht davon grundsätzlich unberührt.[1003] Der Arbeitgeber verzichtet auf die Diensterbringung und gerät in Annahmeverzug (§ 611a BGB, § 615 BGB).[1004] Die Vergütungspflicht entfällt nur in krassen Ausnahmefällen, nämlich wenn „bei Annahme der angebotenen Dienste strafrechtlich geschützte Interessen des Arbeitgebers, seiner Angehörigen oder anderer Betriebsangehöriger unmittelbar und nachhaltig so gefährdet werden, dass die Abwehr dieser Gefährdung Vorrang vor dem Interesse des Arbeitnehmers an der Erhaltung seines Verdienstes haben muss“[1005]. In einer entsprechenden Situation verhält sich der (verdächtige) Arbeitnehmer treuwidrig (§ 242 BGB), wenn er auf eine Fortzahlung der Vergütung besteht.[1006] Die typischen Sachverhalte der Verdachtskündigung bilden dies in aller Regel nicht ab.[1007] Insgesamt kann gesagt werden, dass die vertrags- und meist[1008] vergütungserhaltende Verdachtsfreistellung im

---

1001 Vergleiche *Belling* RdA 1996, S. 223, 233; *Hoefs* Verdachtskündigung (2001), S. 124, 208/209.

1002 *Luckey* NZA 1992, S. 873, 875; *Hoefs* Verdachtskündigung (2001), S. 208/209.

1003 BAG Urt. v. 6.9.2006 – 5 AZR 703/05, NZA 2007, S. 36/37 f.; Urt. v. 29.6.2013 – 2 AZR 379/12, AP Nr. 4 zu § 626 BGB Unkündbarkeit. Eingehend *Unger* Freistellung im Profisport (2019), S. 312 ff.

1004 Vergleiche BAG Urt. v. 6.9.2006 – 5 AZR 703/05, NZA 2007, S. 36/37 f.; ErfK/*Preis*[21] (2021) § 611a BGB Rn. 567; MüKoBGB/*Henssler*[8] (2020) § 615 BGB Rn. 80.

1005 BAG Urt. v. 16.4.2014 – 5 AZR 739/11, NZA 2014, S. 1082. Auch BAG Beschl. v. 26.4.1956 – GS 1/56, NJW 1956, S. 1454; Urt. v. 11.11.1976 – 2 AZR 457/75, NJW 1978, S. 72; Urt. v. 1.7.1993 – 2 AZR 88/93, BeckRS 1993, 30745677.

1006 Nach ErfK/*Preis*[21] (2021) § 611a BGB Rn. 567 ist ein ordnungsgemäßes Leistungsangebot des Arbeitnehmers zu verneinen, §§ 293 ff., 615 BGB.

1007 Ebenso *Deinert* AuR 2005, S. 285, 296/297; *Zborowska* Außerordentliche Verdachtskündigung (2015), S. 67.

1008 Weil die Vergütungspflicht regelmäßig aufrecht erhalten bleibt, muss hier nicht ausgebreitet werden, ob der pflichtverletzungsverdächtige Arbeitnehmer während der Freistellungszeit einer anderen Tätigkeit nachkommen dürfte oder nicht. Dazu *Ebeling* Kündigung wegen Verdachts (2006), S. 186.

Vergleich zu einer außerordentlichen Verdachtskündigung die Interessen des Arbeitnehmers weniger intensiv beeinträchtigt.[1009]

bb) Verdachtsfreistellung als mildere Alternative?

Manche Stimmen[1010] im Schrifttum sehen in der Verdachtsfreistellung entgegen dem *BAG*[1011] eine Alternative zur außerordentlichen Verdachtskündigung (im Sinne des *ultima-ratio*-Prinzips). Der Arbeitgeber sei grundsätzlich verpflichtet, den tatverdächtigen Arbeitnehmer, statt zu entlassen, freizustellen.[1012]

Deinert zufolge ist die Verdachtsfreistellung das Mittel der Wahl, weil eine verdachtsveranlasste Kündigung mit der Unschuldsvermutung nicht vereinbar sei.[1013] *Mohnen* lehnt die Zulässigkeit der Verdachtskündigung im Unterschied zu *Deinert* nicht vollständig ab.[1014] Er meint, die im Grundsatz vorzugswürdige Verdachtsfreistellung genüge ausnahmsweise nicht, sofern das „Vertrauensband durch die außergewöhnliche Schwere des Verdachts endgültig und für alle Zeit zerrissen"[1015] sei. *Heilmann* nimmt eine Ausnahme vom Vorrang der Verdachtsfreistellung an, falls der Arbeitnehmer schuldhaft entweder den Verdacht auf sich gezogen oder dessen Aufklärung verhindert habe.[1016] Im Übrigen befürworten *Mohnen* und *Heilmann* unter der Prämisse, dass ein verdachtsbedingt freigestellter Arbeitnehmer seinen Vergütungsanspruch verliert, die Möglichkeit einer Kündigung wegen Unzumutbarkeit einer *weiteren* Suspendierung.[1017]

1009 *Zborowska* Außerordentliche Verdachtskündigung (2015), S. 66/67, 203; wohl auch *Hoefs* Verdachtskündigung (2001), S. 98. Anders *Isele* FS Molitor, S. 107, 119/120; *vom Stein* Fehleinschätzungen (1989), S. 43/44, allerdings unter der Prämisse, dass der Arbeitgeber nicht zur Lohnfortzahlung während der Freistellungsphase verpflichtet sei. Kritisch ferner *Ebeling* Kündigung wegen Verdachts (2006), S. 185/186.

1010 *Mohnen* RdA 1957, S. 405 ff.; *Heilmann* Wiedereinstellung (1964), S. 57 ff.; *Kittner* Anm. zu BAG Urt. v. 26.3.1992 – 2 AZR 519/91, EzA Nr. 4 zu § 626 BGB Verdacht strafbarer Handlung, S. 15, 17; *Deinert* AuR 2005, S. 285 ff.

1011 BAG Urt. v. 5.5.1994 – 2 AZR 799/93, Rn. 20 juris.

1012 *Mohnen* RdA 1957, S. 405, 409; *Heilmann* Wiedereinstellung (1964), S. 57 ff., 77; *Deinert* AuR 2005, S. 285, 296/297. Tendenziell auch DDZ/*Däubler*[11] (2020) § 626 BGB Rn. 152.

1013 *Deinert* AuR 2005, S. 285, 292 ff., 295, 297.

1014 *Mohnen* RdA 1957, S. 405, 409.

1015 *Mohnen* RdA 1957, S. 405, 409.

1016 *Heilmann* Wiedereinstellung (1964), S. 69/70, 72.

1017 *Mohnen* RdA 1957, S. 405, 409/410; *Heilmann* Wiedereinstellung (1964), S. 65 ff., 69/70, 72. Auch DDZ/*Däubler*[11] (2020) § 626 BGB Rn. 152. Dagegen *Deinert* AuR 2005, S. 285, 297.

Die Ansätze sind abzulehnen.[1018] Entgegen *Deinert* ist die außerordentliche Verdachtskündigung – wie oben[1019] ausführlich dargelegt – mit der (verfassungsrechtlichen) Unschuldsvermutung des Arbeitnehmers vereinbar. Eine Beschränkung auf Fälle der schuldhaften Herbeiführung des Verdachts bzw. der Verhinderung seiner Aufklärung ist sachwidrig;[1020] einschlägig wäre in betreffenden Sachverhalten im Übrigen ohnehin eine Tatkündigung.[1021] Die auch von *Mohnen* geteilte Sichtweise, wonach eine Verdachtsfreistellung grundsätzlich nicht vergütungserhaltend sei, lässt sich mit geltendem Recht nicht in Einklang bringen.[1022] Dessen ungeachtet überzeugt die Möglichkeit einer Kündigung wegen der Unzumutbarkeit einer weiteren Suspendierung nicht, weil diese nicht *ultima ratio* wäre.[1023] Der Arbeitgeber ist faktisch nicht daran gehindert, die Arbeitsleistung abzurufen, um die (Äquivalenz-)Störung („Lohn ohne Arbeit") zu beheben.[1024] Das entscheidende Argument gegen den Vorrang der Verdachtsfreistellung ist indes, dass diese – wie *Zborowska* zu Recht betont – zur Lösung der durch den Verdacht entstandenen Störung unmittelbar nichts beiträgt;[1025] sie kann mit der außerordentlichen Verdachtskündigung funktional nicht konkurrieren.[1026] Die Suspendierung beeinflusst selbst nicht die gegen den Arbeitnehmer bestehenden Verdachtsmomente und ist im Übrigen für das Ausmaß der

---

1018 Im Ergebnis ebenso *Moritz* NJW 1978, S. 402, 405; *Preis* Prinzipien (1987), S. 463; *Belling* RdA 1996, S. 223, 232/233; *Hoefs* Verdachtskündigung (2001), S. 98/99, 123/124; *Ebeling* Kündigung wegen Verdachts (2006), S. 186/187; *Schlegeit* BAG und die Verdachtskündigung (2008), S. 60/61; *Zborowska* Außerordentliche Verdachtskündigung (2015), S. 65 ff., 203/204.

1019 S. 38 ff.

1020 Siehe oben S. 112 ff.

1021 Bereits oben S. 95 ff. und noch unten S. 197 ff.

1022 *Deinert* AuR 2005, S. 285, 292 ff., 296/297; *Zborowska* Außerordentliche Verdachtskündigung (2015), S. 66.

1023 *Deinert* AuR 2005, S. 285, 297.

1024 *Deinert* AuR 2005, S. 285, 297.

1025 *Zborowska* Außerordentliche Verdachtskündigung (2015), S. 67, 203. In dieselbe Stoßrichtung *Rieble* NJW 2009, S. 2101, 2103 und früh bereits *Hilger* MuA 1960, S. 181, 182: „Vielfach wird man durch eine Suspendierung die Schwierigkeiten nur zeitlich verschieben, sie aber nicht aus der Welt schaffen."

1026 *Belling* RdA 1996, S. 223, 233; *Hoefs* Verdachtskündigung (2001), S. 98/99, 123/124; *Ebeling* Kündigung wegen Verdachts (2006), S. 186; *Schlegeit* BAG und die Verdachtskündigung (2008), S. 61. Vergleiche auch *vom Stein* Fehleinschätzungen (1989), S. 45/46.

Vertrauensstörung nicht aussagekräftig.[1027] Nicht als Alternative, sondern allenfalls als flankierende Vorfeldmaßnahme einer außerordentlichen Verdachtskündigung kommt sie deshalb in Betracht.[1028] Der kündigende Arbeitgeber kann mithin keinesfalls im Sinne des *ultima-ratio*-Prinzips darauf verwiesen werden, er habe es verpasst, den verdächtigen Arbeitnehmer (zunächst) zu suspendieren, was zur Unwirksamkeit der außerordentlichen Verdachtskündigung führe.[1029]

d) Verdachtsversetzung

Als weiteres, einer außerordentlichen Verdachtskündigung unter Umständen vorzuziehendes Mittel wird im Schrifttum noch eine Versetzung[1030] des verdächtigen Arbeitnehmers genannt.[1031] *Hoefs* führt beispielhaft den Fall an, dass ein Außendienstmitarbeiter in den Verdacht der sexuellen Belästigung (ausschließlich) von Kundinnen gerät.[1032] Könne er in den Innendienst versetzt und im neuen Arbeitsumfeld ein Kontakt zu weiblichen Personen ausgeschlossen werden, sei eine außerordentliche Verdachtskündigung nicht möglich.[1033]

Das Ergebnis überzeugt. Allerdings dürfte das *ultima-ratio*-Prinzip (auch) hier nur mittelbar zum Tragen kommen. Bei einer entsprechenden Versetzungsoption wäre die einseitige Entlassung wohl selbst bei einem Nachweis

---

1027 *Belling* RdA 1996, S. 223, 233; *Hoefs* Verdachtskündigung (2001), S. 98/99, 123/124; *Ebeling* Kündigung wegen Verdachts (2006), S. 186; *Zborowska* Außerordentliche Verdachtskündigung (2015), S. 67/68, 203.

1028 Schon *Preis* Prinzipien (1987), S. 463; *Belling* RdA 1996, S. 223, 233; *Ebeling* Kündigung wegen Verdachts (2006), S. 186/187; *Zborowska* Außerordentliche Verdachtskündigung (2015), S. 67, 68.

1029 *Moritz* NJW 1978, S. 402, 405; *Preis* Prinzipien (1987), S. 463; *Belling* RdA 1996, S. 223, 232/233; *Hoefs* Verdachtskündigung (2001), S. 98/99, 123/124; *Ebeling* Kündigung wegen Verdachts (2006), S. 186/187; *Schlegeit* BAG und die Verdachtskündigung (2008), S. 60/61; *Zborowska* Außerordentliche Verdachtskündigung (2015), S. 65 ff., 203/204. Abweichend für ein zwingendes Freistellungsangebot vor der Verdachtskündigung HK/*Dorndorf*[4] (2001), § 1 KSchG Rn. 850.

1030 Die folgenden Erwägungen gelten entsprechend für eine Umsetzung oder eine Änderungskündigung.

1031 Etwa von *Belling* RdA 1996, S. 223, 232; MüKoBGB/*Schwerdtner*[3] (1997) § 626 BGB Rn. 175; *Hoefs* Verdachtskündigung (2001), S. 97/98, 220, 221; *Ebeling* Kündigung wegen Verdachts (2006), S. 185/186; KR/*Fischermeier*[12] (2019) § 626 BGB Rn. 246; Staudinger/*Preis* (2019) § 626 BGB Rn. 228; MüKoBGB/*Henssler*[20] (2020) § 626 BGB Rn. 269; Erman/*Riesenhuber*[16] (2020) § 626 BGB Rn. 115.

1032 *Hoefs* Verdachtskündigung (2001), S. 221.

1033 *Hoefs* Verdachtskündigung (2001), S. 220/221.

der Belästigungen unverhältnismäßig.[1034] Die außerordentliche Verdachtskündigung scheiterte dann unmittelbar an der Unwirksamkeit der hypothetischen Tatkündigung.

Ungeachtet der dogmatischen Differenzierung kommt eine Versetzung des verdächtigen Arbeitnehmers nur (und deshalb wohl nur sehr selten)[1035] als taugliche Reaktionsalternative zur außerordentlichen Verdachtskündigung in Betracht, wenn mit ihr eine relevante Beschränkung der Einwirkungsmöglichkeiten einhergeht, dem Verdächtigen auf dem neuen Arbeitsplatz keine Rechtsgüter *anvertraut* werden müssen, die er in der Vergangenheit mutmaßlich beeinträchtigt hat.[1036]

e) Zwischenergebnis

Ausgangsfrage der vorstehenden Überlegungen war, ob der eine außerordentliche Verdachtskündigung beabsichtigende Arbeitgeber im Sinne des *ultima-ratio*-Prinzips auf eine ordentliche Kündigung, Abmahnung, Freistellung und/oder Versetzung des verdächtigen Arbeitnehmers verwiesen sein/werden kann. Zusammenfassend ist wie folgt zu differenzieren:

aa) Eine ordentliche Verdachtskündigung scheidet als mildere Alternative zur außerordentlichen Verdachtskündigung aus. Sie ist im Anwendungsbereich des KSchG schon nicht zulässig. Die herrschende Meinung sieht dies anders. Doch auch wenn man ihr folgt, kann das *ultima-ratio*-Prinzip im Verhältnis von außerordentlicher und ordentlicher Verdachtskündigung praktisch nicht zur Geltung kommen, weil das materielle Rechtfertigungsmaß beider Kündigungsarten aus übergeordneten, verfassungsrechtlichen Erwägungen heraus (weitestgehend) angeglichen worden ist.

bb) Eine vergleichsweise mildere kündigungsersetzende Verdachtsabmahnung ist funktional ausgeschlossen, also keine Alternative zur außerordentlichen Verdachtskündigung. Der wie eine Vorratsabmahnung zu behandelnde

---

1034 Vergleiche BAG Urt. v. 26.3.1992 – 2 AZR 519/91, NZA 1992, S. 1121, 1124.

1035 Vergleiche *Belling* RdA 1996, S. 223, 232; *Hoefs* Verdachtskündigung (2001), S. 221; *Zborowska* Außerordentliche Verdachtskündigung (2015), S. 202; KR/*Fischermeier*[12] (2019) § 626 BGB Rn. 246.

1036 Der Sache nach *Zborowska* Außerordentliche Verdachtskündigung (2015), S. 202. Vergleiche auch *Preis* DB 1990, S. 630, 633; *Hoefs* Verdachtskündigung (2001), S. 220; *Hahn* Verdachtskündigung unter Berücksichtigung einer gesetzlichen Regelung (2004), S. 123; *Ebeling* Kündigung wegen Verdachts (2006), S. 184/185; SPV/*Preis*[11] (2015), Rn. 712; Erman/*Riesenhuber*[16] (2020) § 626 BGB Rn. 115.

„Hinweis“, ein dem Tatvorwurf entsprechendes Verhalten werde künftig nicht geduldet, ist dem Arbeitgeber unbenommen.

cc) Die Freistellung des Verdächtigen ist zwar das gegenüber der außerordentlichen Verdachtskündigung mildere Mittel, eine Alternative ist sie jedoch nicht. Sie beeinflusst selbst weder die Verdachtsentwicklung noch das Ausmaß der verdachtsveranlassten Vertrauensstörung. Die Verdachtsfreistellung ist nicht mehr als eine mögliche, keine notwendige Vorfeldmaßnahme.

dd) Im Einzelfall mag der Arbeitgeber darauf verpflichtet sein, den verdächtigen Arbeitnehmer zu versetzen, statt zu kündigen.[1037] Eine Verdachtsversetzung kommt als Reaktionsalternative zur außerordentlichen Verdachtskündigung jedoch nur im praktischen Ausnahmefall in Betracht, wenn mit ihr eine relevante Beschränkung der Einwirkungsmöglichkeiten einhergeht, dem Verdächtigen auf dem neuen Arbeitsplatz keine Rechtsgüter anvertraut werden müssten, die er in der Vergangenheit mutmaßlich beeinträchtigt hat.

ee) Das *ultima-ratio*-Prinzip kann danach in erster Linie „mittelbar“ bedeutsam werden, wenn es der Wirksamkeit einer außerordentlichen Kündigung wegen der nachweislichen Tat entgegenstünde, sei es, weil diese abmahnbedürftig wäre oder eine künftige (Leistungs-)Störung im Wege einer Versetzung zureichend wahrscheinlich ausgeschlossen werden könnte oder[1038] eine ordentliche Tatkündigung als Störungsreaktion ausreichen würde.

2. Einzelfallbezogene Interessenabwägung

a) Abwägungserfordernis

Absolute Kündigungsgründe gibt es nicht.[1039] Auch eine außerordentliche Verdachtskündigung bedarf einer umfassenden Gesamtwürdigung der gegenläufigen Interessen von Arbeitgeber und -nehmer unter Berücksichtigung der Umstände des Einzelfalls, welche die sofortige Unzumutbarkeit der Fortsetzung des Arbeitsverhältnisses ergeben muss.[1040]

1037 Entsprechendes gilt mit Blick auf eine etwaige Umsetzung oder Änderungskündigung.

1038 Siehe oben Fn. 988.

1039 Statt vieler BAG Urt. v. 19.4.2012 – 2 AZR 186/11, NZA 2013, S. 27, 29; Urt. v. 25.4.2013 – 2 AZR 579/12, NZA 2013, S. 1131, 1133 KR/*Fischermeier*[12] (2019) § 626 BGB Rn. 95; Staudinger/*Preis* (2019) § 626 BGB Rn. 8. Kritisch *Willemsen* RdA 2017, S. 115, 124 ff.

1040 Nur BAG Urt. v. 4.6.1964 – 2 AZR 310/63, Rn. 27, 38 juris; Urt. v. 17.10.1980 – 7 AZR 800/78, Rn. 21/22 juris; Urt. v. 14.9.1994 – 2 AZR 164/94, NZA 1995, S. 269, 272;

Führt man sich die Mindestvoraussetzung der Wirksamkeit einer hypothetischen außerordentlichen Tatkündigung vor Augen, wird deutlich, dass der Rechtsanwender prüfungsstrukturell zwei Mal abwägen muss: Die Tat müsste *und* (schon) der Tatverdacht muss die auch nur befristete Weiterbeschäftigung des Arbeitnehmers objektiv unzumutbar erscheinen lassen.[1041]

Wegen des Ausnahmecharakters von § 626 I BGB besteht im Ausgangspunkt ein Interessenungleichgewicht zulasten des Kündigenden.[1042] Die abwägungsrelevanten Gesichtspunkte lassen sich nicht abschließend festlegen, was dem Rechtsanwender freilich keinen „amorphen Raum der Beliebigkeit“[1043] eröffnet.[1044] Vielmehr sind (im Grundsatz) nur arbeitsvertragsbezogene Aspekte abwägungsrelevant.[1045] Bei der Beurteilung der Wirksamkeit einer außerordentlichen Verdachtskündigung ist typischerweise auf folgende Aspekte Bedacht zu nehmen:[1046]

b) Zusammenfassung einzelner Abwägungsgesichtspunkte

Zulasten des Arbeitnehmers ist zu berücksichtigen, wenn er den Verdacht – etwa durch den Versuch der Manipulation von Beweismitteln – (schuldhaft) auf sich gezogen oder verstärkt hat.[1047] Fällt der Verdacht ohne Eigenbeitrag auf den Arbeitnehmer, verleiht dies seinem Bestandsinteresse – wie auch eine Kooperation bei der Sachverhaltsaufklärung – Gewicht.[1048]

Urt. v. 5.4.2001 – 2 AZR 217/00, NZA 2001, S. 837, 839; *Lembke* RdA 2013, S. 82, 89/90; BeckOGK/*Günther* (2021) § 626 BGB Rn. 577 ff.

1041 *Zborowska* Außerordentliche Verdachtskündigung (2015), S. 213 ff.

1042 Staudinger/*Preis* (2019) § 626 BGB Rn. 82 ff.

1043 *Pache* Tatbestandliche Abwägung (2001), S. 485.

1044 *Preis* Prinzipien (1987), S. 222 ff.

1045 *Preis* Prinzipien (1987), S. 224 ff.; Staudinger/*ders.* (2019) § 626 BGB Rn. 75 ff.; APS/*Vossen*[6] (2021) § 626 BGB Rn. 112. Durchaus auch KR/*Fischermeier*[12] (2019) § 626 BGB Rn. 252; BeckOKArbR/*Stoffels*[59] (2021) § 626 BGB Rn. 74/75. Im Ausgangspunkt weitergehend [alle Einzelfallumstände, die „vernünftigerweise in Betracht zu ziehen sind“] etwa BAG Urt. v. 20.9.1984 – 2 AZR 633/82, AP Nr. 80 zu § 626 BGB.

1046 Instruktiv *Zborowska* Außerordentliche Verdachtskündigung (2015), S. 216 ff.

1047 *Hoefs* Verdachtskündigung (2001), S. 222; *Ebeling* Kündigung wegen Verdachts (2006), S. 157; *Zborowska* Außerordentliche Verdachtskündigung (2015), S. 216.

1048 *Zborowska* Außerordentliche Verdachtskündigung (2015), S. 216.

Wesentlich für die Gewichtung ist die Qualität der Verdachtstat.[1049] Sie ist – ohne Rückgriff auf § 46 II StGB –[1050] anhand verschiedener *Variablen* zu bemessen, namentlich einem gegebenen Hauptleistungsbezug,[1051] dem Grad des Vertretenmüssens (vergleiche § 723 I 3 Nr. 1 BGB),[1052] der Art und Weise des Vorgehens (erschwerend: planmäßiges/heimliches/fortgesetztes Handeln)[1053] und dem Vorliegen sowie Ausmaß eines materiellen[1054] oder immateriellen[1055] Schadens. Je gravierender der mutmaßliche Pflichtverstoß, desto gewichtiger

1049 *Schwarze* Anm. zu LAG Düsseldorf Urt v. 25.6.2003 – 14 Sa 657/03, LAGE Nr. 2 zu § 626 BGB 2002, S. 11, 14/15; im Ergebnis auch *Zborowska* Außerordentliche Verdachtskündigung (2015), S. 217/218.

1050 Anders und verfehlt [für eine Tatkündigung] LAG Baden-Württemberg Urt. v. 29.5.2018 – 19 Sa 61/17, Rn. 94 ff. juris und deshalb zu Recht verworfen von BAG Urt. v. 13.12.2018 – 2 AZR 370/18, NZA 2019, S. 445, 448/449.

1051 BAG Urt. v. 12.8.1999 – 2 AZR 923/98, NZA 2000, S. 421, 424; Urt. v. 10.2.2005 – 2 AZR 189/04, NZA 2005, S. 1056, 1058; LAG Berlin-Brandenburg Urt. v. 4.6.2015 – 5 Sa 190/15, NZA-RR 2016, S. 129, 131; *Ebeling* Kündigung wegen Verdachts (2006), S. 156/157; *Zborowska* Außerordentliche Verdachtskündigung (2015), S. 218/219. Vergleiche auch BAG Urt. v. 10.6.2010 – 2 AZR 541/09, NZA 2010, S. 1227, 1232; *Preis* AuR 2010, S. 242, 243/244.

1052 *Schwarze* Anm. zu LAG Düsseldorf Urt v. 25.6.2003 – 14 Sa 657/03, LAGE Nr. 2 zu § 626 BGB 2002, S. 11, 14/15; *Zborowska* Außerordentliche Verdachtskündigung (2015), S. 219, 220; *Oechsler*[2] (2017) Vertragliche Schuldverhältnisse, § 7 Rn. 1038. Zulasten des Arbeitgebers kann sich auswirken, wenn er die mutmaßliche Pflichtverletzung mitverursacht hat („Tatprovokation"), vergleiche BAG Urt. v. 18.11.1999 – 2 AZR 743/98, NZA 2000, S. 418, 420. Zur Tatkündigung nur: BAG Urt. v. 21.1.1999 – 2 AZR 665/98, NZA 1999, S. 863/864; Urt. v. 10.6.2010 – 2 AZR 541/09, NZA 2010, S. 1227, 1231; *Eylert* NZA-RR 2014, S. 393, 404.

1053 BAG Urt. v. 20.9.1984 – 2 AZR 633/82, AP Nr. 80 zu § 626 BGB; Urt. v. 12.8.1999 – 2 AZR 923/98, NZA 2000, S. 421, 424; *Hoefs* Verdachtskündigung (2001), S. 222. Vergleiche auch BAG Urt. v. 10.6.2010 – 2 AZR 541/09, NZA 2010, S. 1227, 1232; Urt. v. 27.1.2011 – 2 AZR 825/09, NZA 2011, S. 798, 802; LAG Berlin-Brandenburg Urt. v. 4.6.2015 – 5 Sa 190/15, NZA-RR 2016, S. 129, 131.

1054 *Schwarze* Anm. zu LAG Düsseldorf Urt v. 25.6.2003 – 14 Sa 657/03, LAGE Nr. 2 zu § 626 BGB 2002, S. 11, 14; *Zborowska* Außerordentliche Verdachtskündigung (2015), S. 221, 223. Vergleiche auch BAG Urt. v. 12.8.1999 – 2 AZR 923/98, NZA 2000, S. 421, 424; Urt. v. 26.3.2009 – 2 AZR 953/07, NZA-RR 2010, S. 516, 518; LAG Berlin-Brandenburg Urt. v. 4.6.2015 – 5 Sa 190/15, NZA-RR 2016, S. 129, 131; ErfK/*Niemann*[21] (2021) § 626 BGB Rn. 41.

1055 *Schwarze* Anm. zu LAG Düsseldorf Urt v. 25.6.2003 – 14 Sa 657/03, LAGE Nr. 2 zu § 626 BGB 2002, S. 11, 14; *Hoefs* Verdachtskündigung (2001), S. 223; *Zborowska* Außerordentliche Verdachtskündigung (2015), S. 223/224.

das Lösungsinteresse des Arbeitgebers bzw. weniger gewichtig das Bestandsinteresse des Arbeitnehmers – und umgekehrt. Wie *Zborowska* überzeugend herausgearbeitet hat,[1056] scheidet eine „Wiederholungsgefahr" mangels Anknüpfungspunkts (nachweislicher vergangener Vertragsverstoß) als Abwägungsgesichtspunkt allerdings aus.[1057] Zu würdigen sind hingegen die betriebliche (Vertrauens-)Stellung des Arbeitnehmers bzw. die (tätigkeitsübliche) Reichweite der Einwirkungsmöglichkeiten auf die Rechtsgüter des Arbeitgebers und/oder Dritter nebst der damit verbundenen Gefahren.[1058] Dabei gilt: Je enger die persönliche Zusammenarbeit von Arbeitgeber und Arbeitnehmer ist bzw. je weiter die Einwirkungsmöglichkeiten des Arbeitnehmers (im Übrigen) reichen, desto eher ist die (Verdachts-)Kündigung gerechtfertigt – eine entsprechende Wertung lässt sich aus § 23 KSchG, § 14 KSchG gewinnen.[1059] Nicht zuletzt sind auch mögliche Störungen des Betriebsfriedens im Falle einer Fortsetzung der Vertragsbeziehung einzubeziehen.[1060] Mit Blick auf all diese „tatbezogenen" Aspekte ist freilich stets zu berücksichtigen, dass ungewiss (geblieben) ist, ob der verdächtige Arbeitnehmer die fragliche Tat begangen hat. Dies ist immer zu seinen Gunsten in die Waagschale zu legen und kann, namentlich wenn sich der Verdacht auf eine fahrlässige Pflichtverletzung oder einer „Bagatelltat" bezieht, entscheidend für ihn sprechen.[1061]

1056 *Zborowska* Außerordentliche Verdachtskündigung (2015), S. 224/225.

1057 Anders *Henssler* Anm. zu LAG Köln Urt. v. 16.1.1990 – 11 Sa 853/89, LAGE Nr. 27 zu § 1 KSchG, S. 9, 16/17; *Enderlein* RdA 2000, S. 325, 329 ff.; *Hoefs* Verdachtskündigung (2001), S. 223; *Ebeling* Kündigung wegen Verdachts (2006), S. 157/158 – siehe aber andererseits S. 87; *Lembke* RdA 2013, S. 82, 89.

1058 Vergleiche BAG Urt. v. 4.6.1964 – 2 AZR 310/63, Rn. 38 juris; Urt. v. 18.8.1982 – 7 AZR 235/80, Rn. 27 juris; *Hoefs* Verdachtskündigung (2001), S. 222/223; *Ebeling* Kündigung wegen Verdachts (2006), S. 157; *Zborowska* Außerordentliche Verdachtskündigung (2015), S. 220. Auch BAG Urt. v. 26.3.2009 – 2 AZR 953/07, NZA-RR 2010, S. 516, 518.

1059 Vergleiche ErfK/*Kiel*[21] (2021) § 23 KSchG Rn. 4 und KR/*Rost/Kreutzberg-Kowalczyk*[12] (2019) § 14 KSchG Rn. 2.

1060 Vergleiche BAG Urt. v. 27.1.2011 – 2 AZR 825/09, NZA 2011, S. 798, 802.

1061 Eine Kündigung wegen des Verdachts einer fahrlässigen Pflichtverletzung oder „Bagatelltat" hat demnach insgesamt hohe Hürden. Die Pflichtverletzung darf – erstens – nicht abmahnbedürftig sein, anderenfalls scheitert die Verdachtskündigung bereits am Erfordernis der Wirksamkeit einer hypothetischen Tatkündigung [oben S. 156 ff.]. Wäre eine außerordentliche Tatkündigung möglich, ist zugunsten des verdächtigen Arbeitnehmers im Rahmen der auf die Weiterbeschäftigung bezogenen Zumutbarkeitsprüfung zu berücksichtigen, dass (*i*) „nur" ein fahrlässiges

Ein weiteres (ge)wichtiges Abwägungskriterium ist die Dauer der Unternehmenszugehörigkeit des Arbeitnehmers; einzublenden ist dabei der bisherige Verlauf des Arbeitsverhältnisses.[1062] Hat der Arbeitnehmer über einen erheblichen Zeitraum störungsfrei[1063] geleistet, spricht dies dafür, dass dem Arbeitgeber eine Weiterbeschäftigung zugemutet werden kann.[1064] Ist es demgegenüber nach kurzer Beschäftigungsdauer schon zu (mehreren) Störungen gekommen, wiegt dies deutlich zugunsten des arbeitgeberseitigen Interesses an einer sofortigen Beendigung des Arbeitsverhältnisses.[1065] Die Wechselbezüglichkeit[1066] der Einzelumstände wird hier sehr plastisch. Wie *Preis* schon früh bemerkt hat, wird „der durch eine langjährige Betriebszugehörigkeit erwirkte Vertrauenstatbestand [...] nicht schon durch ein einmaliges Fehlverhalten abgebaut“[1067]. Die – zuspitzende – Aussage verdeutlicht, worauf es ankommt: Die Dauer des Arbeitsverhältnisses, der bisherige Verlauf und der die Kündigung veranlassende Vorfall bzw. seine Auswirkung auf den Arbeitgeber sind wertend zu relationieren.[1068] Nichts anderes dürfte das *BAG* meinen, wenn es – das nicht unzweifelhafte[1069] Bild des

---

bzw. geringfügig schädigendes Verhalten im Raum steht und (*ii*) die Täterschaft des Arbeitnehmers nicht erwiesen ist.

1062 *Belling* FS Kissel, S. 11, 28; *Appel/Gerken* AuR 1995, S. 201, 202/203; *Hoefs* Verdachtskündigung (2001), S. 221; *Ebeling* Kündigung wegen Verdachts (2006), S. 156; *Zborowska* Außerordentliche Verdachtskündigung (2015), S. 225 ff. Vergleiche BAG Urt. v. 20.9.1984 – 2 AZR 633/82, AP Nr. 80 zu § 626 BGB; Urt. v. 31.3.1993 – 2 AZR 492/92, NZA 1994, S. 409, 412; Urt. v. 13.12.2018 – 2 AZR 370/18, NZA 2019, S. 445, 448; *Preis* Prinzipien (1987), S. 438; ErfK/*Niemann*[21] (2021) § 626 BGB Rn. 42.

1063 Vergleiche *Zborowska* Außerordentliche Verdachtskündigung (2015), S. 236 ff.

1064 *Ebeling* Kündigung wegen Verdachts (2006), S. 157/158; *Zborowska* Außerordentliche Verdachtskündigung (2015), S. 226/227. Den Gedanken des „Nutzen-Lasten-Ausgleichs“ bemühen *Belling* FS Kissel, S. 11, 28 und später *Otto* Wegfall des Vertrauens als Grund zur außerordentlichen Kündigung (2000), S. 132: „Ist etwa der Schaden gering oder handelt es sich um eine erstmalige Verfehlung, so hat ein Arbeitgeber diese Vertrauensenttäuschung hinzunehmen, ohne daraus sogleich einen Vertrauensbruch und also einen Kündigungsgrund zu konstruieren [...]. Je länger der Arbeitgeber der Nutznießer [der] Vertrauensgewährung gewesen ist, desto eher muß er eine einmalige oder gelegentliche Vertrauensenttäuschung hinnehmen. Das folgt aus dem Gedanken des *Unternehmerrisikos*“, Hervorhebung des Verfassers.

1065 *Zborowska* Außerordentliche Verdachtskündigung (2015), S. 226/227.

1066 Vergleiche *Zborowska* Außerordentliche Verdachtskündigung (2015), S. 217/218.

1067 *Preis* Prinzipien (1987), S. 357 ff., 375.

1068 Ähnlich *Zborowska* Außerordentliche Verdachtskündigung (2015), S. 227 ff., 230/231.

1069 Überschießend *Tiedemann* ArbRB 2011, S. 93, 94.

Vertrauensvorrats[1070] bzw. „Vertrauenskapitals“[1071] bemühend – vorgibt, der Rechtsanwender habe, falls ein Arbeitsverhältnis über viele Jahre hinweg „ungestört“ bestanden hat, zu prüfen, ob die verfestigte Vertrauensbeziehung durch eine erstmalige Enttäuschung unwiederbringlich zerstört werden konnte.[1072] Pauschalurteile verbieten sich; maßgebend ist der Einzelfall.[1073]

Keine, jedenfalls keine ergebnisrelevante Bedeutung haben das Alter des Arbeitnehmers, seine – unter Umständen damit verbundenen – Chancen auf dem Arbeitsmarkt oder etwaige Unterhaltspflichten.[1074] Die Gesichtspunkte wurzeln nicht in der konkreten Vertragsbeziehung.[1075] Für die vertrauenzersetzende Qualität der Verdachtstat bzw. des Tatverdachts sind sie, wenn man sie insofern überhaupt für aussagekräftig hält, zumindest nicht entscheidend.[1076] Nicht berücksichtigungsfähig, weil (ebenfalls) über die Vertragsbeziehung hinausweisend, sind etwaige generalpräventive Ziele (Aufrechterhaltung der Loyalität und Integrität der Belegschaft durch Abschreckung), die der Arbeitgeber

---

1070 BAG Urt. v. 10.6.2010 – 2 AZR 541/09, NZA 2010, S. 1227, 1232.

1071 Pressemitteilung Nr. 42/10 des *BAG*. Ähnlich *Ebeling* Kündigung wegen Verdachts (2006), S. 156, der vom Vertrauenskonto spricht.

1072 BAG Urt. v. 10.6.2010 – 2 AZR 541/09, NZA 2010, S. 1227, 1232.

1073 Anders als mitunter behauptet [zum Beispiel von *Bengelsdorf* SAE 2011, S. 122, 123], lässt sich der Rechtsprechung des *BAG* mitnichten ein „Einmal-ist-Keinmal-Prinzip“ für langfristige Beschäftigte entnehmen, ebenso *Zborowska* Außerordentliche Verdachtskündigung (2015), S. 230 ff.

1074 *Preis* Prinzipien (1987), S. 232/233; Staudinger/*ders.* (2019) § 626 BGB Rn. 79; *Stoffels* NJW 2011, S. 118, 122; *Zborowska* Außerordentliche Verdachtskündigung (2015), S. 246/247 und 248/249. Siehe für die verhaltensbedingte Kündigung mit Blick auf Alter und Arbeitsmarktchancen BAG Urt. v. 27.1.2011 – 2 AZR 825/09, NZA 2011, S. 798, 803; LAG Berlin-Brandenburg Urt. v. 4.6.2015 – 5 Sa 190/15, NZA-RR 2016, S. 129, 131. Anders *Hoefs* Verdachtskündigung (2001), S. 221; *Ebeling* Kündigung wegen Verdachts (2006), S. 156; *Lembke* RdA 2013, S. 82, 89.

1075 Für die Unterhaltspflichten erscheint das Gegenteil noch vertretbar, wenn man darauf abstellt, dass sie im weitesten Sinn mit dem erwerbswirtschaftlichen Zweck des Arbeitsvertrags zusammenhängen, vergleiche *Preis* Prinzipien (1987), S. 232/233; *Zborowska* Außerordentliche Verdachtskündigung (2015), S. 243. Für eine grundsätzliche Berücksichtigung bestehender Unterhaltspflichten zugunsten des Arbeitnehmers BAG Urt. v. 2.3.1989 – 2 AZR 280/88, NZA 1989, S. 755; Urt. v. 15.11.1995 – 2 AZR 974/94 NZA 1996, S. 419, 422; Urt. v. 27.2.1997 – 2 AZR 302/96, NZA 1997, S. 761/762.

1076 *Zborowska* Außerordentliche Verdachtskündigung (2015), S. 246/247 und 248/249.

mit der außerordentlichen Verdachtskündigung verfolgt.[1077] Das *BAG* lehnt eine Berücksichtigung zwar nicht prinzipiell ab,[1078] konstatiert aber:

> „Eine Generalprävention gegenüber anderen Mitarbeitern ist [...] für das Kündigungsrecht im Allgemeinen und für die Interessenabwägung im Besonderen ein nur begrenzt tragfähiger Gesichtspunkt"[1079].

IV. Ausschlussfrist, § 626 II BGB

Die materielle Wirksamkeit einer außerordentlichen Verdachtskündigung ist neben § 626 I BGB auch an § 626 II BGB zu messen.

1. Regelungsinhalt und Anwendbarkeit

Gemäß § 626 II 1 BGB, der gegenüber § 314 III BGB („angemessene Frist") *lex specialis* ist und eigenständig neben § 174 II 1 SGB IX steht,[1080] kann eine fristlose Kündigung aus wichtigem Grund nur innerhalb von zwei Wochen erfolgen. Diese materielle Ausschlussfrist ist ein gesetzlicher Verwirkungstatbestand.[1081] Sie soll dem Arbeitnehmer „rasch Klarheit darüber verschaffen, ob sein Arbeitgeber einen Sachverhalt zum Anlass für eine außerordentliche Kündigung nimmt"[1082]. Aus dem Zweck erhellt der zwingende Charakter, die Kündigungserklärungsfrist kann individual- oder kollektivvertraglich weder verlängert noch verkürzt werden.[1083] Versäumt der Arbeitgeber sie, besteht eine unwiderlegliche

---

1077 *Preis* AuR 2010, S. 242, 245/246; *Bartels* RdA 2010, S. 109, 111; *Stoffels* NJW 2011, S. 118, 122. Zweifelnd auch LAG Berlin-Brandenburg Urt. v. 4.6.2015 – 5 Sa 190/15, NZA-RR 2016, S. 129, 131. Anders zum Beispiel *Lembke* RdA 2013, S. 82, 89; *Kalb* ZfA 2016, S. 467, 475.

1078 BAG Urt. v. 11.12.2003 – 2 AZR 36/03, NZA 2004, S. 486, 488.

1079 BAG Beschl. v. 16.12.2004 – 2 ABR 7/04, AP Nr. 191 zu § 626 BGB.

1080 Zum ersten BAG Urt. v. 11.6.2020 – 2 AZR 442/19, NZA 2020, S. 1326, zum zweiten BAG Urt. v. 1.2.2007 – 2 AZR 333/06, NZA 2007, S. 744 [kein Feststehen der Einhaltung von § 626 II BGB bei vorliegender Zustimmung des Integrationsamtes zu der gegenüber einem Schwerbehinderten erklärten Verdachtskündigung].

1081 BAG Urt. v. 29.10.1971 – 2 AZR 32/71, AP Nr. 1 zu § 626 BGB Ausschlussfrist; Beschl. v. 9.1.1986 – 2 ABR 24/85, juris; KR/*Fischermeier*[12] (2019) § 626 BGB Rn. 330.

1082 BAG Urt. v. 5.6.2008 – 2 AZR 234/07, NZA-RR 2008, S. 630, 631.

1083 BAG Urt. v. 12.2.1973 – 2 AZR 116/72, AP Nr. 6 zu § 626 BGB Ausschlußfrist; Staudinger/*Preis* (2019) § 626 BGB Rn. 287.

Vermutung dafür, dass die ausgemachte Störung nicht (mehr) die für eine fristlose Kündigung aus wichtigem Grund ausreichende Erheblichkeit hat.[1084]

§ 626 II BGB ist auf eine außerordentliche Verdachtskündigung anzuwenden.[1085] Der Verdacht ist kein Dauertatbestand,[1086] der es dem Arbeitgeber erlaubte, zu einem beliebigen Zeitpunkt (bis zum etwaigen Vollbeweis der Tat) zu kündigen.[1087] Für die Einhaltung der Ausschlussfrist ist der Arbeitgeber darlegungs- und beweisbelastet.[1088] Fristwahrend ist der rechtzeitige Zugang der Kündigungserklärung.[1089]

2. *Fristbeginn und -lauf bei der außerordentlichen Verdachtskündigung*

Über Beginn und (Ab-)Lauf der Frist des § 626 II BGB herrscht in der Praxis nicht selten Unsicherheit. Das ist nachvollziehbar, die Verhältnisse sind gerade im Zusammenhang mit einer außerordentlichen Verdachtskündigung komplex.

a) Gesetzlicher Ausgangspunkt: Kenntnis „maßgebender Tatsachen“

Die Erklärungsfrist beginnt gemäß § 626 II 2 BGB mit dem Zeitpunkt, in dem der Arbeitgeber von den für die Kündigung maßgebenden Tatsachen Kenntnis erlangt. Das Wissen Dritter (nicht zur Ausübung des Gestaltungsrechts befugter natürlicher Personen) ist grundsätzlich unbeachtlich.[1090] Eine Zurechnung kommt nur in Betracht, wenn die verspätete Kenntnisnahme

---

1084 BAG Urt. v. 17.8.1972 – 2 AZR 359/71, AP Nr. 4 zu § 626 BGB Ausschlußfrist; BT-Drucks. V/3913, S. 11.

1085 BAG Urt. v. 29.7.1993 – 2 AZR 90/93, NZA 1994, S. 171, 174; KR/*Fischermeier*[12] (2019) § 626 BGB Rn. 338.

1086 Nur MüKoBGB/*Henssler*[8] (2020) § 626 BGB Rn. 345. Anders *Rolfs* Studienkommentar Arbeitsrecht[4] (2014) § 626 BGB Rn. 34.

1087 BAG Urt. v. 29.7.1993 – 2 AZR 90/93, NZA 1994, S. 171, 174; Urt. v. 31.1.2019 – 2 AZR 426/18, NZA 2019, S. 893, 897.

1088 BAG Urt. v. 17.8.1972 – 2 AZR 359/71, AP Nr. 4 zu § 626 BGB; Urt. v. 1.2.2007 – 2 AZR 333/07, NZA 2007, S. 744, 746. Der Arbeitnehmer hat eine sekundäre Darlegungslast, wenn es um einen zeitlich konkretisierten Vorgang handelt, an dem er beteiligt war; Bestreiten mit Nichtwissen ist dann nicht möglich, wie vor. Zum notwendigen Prozessvortrag ferner *Heinemeyer/Thomas* BB 2012, S. 1218, 1219.

1089 Nur MüKoBGB/*Henssler*[8] (2020) § 626 BGB Rn. 310.

1090 BAG Urt. v. 28.10.1971 – 2 AZR 32/71, AP Nr. 1 zu § 626 BGB.

des Kündigungsberechtigten auf einer unsachgemäßen Betriebsorganisation beruht.[1091]

Maßgebend im Sinne des § 626 II 2 BGB sind alle Tatsachen, die für und wider die Kündigung sprechen.[1092] Die Ausschlussfrist soll den Arbeitgeber nicht dazu drängen, die Kündigung auf einen unzureichenden oder nicht bewiesenen Verdacht zu stützen.[1093] Die erste Ahnung von einer Tat löst den Fristlauf nicht aus.[1094] Die Frist läuft vielmehr – erstmals –[1095] an, sobald der Arbeitgeber positive[1096] Kenntnis von hinreichenden[1097] Verdachtsmomenten hat *und* ihm eine Gesamtwürdigung der Sachlage möglich ist.[1098] Die im Rahmen der durch § 626 I BGB vorgegebenen Interessenabwägung zu ziehende Schlussfolgerung,[1099] der Verdacht habe die Vertrauensgrundlage des Arbeitsverhältnisses kündigungsbegründend erschüttert, ist

---

1091 BAG Urt. v. 23.10.2008 – 2 AZR 388/07, AP Nr. 217 zu § 626 BGB; Urt. v. 16.7.2015 – 2 AZR 85/15, NZA 2016, S. 161, 166.

1092 BAG Urt. v. 17.3.2005 – 2 AZR 245/04, AP Nr. 46 zu § 626 BGB Ausschlussfrist; Urt. v. 2.3.2017 – 2 AZR 698/15, NZA 2017, S. 1051, 1056; Urt. v. 25.4.2018 – 2 AZR 611/17, NZA 2018, S. 1405, 1410.

1093 BAG Urt. v. 29.7.1993 – 2 AZR 90/93, NZA 1994, S. 171, 173.

1094 BAG Urt. v. 1.2.2007 – 2 AZR 333/06, NZA 2007, S. 744, 746; Urt. v. 27.2.2020 – 2 AZR 570/19, Rn. 30 juris [bloße „Anhaltspunkte"].

1095 Dazu näher unten S. 172 ff.

1096 Fahrlässige Unkenntnis schadet mithin nicht, BAG Urt. v. 29.7.1993 – 2 AZR 90/93, NZA 1994, S. 171, 173; Urt. v. 5.6.2008 – 2 AZR 234/07, NZA-RR 2008, S. 630, 631 mit weiteren Nachweisen. Diese Wertentscheidung trägt dem Umstand Rechnung, dass § 626 II BGB für den Eintritt der Verwirkung lediglich ein Zeitmoment und kein Umstandsmoment voraussetzt, *Zborowska* Außerordentliche Verdachtskündigung (2015), S. 254.

1097 Den Arbeitgeber trifft keine Obliegenheit, weitere belastende Tatsachen gegen den Arbeitnehmer zu ermitteln, nachdem er Indizien gesammelt und gesichert hat, die die Täterschaft des Verdächtigen überwiegend wahrscheinlich erscheinen lassen, BAG Urt. v. 27.2.2020 – 2 AZR 570/19, Rn. 31 juris [keine Obliegenheiten, „Belastungsermittlungen" durchzuführen].

1098 BAG Urt. v. 27.1.1972 – 2 AZR 157/71, AP Nr. 2 zu § 626 BGB Ausschlußfrist; Urt. v. 20.3.2014 – 2 AZR 1037/12, NZA 2014, S. 1015, 1016; Urt. v. 31.7.2014 – 2 AZR 407/13, NZA 2015, S. 621, 623; *Hoefs* Verdachtskündigung (2001), S. 224; *Stoffels* in Maschmann (Hrsg.) Kündigungsrecht: alte und neue Fragen (2013), S. 37, 49; MüKoBGB/*Henssler*^{8} (2020) § 626 BGB Rn. 344.

1099 Vergleiche oben S. 165 ff.

selbst keine maßgebende Tatsache im Sinne des § 626 II BGB.[1100] Der tatbegründende Sachverhalt muss naturgemäß nicht bekannt sein.[1101] Beginn und Ablauf der Erklärungsfrist von Verdachts- und Tatkündigung können auseinanderfallen.[1102]

b) Aufschub des Fristbeginns während eigener Sachverhaltsermittlung

Aufklärungsmaßnahmen, namentlich[1103] die Anhörung des verdächtigen Arbeitnehmers, sind geeignet, den Beginn der Ausschlussfrist hinauszuzögern.[1104] Sie müssen allerdings mit dem *BAG* nach „pflichtgemäßem Ermessen notwendig erscheinen" und mit „der gebotenen Eile durchgeführt" werden.[1105] Der Maßstab läuft auf eine einzelfallbezogene[1106] Willkürkontrolle hinaus,[1107] mit der es gelingt, das Spannungsverhältnis zwischen Sachverhalts- und Entscheidungsgewissheit angemessen auszutarieren.[1108] Sachlich gerechtfertigt sind alle Bemühungen, von denen der Arbeitgeber – *ex ante* – ausgehen darf, sie

---

1100 Vergleiche BAG Urt. v. 17.8.1972 AP Nr. 4 zu § 626 BGB; wie hier *Hoefs* Verdachtskündigung (2001), S. 139; *Zborowska* Außerordentliche Verdachtskündigung (2015), S. 255 ff.; *Fischermeier* FS ARGE Arbeitsrecht, S. 275, 285; KR/*ders.*[12] (2019) § 626 BGB Rn. 349. Anders *Belling* RdA 1996, S. 223, 234; *Ebeling* Kündigung wegen Verdachts (2006), S. 191 [Fristbeginn im Zuge der Würdigung der Verdachtsmomente und dem dabei eintretenden objektivierten Vertrauensverlust].

1101 Vergleiche *Hoefs* Verdachtskündigung (2001), S. 224.

1102 BAG Urt. v. 29.7.1993 – 2 AZR 90/93, NZA 1994, S. 171, 173/174.

1103 In Betracht kommen ferner unter anderem das Sichten von Urkunden oder Objekten des Augenscheins sowie das Befragen von Vorgesetzten, Kollegen und Kunden des Verdächtigen [KR/*Fischermeier*[12] (2019) § 626 BGB Rn. 348]. Der Arbeitgeber kann Dritte mit den Ermittlungen beauftragen [vergleiche etwa ArbG Hamburg Beschl. v. 22.5.2013 – 26 BV 31/12, Rn. 117 juris].

1104 BAG Urt. v. 27.1.1972 – 2 AZR 157/71, NJW 1972, S. 1486, 1487; Urt. v. 20.3.2014 – 2 AZR 1037/12, NZA 2014, S. 1015, 1016/1017; Urt. v. 25.4.2018 – 2 AZR 611/17, NZA 2018, S. 1405, 1410; ErfK/*Niemann*[21] (2021) § 626 BGB Rn. 210, 216.

1105 BAG Urt. v. 20.3.2014 – 2 AZR 1037/12, NZA 2014, S. 1015, 1016/1017; APS/*Vossen*[6] (2021) § 626 BGB Rn. 128/129; *Zborowska* Außerordentliche Verdachtskündigung (2015), S. 260 ff.

1106 BAG Urt. v. 25.4.2018 – 2 AZR 611/17, NZA 2018, S. 1405, 1410.

1107 BAG Urt. v. 18.11.1999 – 2 AZR 852/98, NZA 2000, S. 381, 383; Urt. v. 17.3.2005 – 2 AZR 245/04, NZA 2006, S. 101, 103; *Zborowska* Außerordentliche Verdachtskündigung (2015), S. 263.

1108 So im Ergebnis auch *Zborowska* Außerordentliche Verdachtskündigung (2015), S. 268/269.

würden das Geschehen (weiter)[1109] aufhellen,[1110] sofern sie ohne schuldhaftes Zögern verfolgt werden.[1111] Der betroffene Arbeitnehmer muss die einschlägigen Maßnahmen grundsätzlich erkennen können, zumindest nachdem er – spätestens im Rahmen der Verdachtsanhörung – von der möglichen Gefährdung des Bestands seines Arbeitsverhältnisses erfahren hat.[1112]

c) Verknüpfung von Erklärungs-, Aufklärungs- und Anhörungsfrist

Welcher Zeitrahmen für die Nachforschungen konkret zu veranschlagen ist, hängt von den jeweiligen (tatsächlichen)[1113] Umständen ab, eine Regelaufklärungsfrist gibt es nicht.[1114] Der zu Kündigende ist allerdings nach bundesarbeitsgerichtlicher Rechtsprechung regelmäßig innerhalb einer Woche anzuhören.[1115] Weiterer Aufschub kommt (nur) aus sachlichen Gründen in Betracht.[1116] Die

---

1109 Diese Annahme ist nach einem erschöpfenden Geständnis des Arbeitnehmers in der Regel unberechtigt, vergleiche LAG Düsseldorf Beschl. v. 17.1.1981 – 8 TaBV 27/80, juris. Anders für den Fall eines „allgemein gehaltenen" Geständnisses BAG Urt. v. 5.12.2002 – 2 AZR 478/01, Rn. 36/37 juris.

1110 Dass sich letzteres bewahrheitet, ist nicht entscheidend [BAG Urt. v. 14.11.1984 – 7 AZR 133/83, AP Nr. 89 zu § 626 BGB]. Der Arbeitgeber muss die betreffenden Maßnahmen allerdings tatsächlich ergreifen [BAG Urt. v. 28.4.1994 – 2 AZR 730/93, AP Nr. 117 zu § 626 BGB].

1111 Treffend *Ebeling* Kündigung wegen Verdachts (2006), S. 194; *Zborowska* Außerordentliche Verdachtskündigung (2015), S. 264/265.

1112 KR/*Fischermeier*[12] (2019) § 626 BGB Rn. 349; *Zborowska* Außerordentliche Verdachtskündigung (2015), S. 262. Vergleiche BAG Urt. v. 6.7.1972 – 2 AZR 386/71, AP Nr. 3 zu § 626 BGB Ausschlußfrist. Ferner *Stoffels* in Maschmann (Hrsg.) Kündigungsrecht: alte und neue Fragen (2013), S. 37, 47.

1113 Durch das Einholen/Verschaffen von Rechtskenntnissen wird der Fristlauf des § 626 II BGB grundsätzlich nicht aufgeschoben, LAG Hamm Urt. v. 1.10.1998 – 8 Sa 969/98, Rn. 18 ff. juris; Staudinger/*Preis* (2019) § 626 BGB Rn. 290; *Zborowska* Außerordentliche Verdachtskündigung (2015), S. 262; KR/*Fischermeier*[12] (2019) § 626 BGB Rn. 349. Abweichend für den Fall, dass der Fall komplexe Rechtsfragen aufwirft, *Dzida* NZA 2014, S. 809, 811 und zum Beispiel ErfK/*Niemann*[21] (2021) § 626 BGB Rn. 210.

1114 Nur BAG Urt. v. 10.6.1988 – 2 AZR 25/88, NZA 1989, S. 105; Staudinger/*Preis* (2019) § 626 BGB Rn. 290. Verfehlt deshalb LAG Frankfurt Urt. v. 12.3.1987 – 9 Sa 1473/86, LAGE Nr. 1 zu § 626 BGB Ausschlussfrist und LAG Niedersachsen Urt. v. 16.9.2005 – 16 Sa 225/05, NZA-RR 2006, S. 131, wonach ein Aufklärungszeitraum von drei bzw. zwei Monaten „in der Regel" zu lang ist.

1115 Dazu näher oben S. 145 ff.

1116 Wie vor.

Regelanhörungsfrist ist richterrechtlich festgelegt.[1117] Man mag sie als wahllos kritisieren.[1118] Als „einzelfallflexible“ Leitlinie verstanden, ist sie zu begrüßen.[1119] Der Beginn der einwöchigen Anhörungsfrist richtet sich seinerseits nach dem Kenntnisstand des Kündigungsberechtigten.[1120] Bedarf es, was der Normalfall sein dürfte, anhörungsvorbereitender Nachforschungen, läuft die Frist (erst) mit deren (zügig herbeigeführtem) Abschluss an.[1121] Das ist nur konsequent, wenn man vom Arbeitgeber im Interesse des Arbeitnehmers einfordert, diesen einlassungsermöglichend anzuhören.[1122] Muss der Arbeitnehmer erneut – unter Umständen nach weiteren indizierten Ermittlungen –[1123] angehört werden, hat auch dies kurzfristig zu geschehen.[1124]

1117 Vergleiche etwa *Zborowska* Außerordentliche Verdachtskündigung (2015), S. 268.

1118 So zum Beispiel *Hahn* Verdachtskündigung unter Berücksichtigung einer gesetzlichen Regelung (2004), S. 112; *Ebeling* Kündigung wegen Verdachts (2006), S. 162/163; *Zborowska* Außerordentliche Verdachtskündigung (2015), S. 268.

1119 Wie hier etwa *Hoefs* Verdachtskündigung (2001), S. 226/227; *Belling* RdA 1996, S. 223, 235. Vergleiche auch BAG Urt. v. 15.5.1987 – 7 AZR 262/86, BeckRS 1987, 30721534, zu II. 2.: „Eine feste Frist, innerhalb derer die Anhörung des Arbeitnehmers vorzunehmen ist, gibt es zwar auch nach der Rechtsprechung des *BAG* nicht. Der Zweite Senat des *BAG* hat lediglich wiederholt entschieden (…), daß die Zeitspanne, in der die Anhörung stattzufinden hat, ‚im Allgemeinen‘ bzw. ‚regelmäßig‘ auf höchstens eine Woche zu bemessen sei. Diese Höchstgrenze von einer Woche ist nach der angeführten Rechtsprechung des Zweiten Senats, der sich der erkennende Senat anschließt, nur als *ungefährer Anhaltspunkt, d. h. als Richtwert für solche Fälle zu verstehen, in der […] für eine längere Frist sprechende Gründe fehlen.*“ Hervorhebungen des Verfassers.

1120 BAG Urt. v. 1.6.2017 – 6 AZR 720/15, NZA 2017, S. 1332, 1339; Urt. v. 5.6.2008 – 2 AZR 25/07, NZA-RR 2009, S. 69, 71; Urt. v. 27.1.2011 – 2 AZR 825/09, NZA 2011, S. 798, 800.

1121 *Busch* MDR 1995, S. 217, 219; *Lücke* BB 1998, S. 2259, 2260; *Hoefs* Verdachtskündigung (2001), S. 194/195, 226/227; *Lunk* NJW 2010, S. 2753, 2755; *Lembke* RdA 2013, S. 82, 87; APS/*Vossen*[6] (2021) § 626 BGB Rn. 129, 130, 361 ff. Unklar BAG Urt. v. 6.7.1972 – 2 AZR 386/71 AP Nr. 3 zu § 626 BGB Ausschlußfrist Ls. 3; *Eylert/Friedrichs* DB 2007, S. 2203, 2206.

1122 Vergleiche oben S. 147 f.

1123 Eine weitere (mündliche) Anhörung kann auch geboten sein, weil die zunächst eingeholte schriftliche Stellungnahme des Arbeitnehmers dem Arbeitgeber noch keine hinreichende Kenntnis der maßgebenden Tatsachen verschafft hat, BAG Urt. v. 12.2.1973 – 2 AZR 116/72, AP Nr. 6 zu § 626 BGB.

1124 ErfK/*Niemann*[21] (2021) § 626 BGB Rn. 211.

d) *Zwischenfazit*

aa) Als Regel gilt danach: Die Ausschlussfrist des § 626 II BGB beginnt mit dem Zeitpunkt, in dem die (letzte) Verdachtsanhörung fristwahrend, also grundsätzlich binnen einer Woche nach Abschluss vorbereitender Aufklärungsmaßnahmen, durchgeführt worden ist.[1125]

bb) So verhält es sich freilich nur, wenn die der Anhörung vorgeschaltete[1126] Aufklärung nach pflichtgemäßem Ermessen notwendig erscheint und der Arbeitgeber sie zielstrebig vorangetrieben hat.[1127] Verzögert der Kündigende (erforderliche) Ermittlungen sachwidrig, läuft die Erklärungsfrist, sobald jene ohne schuldhaftes Zögern nach den Umständen des Einzelfalls abgeschlossen worden wären.[1128] Hört der Arbeitgeber den Arbeitnehmer (nach bis dato sachgemäßer Aufklärung) nicht innerhalb der einschlägigen Wochenfrist an, beginnt mit deren Ablauf die Ausschlussfrist des § 626 II BGB.[1129] Die Kenntnis der maßgebenden Tatsachen ist gegebenenfalls unter Rückgriff auf § 162 I BGB zu fingieren.[1130] Die Gegenmeinung, der zufolge eine nach verschleppter Sachverhaltsaufklärung ausgesprochene (Verdachts-)Kündigung an § 626 I BGB scheitert,[1131] ist abzulehnen. Zwar liegt es durchaus nicht fern, einem fraglichen Arbeitgeber vorzuhalten, sein Vorgehen zeige, dass ihm wenigstens eine befristete Weiterbeschäftigung des verdächtigen Arbeitnehmers zumutbar sei.[1132] Unklar bleibt jedoch, welche Verzögerungsdauer eine entsprechende Bewertung trägt.[1133] Insofern mit Verweis auf § 626 II BGB pauschal zwei Wochen zu veranschlagen,[1134] überzeugt nicht.[1135]

1125 BAG Urt. v. 6.7.1972 – 2 AZR 386/71, AP Nr. 3 zu § 626 BGB Ausschlußfrist; Urt. v. 2.3.2006 – 2 AZR 46/05, NZA 2006, S. 1211, 1214; Urt. v. 27.1.2011 – 2 AZR 825/09, NZA 2011, S. 798, 799; *Hoefs* Verdachtskündigung (2001), S. 226; *Ebeling* Kündigung wegen Verdachts (2006), S. 193; *Lembke* RdA 2013, S. 82, 90; *Eylert* NZA-RR 2014, S. 393, 405; *Kalb* ZfA 2016, S. 467, 476; Staudinger/*Preis* (2019) § 626 BGB Rn. 291.

1126 Vergleiche oben S. 145 ff.

1127 *Zborowska* Außerordentliche Verdachtskündigung (2015), S. 265, 269.

1128 Vergleiche BAG Urt. v. 31.3.1993 – 2 AZR 492/92, NZA 1994, S. 409, 411.

1129 KR/*Fischermeier*[12] (2019) § 626 BGB Rn. 349.

1130 LAG Berlin-Brandenburg Urt. v. 30.6.1997 – 9 Sa 43/97, NZA-RR 1997, S. 424, 428; *Zborowska* Außerordentliche Verdachtskündigung (2015), S. 271/272. Vergleiche auch schon *Belling* RdA 1996, S. 223, 235.

1131 *Ebeling* Kündigung wegen Verdachts (2006), S. 199 ff.

1132 *Zborowska* Außerordentliche Verdachtskündigung (2015), S. 271.

1133 *Zborowska* Außerordentliche Verdachtskündigung (2015), S. 271.

1134 In diese Richtung KR/*Fischermeier*[12] (2019), § 626 BGB Rn. 349.

1135 *Zborowska* Außerordentliche Verdachtskündigung (2015), S. 271.

e) Abwarten des Fort- und Ausgangs eines parallel laufen Strafverfahrens

Dem Arbeitgeber steht es nach bundesarbeitsgerichtlicher Rechtsprechung frei, statt selbst zu ermitteln, zunächst den Fort- und Ausgang eines Strafverfahrens abzuwarten, falls ein solches gegen den Arbeitnehmer wegen der mutmaßlichen Tat geführt wird.[1136] Warte der Arbeitgeber ab, verliere er dadurch nicht sein außerordentliches Kündigungsrecht.[1137] Dem ist im Ausgangspunkt zuzustimmen, weil sich die Entscheidungen der Strafverfolgungsorgane auf die Dringlichkeit des gegen den Arbeitnehmer bestehenden Pflichtverletzungsverdachts auswirken, sie die Gewissheit hinsichtlich der Tatbegehung beeinflussen können.[1138] Für wie wahrscheinlich die Staatsanwaltschaften und/oder Strafgerichte welchen Tathergang halten, sind maßgebende Tatsachen im Sinne des § 626 II BGB.[1139] Das strafrechtliche Werturteil ist hingegen irrelevant.[1140]

„Lässt der Arbeitgeber ermitteln", ist allerdings – erstens – weiter zu beachten, dass ihn der Entschluss, wenn dieser für den Arbeitnehmer erkennbar ist,[1141] gemäß § 242 BGB[1142] insofern „bindet", als er nicht zu einem willkürlich

---

1136 BAG Urt. v. 29.7.1993 – 2 AZR 90/93, NZA 1994, S. 171, 174; Urt. v. 27.1.2011 – 2 AZR 825/09, NZA 2011, S. 798, 799/800; Urt. v. 2.3.2017 – 2 AZR 698/15, NZA 2017, S. 1051, 1056.

1137 BAG Urt. v. 29.7.1993 – 2 AZR 90/93, NZA 1994, S. 171, 174; Urt. v. 27.1.2011 – 2 AZR 825/09, NZA 2011, S. 798, 799/800. Abweichend für den Fall, dass der Arbeitnehmer bereits gestanden hat LAG Düsseldorf Beschl. v. 17.1.1981 – 8 TaBV 27/80, juris.

1138 So auch statt vieler BAG Urt. v. 18.11.1999 – 2 AZR 852/98, NZA 2000, S. 381, 383.

1139 Vergleiche BAG Urt. v. 24.4.1975 – 2 AZR 118/74, AP Nr. 3 zu § 103 BetrVG 1972; Beschl. v. 19.9.1991 – 2 ABR 14/91, Rn. 30 juris; Urt. v. 5.6.2008 – 2 AZR 234/07, NZA-RR 2008, S. 630, 633; Urt. v. 24.5.2012 – 2 AZR 206/11, NZA 2013, S. 137, 139; Urt. v. 25.10.2012 – 2 AZR 700/11, NZA 2013, S. 371, 372; Urt. v. 2.3.2017 – 2 AZR 698/15, NZA 2017, S. 1051, 1052/1053; Staudinger/*Preis* (2019) § 626 BGB Rn. 227.

1140 Insofern verfehlt (allerdings eine Tatkündigung betreffend) BAG Urt. v. 29.7.1993 – 2 AZR 90/93, NZA 1994, S. 171, 174 [Der Arbeitgeber könne den Ausgang des Strafverfahrens allein deshalb abwarten, weil es ihm auf das Werturteil ankomme, das mit einer Verurteilung des Arbeitnehmers verbunden sei]. Auf der gleichen Linie BAG Urt. v. 11.3.1976 – 2 AZR 29/75, Rn. 15 a. E. juris; Urt. v. 14.2.1996 – 2 AZR 274/95, NZA 1996, S. 873, 874.

1141 *Zborowska* Außerordentliche Verdachtskündigung (2015), S. 275.

1142 *Zborowska* Außerordentliche Verdachtskündigung (2015), S. 275, die allerdings zu eng mit vergleichendem Verweis auf *Hoefs* Verdachtskündigung (2001), S. 230 konkretisiert, die beim Arbeitnehmer erzeugte Vertrauenserwartung bestehe darin, dass er eine Kündigung nur zu befürchten habe, falls sich die Verdachtsgrundlage „aufgrund von Maßnahmen oder Erkenntnissen der Strafverfolgungsorgane"

gewählten Zeitpunkt selbst ermittelnd tätig werden und/oder (direkt) eine außerordentliche Verdachtskündigung aussprechen darf.[1143] Hierfür braucht es vielmehr seinerseits eines sachlichen Grunds.[1144] Als solcher kommt jede im Strafverfahren oder abseits dessen gewonnene störungsintensivierende Erkenntnis in Betracht.[1145] Der Arbeitgeber kann sie zum Beispiel aufgrund der Einsichtnahme von Ermittlungsakten[1146], dem Erlass eines Haft- oder Strafbefehls[1147], der Erhebung der öffentlichen Klage oder einer strafgerichtlichen Verurteilung[1148] gewinnen. Zweitens: Ein an- bzw. rechtshängiges Strafverfahren schiebt den Fristbeginn des § 626 II BGB nicht auf, wenn der Arbeitgeber bereits einen für eine außerordentliche Verdachtskündigung hinreichenden Kenntnisstand hat.[1149] Vielmehr wird der Fristlauf ausgelöst, sobald der Arbeitgeber jenen erreicht. [1150] Verzichtet der Arbeitgeber zunächst auf eine außerordentliche Verdachtskündigung, ist eine spätere mit § 626 II BGB deshalb nur zu vereinbaren, wenn während des Strafverfahrens oder nach dessen Ende neue, störungsintensivierende Umstände bekannt werden.[1151] Dann beginnt die Erklärungsfrist – vorbehaltlich weiteren Ermittlungsbedarfs und einer noch

---

ändere. Störungsintensivierende Erkenntnisse kann der Arbeitgeber – ohne zu ermitteln – auch abseits des laufenden Strafverfahrens gewinnen und zum Anlass eigener Ermittlungen oder einer Kündigung nehmen [in diese Stoßrichtung auch *Lembke* RdA 2013, S. 82, 90/91].

1143 BAG Urt. v. 27.1.2011 – 2 AZR 825/09, NZA 2011, S. 798, 799/800.

1144 BAG Urt. v. 29.7.1993 – 2 AZR 90/93, NZA 1994, S. 171, 174.

1145 BAG Urt. v. 27.1.2011 – 2 AZR 825/09, NZA 2011, S. 798, 799/800; *Lembke* RdA 2013, S. 82, 91.

1146 LAG Bremen Urt. v. 3.4.2008 – 3 Sa 207/07, Rn. 118 ff. juris.

1147 LAG München Urt. v. 19.3.2009 – 3 Sa 25/09, Rn. 31 juris.

1148 BAG Urt. v. 18.11.1999 – 2 AZR 852/98, NZA 2000, S. 381; Urt. v. 22.11.2012 – 2 AZR 732/11, NZA 2013, S. 665, 668 [für einen Fall, in dem es auf Kenntniserlangung vom Inhalt der Entscheidungsgründe ankam]; Urt. v. 2.3.2017 – 2 AZR 698/15, NZA 2017, S. 1051, 1056.

1149 BAG Urt. v. 29.7.1993 – 2 AZR 90/93, NZA 1994, S. 171, 174; *Zborowska* Außerordentliche Verdachtskündigung (2015), S. 274/275. Vergleiche BAG Urt. v. 27.2.2020 – 2 AZR 570/19, Rn. 30 juris.

1150 BAG Urt. v. 29.7.1993 – 2 AZR 90/93, NZA 1994, S. 171, 174; *Zborowska* Außerordentliche Verdachtskündigung (2015), S. 274/275. Vergleiche BAG Urt. v. 27.2.2020 – 2 AZR 570/19, Rn. 30 juris.

1151 *Zborowska* Außerordentliche Verdachtskündigung (2015), S. 276 ff.

durchzuführenden Verdachtsanhörung – bei Bekanntwerden (je)des entsprechenden Umstands zu laufen.[1152]

f) Fazit

Verdichtend lässt sich also festhalten:

aa) Die zweiwöchige Ausschlussfrist des § 626 II BGB beginnt für eine außerordentliche Verdachtskündigung zu laufen, sobald der Arbeitgeber die „maßgebenden Tatsachen" kennt. Dazu muss er positive Kenntnis von hinreichenden Verdachtsmomenten haben und die Sachlage gesamtwürdigen können.

bb) Solange der Arbeitgeber sachgemäße Aufklärungsbemühungen unternimmt, beginnt die Erklärungsfrist nicht zu laufen. Die Ermittlungen sind sachgemäß, falls sie voraussichtlich dazu beitragen können, das bis dato im Dunkeln liegende Geschehen aufzuhellen und sie ohne schuldhaftes Zögern durchgeführt werden. Der Maßstab entspricht einer einzelfallbezogenen Willkürkontrolle.

cc) Ermittelt der Arbeitgeber durchweg sachgemäß, läuft die Ausschlussfrist nach § 626 II BGB (erstmals) mit Abschluss des ihm obliegenden Anhörungsverfahrens an. Dieser ist – möglichst – binnen einer Woche nach Ende der vorbereitenden Aufklärung herbeizuführen. Im Falle sachwidriger Verzögerungen der Aufklärung ist Fristbeginn der Zeitpunkt, zu dem die nach pflichtgemäßem Ermessen notwendigen Ermittlungen ohne schuldhaftes Zögern abgeschlossen worden wären.

dd) Dem Arbeitgeber ist es unbenommen, zunächst von eigenen Ermittlungen abzusehen und den Fort- bzw. Ausgang eines etwaigen, den potentiellen Kündigungssachverhalt betreffenden Strafverfahrens abzuwarten. Entscheidet er sich – erkennbar – dafür, darf er nicht willkürlich eigene Ermittlungen aufnehmen und/oder (unmittelbar) kündigen. Die Initiative darf der Arbeitgeber nur ergreifen, nachdem er durch das Strafverfahren bzw. abseits dessen von störungsintensivierenden Umständen Kenntnis erlangt hat. Gegebenenfalls beginnt die Erklärungsfrist mit (jeweiligen) Kenntnisnahme, freilich nur, falls die ihm zumutbare bzw. sachgemäße Aufklärung im Übrigen abgeschlossen ist.

1152 Im Ergebnis BAG Urt. v. 5.6.2008 – 2 AZR 234/07, NZA-RR 2008, S. 630, 632; Urt. v. 27.1.2011 – 2 AZR 825/09, NZA 2011, S. 798, 799/800; *Lembke* RdA 2013, S. 82, 91.

ee) Die Gemengelage von Erklärungsfrist und außerordentlicher Verdachtskündigung ist komplex, weil der Arbeitgeber vor letzterer typischerweise einen dynamischen und diskontinuierlichen Erkenntnisprozess durchläuft.[1153] Alles ist „im Fluss"[1154]. Es gibt namentlich nicht notwendig nur einen fixen Zeitpunkt, in dem der Verdacht „dringend genug" erscheint, um eine sofortige Entlassung des Arbeitnehmers zu rechtfertigen.[1155] Infolgedessen kann die Ausschlussfrist des § 626 II BGB – im Zusammenhang mit einem erheblichen Gewissheitszuwachs die vermutete Tat des Arbeitnehmers betreffend – mehrfach zu laufen beginnen.[1156] Der Arbeitgeber hat im Einzelfall die Möglichkeit, über einen unter Umständen beträchtlichen Zeitraum hinweg mehrere Verdachtskündigungen wegen derselben vermuteten Tat zu erklären.[1157] Das ist mit dem eingangs benannten Zweck des § 626 II BGB, für den von der einschneidenden Entlassung bedrohten Arbeitnehmer rasch klare Verhältnisse zu schaffen, nur schwer in Einklang zu bringen.[1158] Andererseits: Es liegt auch und gerade im Interesse des (allein schutzwürdigen unschuldigen)[1159] Arbeitnehmers, dass dem Arbeitgeber Anreize geboten sind, eine außerordentliche Verdachtskündigung zurückzuhalten und eine möglichst umfassende Aufklärung des tatsächlichen Geschehens abzuwarten.[1160] Das ist Grund genug, die (Rechts-) Unsicherheiten hinzunehmen.

1153 Vergleiche BAG Urt. v. 5.6.2008 – 2 AZR 234/07, NZA-RR 2008, S. 630, 632; *Eylert* NZA-RR 2014, S. 393, 406.

1154 *Hahn* Verdachtskündigung unter Berücksichtigung einer gesetzlichen Regelung (2004) S. 108. Zur Formulierung auch *Lunk* Anm. zu BAG Urt. v. 12.2.2015 – 6 AZR 845/13, AP Nr. 1 zu § 22 BBiG, zu I. 4.

1155 BAG Urt. v. 5.6.2008 – 2 AZR 234/07, NZA-RR 2008, S. 630, 632; *Lembke* RdA 2013, S. 82, 91; *Zborowska* Außerordentliche Verdachtskündigung (2015), S. 278.

1156 BAG Urt. v. 5.6.2008 – 2 AZR 234/07, NZA-RR 2008, S. 630, 632; *Lembke* RdA 2013, S. 82, 91; *Zborowska* Außerordentliche Verdachtskündigung (2015), S. 278.

1157 BAG Urt. v. 27.1.2011 – 2 AZR 825/09, NZA 2011, S. 798, 799/800.

1158 Vergleiche auch *Zborowska* Außerordentliche Verdachtskündigung (2015), S. 273.

1159 Der „schuldige" Arbeitnehmer profitiert unweigerlich auch, wenn der Arbeitgeber einen Anreiz hat, das Arbeitsverhältnis länger fortzusetzen, als er müsste.

1160 *Eylert* NZA-RR 2014, S. 393, 406; *Zborowska* Außerordentliche Verdachtskündigung (2015) S. 273. Vergleiche auch BAG Urt. v. 27.2.2020 – 2 AZR 570/19, Rn. 31 juris.

V. Betriebsratsanhörung, § 102 BetrVG

Bisher wurden materielle Prüfkriterien einer außerordentlichen Verdachtskündigung betrachtet. Nunmehr soll noch § 102 BetrVG in den Blick genommen werden. Die Vorschrift regelt das formelle Wirksamkeitserfordernis der Durchführung einer ordnungsgemäßen Betriebsratsanhörung.

1. Allgemeines

a) Anhörungspflicht und Mitwirkungsrecht

Gemäß § 102 I 1 BetrVG ist in Betrieben, in denen ein Betriebsrat gebildet ist, dieser vor jeder (Verdachts-)Kündigung anzuhören. Unterlässt der Arbeitgeber eine ordnungsgemäße Anhörung, ist die Kündigung gemäß § 102 I 3 BetrVG unwirksam.[1161] Anders verhält es sich nur bei Anhörungsfehlern, die in der Sphäre des Betriebsrats wurzeln.[1162] § 102 I BetrVG ist der „Kern eines präventiven, kollektiv-rechtlichen Kündigungsschutzes"[1163]. Die Anhörung soll dem Betriebsrat ermöglichen, die Kündigungsentschließung zu beeinflussen.[1164] Nicht bezweckt ist eine Rechtmäßigkeitskontrolle der beabsichtigten Kündigung.[1165] § 102 BetrVG stattet den Betriebsrat (lediglich) mit einem Mitwirkungsrecht aus;[1166] eine Stellungnahme bindet den Arbeitgeber nicht.[1167]

b) Abstrakt verpflichtender Unterrichtungsumfang

Hat der Arbeitgeber den Entschluss gefasst, einen Arbeitnehmer wegen Verdachts fristlos zu entlassen, muss er, bevor die außerordentliche Verdachtskündigung seinen Einflussbereich verlässt, dem Betriebsrat gemäß § 102 I 2 BetrVG die Gründe für diese mitteilen.[1168] Der den Kündigungsentschluss veranlassende Sachverhalt ist so zu beschreiben, dass sich der Betriebsrat „ohne zusätzliche eigene Nachforschungen ein Bild über die

1161 BAG Urt. v. 4.8.1975 – 2 AZR 266/74, AP Nr. 4 zu § 102 BetrVG 1972.
1162 Statt aller ErfK/*Kania*[21] (2021) § 102 BetrVG Rn. 26 mit weiteren Nachweisen.
1163 *Preis/Temming* Individualarbeitsrecht[6] (2020), Rn. 2661.
1164 BAG Urt. v. 16.7.2015 – 2 AZR 15/15, NZA 2016, S. 99, 100 mit weiteren Nachweisen.
1165 BAG Urt v. 16.7.2015 – 2 AZR 15/15, NZA 2016, S. 99, 100 mit weiteren Nachweisen.
1166 KR/*Rinck*[12] (2019) § 102 BetrVG Rn. 8.
1167 *Preis/Temming* Individualarbeitsrecht[6] (2020), Rn. 2661.
1168 Zu letzterem KR/*Rinck*[12] (2019) § 102 BetrVG Rn. 68.

Stichhaltigkeit Kündigungsgründe machen und beurteilen kann“[1169], ob Bedenken bestehen bzw. zu erheben sind.[1170] Der verpflichtende Unterrichtungsinhalt ist, weil der Betriebsrat (hier) kein Kontrollmandat hat, grundsätzlich subjektiv determiniert.[1171] Der Arbeitgeber muss dem Betriebsrat nicht alle objektiv kündigungsrechtlich erheblichen, sondern nur die seine Willensbildung tatsächlich[1172] bestimmenden Umstände mitteilen.[1173] Dieser Grundsatz der subjektiven Determinierung ist indes durch das *telos* von § 102 BetrVG begrenzt.[1174] Der Arbeitgeber darf dem Betriebsrat deshalb insbesondere[1175] keine ihm bekannten Informationen vorenthalten, die sich – objektiv gesehen – zugunsten des Arbeitnehmers auswirken können.[1176]

2. *Besonderheiten bei außerordentlicher Verdachtskündigung*

a) *Konkret verpflichtender Unterrichtungsumfang*

Konkret ist der zu einer außerordentlichen Verdachtskündigung entschlossene Arbeitgeber regelmäßig verpflichtet, dem Betriebsrat zunächst den Namen des Arbeitnehmers und die relevanten Sozialdaten, vor allem die Dauer der Betriebszugehörigkeit,[1177] zu

1169 BAG Urt. v. 13.12.2018 – 2 AZR 378/18, NZA 2019, S. 305, 307.

1170 BAG Urt. v. 2.3.1989 – 2 AZR 280/88, NZA 1989, S. 755, 756; Urt. v. 12.9.2013 – 6 AZR 121/12, NZA 2013, S. 1412, 1414.

1171 BAG Urt. v. 8.8.1985 – 2 AZR 464/84, NZA 1986, S. 679, 681; Urt. v. 22.9.1994 – 2 AZR 31/94, NZA 1995, S. 363, 364/365; Urt. v. 23.6.2009 – 2 AZR 474/07, AP Nr. 47 zu § 626 BGB Verdacht strafbarer Handlung.

1172 Ob sie rechtlich ausreichen, ist nicht entscheidend, KR/*Rinck*[12] (2019) § 102 BetrVG Rn. 83.

1173 BAG Urt. v. 23.6.2009 – 2 AZR 474/07, AP Nr. 47 zu § 626 BGB Verdacht strafbarer Handlung; Urt. v. 21.11.2013 – 2 AZR 797/11, NZA 2014, S. 243, 245.

1174 BAG Urt. v. 16.7.2015 – 2 AZR 15/15, NZA 2016, S. 99, 100/101.

1175 Unzulässig ist zum Beispiel ferner eine „Mitteilung von Scheingründen oder die unvollständige Mitteilung der Kündigungsgründe unter bewusster Verschweigung des wahren Kündigungssachverhalts“ [BAG Urt. v. 10.11.2005 – 2 AZR 44/05 NZA 2006, S. 655, 658; auch APS/*Koch*[6] (2021) § 102 BetrVG Rn. 89, 91]. Informationen, die der Betriebsrat bereits hat, braucht der Arbeitgeber nicht erwähnen, BAG Urt. v. 16.7.2015 – 2 AZR 15/15, NZA 2016, S. 99, 101.

1176 BAG Urt. v. 16.7.2015 – 2 AZR 15/15, NZA 2016, S. 99, 101.

1177 Andere Sozialdaten wie das Alter des betroffenen Arbeitnehmers oder seine Unterhaltspflichten sind für eine Verdachtskündigung grundsätzlich nicht erheblich [oben S. 166 ff.] und müssen folgerichtig in der Regel nicht dargestellt werden. Anders etwa

nennen.[1178] Die Kündigungsart ist zu bezeichnen.[1179] Wegen ihrer Eigenständigkeit[1180] hat der Arbeitgeber deutlich zu machen, ob er die Stellungnahme zu einer Verdachts- und[1181]/oder einer Tatkündigung einholt – eines ausdrücklichen Hinweises bedarf es zwar nicht;[1182] der Anhörung bzw. deren Umständen muss jedoch entnommen werden können, dass der Arbeitgeber das arbeitsvertragsbezogene Vertrauensverhältnis gerade (auch) wegen des Verdachts einer schwerwiegenden Pflichtverletzung des Arbeitnehmers für beeinträchtigt hält.[1183]

Durch pauschale Angaben oder bloße Werturteile wird der Arbeitgeber seiner Pflicht zur substantiierten Mitteilung nicht gerecht.[1184] Dem Betriebsrat sind sämtliche Umstände darzulegen, die aus Arbeitgebersicht den dringenden

---

BAG Urt. v. 2.3.1989 – 2 AZR 280/88, AP Nr. 101 zu § 626 BGB; Urt. v. 6.10.2005 – 2 AZR 280/04, NZA 2006, S. 431, 434; *Zborowska* Verdachtskündigung (2015), S. 288/289; auch APS/*Koch*[6] (2021) § 102 BetrVG Rn. 94 ff.

1178 BAG Urt. v. 15.11.1995 – 2 AZR 974/94, NZA 1996, S. 419, 421; Urt. v. 23.10.2014 – 2 AZR 736/13, AP Nr. 168 zu § 102 BetrVG 1972.

1179 BAG Urt. v. 29.8.1991 – 2 AZR 59/91, NZA 1992, S. 416.

1180 Die Anhörung des Betriebsrats zu einer geplanten Tatkündigung beinhaltet oder ersetzt nicht diejenige zu einer beabsichtigten Verdachtskündigung [nur BAG Urt. v. 10.9.1982 – 7 AZR 201/80, Rn. 16 juris; Urt. v. 3.4.1986 – 2 AZR 324/85, NZA 1986, S. 677/678; *Hoefs* Verdachtskündigung (2001), S. 210]. Die Unterscheidung wäre infolge der Anerkennung einer vereinenden „Vertrauenskündigung" [dazu oben S. 114 ff.] hinfällig [vergleiche *Kalb* ZfA 2016, S. 467, 478].

1181 Aus praktischer Sicht dürfte eine kumulative Anhörung in der Regel zweckmäßig sein [*Lembke* RdA 2013, S. 82, 91]. Bereits durch die Gestaltung des Anhörungsschreibens [die Unterrichtung des Betriebsrats kann freilich auch mündlich erfolgen, nur BAG Urt. v. 23.6.2009 – 2 AZR 474/07, NZA 2009, S. 1136, 1140] sollte die Eigenständigkeit von Verdachts- und Tatkündigung zum Beispiel abgliedernd verdeutlicht werden [*Langner/Witt* DStR 2008, S. 825, 829].

1182 Anders *Griese* BB 1990, S. 1899, 1901.

1183 Instruktiv BAG Urt. v. 29.6.1989 – 2 AZR 456/88, Rn. 25 ff. juris; ferner Urt. v. 20.6.2013 – 2 AZR 546/12, NZA 2014, S. 143, 148; LAG Köln Urt. v. 14.9.2007 – 11 Sa 259/07, Rn. 127 juris; LAG Hamm Urt. v. 24.7.2019 – 4 Sa 143/19, Rn. 69 juris; *Hoefs* Verdachtskündigung (2001), S. 210/211; *Ebeling* Kündigung wegen Verdachts (2006), S. 202; *Lunk* NJW 2010, S. 2753, 2757; *Lembke* RdA 2013, S. 82, 91; *Eylert* NZA-RR 2014, S. 393, 407; *Zborowska* Außerordentliche Verdachtskündigung (2015), S. 280. Auch ArbG Lübeck Urt. v. 28.6.2002 – 3 Ca 939/02, NZA-RR 2002, S. 585 [es könne nicht dem Betriebsrat überlassen bleiben, Vermutungen darüber anzustellen, ob eine Verdachts- oder eine Tatkündigung beabsichtigt sei].

1184 *Busch* MDR 1995, S. 217, 220; *Hoefs* Verdachtskündigung (2001), S. 217. Vergleiche auch BAG Urt. v. 21.7.2005 – 6 AZR 498/04 NZA-RR 2006, S. 331, 332.

Verdacht einer schwerwiegenden Pflichtverletzung begründen.[1185] Unverzichtbar ist eine vollständige Schilderung der zur Aufklärung des Sachverhalts ergriffenen Maßnahmen.[1186] Trotz § 102 II 4 BetrVG ist es ferner zwingend erforderlich, den Betriebsrat darüber in Kenntnis zu setzen, ob und gegebenenfalls wie sich der Arbeitnehmer in seiner Verdachtsanhörung eingelassen hat, selbst wenn etwaige Erklärungs-, Rechtfertigungs- oder Entschuldigungsversuche nach Auffassung des Arbeitgebers abwegig erscheinen.[1187] Der Arbeitgeber muss keine gesonderten Ausführungen zur Wahrung der Erklärungsfrist nach § 626 II BGB machen; erforderliche, den Kündigungssachverhalt und die Ermittlungsmaßnahmen eingrenzende Zeitangaben müssen aber richtig sein.[1188] Ganz allgemein darf der Arbeitgeber ihm bekannte Entlastungstatsachen weder unterdrücken noch den Sachverhalt verzerren.[1189]

b) Pflicht zur Vorlage von Beweismitteln?

Eine „Beweispflicht" besteht nicht – der Arbeitgeber muss dem Betriebsrat kein Beweismaterial in Gestalt von Objekten des Augenscheins oder Urkunden für seine Darstellung vorlegen und auch keine Zeugen benennen.[1190] Die

---

1185 *Hoefs* Verdachtskündigung (2001), S. 216/217; *Ebeling* Kündigung wegen Verdachts (2006), S. 204; *Langner/Witt* DStR 2008, S. 825, 829; *Seeling/Zwickel* MDR 2008, S. 1020, 1023; *Eylert* NZA-RR 2014, S. 393, 407; *Zborowska* Außerordentliche Verdachtskündigung (2015), S. 289; Richardi/*Thüsing*[16] (2018) § 102 BetrVG Rn. 71; GK-BetrVG/*Raab*[11] (2018) § 102 BetrVG Rn. 97. Vergleiche auch das Beispiel von *Bredemeier* öAT 2014, S. 29, 30 zu § 79 III BPersVG.

1186 *Busch* MDR 1995, S. 217, 220/221; *Hoefs* Verdachtskündigung (2001), S. 217.

1187 LAG Köln Urt. v. 5.6.2000 – 8 (11) Sa 1545/99, Ls. und Rn. 41 ff. juris; *Langner/Witt* DStR 2008, S. 825, 829; *Eylert* NZA-RR 2014, S. 393, 407. Auch *Busch* MDR 1995, S. 217, 220/221; *Hoefs* Verdachtskündigung (2001), S. 217; *Zborowska* Außerordentliche Verdachtskündigung (2015), S. 289/290.

1188 BAG Urt. v. 7.5.2020 – 2 AZR 678/19, Rn. 17 juris. Näher GK-BetrVG/*Raab*[11] (2018) § 102 BetrVG Rn. 98.

1189 BAG Urt. v. 22.9.1994 – 2 AZR 31/94, NZA 1995, S. 363, 365 [Verstoß auch gegen § 2 I BetrVG]; *Busch* MDR 1995, S. 217, 220; *Hoefs* Verdachtskündigung (2001), S. 217; *Ebeling* Kündigung wegen Verdachts (2006), S. 204; *Langner/Witt* DStR 2008, S. 825, 829; *Zborowska* Außerordentliche Verdachtskündigung (2015), S. 289.

1190 Allgemein BAG Urt. v. 22.9.1994 – 2 AZR 31/94, NZA 1995, S. 363, 367; Urt. v. 26.1.1995 – 2 AZR 386/94, NZA 1995, S. 672, 674; aus dem Schrifttum statt vieler *Schwerdtner* Brennpunkte des Arbeitsrechts (2001), S. 243, 250; *Ebeling* Kündigung wegen Verdachts (2006), S. 205; *Zborowska* Außerordentliche Verdachtskündigung (2015), S. 290/291; Richardi/*Thüsing*[16] (2018) § 102 BetrVG Rn. 85; GK-BetrVG/*Raab*[11] (2018) § 102 BetrVG Rn. 97; KR/*Rinck*[12] (2019) § 102 BetrVG Rn. 87. Anders

Gegenauffassung von *Hoefs*, für die er – auf die außerordentliche Verdachtskündigung beschränkt – geltend macht, der Betriebsrat könne deren „Rechtmäßigkeit" nur umfassend überprüfen, wenn ihm eine Bewertung der Wahrscheinlichkeit der Tatbegehung möglich sei, wofür es auf die Beweisbarkeit der Verdachtstatsachen entscheidend ankomme,[1191] überzeugt nicht. Es leuchtet schon nicht ein, warum der Arbeitgeber nur vor einer außerordentlichen Verdachtskündigung verpflichtet sein soll, dem Betriebsrat Beweismittel zugänglich zu machen, stellt sich doch die Frage der Beweisbarkeit des Sachverhalts potentiell auch vor jeder Tatkündigung.[1192] Ferner – und entscheidender – geht *Hoefs* darüber hinweg, dass der Betriebsrat nach § 102 BetrVG nicht in die Lage versetzt werden soll, die Wirksamkeit der beabsichtigten Kündigung zu kontrollieren.[1193] Beweisfragen haben die Tatsachengerichte zu beurteilen; dabei ist im Anhörungszeitpunkt – weil vom prozessualen Vorbringen des Arbeitnehmers abhängig – noch nicht einmal absehbar, ob es dessen überhaupt bedarf.[1194] Eine Vorlagepflicht lässt sich ferner nicht aus § 80 II BetrVG ableiten.[1195] Nach § 80 II 2 BetrVG sind dem Betriebsrat zwar auf Verlangen jederzeit die zur Durchführung seiner Aufgaben erforderlichen Unterlagen zur Verfügung zu stellen. Die Vorschrift bezieht sich allerdings, wie sich aus ihrer systematischen Stellung ergibt, auf die in § 80 I BetrVG aufgezählten „allgemeinen Aufgaben", nicht jedoch auf das im fünften Abschnitt (§§ 92 bis 105) des vierten Teils (§§ 74 bis 113) des BetrVG

---

etwa *Hoefs* Verdachtskündigung (2001), S. 217 ff. Implizit BAG Urt. v. 21.11.2013 – 2 AZR 797/11, NZA 2014, S. 243, 246 f. Eine andere Frage ist, ob die Vorlage der sichergestellten Beweise zweckmäßig ist; hierfür etwa *Busch* MDR 1995, S. 217, 220 mit Fn. 6; *Ebeling* Kündigung wegen Verdachts (2006), S. 205.

1191 *Hoefs* Verdachtskündigung (2001), S. 218 im Anschluss an ArbG Darmstadt Beschl. v. 15.1.1986 – 7 BV 7/85, AiB 1986, S. 118, 119 und der dort veröffentlichten Anmerkung von *Trittin*.

1192 *Ebeling* Kündigung wegen Verdachts (2006), S. 205; *Zborowska* Außerordentliche Verdachtskündigung (2015), S. 291.

1193 BAG Urt. v. 22.9.1994 – 2 AZR 31/94, NZA 1995, S. 363, 367 [keine Vermengung der formellen Wirksamkeitsvoraussetzungen der Anhörung mit der gerichtlichen Überprüfung der Kündigungsgründe]; Urt. v. 26.1.1995 – 2 AZR 386/94, NZA 1995, S. 672, 674; *Ebeling* Kündigung wegen Verdachts (2006), S. 205; *Zborowska* Außerordentliche Verdachtskündigung (2015), S. 291.

1194 BAG Urt. v. 22.9.1994 – 2 AZR 31/94, NZA 1995, S. 363, 367; Urt. v. 26.1.1995 – 2 AZR 386/94, NZA 1995, S. 672, 674; *Ebeling* Kündigung wegen Verdachts (2006), S. 205; *Zborowska* Außerordentliche Verdachtskündigung (2015), S. 291.

1195 BAG Urt. v. 26.1.1995 – 2 AZR 386/94, NZA 1995, S. 672, 674; *Zborowska* Außerordentliche Verdachtskündigung (2015), S. 291.

besonders geregelte Mitwirkungsrecht aus § 102 BetrVG.[1196] Diese Auslegung kann ihrerseits auf § 99 I 1 BetrVG gestützt werden, wonach der Arbeitgeber dem Betriebsrat vor jeder „Einstellung, Eingruppierung, Umgruppierung und Versetzung" einschlägige Unterlagen vorzulegen hat – in § 102 BetrVG fehlt eine entsprechende Vorgabe.[1197]

c) Stellungnahmefrist

Nachdem der Arbeitgeber den Betriebsrat ordnungsgemäß im dargestellten Sinn unterrichtet hat, kann der Betriebsrat gemäß § 102 II 3 BetrVG (in Verbindung mit § 187 I BGB, § 188 I, II BGB)[1198] binnen drei Tagen schriftlich Stellung nehmen. Die dreitägige Frist gilt im Falle der Betriebsratsanhörung zu einer beabsichtigten außerordentlichen Verdachtskündigung. Bei der Anhörung zu einer – nach hier vertretener Auffassung im Anwendungsbereich des KSchG unzulässigen –[1199] ordentlichen Verdachtskündigung wäre die Wochenfrist aus § 102 II 1 BetrVG einschlägig. Mit Blick auf die Verdachtsanhörung und § 626 II BGB muss der Arbeitgeber einplanen, dass der Betriebsrat die ihm eingeräumte Frist zur – unverbindlichen – Stellungnahme voll ausschöpft.[1200] Vor deren Ablauf darf der Arbeitgeber nur kündigen, wenn sich der Betriebsrat abschließend geäußert hat.[1201] Ein betriebsverfassungsrechtlicher Weiterbeschäftigungsanspruch besteht gemäß § 102 V BetrVG allenfalls nach einer etwaigen ordentlichen Verdachtskündigung.[1202]

d) Nachschieben des Verdachts bzw. der Tat als Kündigungsgrund

aa) Problemaufriss

Abschließend noch zum Problem des Nachschiebens des Verdachts bzw. der Tat als Kündigungsgrund. Was ist damit gemeint? Ein Nachschieben von

---

1196 BAG Urt. v. 26.1.1995 – 2 AZR 386/94, NZA 1995, S. 672, 674; *Ebeling* Kündigung wegen Verdachts (2006), S. 205; *Zborowska* Außerordentliche Verdachtskündigung (2015), S. 291.

1197 BAG Urt. v. 26.1.1995 – 2 AZR 386/94, NZA 1995, S. 672, 674; *Ebeling* Kündigung wegen Verdachts (2006), S. 205; *Zborowska* Außerordentliche Verdachtskündigung (2015), S. 291.

1198 APS/*Koch*[6] (2021) § 102 BetrVG Rn. 130.

1199 Ausführlich unten S. 192 ff.

1200 Für ein Umsetzungsbeispiel siehe *Lembke* RdA 2013, S. 82, 91/92.

1201 Etwa BAG Urt. v. 3.4.2008 – 2 AZR 965/06, NZA 2008, S. 807, 808.

1202 Vergleiche ErfK/*Kania*[21] (2021) § 102 BetrVG Rn. 32.

Kündigungsgründen liegt – allgemein – vor, wenn der Kündigende die ursprünglich gegebene Begründung wesentlich ändert, indem er sie (später) ergänzt oder ersetzt.[1203] Erläutert und konkretisiert der Kündigende den mitgeteilten Sachverhalt nur, schiebt er keine Kündigungsgründe nach.[1204] Rechtserheblich wird die Unterscheidung im Kündigungsschutzprozess;[1205] (allein) für nachgeschobene Tatsachen kann zweifelhaft sein, ob sie zur Rechtfertigung der Kündigung herangezogen werden dürfen.[1206] Insofern ist zu differenzieren:

Der einen Kündigungsgrund nachschiebende Arbeitgeber kann mit dem entsprechenden Sachvortrag gemäß § 56 II 1 ArbGG präkludiert sein.[1207] Individualrechtlich gesehen, ist ein Nachschieben unverfänglich (vergleiche § 626 II 3 BGB), sofern die betreffenden Umstände bei Zugang der Kündigungserklärung objektiv entstanden und dem Arbeitgeber bis dato nicht länger als zwei Wochen (§ 626 II BGB) bekannt gewesen sind.[1208] Betriebsverfassungsrechtlich kann das Nachschieben an § 102 I BetrVG scheitern.[1209] Davon ist auszugehen, wenn der Arbeitgeber die nachgeschobenen Tatsachen bereits während des Anhörungsverfahrens kannte, er sie dem Betriebsrat aber nicht mitgeteilt hat.[1210] Das steht – wie gesehen – nicht *per se* in Widerspruch zu § 102 I BetrVG, weil die Anhörung hiernach auch (subjektiv) vollständig sein kann, ohne dass der Betriebsrat über alle objektiv kündigungsrechtserheblichen Umstände informiert worden ist.[1211] Allerdings ist, um dem Zweck von § 102 BetrVG, einen präventiven Kündigungsschutz zu verwirklichen, Rechnung zu tragen, grundsätzlich nur der (subjektiv vollständige) Sachverhalt betriebsverfassungsrechtlich verwertbar, welcher Grundlage für die – ursprüngliche – betriebsrätliche Stellungnahme war.[1212] Hiervon ist für den Fall abzuweichen, dass der Arbeitgeber von den Gründen, die er nachzuschieben beabsichtigt, während des Anhörungsverfahrens nichts wusste.[1213] Gegebenenfalls darf er die Unterrichtung des

---

1203 ErfK/*Niemann*[21] (2021) § 626 BGB Rn. 55.

1204 Nur BAG Urt. v. 27.11.2008 – 2 AZR 193/07, NZA 2009, S. 671, 675.

1205 ErfK/*Niemann*[21] (2021) § 626 BGB Rn. 55.

1206 Nur BAG Urt. v. 27.11.2008 – 2 AZR 193/07, NZA 2009, S. 671, 675.

1207 *Rolfs* Studienkommentar Arbeitsrecht[4] (2014) § 626 BGB Rn. 18.

1208 *Rolfs* Studienkommentar Arbeitsrecht[4] (2014) § 626 BGB Rn. 18.

1209 *Rolfs* Studienkommentar Arbeitsrecht[4] (2014) § 626 BGB Rn. 18.

1210 Etwa BAG Urt. v. 11.4.1985 – 2 AZR 239/84, NZA 1986, S. 674 ff.; Urt. v. 23.2.2010 – 2 AZR 804/08, AP Nr. 7 zu § 18 KSchG 1969.

1211 Dazu schon oben S. 182 f.

1212 Richardi/*Thüsing*[16] (2018) § 102 BetrVG Rn. 63, 63a mit weiteren Nachweisen.

1213 Nur BAG Urt. v. 11.4.1985 – 2 AZR 239/84, NZA 1986, S. 674 ff.; Urt. v. 4.6.1997 – 2 AZR 362/96, NZA 1997, S. 1158, 1160.

Betriebsrats insofern nachholen und die Kündigungsbegründung ändern.[1214] Der neue Tatsachenstoff kann vorbehaltlich der aufgezeigten verfahrens- und individualrechtlichen Schranken zur Rechtfertigung der Kündigung herangezogen werden.[1215]

bb) Nachschieben des Tatverdachts

Der geschilderte Maßstab gilt auch, wenn der Arbeitgeber die Entlassung des Arbeitnehmers zunächst ausschließlich auf eine Tat desselben stützt und sich im Kündigungsschutzverfahren zusätzlich oder stattdessen auf den Tatverdacht beruft, zum Beispiel weil abzusehen ist, dass er die Täterschaft des Gekündigten nicht zur vollen Überzeugung des Gerichts wird nachweisen können.[1216] Dies entspricht einem „Nachschieben" im dargelegten Sinn – der Arbeitgeber ändert seine (gegenüber dem Betriebsrat) zuerst gegebene Begründung wesentlich, nämlich dahin, dass der Gekündigte nach Maßgabe der tatsächlichen Feststellungen (auch) pflichtverletzungsverdächtig ist und ihm, dem Arbeitgeber, schon wegen der *dadurch* bewirkten Erschütterung der Vertrauensgrundlage eine Fortsetzung des Arbeitsverhältnisses unzumutbar ist.[1217] Betrifft die Kündigung den Arbeitnehmer eines mitbestimmungsfreien Betriebs, ist ein entsprechendes „Absatteln"[1218] regelmäßig zulässig;[1219] das Arbeitsgericht darf jene als Verdachtskündigung behandeln, muss andererseits deren besondere Wirksamkeitsvoraussetzungen, also namentlich prüfen, ob der Arbeitnehmer ordnungsgemäß angehört worden ist.[1220] Anders verhält es sich, wenn § 102 BetrVG Anwendung findet,[1221] und der Arbeitgeber für den Tatverdacht auf dieselben

1214 Nur BAG Urt. v. 11.4.1985 – 2 AZR 239/84, NZA 1986, S. 674 ff.; Urt. v. 4.6.1997 – 2 AZR 362/96, NZA 1997, S. 1158, 1160. Gegen eine erneute Unterrichtungspflicht im Fall der Verdachtskündigung APS/*Koch*[6] (2021) § 102 BetrVG Rn. 174.

1215 Nur BAG Urt. v. 11.4.1985 – 2 AZR 239/84, NZA 1986, S. 674 ff.; Urt. v. 4.6.1997 – 2 AZR 362/96, NZA 1997, S. 1158, 1160.

1216 *Zborowska* Außerordentliche Verdachtskündigung (2015), S. 281 ff.

1217 *Hoefs* Verdachtskündigung (2001), S. 211 ff.; *Ebeling* Kündigung wegen Verdachts (2006), S. 201 ff.; *Zborowska* Außerordentliche Verdachtskündigung (2015), S. 281 ff.

1218 *Eylert* NZA-RR 2014, S. 393, 398.

1219 BAG Urt. v. 21.6.1995 – 2 AZR 735/94, BeckRS 1995, 30924190; *Zborowska* Außerordentliche Verdachtskündigung (2015), S. 281.

1220 *Hoefs* Verdachtskündigung (2001), S. 215; *Zborowska* Außerordentliche Verdachtskündigung (2015), S. 282.

1221 Nur BAG Urt. v. 16.7.2015 – 2 AZR 85/15, NZA 2016, S. 161, 163 mit weiteren Nachweisen; Richardi/*Thüsing*[16] (2018) § 102 BetrVG Rn. 136.

objektiven Indizien rekurriert, die zum Tatnachweis ungeeignet sind.[1222] Das Nachschieben scheitert regelmäßig, weil er von den verdachtsbegründenden Indizien notwendigerweise schon während des Anhörungsverfahrens Kenntnis hatte.[1223] Eine – wohl eher theoretische – Ausnahme ist zu machen, wenn der Arbeitgeber nachweisen kann, dass ihm „der Verdacht als Kündigungsgrund" trotz Kenntnis der verdachtsbegründenden Umstände verborgen geblieben ist.[1224]

cc) Nachschieben der Verdachtstat

Der umgekehrte Fall, also das „Aufsatteln"[1225] von einer Verdachts- auf eine Tatkündigung, das für den Arbeitgeber insbesondere eine Option darstellt, wenn er eine ordnungsgemäße Verdachtsanhörung versäumt, ist demgegenüber grundsätzlich möglich.[1226] Der Arbeitgeber kann die Kündigung auch nachträglich ohne gesonderte Anhörung zu einer Tatkündigung darauf stützen, der Arbeitnehmer habe die Tat nachweislich begangen.[1227] Voraussetzung dafür ist, dass er den Betriebsrat bei der Anhörung zur Verdachtskündigung alle Tatsachen zur Kenntnis gebracht hat, die den Tatvorwurf selbst begründen.[1228] Zwar liegt

---

1222 BAG Urt. v. 20.1.1984 – 7 AZR 143/82, Rn. 31/32 juris; Urt. v. 20.6.2013 – 2 AZR 546/12, NZA 2014, S. 143, 148; Urt. v. 16.7.2015 – 2 AZR 85/15, NZA 2016, S. 161, 163; ErfK/*Kania*[21] (2021) § 102 BetrVG Rn. 27.

1223 BAG Urt. v. 20.1.1984 – 7 AZR 143/82, Rn. 31/32 juris; Urt. v. 20.6.2013 – 2 AZR 546/12, NZA 2014, S. 143, 148; Urt. v. 16.7.2015 – 2 AZR 85/15, NZA 2016, S. 161, 163; *Zborowska* Außerordentliche Verdachtskündigung (2015), S. 282 ff.

1224 *Rüthers/Bakker* Anm. zu BAG Urt. v. 3.4.1986 – 2 AZR 324/85, EzA Nr. 63 zu § 102 BetrVG 1972, S. 557, 558b ff.; *Hoefs* Verdachtskündigung (2001), S. 213/214; *Ebeling* Kündigung wegen Verdachts (2006), S. 203 mit Fn. 382. Dagegen *Zborowska* Außerordentliche Verdachtskündigung (2015), S. 283/284 und wohl auch die vorzitierten Urteile.

1225 *Eylert* NZA-RR 2014, S. 393, 397.

1226 BAG Urt. v. 23.6.2009 – 2 AZR 474/07, NZA 2009, S. 1136, 1143; Urt. v. 10.6.2010 – 2 AZR 541/09, NZA 2010, S. 1227, 1229; Urt. v. 27.1.2011 – 2 AZR 825/09, NZA 2011, S. 798, 801; *Eylert* NZA-RR 2014, S. 393, 397/398; GK-BetrVG/*Raab*[11] (2018) § 102 BetrVG Rn. 96; KR/*Fischermeier*[12] (2019) § 626 BGB Rn. 231/232.

1227 BAG Urt. v. 23.6.2009 – 2 AZR 474/07, NZA 2009, S. 1136, 1143; Urt. v. 10.6.2010 – 2 AZR 541/09, NZA 2010, S. 1227, 1229; Urt. v. 27.1.2011 – 2 AZR 825/09, NZA 2011, S. 798, 801; *Eylert* NZA-RR 2014, S. 393, 397/398; GK-BetrVG/*Raab*[11] (2018) § 102 BetrVG Rn. 96; KR/*Fischermeier*[12] (2019) § 626 BGB Rn. 231/232.

1228 BAG Urt. v. 23.6.2009 – 2 AZR 474/07, NZA 2009, S. 1136, 1143; Urt. v. 10.6.2010 – 2 AZR 541/09, NZA 2010, S. 1227, 1229; Urt. v. 27.1.2011 – 2 AZR 825/09, NZA

auch in dieser Konstellation nach Maßgabe der obigen Definition ein „Nachschieben" vor; dem Normzweck von § 102 I BetrVG ist allerdings genüge getan, weil die Anhörung des Betriebsrats zu einer Verdachtskündigung diesen erfahrungsgemäß zu einem umfassenderen Tätigwerden motiviert.[1229] Anders als *Zborowska*[1230] meint, leistet diese Sichtweise einer Umgehung der besonderen Wirksamkeitsvoraussetzung der außerordentlichen Verdachtskündigung keinen Vorschub. Auf jene ist nicht Bedacht zu nehmen, wenn dem Arbeitnehmer die Tat nachweisbar ist.

3. *Zusammenfassung*

Wie lassen sich die angestellten Überlegungen zusammenfassen?

a) In mitbestimmten Betrieben ist der Betriebsrat gemäß § 102 I 1 BetrVG vor jeder Verdachtskündigung ordnungsgemäß anzuhören. Der Arbeitgeber hat dem Betriebsrat dafür die – aus seiner Sicht – tragenden Gründe für den Kündigungsentschluss mitzuteilen. Obschon der notwendige Unterrichtungsumfang subjektiv determiniert ist, darf der Arbeitgeber dem Betriebsrat keine ihm bekannten, den Verdächtigen entlastenden Informationen vorenthalten. Anderenfalls würde der Präventionszweck von § 102 BetrVG verfehlt.
b) Der Arbeitgeber muss zu erkennen geben, ob der Betriebsrat zu einer (außerordentlichen) Verdachts- und/oder Tatkündigung Stellung nehmen soll. Mitzuteilen sind die Umstände, aus denen der Arbeitgeber seinen Tatverdacht ableitet. Daneben ist insbesondere über unternommene Aufklärungsbemühungen zu informieren und darzulegen, ob und gegebenenfalls wie sich der zu Kündigende im Zuge der Verdachtsanhörung eingelassen hat. Der Arbeitgeber muss dem Betriebsrat kein Beweismaterial in Gestalt

2011, S. 798, 801; *Eylert* NZA-RR 2014, S. 393, 397/398; KR/*Fischermeier*[12] (2019) § 626 BGB Rn. 231/232.

1229 BAG Urt. v. 3.4.1986 – 2 AZR 324/85, NZA 1986, S. 677, 678; Urt. v. 23.6.2009 – 2 AZR 474/07, NZA 2009, S. 1136, 1143; Urt. v. 10.6.2010 – 2 AZR 541/09, NZA 2010, S. 1227, 1229; Urt. v. 27.1.2011 – 2 AZR 825/09, NZA 2011, S. 798, 801; *Ebeling* Kündigung wegen Verdachts (2006), S. 203; *Lunk* NJW 2010, S. 2753, 2757; *Eylert* NZA-RR 2014, S. 393, 397/398; KR/*Fischermeier*[12] (2019) § 626 BGB Rn. 232. Ähnlich GK-BetrVG/*Raab*[11] (2018) § 102 BetrVG Rn. 96 [Betriebsrat werde nicht in eine falsche Richtung gelenkt, weshalb auf § 102 BetrVG gestützte Unwirksamkeit der Tatkündigung kaum verständlicher und zweckwidriger Formalismus wäre].

1230 *Zborowska* Außerordentliche Verdachtskündigung (2015), S. 286/287.

von Objekten des Augenscheins oder Urkunden für seine Darstellung vorlegen und auch keine Zeugen benennen.

c) Hört der Arbeitgeber den Betriebsrat zu einer beabsichtigten außerordentlichen Verdachtskündigung an, kann dieser binnen drei Tagen schriftlich Stellung nehmen (§ 102 II 3 BetrVG). Im Vorfeld einer ordentlichen Verdachtskündigung betrüge die Frist zur Stellungnahme gemäß § 102 II 1 BetrVG eine Woche. Richtigerweise ist eine ordentliche Verdachtskündigung gegenüber Arbeitnehmern, die ordentlichen Kündigungsschutz nach dem KSchG genießen, nicht zulässig. Die Kündigungserklärung darf den Machtbereich des Arbeitgebers in Richtung Arbeitnehmer erst nach Ablauf der Stellungnahmefrist oder vorheriger abschließender Stellungnahme verlassen.

d) Mit § 102 BetrVG ist es in der Regel nicht zu vereinbaren, wenn der Arbeitgeber den Betriebsrat ausschließlich zu einer Tatkündigung anhört und sich im späteren Kündigungsschutzverfahren zusätzlich/stattdessen auf den Tatverdacht beruft, diesen also als „Kündigungsgrund nachschiebt". Betriebsverfassungsrechtlich unverfänglich ist hingegen der umgekehrte Fall des „Aufsattelns" von einer Verdachts- auf eine Tatkündigung, sofern der Arbeitgeber dem Betriebsrat im Zuge der Anhörung zur (außerordentlichen) Verdachtskündigung alle Tatsachen mitgeteilt hatte, die die Tatgewissheit stützen.

C. Sozialwidrigkeit einer ordentlichen Verdachtskündigung

Im Fokus der bisherigen Überlegungen stand die – den praktischen Regelfall bildende –[1231] außerordentliche Verdachtskündigung. Die untersuchungsrelevante Frage der an § 1 KSchG zu messenden Zulässigkeit einer ordentlichen Verdachtskündigung wurde an zwei Stellen[1232] angerissen, jedoch dort nicht näher erörtert. Dies soll im folgenden Abschnitt geschehen.

1231 Etwa *Schütte* NZA-Beil. 1991, S. 17, 19; *Appel/Gerken* AuR 1995, S. 201; SPV/*Preis*[11] (2015), Rn. 708; Staudinger/*ders.* (2019) § 626 BGB Rn. 226.

1232 Oben S. 71 f. und S. 154 ff.

I. Einleitende Vorbemerkungen

Zunächst sei daran erinnert, dass das *BAG* eine ordentliche Verdachtskündigung grundsätzlich für zulässig hält.[1233] Dem Arbeitgeber dürfe kein Nachteil daraus entstehen, dass er die Verdachtskündigung befriste.[1234] Allerdings, so das Gericht weiter, sei eine Verdachtskündigung nur dann nicht sozial ungerechtfertigt im Sinne des § 1 I, II KSchG, wenn Tatsachen vorlägen, die zugleich eine außerordentliche, fristlose (Verdachts-)Kündigung gerechtfertigt hätten.[1235] Stets bedürfe es deshalb eines tatsachengestützten, dringenden Verdachts einer zur außerordentlichen Kündigung berechtigenden Pflichtverletzung sowie zumutbarer (fruchtlos gebliebener) Aufklärungsbemühungen seitens des Arbeitgebers. Diese Einschränkungen seien mit Blick auf die Berufsfreiheit des Arbeitnehmers aus Art. 12 I GG notwendig.

Auch die (Un-)Zumutbarkeitsanforderungen will das *BAG* angeglichen wissen.[1236] Eine ordentliche Verdachtskündigung soll also nur möglich sein, falls dem Arbeitgeber *jede* Weiterbeschäftigung des verdächtigen Arbeitnehmers unzumutbar ist.[1237]

1233 Grundlegend BAG Urt. v. 4.11.1957 – 2 AZR 57/56, AP Nr. 39 zu § 1 KSchG. Ebenso statt vieler *Hoefs* Verdachtskündigung (2001), S. 259 f.; *Ebeling* Kündigung wegen Verdachts (2006), S. 175 ff.; SPV/*Preis*[11] (2015), Rn. 708; MüKoBGB/*Hergenröder*[8] (2020) § 1 KSchG Rn. 222 ff.; BeckOKArbR/*Rolfs*[59] (2021) § 1 KSchG Rn. 193 ff. Ablehnend etwa *Zborowska* Außerordentliche Verdachtskündigung (2015), S. 83 ff.; MHdBArbR/*Rachor*[4] (2018) § 126 Rn. 29; KR/*dies.*[12] (2019) § 1 KSchG Rn. 423.

1234 BAG Urt. v. 4.11.1957 – 2 AZR 57/56, AP Nr. 39 zu § 1 KSchG.

1235 BAG Urt. v. 27.11.2008 – 2 AZR 98/07 NZA 2009, S. 604, 606; Urt. v. 21.11.2013 – 2 AZR 797/11, NZA 2014, S. 243, 246; Urt. v. 18.6.2015 – 2 AZR 256/14, NZA 2016, S. 287, 288; Urt. v. 31.1.2019 – 2 AZR 426/18, NZA 2019, S. 893, 895/896. Auch zum Folgenden.

1236 So verstehen das *BAG* auch *Bayreuther* Anm. zu BAG Urt. v. 21.11.2013 – 2 AZR 797/11, AP Nr. 53 zu § 626 BGB Verdacht strafbarer Handlung, zu II.; *Wertz* Verdachtskündigung unter Berücksichtigung des „Vertrauenskapitals“ (2015), S. 98 ff.

1237 In diesem Sinne recht klar BAG Urt. v. 27.11.2008 – 2 AZR 98/07 NZA 2009, S. 604, 606: „Die Verdachtsmomente müssen daher auch im Fall einer ordentlichen Kündigung regelmäßig ein solches Gewicht erreichen, dass dem Arbeitgeber die Fortsetzung des Arbeitsverhältnisses überhaupt nicht mehr zugemutet werden kann, hierauf also grundsätzlich auch eine ordentliche Kündigung gestützt werden könnte“. Unter Bezugnahme auf diese Entscheidung BAG Urt. v. 21.11.2013 – 2 AZR 797/11, NZA 2014, S. 243, 246; Urt. v. 18.6.2015 – 2 AZR 256/14, NZA 2016, S. 287, 288; Urt. v. 31.1.2019 – 2 AZR 426/18, NZA 2019, S. 893, 895. Ausdrücklich wird hier im Zusammenhang mit der Interessenabwägung je nur das Erfordernis der Wirksamkeit einer hypothetischen – außerordentlichen – Tatkündigung postuliert. Andererseits wird

Auf dieser Basis sind die Kündigungsvoraussetzungen nur insofern verschieden bzw. abgestuft,[1238] als dass die Wirksamkeit einer ordentlichen Verdachtskündigung nicht von der Wahrung der Ausschlussfrist des § 626 II BGB abhängt.[1239] Unbegrenzt Zeit lassen, darf sich der Arbeitgeber nach Auffassung des *BAG* jedoch auch mit einer ordentlichen Verdachtskündigung nicht:

> „Ein längeres Zuwarten des Arbeitgebers trotz Kenntnis von den für die Kündigung maßgebenden Umständen kann indes zu der Annahme berechtigen, die Kündigung sei nicht iSv § 1 II 1 KSchG durch einen objektiv vorliegenden Grund – hier: den Verlust des vertragsnotwendigen Vertrauens – „bedingt". Wann dies der Fall ist, hängt letztlich von den Umständen des Einzelfalls ab [...]. Auf das Entstehen eines Vertrauenstatbestands beim Arbeitnehmer kommt es insofern nicht an. Es genügt, wenn der Arbeitgeber Kenntnis von den für die Kündigung maßgebenden Tatsachen hat, er für einen mit der Annahme eines irreparablen Vertrauensverlusts unvereinbar lang erscheinenden Zeitraum untätig bleibt und keine besonderen Umstände ersichtlich sind, die das lange Zuwarten zwischen der Kenntnis vom Kündigungsgrund und dem Kündigungsausspruch erklärlich machen. Hingegen kann sich die Bewertung ändern, wenn der Arbeitgeber bei Kenntnis neuer, weiterer Umstände den Sachverhalt neu bewerten und sich erst dann zur Kündigung entschließen darf."[1240]

---

auch der abstrakte Leitsatz widergegeben, wonach eine ordentliche Verdachtskündigung nur durch Tatsachen gerechtfertigt werden könne, die zugleich eine „außerordentliche, fristlose Kündigung" ermöglichen. Für die vollständige Angleichung in materieller Hinsicht etwa LAG Niedersachsen Urt. v. 12.3.2018 – 15 Sa 319/17, NZA-RR 2018, S. 421, 424; LAG Rheinland-Pfalz Urt. v. 2.12.2019 – 3 Sa 234/19, Rn. 270 juris; *Schwerdtner* Brennpunkte des Arbeitsrechts (2001), S. 243, 257; *Schlegeit* BAG und die Verdachtskündigung (2008), S. 150/151; *Zborowska* Außerordentliche Verdachtskündigung (2015), S. 73 ff., 83 ff.; SPV/*Preis*[11] (2015), Rn. 708; Staudinger/*ders.* (2019) § 626 BGB Rn. 226. Dagegen etwa *Hoefs* Verdachtskündigung (2001), S. 262/263; *Ebeling* Kündigung wegen Verdachts (2006), S. 175 ff.; MüKoBGB/*Henssler*[8] (2020) § 626 BGB Rn. 270.

1238 So auch *Bayreuther* Anm. zu BAG Urt. v. 21.11.2013 – 2 AZR 797/11, AP Nr. 53 zu § 626 BGB Verdacht strafbarer Handlung, zu II.; *Wertz* Verdachtskündigung unter Berücksichtigung des „Vertrauenskapitals" (2015), S. 98 ff.; vergleiche auch *Zborowska* Außerordentliche Verdachtskündigung (2015), S. 83 ff.

1239 BAG Urt. v. 31.1.2019 – 2 AZR 426/18, NZA 2019, S. 893, 897.

1240 BAG Urt. v. 31.1.2019 – 2 AZR 426/18, NZA 2019, S. 893, 897.

II. Ordentliche Verdachtskündigung und § 1, II KSchG (bzw. die dazu entwickelte Dogmatik)

Die skizzierten Leitsätze beruhen auf der Annahme, eine (ordentliche) Verdachtskündigung könne sozial gerechtfertigt sein.

Dies wird auch im Schrifttum überwiegend so gesehen.[1241] Nur wenige Autoren lehnen die Sichtweise ab. *Zborowska* meint im Anschluss an *Hueck*[1242], für eine ordentliche Verdachtskündigung sei kein Raum, weil jede Verdachtskündigung dem Maßstab von § 626 I BGB unterliege – die Auslegung der Kündigungserklärung (§ 133 BGB, § 157 BGB) ergebe stets, dass der Arbeitgeber die Verdachtskündigung auf einen wichtigen Grund im Sinne des § 626 I BGB stütze, sodass § 1 I, II KSchG nie anwendbar sei.[1243] Andere Stimmen vertreten, die Verdachtskündigung lasse sich keiner der in § 1 II KSchG abschließend aufgezählten Fallgruppen überzeugend zuordnen – deshalb sei eine ordentliche Verdachtskündigung stets sozial ungerechtfertigt.[1244] Letzteres soll im Folgenden näher untersucht werden: Fügt sich die Verdachtskündigung in die Typologie der ordentlichen Kündigungsgründe ein?

1. *(Bedenklich) Langes Schweigen des* BAG

Es wurde bereits dargelegt, dass sich das *BAG* erst im Januar 2019 darauf festgelegt hat, die ordentliche Verdachtskündigung als personenbedingte Kündigung zu qualifizieren.[1245] Bis dato hatte das Gericht sie in 50 Jahren[1246], soweit erkennbar, keinem der in § 1 II 1 KSchG genannten Kündigungstypen zugeordnet. Entscheidungen zu § 626 I BGB enthielten regelmäßig keinen Hinweis,

---

1241 *Egli* Verdachtskündigung nach schweizerischem und deutschem Recht (2000), S. 100, 104 will die Verdachtskündigung ausschließlich als ordentliche zulassen.

1242 Hueck/*G. Hueck*[10] (1980) § 1 KSchG Rn. 98.

1243 *Zborowska* Außerordentliche Verdachtskündigung (2015), S. 83 ff.

1244 *Naujok* AuR 1998, S. 398, 399; HK/*Dorndorf*[4] (2001), § 1 KSchG Rn. 844; *Kaiser* FS Otto, S. 173, 184; *Adam* Anm. zu LAG Berlin-Brandenburg Urt. v. 10.2.2012 – 6 Sa 1845/11, LAGE Nr. 11 zu § 626 BGB 2002 Verdacht strafbarer Handlung, S. 11, 17/18; *ders.* AuR 2013, S. 15, 17; MHdBArbR/*Rachor*[4] (2018) § 126 Rn. 29; KR/*dies.*[12] (2019) § 1 KSchG Rn. 423. Siehe ferner *Joachim* AuR 1964, S. 33, 36; BDDH/*Greiner* (2016) § 1 KSchG Rn. 399; BDDH/*H. Hanau* (2016) Art. 12 GG Rn. 99.

1245 BAG Urt. v. 31.1.2019 – 2 AZR 426/18, NZA 2019, S. 893, 895.

1246 Wenn man auf den Zeitpunkt der Neubekanntmachung des KSchG in 1969 abstellt.

während einige zu § 1 I, II 1 KSchG und § 242 BGB ergangene Urteile zwischen verhaltens-[1247] oder personenbedingter[1248] Kündigung schwankten.

Die jahrelange Enthaltung des *BAG* war problematisch. [1249] Ein Gericht, das eine ordentliche Verdachtskündigung billigt, es jedoch unterlässt, sie gemäß § 1 KSchG zu erfassen, setzt sich dem Vorwurf dogmatischer Sorglosigkeit[1250] und – schwerwiegender – einer Missachtung seiner von Art. 20 III GG, Art. 97 I GG vorgeschriebenen Gesetzesbindung aus. Denn die Unterscheidung der drei ordentlichen Kündigungsgründe ist in § 1 II 1 KSchG ausdrücklich vorgesehen.[1251] Ferner haben diese verschiedene Maßstäbe.[1252] Das ist für die betriebsbedingte Kündigung wegen § 1 III KSchG evident. Betreffend die verhaltens- und personenbedingte Kündigung lässt sich beispielhaft anführen, dass zumeist nur erstere sinnvoll vom Erfordernis einer Abmahnung durch den Arbeitgeber abhängig gemacht werden kann.[1253] Vor diesem Hintergrund ist es zu begrüßen, dass das *BAG* sein Schweigen gebrochen hat.

Ob es in der Sache überzeugt, die Verdachtskündigung, wie das Gericht es inzwischen tut, der personenbedingten Kündigung zuzuordnen, wird ein Schwerpunkt der nun zu führenden Diskussion sein.

2. Keine Zuordnung zur Fallgruppe der betriebsbedingten Kündigung

Nach allgemeiner Auffassung unterfällt die Verdachtskündigung nicht der Kategorie der betriebsbedingten Kündigung. Betriebliche Erfordernisse im Sinne des § 1 II 1 KSchG sind – eingeschränkt überprüfbare – gestaltende oder selbstbindende Unternehmerentscheidungen, die zu einem – voll überprüfbaren – Wegfall

---

1247 Etwa BAG Urt. v. 10.2.2005 – 2 AZR 189/04, NZA 2005, S. 1056, 1058.

1248 Etwa BAG Urt. v. 30.11.1960 – 3 AZR 480/58, NJW 1961, S. 1085, 1087.

1249 Etwas beschönigend *Kreft* [NZA-Beilage 2012, S. 58, 64/65] und *Eylert* [NZA-RR 2014, S. 393, 395]: eine Verdachtskündigung entscheide sich „nicht im Grundsätzlichen, sondern in den Verdachtsanforderungen". Auch APS/*Vossen*[6] (2021) Rn. 266, nach dem die Abgrenzung von verhaltens- und personenbedingter Kündigung ohne größere Bedeutung ist.

1250 Diesen Gesichtspunkt fokussierend *Gilberg* RdA 2015, S. 209, 210/211.

1251 Dies betonend auch MHdBArbR/*Rachor*[4] (2018) § 126 Rn. 29; KR/*dies.*[12] (2019) § 1 KSchG Rn. 423. Vergleiche auch HK/*Dorndorf*[4] (2001), § 1 KSchG Rn. 844; *Adam* Anm. zu LAG Berlin-Brandenburg Urt. v. 10.2.2012 – 6 Sa 1845/11, LAGE Nr. 11 zu § 626 BGB 2002 Verdacht strafbarer Handlung, S. 11, 19; ErfK/*Oetker*[21] (2021) § 1 KSchG Rn. 71. Vergleiche auch LKB/*Krause*[16] (2019) § 1 KSchG Rn. 288.

1252 ErfK/*Oetker*[21] (2021) § 1 KSchG Rn. 71.

1253 Vergleiche dazu oben S. 156 f. und unten S. 198 f.

des Beschäftigungsbedarfs führen.[1254] Oder anders ausgedrückt: Eine betriebsbedingte Kündigung setzt tatbestandlich einen infolge unternehmerischer Entscheidung eingetretenen Überhang an Arbeitsplätzen voraus.[1255] Daran fehlt es in den Fällen der Verdachtskündigung.[1256] Ihre Einordnung als betriebsbedingte Kündigung scheidet also in der Tat aus.

3. *Keine Zuordnung zur Fallgruppe der verhaltensbedingten Kündigung*

a) Zuordnungsansätze

Manche Stimmen in der Literatur verstehen die Verdachtskündigung als verhaltensbedingte Kündigung.[1257] Die kündigungsbegründende Vertrauensstörung werde durch ein mutmaßliches Verhalten des Arbeitnehmers erschüttert.[1258] Mitunter wird darauf abgestellt, ob der Arbeitnehmer durch sein Verhalten zur Verdachtsentstehung beigetragen hat.[1259] Nach anderen kommt die Einordnung als verhaltensbedingte Kündigung in Betracht, sofern die Fallgruppe bei unterstelltem Nachweis der Verdachtstat einschlägig wäre.[1260] Das *BAG* lehnt es inzwischen – mit der wohl herrschenden Meinung im Schrifttum –[1261]

1254 Etwa BAG Urt. v. 21.9.2006 – 2 AZR 607/05, NZA 2007, S. 431, 432 ff.; Urt. v. 20.6.2013 – 2 AZR 295/12, NZA 2014, S. 208, 209. Im Einzelnen APS/*Vossen*[6] (2021) § 1 KSchG Rn. 454 ff.

1255 Nur ErfK/*Oetker*[21] (2021) § 1 KSchG Rn. 212, 213 ff.

1256 *Schütte* NZA-Beil. 1991, S. 17, 21; *Zborowska* Außerordentliche Verdachtskündigung (2015), S. 56.

1257 Etwa *C. Weber* Anm. zu BAG Urt. v. 14.9.1994 – 2 AZR 164/94, SAE 1996, S. 57, 60; *Enderlein* RdA 2000, S. 325, 329/330; *K. Gamillscheg* Anm. zu BAG Urt. v. 18.11.1999 – 2 AZR 743/98, SAE 2001, S. 182; *Tschöpe* BB 2002, S. 778, 784; *Seeling/Zwickel* MDR 2008, S. 1020/1021; *Dütz/Thüsing*[24] Arbeitsrecht (2019), Rn. 405; APS/*Vossen*[6] (2021) § 1 KSchG Rn. 270.

1258 *C. Weber* Anm. zu BAG Urt. v. 14.9.1994 – 2 AZR 164/94, SAE 1996, S. 57, 60.

1259 *Lücke* BB 1997, S. 1842, 1845 mit weiteren Nachweisen; *Schlegeit* BAG und die Verdachtskündigung (2008), S. 151/152.

1260 *Hoefs* Verdachtskündigung (2001), S. 261/262; *Henssler* Anm. zu LAG Köln Urt. v. 16.1.1990 – 11 Sa 853/89, LAGE Nr. 27 zu § 1 KSchG, S. 9, 11 ff. Anders inzwischen MüKoBGB/*Henssler*[8] (2020) § 626 BGB Rn. 269 [Zuordnung zur personenbedingten Kündigung möglich, wegen der ausgeprägten Besonderheiten aber Erfassung als Kündigungsgrund eigener Art sachgerechter].

1261 Etwa *Preis* Prinzipien (1987), S. 329 Fn. 56; *ders.* DB 1988, S. 1444, 1448; SPV/*ders.*[11] (2015), Rn. 703; *Belling* FS Kissel, S. 11, 25; *ders.* RdA 1996, S. 223, 226; *Meyer*

generell ab, die Verdachtskündigung als verhaltensbedingte Kündigung einzuordnen.[1262]

b) Zum Tatbestand der verhaltensbedingten Kündigung

Mit einer verhaltensbedingten Kündigung reagiert der Arbeitgeber auf die erhebliche Verletzung arbeitsvertraglicher Haupt- oder Nebenpflichten (§ 611a BGB, § 241 BGB) durch den Arbeitnehmer.[1263] Das KSchG sieht dies freilich nicht ausdrücklich vor. Das in § 1 II KSchG gebrauchte Wort „bedingt" vermittelt allerdings, dass jede Kündigung eine erhebliche Störung voraussetzt.[1264] Der gesetzgeberischen Begründung[1265] zu § 1 II KSchG kann entnommen werden, dass jene Störung das Arbeitsverhältnis konkret betreffen muss.[1266]

Berücksichtigt man weiter, dass eine wesentliche Funktion des (ordentlichen) Kündigungsschutzes die Durchsetzung des Arbeitsvertrags ist,[1267] liegt es nahe, die verhaltensbedingte Kündigung tatbestandlich an eine (positive)[1268] Verletzung arbeitsvertraglicher Pflichten des Arbeitnehmers zu knüpfen.[1269] Als gesetzessystematischer Gesichtspunkt kommt hinzu, dass das Recht zur Kündigung eines Arbeitsvertrags das Recht zum Rücktritt von Verträgen über einen einmaligen Leistungsaustausch funktional ersetzt,[1270]

Kündigung wegen Sicherheitsbedenken (1997), S. 117; *Otto* Wegfall des Vertrauens als Grund zur außerordentlichen Kündigung (2000), S. 218; *Hahn* Verdachtskündigung unter Berücksichtigung einer gesetzlichen Regelung (2004), S. 64; *Ebeling* Kündigung wegen Verdachts (2006), S. 182; *Zborowska* Außerordentliche Verdachtskündigung (2015), S. 59; KR/*Fischermeier*[12] (2019) § 626 BGB Rn. 226.

1262 BAG Urt. v. 31.1.2019 – 2 AZR 426/18, NZA 2019, S. 893, 895.

1263 BAG Urt. v. 16.3.1961 – 2 AZR 539/59, NJW 1961, S. 1421; Urt. v. 14.2.1996 – 2 AZR 274/95, NZA 1996, S. 873, 874. Aus dem Schrifttum statt vieler ErfK/*Oetker*[21] (2021) § 1 KSchG Rn. 71; MHdBArbR/*Kiel*[4] (2018) § 113 Rn. 2; BeckOKArbR/*Rolfs*[59] (2021) § 1 KSchG Rn. 216 ff.

1264 *Berkowsky* NZA-RR 2001, S. 1, 2.

1265 RdA 1951, S. 61, 63 „Liegen solche [triftigen] Gründe nicht vor, setzt der Schutz des Gesetzes ein, ohne dass für eine Abwägung Raum wäre, ob der Verlust des Arbeitsplatzes aus sonstigen, außerhalb des Arbeitsverhältnisses liegenden Gründen den Arbeitnehmer mehr oder weniger hart treffen würde."

1266 ErfK/*Oetker*[21] (2021) § 1 KSchG Rn. 67, 68 ff.; *C. Fischer* ZfA 2002, S. 215, 241.

1267 *Dorndorf* ZfA 1989, S. 345 ff. Vergleiche auch *Annuß* Betriebsbedingte Kündigung und arbeitsvertragliche Bindung, S. 93 [„Vertragserhaltungszweck" von § 1 KSchG]; *Berkowsky* NZA-RR 2001, S. 1, 2.

1268 Vergleiche oben S. 118 ff.

1269 *Preis* DB 1990, S. 630, 632.

1270 Vergleiche *Kaiser* FS Otto, S. 173, 174; BDDH/*Greiner* (2016) § 1 KSchG Rn. 223 ff.

wobei die §§ 323 ff. BGB an eine Vertragspflichtverletzung des Schuldners anknüpfen.[1271]

Entsprechend den allgemeinen Grundsätzen vermag der jeweilige Pflichtverstoß eine verhaltensbedingte Kündigung nur zu rechtfertigen, wenn aufgrund seiner Art und seines Ausmaßes bzw. von weiteren Umständen wie etwa der Fruchtlosigkeit einer Abmahnung die Annahme gerechtfertigt ist, dass eine weitere Zusammenarbeit von Arbeitgeber und Arbeitnehmer ausscheidet.[1272]

Die Abgrenzung von verhaltens- und personenbedingter[1273] Kündigung gelingt am zuverlässigsten mithilfe des Kriteriums der Steuerbarkeit.[1274] Im Einzelfall muss zusätzlich nach der Vorwerfbarkeit gefragt werden – zur verhaltensbedingten Kündigung berechtigt regelmäßig nur eine schuldhafte Verletzung arbeitsvertraglicher Pflichten.[1275]

Zusammenfassend: Eine verhaltensbedingte Kündigung kommt infolge einer nachweislichen steuerbaren, dem Arbeitnehmer vorwerfbaren (und nicht abmahnungsbedürftigen) Vertragspflichtverletzung in Betracht.

c) Stellungnahme

Daran gemessen scheidet die Einordnung der Verdachtskündigung als verhaltensbedingte Kündigung aus.[1276] Auf die in Bezug genommene Verdachtstat

---

1271 Vergleiche *Kaiser* FS Otto, S. 173, 174; BDDH/*Greiner* (2016) § 1 KSchG Rn. 223 ff.

1272 ErfK/*Oetker*[21] (2021) § 1 KSchG Rn. 80 und oben S. 151 ff.

1273 Zur personenbedingten Kündigung näher sogleich S. 202 f.

1274 *Kaiser* FS Otto, S. 173, 179, 195; ErfK/*Oetker*[21] (2021) § 1 KSchG Rn. 99; APS/*Vossen*[6] (2021) § 1 KSchG Rn. 119/120; MüKoBGB/*Hergenröder*[8] (2020) § 626 BGB Rn. 147. Vergleiche auch *Zborowska* Außerordentliche Verdachtskündigung (2015), S. 58.

1275 ErfK/*Oetker*[21] (2021) § 1 KSchG Rn. 99; APS/*Vossen*[6] (2021) Rn. 266; MüKoBGB/*Hergenröder*[8] (2020). Aus der Rechtsprechung etwa BAG Urt. v. 16.3.1961 – 2 AZR 539/59, NJW 1961, S. 1421; Urt. v. 11.7.2013 – 2 AZR 994/12, NZA 2014, S. 250, 251. Zu § 626 BGB nur KR/*Fischermeier*[12] (2019) § 626 BGB Rn. 226 Rn. 139. Ablehnend etwa *Zborowska* Außerordentliche Verdachtskündigung (2015), S. 58.

1276 Etwa *Preis* DB 1988, S. 1444, 1448; SPV/*ders.*[11] (2015), Rn. 703; *Schütte* NZA-Beil. 1991, S. 17, 21; *Belling* FS Kissel, S. 11, 24/25; *Appel/Gerken* AuR 1995, S. 201, 205; *Naujok* AuR 1998, S. 398, 399; *Meyer* Kündigung wegen Sicherheitsbedenken (1997), S. 117; *Hahn* Verdachtskündigung unter Berücksichtigung einer gesetzlichen Regelung (2004), S. 63/64; *Ebeling* Kündigung wegen Verdachts (2006), S. 181/182; *Zborowska* Außerordentliche Verdachtskündigung (2015), S. 58/59; MHdBArbR/*Rachor*[4] (2018) § 126 Rn. 29.

kann nicht abgestellt werden, weil diese nicht nachweisbar ist.[1277] Dem Gekündigten kann nicht vorgeworfen werden, er habe die Vertragsbindung durch eine steuerbare, von ihm zu vertretenden Pflichtverletzung selbst in Frage gestellt.[1278] Hinzu kommt, dass der Arbeitnehmer ohne eigenes Zutun in Verdacht geraten, diesen jedoch nicht zwangsläufig selbst wieder ausräumen kann.[1279] Zwar kann im Einzelfall auch einem verdächtigen Arbeitnehmer verhaltensbedingt gekündigt werden, nämlich wenn er den Tatverdacht durch eine schuldhafte Vertragsverletzung auf sich zieht.[1280] Bei einer entsprechenden Kündigung handelt es sich (typologisch) jedoch nicht um eine Verdachtskündigung – sie hat nicht den Verdacht einer ungewissen Pflichtverletzung, sondern eine nachweisliche verdachtsbegründende Pflichtverletzung zum Gegenstand.[1281]

1277 *Preis* DB 1988, S. 1444, 1448; SPV/*ders.*[11] (2015), Rn. 703; *Schütte* NZA-Beil. 1991, S. 17, 21; *Belling* FS Kissel, S. 11, 24/25; *Appel/Gerken* AuR 1995, S. 201, 205; *Naujok* AuR 1998, S. 398, 399; *Meyer* Kündigung wegen Sicherheitsbedenken (1997), S. 117; *Hahn* Verdachtskündigung unter Berücksichtigung einer gesetzlichen Regelung (2004), S. 63/64; *Ebeling* Kündigung wegen Verdachts (2006), S. 181/182; *Zborowska* Außerordentliche Verdachtskündigung (2015), S. 58/59; MHdBArbR/*Rachor*[4] (2018) § 126 Rn. 29.

1278 *vom Stein* Fehlprognosen (1989), S. 65; *Belling* FS Kissel, S. 11, 25; *Ebeling* Kündigung wegen Verdachts (2006), S. 182; *Zborowska* Außerordentliche Verdachtskündigung (2015), S. 58/59.

1279 *Ebeling* Kündigung wegen Verdachts (2006), S. 182. Schon *Hoppe* AuS 1968, S. 298: „Die Erfahrung des Lebens zeigt, daß jeder durch eine unglückliche Verkettung von Umständen in einen mehr oder minder starken Verdacht geraten kann."

1280 BAG Urt. v. 31.1.2019 – 2 AZR 426/18, NZA 2019, S. 893, 895; *Hoefs* Verdachtskündigung (2001), S. 140 ff., 178; *Zborowska* Außerordentliche Verdachtskündigung (2015), S. 30 ff., 58/59; KR/*Fischermeier*[12] (2019) § 626 BGB Rn. 226.

1281 *Hoefs* Verdachtskündigung (2001), S. 140 ff., 178; *Zborowska* Außerordentliche Verdachtskündigung (2015), S. 30 ff., 58/59; KR/*Fischermeier*[12] (2019) § 626 BGB Rn. 226; BAG Urt. v. 31.1.2019 – 2 AZR 426/18, NZA 2019, S. 893, 895.

4. *Zuordnung zur Fallgruppe der personenbedingten Kündigung?*

Die Verdachtskündigung wird inzwischen[1282] vielfach[1283] als personenbedingte Kündigung eingeordnet – so auch vom *BAG*.[1284]

a) Vertrauens-un-würdigkeit als Eignungsmangel

Warum sie die Verdachtskündigung der personenbedingten Kündigung zuweisen, bleibt bei manchen Quellen allerdings unklar.[1285] Gelegentlich ist zu lesen, der Verdacht laste auf der Person des Arbeitnehmers, hafte diesem an.[1286] Häufiger heißt es, dem verdächtigen Arbeitnehmer fehle die Eigenschaft, vertrauenswürdig zu sein.[1287] Den Gedanken spinnt der wohl am weitesten verbreitete, auch vom *BAG* verfolgte Begründungsansatz fort: Der Tatverdacht könne den „Verlust der vertragsnotwendigen Vertrauenswürdigkeit"[1288] des Arbeitnehmers bewirken und damit zu einem Eignungsmangel führen.[1289] Was ist davon zu halten?

1282 Vergleiche *Preis* Prinzipien (1987), S. 329 mit Fn. 56.

1283 *Preis* DB 1988, S. 1444, 1448; SPV/*ders.*[11] (2015), Rn. 703; *Belling* FS Kissel, S. 11, 24/25; *ders.* Anm. zu BAG Urt. v. 29.7.1993 – 2 AZR 90/93, SAE 1994, S. 210, 211; *Appel/Gerken* AuR 1995, S. 201, 205; *Meyer* Kündigung wegen Sicherheitsbedenken (1997), S. 117; *Schwerdtner* Brennpunkte des Arbeitsrechts (2001), S. 243, 255; *Hahn* Verdachtskündigung unter Berücksichtigung einer gesetzlichen Regelung (2004), S. 63/64; *Ebeling* Kündigung wegen Verdachts (2006), S. 181/182; *Zborowska* Außerordentliche Verdachtskündigung (2015), S. 58/59; *Wertz* Verdachtskündigung unter Berücksichtigung des „Vertrauenskapitals" (2015), S. 92/93; Erman/*Riesenhuber*[16] (2020) § 626 BGB Rn. 112; BeckOKArbR/*Rolfs*[59] (2021) § 1 KSchG Rn. 194. Für die Behandlung als personenbedingte Kündigung, falls die Bezugstat zu einer solchen berechtigte, *Henssler* Anm. zu LAG Köln Urt. v. 16.1.1990 – 11 Sa 853/89, LAGE Nr. 27 zu § 1 KSchG, S. 9, 11 ff.; *Hoefs* Verdachtskündigung (2001), S. 261/262.

1284 BAG Urt. v. 31.1.2019 – 2 AZR 426/18, NZA 2019, S. 893, 895. Im Anschluss daran LAG Berlin-Brandenburg Urt. v. 10.12.2019 – 7 Sa 557/19, Rn. 25 juris.

1285 So etwa bei APS/*Vossen*[6] (2021) § 626 BGB Rn. 368/369.

1286 *Strobel* Rechtsfigur der Verdachtskündigung (1967), S. 271; *Deinert* AuR 2005, S. 285, 287; *Mitterer* NZA-RR 2011, S. 449, 453. Auch APS/*Vossen*[6] (2021) § 626 BGB Rn. 369; SPV/*Preis*[11] (2015), Rn. 703.

1287 In diesem Sinne *Gilberg* DB 2006, S. 1555, 1559/1560; *ders.* RdA 2015, S. 209, 210.

1288 BAG Urt. v. 31.1.2019 – 2 AZR 426/18, NZA 2019, S. 893, 895.

1289 BAG Urt. v. 31.1.2019 – 2 AZR 426/18, NZA 2019, S. 893, 895; LAG Berlin-Brandenburg Urt. v. 10.12.2019 – 7 Sa 557/19, Rn. 25 juris. Ebenso *Strobel* Rechtsfigur der Verdachtskündigung (1967), S. 271; *Belling* FS Kissel, S. 11, 25; *Appel/Gerken* AuR 1995, S. 201, 205/206; *Otto* Wegfall des Vertrauens als Grund zur außerordentlichen Kündigung (2000), S. 218/219; *Ebeling* Kündigung wegen Verdachts

b) Stellungnahme

aa) Zum Tatbestand der personenbedingten Kündigung

§ 1 II 1 KSchG definiert nicht, wann eine Kündigung durch Gründe in der Person des Arbeitnehmers bedingt ist. Gesetzessystematisch und teleologisch leuchtet ein, dass auch[1290] eine personenbedingte Kündigung nur wegen einer konkreten Störung der Vertragsbeziehung ausgesprochen werden darf.[1291] Der Tatbestand der verhaltensbedingten Kündigung knüpft – wie gesehen – an ein Verhalten des Arbeitnehmers an, mit dem dieser seine Vertragspflichten (positiv) verletzt. Demgegenüber werden mit der personenbedingten Kündigung Fälle erfasst, in denen der Arbeitnehmer aufgrund von Umständen aus seiner persönlichen Sphäre, insbesondere fehlenden Eigenschaften bzw. Fähigkeiten, außer Stande ist, die von ihm geschuldete Arbeitsleistung künftig vertragsgerecht zu erbringen (§ 611a I BGB, § 275 I oder III BGB).[1292]

Die Abgrenzung der beiden Kündigungstypen gelingt meist mithilfe des Kriteriums der Steuerbarkeit.[1293] Führt der Arbeitnehmer die Vertragsstörung steuerbar herbei, ist regelmäßig eine verhaltensbedingte Kündigung einschlägig; anders, wenn das fragliche (oft: außerdienstliche) Verhalten dem Arbeitnehmer nicht als Vertragsverletzung vorwerfbar ist.[1294] Hier kommt (nur) eine

---

(2006), S. 182; *Alt* in Mittag (Hrsg.) Aspekte der Beendigung von Arbeitsverhältnissen (2010), S. 108, 115; *Zborowska* Außerordentliche Verdachtskündigung (2015), S. 59/60; BeckOKArbR/*Rolfs*[59] (2021) § 1 KSchG Rn. 194. Zu § 626 BGB nur KR/*Fischermeier*[12] (2019) § 626 BGB Rn. 226. Vergleiche schon BAG Urt. v. 10.4.2014 – 2 AZR 684/13, NZA 2014, S. 1197, 1199.

1290 Vergleiche oben S. 198 ff.

1291 Deutlich ErfK/*Oetker*[21] (2021) § 1 KSchG Rn. 103 mit Verweis auf die dem ausdrücklich zustimmenden Entscheidungen BAG Urt. v. 18.1.2007 – 2 AZR 731/05, NZA 2007, S. 680, 681 und Urt. v. 8.9.2011 – 2 AZR 543/10, NZA 2012, S. 443, 445: „Eine personenbedingte Kündigung setzt *unabdingbar* die Nicht- oder Schlechterfüllung der Leistung voraus (…). Wer beanstandungsfrei leistet und eine erfüllungsgemäße Leistung erbringt, die vom AG nicht zurückgewiesen werden darf, dem kann nicht gekündigt werden", Hervorhebung des Verfassers. Auch MHdBArbR/*Kiel*[4] (2018) § 113 Rn. 1-3.

1292 BAG Urt. v. 11.12.2003 – 2 AZR 667/02, S. 784, 788; Urt. v. 18.1.2007 – 2 AZR 731/05, NZA 2007, S. 680, 681; Urt. v. 18.9.2008 – 2 AZR 976/06, NZA 2009, S. 425, 42; Urt. v. 10.4.2014 – 2 AZR 684/13, NZA 2014, S. 1197, 1199. Aus dem Schrifttum statt vieler KR/*Rachor*[12] (2019) § 1 KSchG Rn. 280; *Kaiser* FS Otto, S. 173, 183 f. Unklar BAG Urt. v. 31.1.2019 – 2 AZR 426/18, NZA 2019, S. 893, 895.

1293 Dazu schon oben S. 198 ff.

1294 Treffend KR/*Rachor*[12] (2019) § 1 KSchG Rn. 282.

personenbedingte Kündigung in Frage, sofern das steuerbare Tun oder Unterlassen den Arbeitnehmer als zur weiteren Diensterbringung ungeeignet erscheinen lässt.[1295]

bb) Keine Zuordnung zur Fallgruppe der personenbedingten Kündigung

Davon ausgehend kann die Verdachtskündigung nicht überzeugend als personenbedingte Kündigung qualifiziert werden:

Zwar mag schon der dringende Verdacht einer schwerwiegenden Vertragspflichtverletzung rechtfertigen, in den Verdächtigen kein weiteres Vertrauen zu investieren, ihn für vertrauensunwürdig zu halten.[1296] Die entsprechende Sicht eines verständigen Arbeitgebers auf den Arbeitnehmer ist jedoch keine feststehende Eigenschaft desselben im Sinne einer potentiell kündigungserheblichen Störungs*ursache.*[1297] Die Annahme der Vertrauens(un)würdigkeit des Arbeitnehmers entspricht vielmehr einer einzelfallbezogenen Bewertung der *verdachtsbedingten* Vertrauensstörung.[1298] Der Verdacht als (eine) Störungsursache gründet wiederum allenfalls auch und keinesfalls zwingend in der personalen Sphäre (oder dem Verhalten) des Arbeitnehmers.[1299]

Dafür, dass sich die Verdachtskündigung nicht in die zur personenbedingten Kündigung bestehende und nach Auslegungsgrundsätzen plausible Dogmatik einfügt, spricht ferner, dass die Gegner dieser These nicht erklären (können), wozu ein verdachtsbedingt vertrauensunwürdiger Arbeitnehmer ungeeignet sein soll.[1300] Stellvertretend formuliert das *BAG* apodiktisch:

1295 Etwa BAG Urt. v. 20.6.2013 – 2 AZR 583/12, NZA 2013, S. 1345, 1346; Urt. v. 10.4.2014 – 2 AZR 684/13, NZA 2014, S. 1197, 1199; KR/*Rachor*[12] (2019) § 1 KSchG Rn. 418 mit weiteren Nachweisen.

1296 Dazu oben S. 102 ff.

1297 Ebenso BDDH/*H. Hanau* (2016) Art. 12 GG Rn. 99; MHdBArbR/*Rachor*[4] (2018) § 126 Rn. 29; KR/*dies.*[12] (2019) § 1 KSchG Rn. 423. Dies verkennend BAG Urt. v. 31.1.2019 – 2 AZR 426/18, NZA 2019, S. 893, 895, weshalb im Weiteren auch die Auffassung des Gerichts nicht überzeugt, es sei irrelevant, ob die den Verdacht begründenden Umstände (unmittelbar) mit der Person des Arbeitnehmers zusammenhingen. Vergleiche bereits *Naujok* AuR 1998, S. 398, 399.

1298 Oben S. 102 ff. und S. 165 ff.

1299 BDHH/*H. Hanau* Art. 12 GG (2016) Rn. 99; MHdBArbR/*Rachor*[4] (2018) § 126 Rn. 29; KR/*dies.*[12] (2019) § 1 KSchG Rn. 423. Vergleiche auch *Deinert* AuR 2005, S. 285, 287; *Zborowska* Außerordentliche Verdachtskündigung (2015), S. 60.

1300 Vergleiche *Naujok* AuR 1998, S. 398, 399; *Kaiser* FS Otto, S. 173, 184; *Adam* Anm. zu LAG Berlin-Brandenburg Urt. v. 10.2.2012 – 6 Sa 1845/11, LAGE Nr. 11 zu § 626 BGB 2002 Verdacht strafbarer Handlung, S. 11, 17; *Wertz* Verdachtskündigung

„Jedes Arbeitsverhältnis setzt als personenbezogenes Dauerschuldverhältnis ein gewisses gegenseitiges Vertrauen […] voraus. Ein schwerwiegender Verdacht einer Pflichtverletzung kann zum Verlust der vertragsnotwendigen Vertrauenswürdigkeit des Arbeitnehmers und damit zu einem Eignungsmangel führen […]. Dies entspricht auch der ganz herrschenden Meinung im Schrifttum.“[1301]

Eine weitere Konkretisierung des „Eignungsmangels“ erfolgt nicht. Folgt man der gängigen Definition der personenbedingten Kündigung, müsste er sich auf die als Hauptleistung geschuldete Tätigkeit des Verdächtigen beziehen.[1302] Ist es also einem Arbeitnehmer, gegen den der dringende Verdacht einer gravierenden Schutzpflichtverletzung (§ 241 II BGB) besteht, unmöglich (§ 275 I BGB), seine Dienste (§ 611a I BGB) künftig vertragsgerecht zu erbringen?[1303] Konkret: Kann ein angestellter Taxifahrer Kunden weniger verkehrssicher befördern, weil er dringend verdächtig ist, seinen Arbeitgeber mehrfach grob beleidigt zu haben? Kann ein als Dolmetscher Beschäftigter nicht übersetzen, weil er im dringenden Verdacht steht, seine Kollegen wiederholt „bestohlen“ zu haben? Kann ein Modeverkäufer keine Mode verkaufen, weil er in der Vergangenheit überwiegend wahrscheinlich andere Angestellte sexuell belästigt hat?

Und schließlich: Die Vertrauenswürdigkeit des Arbeitnehmers zum generellen Eignungskriterium hochzustilisieren, ist auch mit Blick auf die erstrebenswerte,

---

unter Berücksichtigung des „Vertrauenskapitals“ (2015), S. 93 [Verdachtsumstände liegen nicht im „Eignungsspektrum“ des Arbeitnehmers].

1301 BAG Urt. v. 31.1.2019 – 2 AZR 426/18, NZA 2019, S. 893, 895.

1302 Zur Verdeutlichung BAG Urt. v. 10.4.2014 – 2 AZR 684/13, NZA 2014, S. 1197, 1199: „Durch § 1 II 1 Alt. 1 KSchG wird dem Arbeitgeber die Möglichkeit eröffnet, das Arbeitsverhältnis aufzulösen, wenn der Arbeitnehmer die *erforderliche Eignung oder Fähigkeit nicht (mehr) besitzt, die geschuldete Arbeitsleistung vertragsgerecht zu erbringen*“, Hervorhebung des Verfassers. Ferner BAG Urt. v. 18.9.2008 – 2 AZR 976/06, NZA 2009, S. 425, 426: „Mit der Befugnis zur personenbedingten Kündigung soll dem Arbeitgeber die Möglichkeit eröffnet werden, das Arbeitsverhältnis aufzulösen, wenn der Arbeitnehmer die erforderliche Eignung oder Fähigkeit nicht (mehr) besitzt, um zukünftig die geschuldete Arbeitsleistung – ganz oder teilweise – zu erbringen. Die Erreichung des Vertragszwecks muss durch den in der Sphäre des Arbeitnehmers liegenden Umstand nicht nur vorübergehend zumindest teilweise unmöglich sein.“

1303 Mit entsprechendem Einwand gegen die Einordnung der Verdachtskündigung als personenbedingte Kündigung *Kaiser* FS Otto, S. 173, 184. Vergleiche auch *Henssler* Anm. zu LAG Köln Urt. v. 16.1.1990 – 11 Sa 853/89, LAGE Nr. 27 zu § 1 KSchG, S. 9, 11/12 und LAG Niedersachsen Urt. v. 12.3.2018 – 15 Sa 319/17, NZA-RR 2018, S. 421, 430.

trennscharfe Abgrenzung von personen- und verhaltensbedingter Kündigung kritisch zu sehen.[1304] Verfolgt man den Ansatz nämlich konsequent weiter, müsste erst recht solchen Arbeitnehmern personenbedingt wegen (nicht näher bestimmter) Nichteignung gekündigt werden können, die wegen einer steuer- und vorwerfbaren Vertragswidrigkeit (Tat) vertrauensunwürdig erscheinen. Diese Fälle berechtigen indes nach – soweit erkennbar – bisher allgemeiner Meinung eindeutig und ausschließlich zu einer verhaltensbedingten Kündigung.

III. Zusammenfassende Schlussfolgerungen

1. Damit trifft die Einschätzung von *Rachor* zu, eine Zuordnung der Verdachtskündigung zu den Kündigungstypen des § 1 II KSchG sei „im Einklang mit der [hierzu] entwickelten Dogmatik kaum widerspruchsfrei möglich"[1305]. Die Verdachtskündigung ist keine betriebsbedingte Kündigung, weil sie nicht durch eine Veränderung des Personalbedarfs veranlasst wird. Sie ist keine verhaltensbedingte Kündigung, weil weder die Verdachtstat nachgewiesen ist noch der Verdacht durch ein steuerbares (und vorwerfbares) Verhalten des Arbeitnehmers hervorgerufen werden muss bzw. ausgeräumt werden kann. Richtigerweise unterfällt die Verdachtskündigung auch nicht der Kategorie der personenbedingten Kündigung. Die Vertrauenswürdigkeit des Arbeitnehmers ist keine feststehende Eigenschaft desselben im Sinne einer Störungsursache. Das Postulat entspricht vielmehr der Bewertung der konkreten verdachtsbedingten Vertrauensstörung. Der Verdacht gründet seinerseits nicht notwendig in der Person des Arbeitnehmers (oder in dessen Verhalten). Sein Wirt ist indes stets die Person des Arbeitgebers. Die Vertrauenswürdigkeit zum Eignungskriterium zu erheben, verwischt die Grenzen von personen- und verhaltensbedingter Kündigung (vollends), was § 1 I, II KSchG widerspricht. Gegen die Qualifizierung der Verdachtskündigung als personenbedingte Kündigung streitet auch, dass ein Verlust der Eignung des Arbeitnehmers für die von ihm geschuldete Tätigkeit kaum je überzeugend festgestellt werden kann. Das gilt zumindest, sofern sich der Verdacht wie häufig auf eine leistungsunabhängige (Neben-)Pflichtverletzung bezieht.

1304 Vergleiche auch *Naujok* AuR 1998, S. 398, 399; HK/*Dorndorf*[4] (2001), § 1 KSchG Rn. 844; MHdBArbR/*Rachor*[4] (2018) § 126 Rn. 29; KR/*dies.*[12] (2019) § 1 KSchG Rn. 423.

1305 MHdBArbR/*Rachor*[4] (2018) § 126 Rn. 29; KR/*dies.*[12] (2019) § 1 KSchG Rn. 423.

2. Nach Maßgabe des Vorstehenden muss eine Verdachtskündigung entgegen dem *BAG* und der wohl überwiegenden Meinung in der Literatur im Sinne des § 1 I KSchG sozial ungerechtfertigt sein. Denn sie ist bei vorzugswürdiger Auslegung von § 1 I, II KSchG nie durch Gründe in der Person oder dem Verhalten des Arbeitnehmers oder durch dringende betriebliche Erfordernisse bedingt. Gegenüber einem durch das KSchG geschützten Arbeitnehmer ist eine ordentliche Verdachtskündigung mithin stets sozialwidrig.[1306]
3. Die fehlende Statthaftigkeit einer ordentlichen Verdachtskündigung schließt ihrerseits die Zulässigkeit einer außerordentlichen Verdachtskündigung nicht aus.[1307] Als alternative Störungsreaktion im Sinne des *ultima-ratio*-Grundsatzes ist eine ordentliche Verdachtskündigung derweil von vornherein nicht in Betracht zu ziehen.[1308]
4. Stützt der Arbeitgeber eine ordentliche befristete Kündigung auf eine verdachtsbedingte Vertrauensstörung ist eine (einseitige) Beendigung des Arbeitsverhältnisses dennoch nicht notwendig ausgeschlossen. Das gilt zunächst, wenn der gekündigte Arbeitnehmer keinen Kündigungsschutz nach dem KSchG genießt. Gegebenenfalls ist die ordentliche Kündigung an § 138 BGB, § 242 BGB und nicht an § 1 I, II KSchG zu messen.[1309] Es kommt folglich nicht darauf an, ob einer der ordentlichen Kündigungsgründe aus § 1 II KSchG einschlägig ist. Vielmehr ist durch die Anwendung von § 138 BGB, § 242 BGB lediglich sicherzustellen, dass die Kündigung nicht willkürlich ist.[1310] Es bedarf eines „irgendwie

---

1306 Im Ergebnis wie hier *Naujok* AuR 1998, S. 398, 399; HK/*Dorndorf*[4] (2001), § 1 KSchG Rn. 844; *Kaiser* FS Otto, S. 173, 184; *Adam* Anm. zu LAG Berlin-Brandenburg Urt. v. 10.2.2012 – 6 Sa 1845/11, LAGE Nr. 11 zu § 626 BGB 2002 Verdacht strafbarer Handlung, S. 11, 17/18; BDDH/*Greiner* (2016) § 1 KSchG Rn. 399; BDDH/*H. Hanau* (2016) Art. 12 GG Rn. 99; MHdBArbR/*Rachor*[4] (2018) § 126 Rn. 29; KR/*dies.*[12] (2019) § 1 KSchG Rn. 423. Aus verfassungsrechtlicher Sicht ist die Anerkennung der ordentlichen Verdachtskündigung durch das *BAG* gleichwohl unbedenklich, weil sie auf einer zwar nicht überzeugenden, jedoch methodisch vertretbaren [zu diesem Maßstab siehe *Ulber* EuGRZ 2012, S. 365 ff.] Auslegung von § 1 KSchG beruht und der grundrechtlich gewährleistete Mindestbestandsschutz [dazu oben S. 58 ff.] wegen des strengen Rechtfertigungsmaßstabs gewahrt ist.

1307 Oben S. 71 f.

1308 Oben S. 154 ff.

1309 Statt vieler *Preis* NZA 1997, S. 1256, 1264 ff.

1310 BVerfG Urt. v. 27.1.1998 – 1 BvL 15/87, BVerfGE 97, S. 169, 175 ff.; BAG Urt. v. 5.11.2009 – 2 AZR 383/08, NZA-RR 2010, S. 325, 327; Urt. v. 5.12.2019 – 2 AZR 107/19, NZA 2020, S. 171, 172.

einleuchtenden" Grunds.[1311] Ein solcher kann auch der Verdacht eines Fehlverhaltens des Arbeitnehmers mit Bezug zum Arbeitsverhältnis sein.[1312] Das *BAG* lässt hier sehr weitgehend sogar einen auf konkreten Umständen beruhenden Vertrauensverlust ausreichen, ohne dass es darauf ankommen soll, ob die Tatsachen objektiv verifizierbar sind.[1313] Einer vorherigen Anhörung des Arbeitnehmers oder sonstiger Aufklärungsmaßnahmen bedarf es nicht.[1314]

Genießt der Arbeitnehmer Kündigungsschutz nach dem KSchG, scheitert die ordentliche Verdachtskündigung zwingend am Erfordernis der sozialen Rechtfertigung. Wegen der kongruenten Rechtsfolgen ist jedoch – theoretisch – die Umdeutung (§ 140 BGB) in eine außerordentliche Verdachtskündigung mit einer der ordentlichen Kündigungsfrist entsprechenden Auslauffrist möglich.[1315] Dies freilich nur, wenn – alle – Wirksamkeitsvoraussetzungen der außerordentlichen Verdachtskündigung erfüllt sind, d. h. insbesondere auch § 626 II BGB gewahrt ist, und der Arbeitgeber den verdächtigen Arbeitnehmer für die Dauer der Auslauffrist freigestellt hat.[1316] Im Falle einer Weiterbeschäftigung wird der Arbeitgeber nicht erfolgreich darlegen können, ihm sei die Fortsetzung des Arbeitsverhältnisses – sofort – unzumutbar.[1317]

Führt man sich vor Augen, dass die Rechtsprechung an die Wirksamkeit von ordentlicher und außerordentlicher Verdachtskündigung grundsätzlich

1311 So die Formulierung von *Preis* Prinzipien (1987), S. 400; BAG Urt. v. 25.4.2001 – 5 AZR 360/99, NZA 2002, S. 87, 89; Urt. v. 5.12.2019 – 2 AZR 107/19, NZA 2020, S. 171, 173.

1312 *Hoefs* Verdachtskündigung (2001), S. 265 ff.; *Ebeling* Kündigung wegen Verdachts (2006), S. 177/178.

1313 BAG Urt. v. 25.4.2001 – 5 AZR 360/99, NZA 2002, S. 87.

1314 BAG Urt. v. 10.4.2014 – 2 AZR 647/13, NZA 2015, S. 162, 165; Urt. v. 5.12.2019 – 2 AZR 107/19, NZA 2020, S. 171, 173.

1315 Vergleiche Staudinger/*Oetker* (2019) vor §§ 620 ff. BGB Rn. 229; ErfK/*Müller-Glöge*[21] (2021) § 620 BGB Rn. 62; Schaub/*Linck*[18] (2019) § 123 Rn. 65. Angedeutet in BAG Urt. v. 25.4.2007 – 6 AZR 746/06, NZA 2007, S. 881, 884. Zur Gegenauffassung APS/*Preis*[6] (2021) Grundlagen D Rn. 119; MüKoBGB/*Hesse*[8] (2020) Vor § 620 BGB Rn. 130. Die Umdeutung einer ordentlichen Kündigung in eine fristlose außerordentliche Kündigung scheidet mangels Kongruenz der Rechtsfolgen aus [BAG Urt. v. 14.10.1975 – 2 AZR 365/74, NJW 1976, S. 592].

1316 Vergleiche *Zborowska* Außerordentliche Verdachtskündigung (2015), S. 86/87; *Schwerdtner* Brennpunkte des Arbeitsrechts (2001), S. 243, 257/258.

1317 Vergleiche *Zborowska* Außerordentliche Verdachtskündigung (2015), S. 86/87; *Schwerdtner* Brennpunkte des Arbeitsrechts (2001), S. 243, 257/258.

dieselben Anforderungen stellt,[1318] besteht die wesentliche praktische Abweichung der hier vertretenen Lösung darin, dass durch das KSchG geschützte Arbeitnehmer aufgrund einer verdachtsbedingten Vertrauensstörung nur entlassen werden können, wenn der kündigende Arbeitgeber (auch) die Frist des § 626 II BGB eingehalten hat.[1319] Die einheitliche Anwendung von § 626 II BGB ist sachgerecht.[1320] Sie gewährleistet, dass der Arbeitnehmer möglichst zügig weiß, ob der Arbeitgeber schon den tatsachenbegründeten und dringenden Verdacht einer zur außerordentlichen (Tat-)Kündigung berechtigenden Pflichtverletzung zum Kündigungsanlass nimmt.[1321] Übermäßiger Handlungsdruck wird auf den die Verdachtskündigung erwägenden Arbeitgeber zugleich nicht ausgeübt.[1322] Die Frist des § 626 II BGB läuft nicht an, solange er die im Eigeninteresse gebotene Sachverhaltsaufklärung nicht willkürlich unterlässt oder verzögert.[1323]

Ergänzend sei darauf hingewiesen, dass § 626 II BGB wohl auch einheitlich angewendet werden müsste, wenn man mit dem *BAG* eine ordentliche Verdachtskündigung in Anwendungsbereich des KSchG für zulässig hält.[1324] Denn der Verwirkungstatbestand des § 626 II BGB konkretisiert, wie oben dargestellt,[1325] § 626 I BGB.[1326] Muss eine ordentliche Verdachtskündigung aber – wie vom *BAG* vorgegeben – der Sache nach § 626 I BGB genügen, erscheint es inkonsequent, § 626 II BGB bei der Wirksamkeitskontrolle auszublenden.[1327]

D. Wiedereinstellungsanspruch nach Verdachtskündigung?

Nachdem der Verdachtskündigungsgrund bezogen auf § 626 I BGB definiert, das Prüfprogramm einer (außerordentlichen) Verdachtskündigung erläutert und die Sozialwidrigkeit einer ordentlichen Verdachtskündigung festgestellt worden

---

1318 Dazu oben S. 193 ff.

1319 Dafür [im Ergebnis] auch *Zborowska* Außerordentliche Verdachtskündigung (2015), S. 87/88; MHdBArbR/*Rachor*[4] (2018) § 126 Rn. 29; KR/*dies.*[12] (2019) § 1 KSchG Rn. 423.

1320 Ebenso *Zborowska* Außerordentliche Verdachtskündigung (2015), S. 87/88.

1321 *Zborowska* Außerordentliche Verdachtskündigung (2015), S. 87/88.

1322 *Zborowska* Außerordentliche Verdachtskündigung (2015), S. 87/88.

1323 Ausführlich oben S. 172 ff.

1324 Zutreffend *Zborowska* Außerordentliche Verdachtskündigung (2015), S. 87/88.

1325 Oben S. 171 ff.

1326 *Zborowska* Außerordentliche Verdachtskündigung (2015), S. 87/88.

1327 *Zborowska* Außerordentliche Verdachtskündigung (2015), S. 87/88.

ist, soll der dritte Darstellungsteil abgerundet werden, indem das Problem des „Wiedereinstellungsanspruchs nach Verdachtskündigung[1328]" beleuchtet wird.

I. Problemaufriss

Was hat es damit auf sich? Für die Beurteilung der Wirksamkeit (auch) einer Verdachtskündigung ist – wie gesehen – auf den Zeitpunkt des Zugangs der Kündigungserklärung abzustellen. Alle „ursprünglichen" Umstände, namentlich Be- und Entlastungstatsachen, sind zu berücksichtigen, die „nachträglichen" auszublenden. Umstände, die nach dem Zugang der Kündigungserklärung entstehen, beeinflussen die Wirksamkeit der Kündigung nicht. Die dies einschränkende Rechtsprechung des *BAG*, der zufolge nachträgliche Umstände zu berücksichtigen sind, falls sie die Vorgänge, die zur Kündigung geführt haben, in einem neuen Licht erscheinen[1329] lassen, ist abzulehnen. Einem etwaigen Kündigungsschutzantrag ist immer stattzugeben, wenn bei Zugang der angegriffenen Verdachtskündigung – objektiv betrachtet – kein dringender Tatverdacht gegen den Kläger bestand. Der Arbeitgeber kann gegebenenfalls erneut kündigen oder unter Umständen nach § 9 KSchG vorgehen.[1330]

Umgekehrt gilt, dass der Arbeitnehmer mit einem Schutzantrag nicht durchdringt, wenn er – vorbehaltlich der weiteren Voraussetzungen – ursprünglich dringend tatverdächtig gewesen ist und die Verdachtsmomente nach Kündigungszugang entkräftet werden/wurden.[1331] Die streitbefangene Verdachtskündigung bleibt wirksam, sie beendet das Arbeitsverhältnis.[1332]

Das *BAG* und viele Autoren sprechen sich dafür aus, dieses[1333] Ergebnis im Einzelfall zu korrigieren. Weil die Wirksamkeit einer Verdachtskündigung nicht unter die Bedingung gestellt werden kann, dass sich die Unschuld des Verdächtigen herausstellt (auflösend) oder die Täterschaft erweist

1328 Für einen Wiedereinstellungsanspruch nach wirksamer betriebsbedingter Kündigung: BAG Urt. v. 15.3.1984 – 2 AZR 24/83, NJW 1985, S. 342; Urt. v. 27.2.1997 – 2 AZR 160/96, NZA 1997, S. 757, 759; Urt. v. 9.11.2006 – 2 AZR 509/05, Rn. 72 juris; Urt. v. 19.10.2017 – 8 AZR 845/15, NZA 2018, S. 436, 437.

1329 BAG Urt. v. 10.6.2010 – 2 AZR 541/09, NZA 2010, S. 1227, 1232; Urt. v. 23.10.2014 – 2 AZR 644/13, NZA 2015, S. 429, 430.

1330 Zu alle dem bereits oben S. 134 ff.

1331 BAG Urt. v. 27.2.1997 – 2 AZR 160/96, NZA 1997, S. 757, 759 mit weiteren Nachweisen; BeckOKArbR/*Stoffels*[59] (2021) § 626 BGB Rn. 52.

1332 Vergleiche BAG Urt. v. 27.2.1997 – 2 AZR 160/96, NZA 1997, S. 757, 759 mit weiteren Nachweisen; BeckOKArbR/*Stoffels*[59] (2021) § 626 BGB Rn. 52.

1333 Vergleiche zur Konstellation der nachträglichen Verdachtserhärtung oben S. 134 ff.

(aufschiebend),[1334] vertritt die wohl herrschende Meinung, einem unschuldig, aber wirksam gekündigten Arbeitnehmer könne ein Anspruch auf Wiedereinstellung zustehen, soweit dem Arbeitgeber diese zumutbar sei.[1335]

II. Be*recht*igung eines Wiedereinstellungsanspruchs zugunsten unschuldig, aber wirksam gekündigter Arbeitnehmer?

Das Anliegen ist nachvollziehbar. Dass ein Unschuldiger seinen Arbeitsplatz endgültig verliert, weil er im zufälligen Zeitpunkt des Kündigungszugangs – möglicherweise ohne eigenes Zutun – einer Vertragswidrigkeit dringend verdächtig war, kann dem Rechtsgefühl widersprechen.[1336] Das *BAG* meint, es würde eine „große Härte und Unbilligkeit bedeuten, einem [...] gänzlich unverschuldet entlassenen Arbeitnehmer“[1337] stets die Wiedereinstellung zu versagen. Billigkeitsempfinden und sozialpflegerische Erwägungen rechtfertigen einen Wiedereinstellungsanspruch allerdings nicht.[1338] Er bedarf einer tragfähigen Rechtsgrundlage.[1339] Ob es diese gibt, ist umstritten.[1340] Im Wesentlichen[1341] werden folgende Ansätze diskutiert:

1334 Anders etwa *Isele* FS Molitor, S. 107, 120. Wie hier *Heilmann* Wiedereinstellung (1964), S. 32, 86/87; *Belling* RdA 1996, S. 223, 233; *Hoefs* Verdachtskündigung (2001), S. 129/130; *Zborowska* Außerordentliche Verdachtskündigung (2015), S. 64/65.

1335 BAG Urt. v. 14.12.1956 – 1 AZR 29/55, juris; Urt. v. 25.2.1960 – 3 AZR 446/57, Rn. 34 ff. juris; Urt. v. 20.8.1997 – 2 AZR 620/96, NZA 1997, S. 1340. Siehe jüngst aber BAG Urt. v. 27.6.2017 – 9 AZR 576/15, BeckRS 2017, 123124. Aus dem Schrifttum etwa *A. Hueck* FS Hedemann, S. 131, 148 ff.; *Heilmann* Wiedereinstellung (1964), S. 78 ff., 95 ff.; *Preis* Prinzipien (1987), S. 349 ff.; *Ebeling* Kündigung wegen Verdachts (2006), S. 236 ff.; *Zborowska* Außerordentliche Verdachtskündigung (2015), S. 311 ff.; KR/*Fischermeier*[12] (2019) § 626 BGB Rn. 248; MüKoBGB/*Henssler*[8] (2020) § 626 BGB Rn. 282.

1336 MHdBArbR/*Berkowsky*[1] (1993) § 134 Rn. 120; auch DHSW/*Bufalica*[4] (2017) § 1 KSchG Rn. 57.

1337 BAG Urt. v. 14.12.1956 – 1 AZR 29/55, Rn. 41 juris.

1338 *A. Hueck* FS Hedemann, S. 131, 147; *Kaiser* ZfA 2000, S. 205, 220. Vergleiche auch *Preis* Prinzipien (1987), S. 350. Kritisch auch APS/*Dörner/Vossen*[4] (2012) § 1 KSchG Rn. 78.

1339 *A. Hueck* FS Hedemann, S. 131, 147; *Kaiser* ZfA 2000, S. 205, 220.

1340 Ablehnend zum Beispiel *Adam* ZTR 1999, S. 113 ff.; *Kaiser* ZfA 2000, S. 205, 218 ff.; APS/*Dörner/Vossen*[4] (2012) § 1 KSchG Rn. 78. Vergleiche auch *Höpfner/Richter* RdA 2016, S. 149, 160. Offenlassend BAG Urt. v. 27.6.2017 – 9 AZR 576/15, BeckRS 2017, 123124.

1341 *Elz* Wiedereinstellungsanspruch nach Wegfall des Kündigungsgrundes (2002), S. 31 ff. Außerdem nur BDDH/*Greiner* (2016) § 1 KSchG Rn. 372 ff.

1. Rechtsgrundlagen?

a) Verbot widersprüchlichen Verhaltens (§ 242 BGB)

Auf das Verbot widersprüchlichen Verhaltens soll der Wiedereinstellungsanspruch gestützt werden können, weil ein Arbeitgeber, der gegenüber einem unschuldig Gekündigten auf der wirksamen Kündigung beharre, widersprüchlich und rechtsmissbräuchlich handle.[1342] Unabhängig davon, ob § 242 BGB überhaupt dazu eignet, Kontrahierungszwang zu vermitteln,[1343] ist ein widersprüchliches und rechtsmissbräuchliches Verhalten jenseits besonderer Umstände aber nicht festzustellen.[1344] Der Arbeitgeber setzt sich durch die Ablehnung der Wiedereinstellung nicht in Widerspruch zu seiner Kündigungsentscheidung, die er auf Basis einer früheren Sachlage getroffen hat.[1345] Er vermittelt durch die Kündigungserklärung (auch) nicht, er werde an dieser nur bei gleichbleibenden Umständen festhalten, schafft insoweit also keinen Vertrauenstatbestand, auf den sich der Arbeitnehmer einrichten dürfte.[1346]

1342 Vergleiche BAG Urt. v. 15.3.1984 – 2 AZR 24/83, NJW 1985, S. 342; Urt. v. 27.2.1997 – 2 AZR 160/96, NZA 1997, S. 757, 759; Urt. v. 24.2.2011 – 6 AZR 626/09, NZA-RR 2012, S. 148, 154; *Preis* Prinzipien (1987), S. 352/353; *ders.* DB 1988, S. 1387, 1392; *vom Stein* RdA 1991, S. 85, 91/92; *Boewer* NZA 1999, S. 1121, 1128. Im Ergebnis auch schon *A. Hueck* FS Hedemann, S. 131, 148 ff.

1343 Verneinend zum Beispiel *Oetker* ZIP 2000, S. 643, 646; *Kaiser* ZfA 2000, S. 205, 221/222. Bejahend etwa BAG Urt. v. 24.2.2011 – 6 AZR 626/09, NZA-RR 2012, S. 148, 154; *Preis* Prinzipien (1987), S. 349 ff., 351/352; *Boewer* NZA 1999, S. 1121, 1128.

1344 *Kaiser* ZfA 2000, S. 205, 223.

1345 Zum Beispiel *Zwanziger* BB 1997, S. 42; *Ricken* NZA 1998, S. 460, 461/462; *Ebeling* Kündigung wegen Verdachts (2006), S. 241; *Zborowska* Außerordentliche Verdachtskündigung (2015), S. 316. Vergleiche auch BAG Urt. v. 20.10.2015 – 9 AZR 743/14, NZA 2016, S. 299, 304.

1346 *Heilmann* Wiedereinstellung (1964), S. 112; *Ricken* NZA 1998, S. 460, 462; *Adam* ZTR 1999, S. 113, 114; *Kaiser* ZfA 2000, S. 205, 222/223; *Schlegeit* BAG und die Verdachtskündigung (2008), S. 166. Anders *vom Stein* RdA 1991, S. 85, 91/92 [Erwartung eines unschuldigen Arbeitnehmers, rehabilitiert zu werden, sei Arbeitgeber zurechenbar, weil dieser bewusst auf Tatnachweis verzichte]. BDDH/*Greiner* (2016) § 1 KSchG Rn. 373 macht zu Recht darauf aufmerksam, dass eine Selbstbindung des Arbeitgebers durch die Kündigungserklärung überhaupt nur eintreten könnte, wenn diese – freiwillige – Angaben zum Kündigungsgrund enthält (§ 626 II 3 BGB).

Aus dem Verbot widersprüchlichen Verhaltens kann ein Wiedereinstellungsanspruch des unschuldig, aber wirksam anlässlich Verdachts Gekündigten mithin grundsätzlich nicht hergeleitet werden.[1347]

b) Arbeitsvertragliche Nebenpflicht des Arbeitgebers (§ 241 II BGB)

Zu den vertraglichen Nebenpflichten des Arbeitgebers gehört es, auf die berechtigten Interessen des Arbeitnehmers Rücksicht zu nehmen.[1348] Wer unschuldig entlassen worden ist, hat typischerweise ein wegen Art. 12 I GG (und Art. 2 I GG, Art. 1 I GG) rechtserhebliches Rehabilitationsinteresse.[1349] Diesem mittels eines auf § 241 II BGB gestützten Wiedereinstellungsanspruchs Geltung zu verschaffen, vermag indes (im Regelfall) nicht zu überzeugen.[1350] Warum?

Schlicht und ergreifend, weil § 241 II BGB den Bestand eines Schuldverhältnisses voraussetzt, die wirksame Verdachtskündigung dieses jedoch – regelmäßig sofort – beendet.[1351] Wie gesehen ist eine ordentliche Verdachtskündigung im Anwendungsbereich des KSchG ausgeschlossen.[1352] Eine mögliche, außerordentliche Verdachtskündigung mit Auslauffrist ist der (theoretische) Ausnahmefall.[1353] D. h.: Findet die Vertragsbeziehung aufgrund einseitiger Gestaltungserklärung ein Ende, kann eine Wiedereinstellungspflicht in jener (zumeist) nicht angeknüpft werden.[1354] Dass arbeitsvertragliche

---

1347 Ebenso etwa *Schlegeit* BAG und die Verdachtskündigung (2008), S. 166; *Zwanziger* BB 1997, S. 42; *Ricken* NZA 1998, S. 460, 461/462; *Adam* ZTR 1999, S. 113, 114; *Kaiser* ZfA 2000, S. 205, 221 ff; BDDH/*Greiner* (2016) § 1 KSchG Rn. 373.

1348 Nur *Oetker* ZIP 2000, S. 643, 646; ErfK/*Preis*[21] (2021) § 611a BGB Rn. 615/616.

1349 Vergleiche BAG Urt. v. 14.12.1956 – 1 AZR 29/55, Rn. 41 juris; *Zborowska* Außerordentliche Verdachtskündigung (2015), S. 313; BDDH/*Greiner* (2016) § 1 KSchG Rn. 399.

1350 Für einen Wiedereinstellungsanspruch aus § 241 II BGB etwa BAG Urt. v. 9.11.2006 – 2 AZR 509/05, Rn. 72 juris; Urt. v. 20.10.2015 – 9 AZR 743/14, NZA 2016, S. 299, 303; Urt. v. 19.10.2017 – 8 AZR 845/15, NZA 2018, S. 436, 437; *Oetker* ZIP 2000, S. 643, 646 ff.; *Zborowska* Außerordentliche Verdachtskündigung (2015), S. 318/319; DHSW/*Bufalica*[4] (2017) § 1 KSchG Rn. 57; *Steinacker* Wiedereinstellungsanspruch des Arbeitnehmers (2018), S. 127 ff. Vergleiche auch BAG Urt. v. 28.6.2000 – 7 AZR 904/98, NZA 2000, S. 1097, 1099, 1100.

1351 *Höpfner/Richter* RdA 2016, S. 149, 160.

1352 Dazu oben S. 192 ff.

1353 Vergleiche oben S. 192 ff., 201.

1354 Vergleiche *Höpfner/Richter* RdA 2016, S. 149, 159/160

Nebenpflichten manchmal „nachwirken", führt darüber nicht hinweg.[1355] Denn die Nachwirkung von Vertrags(neben)pflichten ist – in den Worten des neunten Senats des *BAG* – „generell endbezogen"[1356]. Sie dient der ungestörten Abwicklung des beendeten Vertragsverhältnisses, nicht seiner Wiederbegründung.[1357] Davon eine dogmatisch nicht stimmige Ausnahme zu machen, ist nicht grundrechtsnotwendig.[1358] Zwar verringert eine dem unschuldig Gekündigten eingeräumte Wiedereinstellungschance die konkrete Beeinträchtigungsintensität der jeweiligen Verdachtskündigung.[1359] Für deren schutzpflichtkonforme Ausgestaltung ist jene aber nicht ausschlaggebend.[1360] Schon die Wirksamkeitskriterien gewährleisten die notwendige verfassungsrechtliche Vertretbarkeit.[1361] Dass die Verdachtskündigung einen Unschuldigen treffen und kränken kann, ist eingeplant.[1362]

Ein auf § 241 II BGB gestützter Wiedereinstellungsanspruch kommt nach Ausspruch einer wirksamen Verdachtskündigung dementsprechend nur ausnahmsweise in Frage, wenn diese bei Einhaltung aller übrigen Voraussetzungen mit einer (sozialen) Auslauffrist verbunden wurde. Gegebenenfalls kann die

---

1355 Ebenso *Ricken* NZA 1998, S. 460, 463; *Kaiser* ZfA 2000, S. 205, 219/220; *Hoefs* Verdachtskündigung (2001), S. 291; *Schlegeit* BAG und die Verdachtskündigung (2008), S. 164; *Höpfner/Richter* RdA 2016, S. 149, 160. Auch BAG Urt. v. 6.8.1997 - 7 AZR 557/96, NZA 1998, S. 254, 255; Urt. v. 27.6.2001 - 7 AZR 662/99, NZA 2001, S. 113, 1136 und schon *Hilger* MuA 1960, S. 181, 182 [„keine sehr geeignete Begründung"]. Anders etwa *Hambitzer* NJW 1985, S. 2239, 2240.

1356 BAG Urt. v. 20.10.2015 - 9 AZR 743/14, NZA 2016, S. 299, 304.

1357 BAG Urt. v. 20.10.2015 – 9 AZR 743/14, NZA 2016, S. 299, 304; *Heilmann* Wiedereinstellung (1964), S. 102 ff.; *vom Stein* Fehleinschätzungen (1989), S. 107 ff.; *Langenbucher* ZfA 1999, S. 299, 305; *Kaiser* ZfA 2000, S. 205, 219/220; *Krüll* Wiedereinstellungsanspruch (2003), S. 124/125; *Höpfner/Richter* RdA 2016, S. 149, 160. Auch *Hoefs* Verdachtskündigung (2001), S. 290/291; *Schlegeit* BAG und die Verdachtskündigung (2008), S. 164.

1358 So auch *Nicolai/Noack* ZfA 2000, S. 87, 91; *Kaiser* ZfA 2000, S. 205, 229/230. Grundsätzlich auch, für die Verdachtskündigung aber anders *Otto* Anm. zu BAG Urt. v. 28.6.2000 – 7 AZR 904/98, AP Nr. 6 zu § 1 KSchG 1969 Wiedereinstellung, zu II. Anders *Ebeling* Kündigung wegen Verdachts (2006), S. 242/243; *Zborowska* Außerordentliche Verdachtskündigung (2015), S. 62/63, 313/314.

1359 Vergleiche oben S. 63 f.

1360 Wie vor.

1361 Wie vor.

1362 Dazu auch noch sogleich.

korrespondierende Wiedereinstellungspflicht zumindest während der Auslauffrist in der fortbestehenden Vertragsbeziehung angeknüpft werden.

c) *Immanente Kündigungsrechtsgrenze*

Ein weiterer Vorschlag ist, die Wiedereinstellungs*pflicht* als immanente Grenze des Kündigungs*rechts*, genauer: des kündigungsrechtlichen Prognoseprinzips, zu interpretieren.[1363] Erfährt der (dann gesetzliche) Wiedereinstellungsanspruch seine Legitimation also durch das KSchG bzw. durch § 626 I BGB selbst?[1364]

Der Ansatz baut auf die Annahme einer korrekturbedürftigen Fehlprognose.[1365] Man kann schon bezweifeln, ob eine Zumutbarkeitsprognose[1366] wirklich „fehlerhaft" war, wenn ein im Kündigungszeitpunkt – berechtigter – Tatverdacht nachträglich entkräftet wird.[1367] Zumindest kann das Korrekturbedürfnis einer etwaigen Fehlprognose nicht mit deren (unterstellter) Fehlerhaftigkeit selbst gerechtfertigt werden.[1368] Anderenfalls würde die Bedingungsfeindlichkeit der Verdachtskündigung unterlaufen.[1369]

Es bräuchte also einer zusätzlichen, normativen Rechtfertigung. Ein Verweis auf die Berufsfreiheit oder das Allgemeine Persönlichkeitsrecht des unschuldig Gekündigten verfängt entsprechend dem oben Gesagten insofern nicht.[1370] An dünnen Seilen aufgehängt ist ferner das Argument, der Wiedereinstellungsanspruch kompensiere die dem Arbeitgeber durch die Möglichkeit zur Verdachtskündigung gegebene „überschießende Rechtsmacht".[1371] Darin drückt sich ein

---

1363 BDDH/*Greiner* (2016) § 1 KSchG Rn. 368 ff. Grundsätzlich ablehnend, im Fall der Verdachtskündigung aber bejahend *Ricken* NZA 1998, S. 460, 464 f.

1364 Vergleiche *Kaiser* ZfA 2000, S. 205, 224; *Otto* Anm. zu BAG Urt. v. 28.6.2000 – 7 AZR 904/98, AP Nr. 6 zu § 1 KSchG 1969 Wiedereinstellung, zu II.

1365 In diesem Sinne etwa *Bram/Rühl* NZA 1990, S. 753, 754/755; *Boewer* NZA 1991, S. 1121, 1128 ff.; BDDH/*Greiner* (2016) § 1 KSchG Rn. 369. Auch BAG Urt. v. 27.2.1997 – 2 AZR 160/96, NZA 1997, S. 757, 760; Urt. v. 28.6.2000 – 7 AZR 904/98, NZA 2000, S. 1097, 1100.

1366 Vergleiche oben S. 151 ff.

1367 Vergleiche auch *Kaiser* ZfA 2000, S. 205, 228.

1368 Treffend *Kaiser* ZfA 2000, S. 205, 224/225. Anders wohl BDDH/*Greiner* (2016) § 1 KSchG Rn. 370 [allgemeine Wertung des Kündigungsschutzrechts, dass der Arbeitnehmer vor einem grundlosen Arbeitsplatzverlust bewahrt werden soll].

1369 *Kaiser* ZfA 2000, S. 205, 224/225.

1370 Anders Schaub/*Linck*[18] (2019) § 146 Rn. 7 [erhebliche Verletzung (!) des allgemeinen Persönlichkeitsrechts bei Kündigung eines Unschuldigen].

1371 Vergleiche aber *Bram/Rühl* NZA 1990, S. 753, 754/755; *Meinel/T. Bauer* NZA 1999, S. 575, 577; *Ebeling* Kündigung wegen Verdachts (2006), S. 239/240; *Zborowska*

Vorverständnis aus, wonach die Verdachtskündigung eigentlich ein „Minus" zur Tatkündigung darstellt. Dass dem nicht so ist, wurde bereits aufgezeigt.[1372]

Nicht überzeugend ist schließlich auch das Argument, erst durch die potentielle Wiedereinstellungspflicht werde eine angemessene Verteilung des Prognoserisikos erreicht – dieses sei bei einer Verdachtskündigung besonders hoch und dürfe nicht vollständig auf den Arbeitnehmer abgewälzt werden.[1373] Dies verkennt, dass die mögliche Unschuld des verdächtigen Arbeitnehmers den Wirksamkeitsmaßstab der Verdachtskündigung prägt. Weil die Gefahr, dass sie unter Umständen einen Unschuldigen trifft, bewusst in Kauf genommen wird, obliegt dem Arbeitgeber nur vor einer Verdachtskündigung die Aufklärung des Sachverhalts einschließlich einer Verdachtsanhörung.[1374] Die Nichterweislichkeit der Tat ist ferner ein bedeutender Gesichtspunkt, der im Rahmen der Zumutbarkeitsprognose auf Ebene der einzelfallbezogenen Gesamtabwägung – stets – zugunsten des Verdächtigen zu berücksichtigen ist und seinem Bestandsinteresse erhebliches Gewicht verleiht.[1375] Die Prüfkriterien der Verdachtskündigung absorbieren das durch die eventuelle Unschuld des Arbeitnehmers (im Vergleich zur Tatkündigung) gesteigerte Prognoserisiko also.

Deshalb und aus den übrigen vorstehend genannten Gründen kann auch die Überlegung, einen allgemeinen (gesetzlichen) Wiedereinstellungsanspruch des unschuldig gekündigten Arbeitnehmers aus dem Kündigungsrecht des Arbeitgebers bzw. dem kündigungsrechtlichen Prognoseprinzip als dessen immanente Grenze abzuleiten, im Ergebnis nicht überzeugen.[1376]

2. *Fazit*

Die angestellten Erwägungen zeigen, dass *de lege lata* die besseren Argumente gegen einen allgemeinen Wiedereinstellungsanspruch eines unschuldig anlässlich Verdachts gekündigten Arbeitnehmers sprechen.[1377] Es fehlt dafür an einer

---

Außerordentliche Verdachtskündigung (2015), S. 312. Im Ausgangspunkt anders, im Ergebnis aber wie hier *Kaiser* ZfA 2000, S. 205, 224/225.

1372 Oben S. 67 ff. Siehe auch ErfK/*Niemann*[21] (2021) § 626 BGB Rn. 184.

1373 In diesem Sinne aber BDDH/*Greiner* (2016) § 1 KSchG Rn. 369 ff., 399; *Bram/Rühl* NZA 1990, S. 753, 754/755; *Ricken* NZA 1998, S. 460, 464; *Meinel/T. Bauer* NZA 1999, S. 575, 577. Im Ergebnis auch *Kaiser* ZfA 2000, S. 205, 227/228 [„Lebensrisiko"].

1374 Dazu oben S. 140 ff.

1375 Vergleiche oben S. 166 ff.

1376 Im Ergebnis *Adam* ZTR 1999, S. 113 ff.; *Kaiser* ZfA 2000, S. 205, 224 ff. Grundsätzlich kritisch auch *Ricken* NZA 1998, S. 460, 463.

1377 Ebenso *Adam* ZTR 1999, S. 113 ff.; *Kaiser* ZfA 2000, S. 205, 224 ff.

tragfähigen Rechtsgrundlage. Im einschlägigen einfachgesetzlichen Umfeld lassen sich keine ausreichenden Anknüpfungspunkte für ihn finden. Weder auf das Verbot widersprüchlichen Verhaltens, die vertragliche Fürsorgepflicht des Arbeitgebers noch auf eine immanente Kündigungsrechtsgrenze kann er überzeugend gestützt werden. Grundrechtsnotwendig ist ein allgemeiner Wiedereinstellungsanspruch des unschuldig Gekündigten ebenfalls nicht.[1378]

III. Zu den Anspruchsvoraussetzungen und Einzelfragen des Wiedereinstellungsanspruchs

Gleich, ob man – wie die wohl herrschende Meinung – einen Wiedereinstellungsanspruch nach wirksamer Verdachtskündigung allgemein anerkennt oder ihn auf den Sonderfall einer zulässigerweise mit Ausschlussfrist erklärten Verdachtskündigung beschränkt, bleibt zu klären, wie er tatbestandlich zu fassen ist. Insofern ist mit dem *BAG* davon auszugehen, dass den Arbeitgeber eine Pflicht zur Wiedereinstellung des unschuldig Gekündigten nur trifft, soweit ihm diese zumutbar ist; der Entlassene muss ein überwiegendes Rehabilitationsinteresse geltend machen können.[1379]

1. Entkräftung des Verdachts

Dafür muss der ursprünglich gegebene Kündigungsgrund nachträglich objektiv wegfallen.[1380] Diese Voraussetzung kann nur als erfüllt angesehen werden, wenn es dem ehemaligen Arbeitnehmer gelingt, den gegen ihn bei Kündigungszugang bestehenden Tatverdacht vollständig auszuräumen.[1381]

1378 Verfassungswidrig dürfte die Anerkennung einer Wiedereinstellungspflicht zugleich nicht sein [so im Ergebnis aber wohl *Kaiser* ZfA 2000, S. 205, 230/231; für eine zulässige Rechtsfortbildung etwa *Otto* Anm. zu BAG Urt. v. 28.6.2000 – 7 AZR 904/98, AP Nr. 6 zu § 1 KSchG 1969 Wiedereinstellung, zu II].

1379 Nur BAG Urt. v. 14.12.1956 – 1 AZR 29/55, Rn. 41/42 juris.

1380 ErfK/*Preis*[21] (2021) § 611a BGB Rn. 323.

1381 BAG Urt. v. 14.12.1956 – 1 AZR 29/55, Rn. 41 juris; Urt. v. 20.8.1997 – 2 AZR 620/96, NZA 1997, S. 1340, 1343; LAG Baden-Württemberg Urt. v. 22.5.2015 – 12 Sa 5/15, NZA-RR 2016, S. 13, 15; *Hahn* Verdachtskündigung unter Berücksichtigung einer gesetzlichen Regelung (2004), S. 126; *Schlegeit* BAG und die Verdachtskündigung (2008), S. 155; Staudinger/*Preis* (2019) § 626 BGB Rn. 230. Weniger restriktiv [Fehlen eines dringenden Verdachts] *Hoefs* Verdachtskündigung (2001), S. 294/295; *Zborowska* Außerordentliche Verdachtskündigung (2015), S. 319/320.

Hierzu hat er Entlastungstatsachen darzulegen und nötigenfalls zu beweisen, die bei der Beurteilung der Wirksamkeit der Verdachtskündigung nicht berücksichtigt worden sind.[1382] Eine aussichtsreiche Chance wird dazu oft nur haben, wer sich auf ihm günstige Ergebnisse eines parallel laufenden Strafverfahrens berufen, diese (namentlich) über § 46 II ArbGG, §§ 415 ff. ZPO für ein Wiedereinstellungsbegehren fruchtbar machen kann.[1383] Zum „Selbstläufer" wird dies freilich weder infolge der Einstellung des Strafverfahrens noch eines strafgerichtlichen Freispruchs (wegen erwiesener Unschuld) – die strafrechtlichen Maßstäbe bleiben unverbindlich.[1384]

2. *Anspruchsbefristung*

Leitet man eine Wiedereinstellungspflicht aus § 241 II BGB (dasselbe gilt grundsätzlich für § 242 BGB) ab, steht und fällt der korrespondierende Anspruch an sich mit der Vertragsbeziehung, in der er angeknüpft ist.[1385]

Konsequent ist es daher, dass der unschuldig Gekündigte längstens für den Lauf einer (tarif)vertraglichen, gesetzlichen oder sozialen[1386] Kündigungsfrist Wiedereinstellung beanspruchen kann.[1387] Nach einer wirksamen, außerordentlich fristlosen Verdachtskündigung gelangt der auf § 241 II BGB gestützte Wiedereinstellungsanspruch nicht zur Entstehung.[1388] Das entspricht der hier vertretenen Lösung.

1382 BAG Urt. v. 14.12.1956 – 1 AZR 29/55, Rn. 41 juris; Urt. v. 20.8.1997 – 2 AZR 620/96, NZA 1997, S. 1340, 1343; LAG Baden-Württemberg Urt. v. 22.5.2015 – 12 Sa 5/15, NZA-RR 2016, S. 13, 15; *Hahn* Verdachtskündigung unter Berücksichtigung einer gesetzlichen Regelung (2004), S. 126; *Schlegeit* BAG und die Verdachtskündigung (2008), S. 155; Staudinger/*Preis* (2019) § 626 BGB Rn. 230.

1383 Vergleiche oben S. 129 ff.

1384 BAG Urt. v. 20.8.1997 – 2 AZR 620/96, NZA 1997, S. 1340, 1343. Aus dem Schrifttum nur *Hoefs* Verdachtskündigung (2001), S. 295; *Zborowska* Außerordentliche Verdachtskündigung (2015), S. 321; LAG Baden-Württemberg Urt. v. 22.5.2015 – 12 Sa 5/15, NZA-RR 2016, S. 13. Anders *Steinacker* Wiedereinstellungsanspruch (2018), S. 244/245. Unklar BAG Urt. v. 4.6.1964 – 2 AZR 310/63, Rn. 32 juris.

1385 *Höpfner/Richter* RdA 2016, S. 149, 160.

1386 Auf Basis der hier zur (Un-)Statthaftigkeit einer ordentlichen Verdachtskündigung vertretenen Auffassung ist nur eine solche Frist praktisch relevant.

1387 *Höpfner/Richter* RdA 2016, S. 149, 160 und oben S. 212 ff.

1388 *Schlegeit* BAG und die Verdachtskündigung (2008), S. 184; *Zborowska* Außerordentliche Verdachtskündigung (2015), S. 326; BDDH/*Greiner* (2016) § 1 KSchG Rn. 399.

Die wohl herrschende Meinung geht einen anderen Weg und behilft sich bekanntlich mit einer Nachwirkung des Schuldinhalts.[1389] Wie lange sich der unschuldig Gekündigte erfolgreich auf diese berufen kann, ist innerhalb dieser Meinungsgruppe umstritten. Manche verneinen eine zeitliche Begrenzung des Wiedereinstellungsanspruchs.[1390] Andere bemühen den Zeitpunkt der Anspruchsverwirkung.[1391] Ein dritter Ansatz ist, den Wiedereinstellungsanspruch nur für die Dauer des (etwaigen) Kündigungsschutzverfahrens zuzulassen.[1392]

Letzteres schließe aus, dass ein Wiedereinstellungsanspruch mit der Rechtskraft des Urteils im Kündigungsschutzprozess kontrastiere.[1393] Tatsächlich ist ein solcher Widerspruch von vornherein nicht zu besorgen, weil Kündigungsschutz- und Wiedereinstellungsklage mangels Identität des Klagegrunds (der Wiedereinstellungsanspruch muss zwingend auf „nachträgliche Umstände“[1394] gestützt werden) unterschiedliche Streitgegenstände haben.[1395] Die Lösung ist

1389 Zur Kritik oben S. 212 ff.

1390 APS/*Dörner/Vossen*[4] (2012) § 1 KSchG Rn. 78.

1391 *Zborowska* Außerordentliche Verdachtskündigung (2015), S. 319/320; BDDH/*Greiner* (2016) § 1 KSchG Rn. 401.

1392 LKB/*Krause*[16] (2019) § 1 KSchG Rn. 239; Schaub/*Linck*[18] (2019) § 146 Rn. 7; HWK/*Sandmann*[9] (2020) § 626 BGB Rn. 292.

1393 Vergleiche ErfK/*Niemann*[21] (2021) § 626 BGB Rn. 184: „Wiedereinstellungsansprüche dienen nicht der Korrektur materiell-rechtl. Fehlurteile.“ Ähnlich mit Verweis auf die Vorschriften zur Restitutionsklage, §§ 580 ff. ZPO, HWK/*Sandmann*[9] (2020) § 626 BGB Rn. 292.

1394 Vergleiche oben S. 134 ff.

1395 *Hoefs* Verdachtskündigung (2001), S. 302/303; *Zborowska* Außerordentliche Verdachtskündigung (2015), S. 327. Verfehlt deshalb BAG Urt. v. 21.2.1985 – 2 AZR 311/84, Rn. 15 juris: „Der vorliegende Fall bietet auch dem Senat keinen Anlaß, grundsätzlich zu der Frage Stellung zu nehmen, ob ein Wiedereinstellungsanspruch bestehen kann, wenn bei einer betriebsbedingten Kündigung der zum Zeitpunkt des Zugangs der Kündigung vorgelegene Kündigungsgrund später entfallen ist. […] Bejaht worden ist er in Rechtsprechung und Literatur bisher für den Fall, daß die Wirksamkeit einer Verdachtskündigung angenommen wurde, sich später indessen die Unschuld des Arbeitnehmers herausstellte […]. *Der vorliegende Sachverhalt unterscheidet sich von dieser Fallgestaltung dadurch, daß die Kündigung zunächst einmal nach § 7 KSchG schon deshalb wirksam geworden ist, weil der Kläger sie nicht rechtzeitig angegriffen hat. Die Bejahung eines Wiedereinstellungsanspruchs in einem solchen Falle wäre mit der gesetzgeberischen Entscheidung in den §§ 4, 5 KSchG kaum vereinbar* […]“, Hervorhebung des Verfassers.

im Übrigen auch unpassend. Nicht jeder Arbeitnehmer, der verdachtsveranlasst gekündigt wird, klagt.[1396]

Weil die durch einen Verzicht auf eine zeitliche Befristung vermittelte Rechtsunsicherheit überschießend wäre,[1397] ist aus dem Kreis seiner Befürworter denjenigen beizupflichten, die für eine Befristung des Wiedereinstellungsanspruchs auf die hinreichend wertungsoffenen[1398] Regeln der Verwirkung zurückgreifen.

3. *Untergang bei zwischenzeitlicher Disposition des Arbeitgebers*

Davon unabhängig muss ein Wiedereinstellungsanspruch nach wirksamer Verdachtskündigung grundsätzlich ausscheiden, wenn der Arbeitgeber bereits anderweitig disponiert, namentlich die vormals vom Anspruchsteller besetzte Stelle neu besetzt hat, und kein anderer geeigneter Arbeitsplatz besetzbar ist.[1399]

Dem Arbeitgeber ist die Wiedereinstellungspflicht gegebenenfalls gemäß oder entsprechend § 275 BGB unmöglich.[1400] Zu einer sog. Freikündigung ist der Arbeitgeber nicht verpflichtet.[1401] Auf Unmöglichkeit der Wiedereinstellung kann sich der Arbeitgeber analog § 162 BGB nur dann nicht berufen, wenn er diese treuwidrig vereitelt hat.[1402] Dies kann allenfalls angenommen werden, wenn der Arbeitgeber die fragliche Stelle vergibt, obschon er hinreichende Entlastungsmomente kennt oder sich diesen bewusst verschließt.[1403]

1396 Für diesen Fall statt auf das Ende des Kündigungsschutzverfahrens auf den Zeitpunkt der Verwirkung abstellend Schaub/*Linck*[18] (2019) § 146 Rn. 7; LKB/*Krause*[16] (2019) § 1 KSchG Rn. 239. Dazu zu Recht kritisch BDDH/*Greiner* (2016) § 1 KSchG Rn. 401.

1397 BDDH/*Greiner* (2016) § 1 KSchG Rn. 401.

1398 BDDH/*Greiner* (2016) § 1 KSchG Rn. 401.

1399 Etwa BGH Urt. v. 13.7.1956 – VI ZR 88/55, NJW 1956, S. 1513; BAG Urt. v. 14.12.1965 – 1 AZR 29/55, Rn. 42 juris; Urt. v. 27.2.1997 – 2 AZR 160/96, NZA 1997, S. 757, 760; *Preis* Prinzipien (1987), S. 355/356; KR/*Fischermeier*[12] (2019) § 626 BGB Rn. 248.

1400 *Zborowska* Außerordentliche Verdachtskündigung (2015), S. 323; *Bram/Rühl* NZA 1990, S. 753, 755/756.

1401 *Preis* Prinzipien (1987), S. 355/356; *Ebeling* Kündigung wegen Verdachts (2006), S. 246; *Zborowska* Außerordentliche Verdachtskündigung (2015), S. 323; BDDH/*Greiner* (2016) § 1 KSchG Rn. 401. Anders DDZ/*Zwanziger*[11] (2020) Einl. Rn. 407.

1402 BAG Urt. v. 28.6.2000 – 7 AZR 904/98, NZA 2000, S. 1097, 1100; *Ebeling* Kündigung wegen Verdachts (2006), S. 246; *Zborowska* Außerordentliche Verdachtskündigung (2015), S. 324. Vergleiche auch *Hoefs* Verdachtskündigung (2001), S. 298/299.

1403 *Zborowska* Außerordentliche Verdachtskündigung (2015), S. 325. Ähnlich *Ebeling* Kündigung wegen Verdachts (2006), S. 246 ff., 248/249. Anders *Hoefs* Verdachtskündigung (2001), S. 299 [Arbeitgeber müsse rechtskräftigen Abschluss des

Abzulehnen ist die mitunter vertretene These, der unschuldig Gekündigte sei, wenn sein Wiedereinstellungsbegehren aufgrund zwischenzeitlicher Dispositionen des Arbeitgebers scheitere, analog § 9 KSchG, § 10 KSchG abzufinden.[1404] Kündigt der Arbeitgeber wirksam, kann ihm der Arbeitsplatzverlust des Gekündigten nicht angelastet werden; er ist gegebenenfalls nicht einstands- bzw. entschädigungspflichtig.[1405]

IV. Zusammenfassung und Fazit

1. Entgegen der (bundes)arbeitsgerichtlichen Rechtsprechung und der wohl herrschenden Auffassung in der Literatur kann der unschuldig, jedoch wirksam anlässlich Verdachts gekündigte Arbeitnehmer vom Kündigenden regelmäßig nicht Wiedereinstellung beanspruchen. Für einen (allgemeinen) Wiedereinstellungsanspruch fehlt es an einer tragfähigen Rechtsgrundlage. § 242 BGB scheidet als solche aus. Ein Arbeitgeber, der den Entlasteten zurückweist, verhält sich möglicherweise unanständig,[1406] setzt sich aber – ohne Hinzutreten besonderer Umstände – nicht in Widerspruch zu seiner Kündigungsentscheidung. Der Arbeitgeber kann grundsätzlich auch nicht aufgrund von § 241 II BGB zur Wiederbeschäftigung des Entlasteten

---

Kündigungsschutzverfahrens oder zumindest den eines parallelen Strafverfahrens abwarten].

1404 So aber etwa *Hoefs* Verdachtskündigung (2001), S. 306/307; *Schwerdtner* Brennpunkte des Arbeitsrechts (2001), S. 243, 260; *Hahn* Verdachtskündigung unter Berücksichtigung einer gesetzlichen Regelung (2004), S. 130/131; *Ebeling* Kündigung wegen Verdachts (2006), S. 266 ff.; *Belling* RdA 1996, S. 223, 239; *Zwanziger* BB 1997, S. 42, 45.

1405 *vom Stein* Fehleinschätzungen (1989), S. 169 ff.; *Bram/Rühl* NZA 1990, S. 753, 758; *Zborowska* Außerordentliche Verdachtskündigung (2015), S. 328/329; *Fischermeier* FS ARGE Arbeitsrecht, S. 275, 287; KR/*ders.*[12] (2019) § 626 BGB Rn. 248.

1406 Schon *A. Hueck* FS Hedemann, S. 131, 147: „In unserem Falle ist das Ende des Arbeitsverhältnisses nicht schuldhaft herbeigeführt, da, wie zu unterstellen ist, der Verdacht gegen den Arbeitnehmer zur Zeit der Kündigung einen ausreichenden Grund für die fristlose Entlassung bildete. Trotzdem war die Kündigung, wie heute feststeht, objektiv nicht berechtigt, weil der Verdacht unbegründet war. Wer objektiv einem anderen ein Unrecht zugefügt hat, wird, *wenn er anständig denkt*, sich für verpflichtet halten, nach Möglichkeit das Unrecht wiedergutzumachen. Das ist zunächst nur eine moralische Verpflichtung", Hervorhebung durch den Verfasser. Weiter schlussfolgert er pauschal: „Diese moralische Verpflichtung kann sich aber zur Rechtspflicht steigern, wenn der Geschädigte und der Schädiger durch ein auf beiderseitiger Treue beruhendes Arbeitsverhältnis verbunden waren."

verpflichtet werden. Die gegenüber einem durch das KSchG geschützten Arbeitnehmer allein mögliche außerordentliche Verdachtskündigung trennt das vertragliche Pflichtenband (in der Regel) sofort. Anders liegt es im Fall einer wirksamen außerordentlichen Verdachtskündigung, die der Arbeitgeber mit einer Auslauffrist verbindet. Hier kann eine nach Kündigungszugang entstehende Wiedereinstellungspflicht potentiell noch während des Laufs der (sozialen) Kündigungsfrist in der bestehenden Vertragsbeziehung angeknüpft werden. Nachwirkende Vertragsnebenpflichten rechtfertigen keinen Wiedereinstellungsanspruch. Sie sind generell endbezogen, dienen der Abwicklung nicht der Begründung von Schuldverhältnissen. Eine Ausnahme ist nicht verfassungs- bzw. grundrechtlich geboten. Auch der Vorschlag, die etwaige Wiedereinstellungspflicht als immanente Grenze des Kündigungsrechts bzw. des kündigungsrechtlichen Prognoseprinzips zu interpretieren, überzeugt nicht. Die Prämisse einer korrekturbedürftigen Fehlprognose lässt sich nicht zureichend normativ begründen, auch weil die das Prognoserisiko steigernde, eventuelle Unschuld des Verdächtigen durch den Wirksamkeitsmaßstab der Verdachtskündigung antizipiert wird.

2. Tatbestandlich ist der Wiedereinstellungsanspruch für den hiesigen Kontext wie folgt zu konkretisieren:
   Der unschuldig anlässlich Verdachts Gekündigte hat einen Wiedereinstellungsanspruch, wenn er ein überwiegendes Rehabilitationsinteresse geltend machen kann. Dafür muss er – nach Kündigungszugang entstandene – Entlastungstatsachen darlegen und nötigenfalls beweisen können, die den ursprünglich begründeten Tatverdacht ausräumen. Dem Arbeitgeber ist die Wiedereinstellung grundsätzlich nicht zumutbar, wenn er zwischenzeitlich über den ehemals vom Anspruchsteller besetzten Arbeitsplatz verfügt hat. Er ist dem unschuldig Entlassenen gegebenenfalls nicht analog § 9 KSchG, § 10 KSchG zum Ausgleich verpflichtet. Der Wiedereinstellungsanspruch besteht nur, solange zwischen Kündigenden und dem Gekündigten ein Arbeitsverhältnis (fort)besteht; wer dem nicht folgen will, mag als zeitliche Anspruchsgrenze auf den Moment der Verwirkung abstellen.
3. Gelingt es dem Arbeitnehmer, einen Wiedereinstellungsanspruch auf dieser Basis zu begründen, kann er vom Arbeitgeber die Abgabe einer zum Arbeitsvertragsschluss führenden Willenserklärung verlangen.[1407]

1407 BAG Urt. v. 2.12.1999 – 2 AZR 757/98, NZA 2000, S. 531, 533; MüKoBGB/*Hergenröder*[8] (2020) § 1 KSchG Rn. 92; APS/*Kiel*[6] (2021) § 1 KSchG Rn. 757 mit weiteren Nachweisen.

Die Neubegründung des Arbeitsverhältnisses rehabilitiert ihn sicherlich in gewissem Umfang und verschafft ihm den Vergütungsanspruch aus § 611a II BGB. Nicht unerwähnt bleiben soll aber, dass der unschuldig Gekündigte weder Anspruch auf den Ersatz etwaiger immaterieller noch materieller Schäden – insbesondere des zwischenzeitlichen Verdienstausfalls – hat.[1408] Der rechtmäßig kündigende Arbeitgeber hat sich weder arbeitsvertragswidrig noch deliktisch verhalten.[1409]

1408 LAG Baden-Württemberg Urt. v. 22.5.2015 – 12 Sa 5/15, NZA-RR 2016, S. 13, 16 und im Anschluss BAG Urt. v. 27.6.2017 – 9 AZR 576/15, BeckRS 2017, 123124.

1409 Ebenso *Ebeling* Kündigung wegen Verdachts (2006), S. 258; *Zborowska* Außerordentliche Verdachtskündigung (2015), S. 328. Bereits BAG Urt. v. 8.10.1959 – 2 AZR 501/56, NJW 1960, S. 67, 68. Nunmehr LAG Baden-Württemberg Urt. v. 22.5.2015 – 12 Sa 5/15, NZA-RR 2016, S. 13, 16. Anders *Hahn* Verdachtskündigung unter Berücksichtigung einer gesetzlichen Regelung (2004), S. 132.

Schluss – wesentliche Ergebnisse

Zulässigkeit der außerordentlichen Verdachtskündigung

I. Dem *BAG* ist darin zu folgen, dass die außerordentliche Verdachtskündigung verfassungs- und einfachrechtlich zulässig ist. Dagegen geltend gemachte Einwände greifen nicht durch.

II. Die Unschuldsvermutung des Arbeitnehmers steht nicht entgegen. Zwar gilt die verfassungsrechtliche, mit Rückgriff auf Art. 6 II EMRK zu konkretisierende Unschuldsvermutung grundsätzlich auch im Arbeitsrecht, was vom *BAG* klargestellt werden sollte. Ihre Gewährleistungen bleiben von der außerordentlichen Verdachtskündigung jedoch unberührt. Denn diese erfordert weder ex- noch implizit eine Kriminalschuldfeststellung. Dies, weil die außerordentliche Verdachtskündigung wesensmäßig weder einer Strafe noch einer strafähnlichen Maßnahme entspricht.
Gegen ihre Strafähnlichkeit spricht namentlich, dass der eine außerordentliche Verdachtskündigung erklärende (private) Arbeitgeber ein zivilrechtliches Gestaltungsrecht ausübt und er dem Arbeitnehmer dabei nicht wie ein Hoheitsträger gegenübertritt. Legitimer Zweck einer außerordentlichen Verdachtskündigung ist es, eine künftige Belastung des Arbeitsverhältnisses auszuschließen. Es geht also nicht darum, ein mutmaßliches Fehlverhalten zu sanktionieren oder zu sühnen. Die außerordentliche Verdachtskündigung soll ferner keine Reaktion darauf sein, dass sich der Arbeitnehmer möglicherweise strafwürdig verhalten, er sich in einem grundsätzlichen, mit fehlerhafter Persönlichkeitsentfaltung zusammenhängenden Sinn gegen die Rechtsordnung aufgelehnt hat.
Die strafrechtliche Würdigung der Verdachtstat ist arbeitsrechtlich irrelevant. Die Arbeitsgerichte sollten den Duktus ihrer Entscheidungsgründe daran verstärkt anpassen. Das mag, soweit eine außerordentliche Verdachtskündigung (anders im Falle der Tatkündigung) beurteilt wird, verfassungsrechtlich nicht zwingend sein; sachgerecht wäre es aber allemal.

III. Die außerordentliche Verdachtskündigung verstößt des Weiteren nicht gegen die Berufsfreiheit des von ihr betroffenen Arbeitnehmers. Allerdings kann sich dieser gegenüber dem kündigenden Arbeitgeber mittelbar auf jene berufen. Insofern kommt es – entgegen einer verbreiteten, auch in der Rechtsprechung des *BAG* durchscheinenden Vorstellung – nicht darauf an, ob die Rechtsfigur „verhältnismäßig" in dem Sinne ist, dass sie bzw. ihre Ausgestaltung einem „optimalen" Ausgleich von Berufs- und Kündigungsfreiheit (des Arbeitgebers) entspricht.

Maßgebend ist vielmehr, ob bzw. dass mit der außerordentlichen Verdachtskündigung der durch Art. 12 I GG gewährleistete Mindestbestandsschutz nicht unterboten wird. Das *BAG* hat die außerordentliche Verdachtskündigung schutzpflichtkonform ausgestaltet. Die an sie gestellten formellen und materiellen Wirksamkeitsanforderungen stellen sicher, dass dem von ihr betroffenen Arbeitnehmer nicht willkürlich gekündigt werden kann. Mehr verlangt die Berufsfreiheit aus Art. 12 I GG nicht.

IV. Die außerordentliche Verdachtskündigung ist einfachrechtlich zulässig:

1. Das durch § 626 I BGB vorgegebene Tatsachenerfordernis ist gewahrt. Die außerordentliche Verdachtskündigung steht mit dem Grundsatz, dass rein subjektive Umstände nicht kündigungsbegründend sein dürfen, im Einklang. Sie setzt einen auf objektive Indizien (Tatsachen) gestützten Tatverdacht voraus. Ein bloß empfundener Vertrauensverlust reicht nicht aus, sodass auch kein Widerspruch zu § 627 BGB besteht.
2. Ein Verstoß gegen § 46 II ArbGG in Verbindung mit § 286 I ZPO liegt ebenfalls nicht vor. § 626 I BGB ist nicht zu entnehmen, dass als kündigungsbegründende Störung ausschließlich eine nachweisliche Vertragspflichtverletzung des Gekündigten in Frage kommt. Bedenken, die außerordentliche Verdachtskündigung gehe mit einer Beweiserleichterung – Beweislastumkehr oder Beweismaßsenkung – einher, sind letztlich unbegründet. Dem Arbeitgeber obliegt es grundsätzlich, die den Verdacht tragenden, objektiven Indizien darzulegen und im Bestreitensfall zur praktisch zweifelsfreien Gewissheit nachzuweisen.
   Die außerordentliche Verdachtskündigung ist auch keine „materiell unterentwickelte Tatkündigung"; mit ihr werden die materiellen Anforderungen an den von § 626 I BGB vorausgesetzten Sachgrund nicht unterlaufen. Zwischen außerordentlicher Verdachts- und Tatkündigung besteht auf Basis der Rechtsprechung des *BAG* kein materielles Missverhältnis.
3. § 9 I 2 KSchG enthält kein Argument gegen die Zulässigkeit einer außerordentlichen Verdachtskündigung. Zwar kann nach dieser Vorschrift ein arbeitgeberseitiger Auflösungsantrag bei Vorliegen der Voraussetzungen einer außerordentlichen Verdachtskündigung begründet sein. Von der Eignung eines Umstands als Auflösungsgrund im Sinne von § 9 I 2 KSchG ist aber kein zuverlässiger Schluss auf die Nichteignung als Kündigungsgrund im Sinne von § 626 I BGB möglich.
   Systematisch zwingend ist insoweit (nur), dass eine den Betriebszwecken nicht dienliche Zusammenarbeit von Arbeitgeber und Arbeitnehmer auch aufgrund von Umständen prognostiziert werden darf, die keine Kündigung zu rechtfertigen vermögen. Daraus kann kein prinzipieller Vorrang der (Verdachts-)Auflösung gegenüber der außerordentlichen

(Verdachts-)Kündigung abgeleitet werden. Gegen einen solchen Vorrang spricht insbesondere, dass der arbeitgeberseitige Auflösungsantrag kündigungsakzessorisch ist. Davon unabhängig ist die Verdachtsauflösung keine sach- und interessengerechte(re) Alternative zur außerordentlichen Verdachtskündigung.

4. Die Sozialwidrigkeit einer ordentlichen Verdachtskündigung bedingt nicht die Unzulässigkeit einer außerordentlichen Verdachtskündigung. Das Gegenteil ist nicht aufgrund des Stufenverhältnisses der Kündigungsarten zwingend.
   Nicht jede außerordentliche Arbeitgeberkündigung muss zu ihrer Wirksamkeit durch Gründe, die in der Person oder dem Verhalten des Arbeitnehmers liegen, oder durch dringende betriebliche Erfordernisse im Sinne von § 1 I, II KSchG bedingt sein. Unzumutbar im Sinne des § 626 I BGB kann dem Arbeitgeber die Fortsetzung des Arbeitsverhältnisses auch aus Gründen sein, die § 1 I, II KSchG nicht regelt. Die (materielle) Abstufung von § 626 I BGB und § 1 I, II KSchG ist gegebenenfalls zu gewährleisten, indem eine auf einen in § 1 I, II KSchG geregelten Grund gestützte außerordentliche Arbeitgeberkündigung (im Rahmen der Zumutbarkeitsprüfung) höheren Anforderungen unterstellt wird als eine entsprechend begründete ordentliche Arbeitgeberkündigung.

V. Die außerordentliche Verdachtskündigung wird dem Postulat richterlicher Gesetzesbindung (Art. 97 I GG) insgesamt gerecht. Sie ist der Kategorie des normkonkretisierenden Richterrechts zuzuordnen. Die außerordentliche Verdachtskündigung ist zugleich, weil sich ihre Anerkennung im Rahmen des äußersten Wortsinns von § 626 I BGB hält, mit dem *BAG* Auslegungs- und nicht Rechtsfortbildungsprodukt. Dabei ist zweifelhaft, ob eine Unterscheidung der beiden Modi überhaupt intersubjektiv vermittelbar ist.
   Ungeachtet der methodischen Differenzierung ist die außerordentliche Verdachtskündigung kein in Ansehung von Art. 20 III GG „pathologischer" Fall schöpferischer Rechtsanwendung. Ihre Entwicklung ist kompetenztechnisch unverfänglich. Sie beeinflusst als gesetzeskonkretisierendes Richterrecht die Rechtsetzungsprärogative des Gesetzgebers nicht. § 626 I BGB ist als Generalklausel in den Worten von *Hedemann* ein „Stück offen gelassener Gesetzgebung". Die vom *BAG* für die Verdachtskündigung entworfenen Obersätze treten nicht an die Stelle des selbst verfassungsmäßigen § 626 I BGB; sie beachten die in der Delegationsnorm angelegten grammatischen, systematischen und teleologischen Anhaltspunkte. Das Gericht hat sich durch die Anerkennung (und Ausgestaltung) der außerordentlichen Verdachtskündigung nicht die Rolle des Normsetzers angemaßt.

Dogmatik der Verdachtskündigung

Definition des Sachgrunds

VI. Worin der Sachgrund einer Verdachtskündigung im Sinne des § 626 I BGB liegt, hat das *BAG* trotz jahrzehntelanger Anerkennungspraxis bis heute nicht überzeugend erklärt.

Das ist misslich, weil der Akzeptanz der Fallgruppe abträglich. Zwar mögen Entscheidungsgründe arbeitsgerichtlicher Urteile nicht (immer) der geeignete Platz sein, um entsprechende Überlegungen auszuführen. Wegen der Brisanz des einschlägigen Interessenkonflikts und des unverkennbar hohen Eigenwertungsanteils, der in der Fallgruppe steckt, wäre es jedoch notwendig (gewesen), sich – was die (systematische) Folgerichtigkeit der Verdachtskündigung betrifft – nicht auf Evidenzbehauptungen, Leerformeln oder Globalverweise zu beschränken.

Der Sachgrund einer außerordentlichen Verdachtskündigung setzt sich, was im Ergebnis der Rechtsprechung des *BAG* entsprechen dürfte, richtigerweise zusammen aus dem gegen den Arbeitnehmer bestehenden objektiven Tatverdacht als Anlass und der durch ihn bewirkten Vertrauenserschütterung.

VII. Kündigungsanlass ist der Tatverdacht, nicht die Verdachtstat. Tatverdacht und Verdachtstat sind verschiedene Anlässe, außerordentliche Verdachts- und Tatkündigung deshalb eigenständig. Darin ist dem *BAG* zu folgen.

Ansätze, die dieses Trennungsdogma zugunsten einer verfahrensrechtlichen Lösung (einzelfallabhängige Beweislastumkehr/Beweismaßsenkung) oder einer vereinenden Vertrauenskündigung aufgeben, überzeugen nicht. Dies insbesondere, weil sie den Eigenheiten der Verdachtskündigung, vor allem der bewussten Inkaufnahme des (gesteigerten) Risikos, einen eigentlich Unschuldigen zu entlassen, nicht gerecht werden.

VIII. Der Verdacht einer Vertragswidrigkeit kann ein Arbeitsverhältnis insofern konkret beeinträchtigen, als er eine relevante Vertrauensstörung bewirkt.

Der für das Arbeitsverhältnis typische „faktische" Vertrauensbefund rechtfertigt diese Annahme – anders als das *BAG* zu meinen scheint – selbst allerdings nicht. Notwendige normative Indizien ergeben sich aus dem Regelungszusammenhang von § 626 I BGB mit § 9 I 2 KSchG bzw. § 314 BGB.

Ihre „tiefere" Rechtfertigung erfährt die Kündigungserheblichkeit einer Vertrauensstörung im Arbeitsverhältnis durch das Prinzip des Vertrauensschutzes bzw. von Treu und Glauben (§ 242 BGB), in dem § 626 I BGB selbst wurzelt. Dies und die etablierten Strukturmerkmale des Vertrauensschutzprinzips ermöglichen es, die außerordentliche Verdachtskündigung kündigungssystematisch einzupflegen.

IX. Geht man von den Strukturmerkmalen des Prinzips des Vertrauensschutzes aus, darf eine kündigungserhebliche Vertrauensstörung (nur) angenommen werden, wenn ein objektiver Vertrauenstatbestand, der schutzwürdig und vom gekündigten Arbeitnehmer zu verantworten ist, diesem zurechenbar enttäuscht wird.

Als objektiver Vertrauenstatbestand relevant ist dementsprechend die im Zuge des Arbeitsvertragsschlusses privatautonom hervorgerufene Erwartung eines künftig vertragsgerechten Verhaltens bzw. in die Eignung des Arbeitnehmers („normatives Vertrauendürfen"). Sie kann objektiv nachvollziehbar und dem gekündigten Arbeitnehmer zurechenbar bereits durch einen gegen diesen bestehenden Pflichtverletzungsverdacht frustriert werden.

Dafür bedarf es freilich eines Verdachts, der sich – aus Gründen der Wertungsharmonie – auf eine zur außerordentlichen Tatkündigung berechtigende Pflichtverletzung bezieht, durch (zumutbare) Aufklärungsbemühungen weder ausgeräumt noch bestätigt werden konnte und auf nachprüfbaren Tatsachen beruht, die auf eine zumindest überwiegend wahrscheinliche Täterschaft schließen lassen.

Spezifische Wirksamkeitskriterien

X. Daran orientiert ist für eine außerordentliche Verdachtskündigung – wie das *BAG* im Ergebnis zutreffend judiziert – neben einem dringenden Tatverdacht vorauszusetzen, dass der Arbeitgeber das ihm Zumutbare zur Sachverhaltsaufklärung unternommen hat.

XI. Ein dringender Tatverdacht liegt vor, wenn nachprüfbare Tatsachen es überwiegend wahrscheinlich erscheinen lassen, dass der gekündigte Arbeitnehmer eine Vertragspflichtverletzung begangen hat, die den Arbeitgeber zur außerordentlichen (Tat-)Kündigung berechtigen würde. Maßgeblich ist insofern die Sachlage, wie sie sich objektiv bei Zugang der Kündigungserklärung darstellt. Der Kenntnisstand des kündigenden Arbeitgebers ist im Rahmen von § 626 I BGB hingegen nicht entscheidend.

XII. Geeignete Verdachtstaten sind in erster Linie schuldhafte, also vorsätzliche oder fahrlässige Vertragsverstöße des Arbeitnehmers. Das Fehlen eines Sachschadens schließt die Kündigungsbefugnis nicht *per se* aus. Eines „kündigungsrechtlich erheblichen Zusammenhangs zwischen der Verdachtshandlung und der vertraglich geschuldeten Tätigkeit des Arbeitnehmers“ in dem Sinne, dass aufgrund des Tatverdachts die künftige Verwertbarkeit der Arbeitskraft des Verdächtigen zweifelhaft sein muss, bedarf es nicht. Zur außerordentlichen Verdachtskündigung eignet neben dem (tatsachengestützten und dringenden) Verdacht einer „positiven“ Vertragspflichtverletzung des Arbeitnehmers grundsätzlich auch der eines eignungsausschließenden Verhaltens.

XIII. Dringend ist der Tatverdacht, wenn die Tat überwiegend wahrscheinlich ist. Die entsprechende Bewertung erfolgt einzelfallbezogen. Die Ergebnisse eines den Kündigungssachverhalt betreffenden Strafverfahrens können verdachtsstärkend bzw. -schwächend wirken. Bindend sind die Einschätzungen der Strafverfolgungsorgane nicht.

XIV. Im Rahmen der Sachverhaltserforschung obliegt es dem Arbeitgeber, den Verdächtigen anzuhören. Die ordnungsgemäße Durchführung einer erforderlichen Verdachtsanhörung ist exklusive Wirksamkeitsvoraussetzung der außerordentlichen Verdachtskündigung.

Normativ lässt sich die Anhörungsobliegenheit des Arbeitgebers auf § 626 I BGB selbst zurückführen. Sie ist Ausdruck des Vertrauensschutz- und des *ultima-ratio*-Prinzips sowie der Gebote der Waffengleichheit und Fairness. Sie trägt dazu bei, das bewusst in Kauf genommene Risiko, mit der außerordentlichen Verdachtskündigung einen eigentlich Unschuldigen zu treffen, zu verringern. Die Verdachtsanhörung erfolgt ordnungsgemäß, wenn sie zweckgerecht durchgeführt bzw. gestaltet wird. Kann eine Verdachtsanhörung voraussichtlich nichts zur Klärung des mutmaßlichen Geschehens beitragen, ist sie entbehrlich.

Zumutbarkeitsprüfung

XV. Das Vorliegen eines sachlichen Kündigungsgrunds allein berechtigt den Arbeitgeber nicht zur außerordentlichen Kündigung. Der Sachgrund muss auch (ge) wichtig sein. Insofern ist eine Prognose zu erstellen. Im Falle der außerordentlichen Verdachtskündigung bedeutet dies richtigerweise, zu bewerten, ob es dem Arbeitgeber trotz des festgestellten qualifizierten Tatverdachts zumutbar ist, den verdächtigen Arbeitnehmer wenigstens vorübergehend weiterzubeschäftigen. Damit ist dem kündigungsrechtlichen Prognoseprinzip genüge getan; Mutmaßungen, ob und wie lange die verdachtsbedingte Vertrauenserschütterung (als dogmatische Kategorie) fortdauern wird, sind vage und überflüssig.

XVI. Die Unzumutbarkeit der befristeten Fortsetzung des Arbeitsverhältnisses ist zu verneinen, wenn der Arbeitgeber durch geeignete, den Umständen nach angemessene mildere Maßnahmen auf die eingetretene Störung reagieren kann (*ultima-ratio*-Prinzip).

1. Eine ordentliche Verdachtskündigung scheidet als mildere Alternative zur außerordentlichen aus. Schon, weil sie (im Anwendungsbereich des KSchG) nicht zulässig ist. Auch auf Basis der – gegenteiligen – Ansicht bleibt das *ultima-ratio*-Prinzip praktisch bedeutungslos, da ihre Vertreter die Wirksamkeit einer ordentlichen Verdachtskündigung in der Sache an § 626 I BGB messen.
2. Eine kündigungsersetzende Verdachtsabmahnung ist funktional ausgeschlossen.
3. Die Freistellung des Verdächtigen ist zwar das gegenüber der außerordentlichen Verdachtskündigung mildere Mittel, eine taugliche Alternative ist sie jedoch nicht. Sie beeinflusst selbst weder die Verdachtsentwicklung noch das Ausmaß der verdachtsveranlassten Vertrauensstörung. Die Verdachtsfreistellung ist eine mögliche Vorfeldmaßnahme zur Kündigung.
4. Im Einzelfall mag der Arbeitgeber im Sinne des *ultima-ratio*-Prinzips verpflichtet sein, den verdächtigen Arbeitnehmer zu versetzen, statt zu kündigen.[1410] Eine Verdachtsversetzung kommt als Reaktionsalternative jedoch nur in Betracht, wenn mit ihr eine relevante Beschränkung der Einwirkungsmöglichkeiten einhergeht, d. h., dem Verdächtigen auf dem neuen Arbeitsplatz keine Rechtsgüter anvertraut werden müssten, die er in der Vergangenheit mutmaßlich beeinträchtigt hat.

XVII. Das *ultima-ratio*-Prinzip wird im Zusammenhang mit einer Verdachtskündigung (am ehesten) „mittelbar" bedeutsam, wenn es der Wirksamkeit einer außerordentlichen Kündigung wegen der nachweislichen Tat entgegenstünde, sei es, weil diese abmahnbedürftig wäre oder eine künftige (Leistungs-)Störung im Wege einer Versetzung zureichend wahrscheinlich ausgeschlossen werden könnte oder eine ordentliche Tatkündigung als Störungsreaktion genügte.

XVIII. Weil es keine absoluten Kündigungsgründe gibt, ist als Teil der Zumutbarkeitsprüfung stets eine abschließende einzelfallbezogene Gesamtabwägung der gegenläufigen Bestands- und Lösungsinteressen vorzunehmen. Die Abwägungsnotwendigkeit eröffnet derweil keinen amorphen Raum der Beliebigkeit. Die sofortige Unzumutbarkeit

1410 Entsprechendes gilt mit Blick auf eine etwaige Umsetzung oder Änderungskündigung.

muss vertragsbezogen sein und ist dementsprechend zu ermitteln. Im Falle der außerordentlichen Verdachtskündigung ist für das Bestandsinteresse immer in die Waagschale zu legen, dass die Täterschaft des Arbeitnehmers ungewiss (geblieben) ist. Das im Ausgangspunkt ohnehin zulasten des Arbeitgebers bestehende Interessenungleichgewicht ist daher besonders ausgeprägt.[1411]

Allgemeine Wirksamkeitskriterien

XIX. Auch eine wirksame außerordentliche Verdachtskündigung setzt voraus, dass die Ausschlussfrist des § 626 II BGB gewahrt wurde. Betreffend den Fristlauf, zu dem in der Praxis oft Unsicherheit herrscht, gilt Folgendes:

1. Die Ausschlussfrist beginnt gemäß § 626 II BGB zu laufen, sobald der Arbeitgeber die „maßgebenden Tatsachen“ kennt. Im Falle der außerordentlichen Verdachtskündigung muss er also positive Kenntnis von hinreichenden Verdachtsmomenten haben und die Sachlage (mit Blick auf § 626 I BGB) gesamtwürdigen können.
2. Solange der Arbeitgeber sachgemäße Aufklärungsversuche unternimmt, beginnt die Erklärungsfrist nicht zu laufen. Ermittelt der Arbeitgeber durchweg sachgemäß, läuft die Ausschlussfrist nach § 626 II BGB (erstmals) mit Abschluss der Verdachtsanhörung an. Dieser Abschluss ist – möglichst – binnen einer Woche nach Ende der vorbereitenden Aufklärung herbeizuführen.
3. Bei sachwidriger Verzögerung der Aufklärung beginnt die Frist, sobald die nach pflichtgemäßem Ermessen notwendigen Ermittlungen ohne schuldhaftes Zögern abgeschlossen worden wären.
4. Der Arbeitgeber darf zunächst von eigenen Ermittlungen absehen und den Fort- bzw. Ausgang eines etwaigen, den potentiellen Kündigungssachverhalt betreffenden Strafverfahrens abwarten. Entscheidet er sich – erkennbar – dafür, darf er nicht willkürlich eigene Ermittlungen aufnehmen und/oder (unmittelbar) kündigen. Initiative darf der Arbeitgeber vielmehr nur ergreifen, nachdem er durch das Strafverfahren bzw. abseits dessen von störungsintensivierenden Umständen Kenntnis erlangt hat. Gegebenenfalls beginnt die Erklärungsfrist im

1411 Wegen der weiteren, für die außerordentliche Verdachtskündigung typischen Abwägungsgesichtspunkte wird auf die einschlägigen Ausführungen verwiesen, oben S. 166 ff.

Moment der jeweiligen Kenntnisnahme – freilich nur, falls die ihm zumutbare bzw. sachgemäße Aufklärung im Übrigen abgeschlossen ist.

5. Dementsprechend kann die Ausschlussfrist des § 626 II BGB im Zusammenhang mit einem erheblichen Gewissheitszuwachs mehrfach neu zu laufen beginnen. Der Arbeitgeber hat im Einzelfall die Möglichkeit, über einen unter Umständen längeren Zeitraum hinweg mehrere Kündigungen wegen derselben mutmaßlichen Tat zu erklären. Dies kontrastiert auf den ersten Blick mit dem Beschleunigungszweck von § 626 II BGB. Bei näherem Hinsehen zeigt sich, dass es durchaus auch im Interesse des – unschuldigen – Arbeitnehmers ist, wenn der Arbeitgeber eine möglichst umfassende Sachverhaltsaufklärung abwarten kann, ohne sein außerordentliches Kündigungsrecht zu verwirken.

XX. In mitbestimmten Betrieben ist ferner der Betriebsrat gemäß § 102 I 1 BetrVG vor jeder außerordentlichen Verdachtskündigung ordnungsgemäß anzuhören. Der Arbeitgeber hat die den Kündigungsentschluss tragenden Gründe mitzuteilen. Obschon der notwendige Unterrichtungsumfang also subjektiv determiniert ist, darf der Arbeitgeber dem Betriebsrat – aufgrund des Präventionszwecks von § 102 I 1 BetrVG – keine ihm bekannten, den Verdächtigen entlastenden Informationen vorenthalten. Des Weiteren muss insbesondere[1412] erkennbar werden, ob der Betriebsrat zu einer (außerordentlichen) Verdachts- und/oder Tatkündigung Stellung nehmen soll.

Mit § 102 BetrVG ist es in der Regel nicht zu vereinbaren, wenn der Arbeitgeber den Betriebsrat ausschließlich zu einer Tatkündigung anhört und sich im späteren Kündigungsschutzverfahren zusätzlich oder stattdessen auf den Tatverdacht beruft, diesen also als Kündigungsgrund „nachschiebt". Betriebsverfassungsrechtlich unverfänglich ist hingegen der umgekehrte Fall des „Aufsattelns" von einer Verdachts- auf eine Tatkündigung, sofern der Arbeitgeber dem Betriebsrat im Zuge der Anhörung zur (außerordentlichen) Verdachtskündigung alle Tatsachen mitgeteilt hatte, die die Tatgewissheit stützen.

Sozialwidrigkeit einer ordentlichen Verdachtskündigung

XXI. Eine ordentliche Verdachtskündigung ist im Anwendungsbereich des KSchG nicht zulässig. Sie lässt sich keinem der in § 1 II 1 KSchG abschließend aufgezählten Gründe zuordnen. Eine ordentliche

1412 Zum Unterrichtungsumfang im Übrigen oben S. 183 ff.

Verdachtskündigung im Anwendungsbereich des KSchG anzuerkennen, überzeugt nicht.

1. Die Verdachtskündigung ist nicht durch dringende betriebliche Erfordernisse bedingt, weil sie nicht durch eine Veränderung des Personalbedarfs veranlasst wird.
2. Sie ist keine verhaltensbedingte Kündigung, weil weder die Verdachtstat nachgewiesen ist, noch der Verdacht durch ein steuerbares (und vorwerfbares) Verhalten des Arbeitnehmers hervorgerufen werden muss bzw. ausgeräumt werden kann.
3. Richtigerweise unterfällt die Verdachtskündigung auch nicht der Kategorie der personenbedingten Kündigung.
   Die Vertrauenswürdigkeit des Arbeitnehmers ist keine feststehende Eigenschaft desselben im Sinne einer Störungsursache. Das Postulat entspricht vielmehr der Bewertung der konkreten verdachtsbedingten Vertrauensstörung. Der Verdacht gründet seinerseits nicht notwendig in der Person des Arbeitnehmers oder in dessen Verhalten. Die Vertrauenswürdigkeit im Sinne der Rechtsprechung des *BAG* zum Eignungskriterium zu erheben, verwischt die Grenzen von personen- und verhaltensbedingter Kündigung vollends, was § 1 I, II KSchG widerspricht. Gegen die Qualifizierung der Verdachtskündigung als personenbedingte Kündigung spricht auch, dass ein Verlust der Eignung des Arbeitnehmers für die von ihm geschuldete Tätigkeit kaum (je) überzeugend festgestellt werden kann. Das gilt jedenfalls, soweit sich der Verdacht – wie häufig – auf eine leistungsunabhängige Nebenpflichtverletzung bezieht.

XXII. Konsequenterweise ist eine ordentliche Verdachtskündigung im Sinne des § 1 I, II KSchG stets sozial ungerechtfertigt. Die zentrale praktische Folge dieser Sichtweise ist, dass Arbeitnehmer, die sich einen ordentlichen Kündigungsschutz erdient haben, wegen Verdachts bzw. einer verdachtsbedingten Vertrauensstörung nur gekündigt werden können, solange die Ausschlussfrist des § 626 II BGB nicht abgelaufen ist. Erklärt der Arbeitgeber eine Verdachtskündigung innerhalb der zweiwöchigen Ausschlussfrist als „ordentliche" kommt unter Umständen – vorbehaltlich aller sonstigen Wirksamkeitsvoraussetzungen – eine Umdeutung der unwirksamen ordentlichen Verdachtskündigung in eine außerordentliche mit sozialer Auslauffrist in Betracht.

Wiedereinstellungsanspruch nach Verdachtskündigung

XXIII. Ein vertraglicher Wiedereinstellungsanspruch nach wirksamer Verdachtskündigung scheidet grundsätzlich aus. Der ein Einstellungsgesuch des entlasteten Arbeitnehmers ablehnende Arbeitgeber setzt sich nicht in Widerspruch zu seiner Kündigungsentscheidung (§ 242 BGB). Im Übrigen beseitigt die wirksame Verdachtskündigung in der Regel die notwendige Vertragsbindung sofort, sodass eine Nebenpflicht zur Wiedereinstellung (§ 241 II BGB) bzw. ein korrespondierender Anspruch nicht entstehen kann. Die anerkannte Nachwirkung von Vertragsnebenpflichten vermittelt keinen Kontrahierungszwang. Ein vertraglicher Wiedereinstellungsanspruch des Gekündigten ist nur im fortbestehenden Arbeitsverhältnis überzeugend begründbar. Anzuerkennen ist er daher allein nach einer befristeten Verdachtskündigung während des Fristlaufs. Legt man die Unzulässigkeit einer ordentlichen Verdachtskündigung (im Anwendungsbereich des KSchG) zugrunde, kommt ein Wiedereinstellungsanspruch des entlasteten Arbeitnehmers praktisch allenfalls nach einer an eine Auslauffrist gekoppelten – außerordentlichen – Verdachtskündigung in Frage.

XXIV. Für einen gesetzlichen Wiedereinstellungsanspruch fehlt es (ebenfalls) an einer tragfähigen Grundlage. Dem Vorschlag, die mögliche Wiedereinstellungspflicht als immanente Grenze des Kündigungsrechts bzw. des kündigungsrechtlichen Prognoseprinzips zu interpretieren, ist nicht zu folgen. Die Prämisse der korrekturbedürftigen Fehlprognose ist nicht hinreichend belastbar, vor allem, weil die das Prognoserisiko steigernde, eventuelle Unschuld des Verdächtigen durch den Wirksamkeitsmaßstab der Verdachtskündigung bereits antizipiert wird.

XXV. Tatbestandlich setzt der Wiedereinstellungsanspruch nach wirksamer Verdachtskündigung ein überwiegendes Rehabilitationsinteresse des Gekündigten voraus. Dazu muss der bei Kündigungszugang berechtigte Tatverdacht vollständig entkräftet sein. Zudem kann der Arbeitgeber nur auf Wiedereinstellung verpflichtet werden, wenn er über den frei gewordenen Arbeitsplatz nicht bereits anderweitig disponiert hat, und er sich darauf berufen darf (vergleiche § 162 BGB).

Gelingt es dem Gekündigten die Wiedereinstellungsvoraussetzungen darzulegen und – nötigenfalls – zu beweisen, kann er den Neuabschluss eines Arbeitsvertrags zu den bisherigen Bedingungen verlangen. Ausgleichsansprüche etwa auf den zwischenzeitlichen Verdienstausfall oder für eine etwaige immaterielle Kränkung stehen ihm gegen den Arbeitgeber nicht zu.

Nach alledem ist sicherlich nicht jede Unsicherheit, die im Zusammenhang mit der Zulässigkeit und Dogmatik der Verdachtskündigung besteht, beseitigt. Die vorliegende Arbeit kann aber hoffentlich dazu beitragen, in einigen Punkten Klarheit hinzuzugewinnen und die – voraussichtlich auch in Zukunft – lebendige Debatte hier und da zu befruchten.

Literaturverzeichnis

Adam, Roman F. Die zweifelhafte Wirkung der Prognose im Kündigungsrecht, ZTR 1999, S. 113–115.

Adam, Roman F. Anmerkung zu LAG Berlin-Brandenburg Urt. v. 10.2.2012 – 6 Sa 1845/11, LAGE Nr. 11 zu § 626 BGB 2002 Verdacht strafbarer Handlung, S. 11–20.

Adam, Roman F. Die Struktur der arbeitsrechtlichen Kündigungsgründe, AuR 2013, S. 15–19.

Adomeit, Klaus Der Weiterbeschäftigungsanspruch, abgelehnt, NJW 1986, S. 901–902.

Adomeit, Klaus/Spinti, Henning Kündigung IX – Kündigungsgründe, in: Dieterich, Thomas/Schwab, Brent/Neef, Klaus/Oehmann, Werner (Hrsg.), Arbeitsrecht-Blattei, Systematische Darstellung, 10.10.9, Grundwerk 1992.

Alt, Beate Die Verdachtskündigung, in: Mittag, Reinold/Ockenga, Edzard/Schierle, Karlheinz – u. a. (Hrsg.), Aspekte der Beendigung von Arbeitsverhältnissen, Jahrbuch des Rechtsschutzes, 2010, S. 108–122.

Annuß, Georg Betriebsbedingte Kündigung und arbeitsvertragliche Bindung, 2004.

Appel, Clemens/Gerken, Doris Pro und Contra Verdachtskündigung, AuR 1995, S. 201–205.

Bartels, Klaus Die arbeitsvertragliche Vertrauens(dis)kontinuität und ihre Folgen für § 626 BGB, Kündigungsgrund und nachträgliches Verhalten im Prozess, RdA 2010, S. 109–115.

Bauer, Jobst-Hubertus Rechtliche und taktische Erwägungen zum Auflösungsvertrag, DB 1985, S. 1180–1183.

Bayreuther, Frank Anmerkung zu BAG Urt. 21.11.2013 – 2 AZR 797/11, AP Nr. 53 zu § 626 BGB Verdacht strafbarer Handlung.

Belling, Detlev W. Die Verdachtskündigung, in: Heinze, Meinhard/Söllner, Alfred (Hrsg.), Arbeitsrecht in der Bewährung, Festschrift für Otto Rudolf Kissel zum 65. Geburtstag, 1994, S. 11–50.

Belling, Detlev W. Verdachtskündigung – Kündigungserklärungsfrist – Anmerkung zu BAG Urt. v. 29.7.1993 – 2 AZR 90/93, SAE 1994, S. 210–217.

Belling, Detlev W. Die Kündigung wegen verdachtsbedingten Vertrauenswegfalls, RdA 1996, S. 223–240.

Bengelsdorf, Peter Die kündigungsrechtliche Bewertung von Bagatelldelikten vor und nach dem Verfahren Barbara Emme, SAE 2011, S. 122–139.

Bengelsdorf, Peter Kündigung wegen Drogenkonsums – Besprechung von BAG vom 20.10.2016 – 6 AZR 471/15, SAE 2017, S. 31–43.

Berkowsky, Wilfried Die verhaltensbedingte Kündigung, Teil 1, NZA-RR 2001, S. 1–20.

Bieder, Marcus Das ungeschriebene Verhältnismäßigkeitsprinzip als Schranke privater Rechtsausübung, 2007.

Binkert, Gerhard Hände weg vom Kündigungsschutzgesetz!, NZA 2010, S. 433–436.

Binkert, Gerhard Die Rechtsprechung zur Entbehrlichkeit der Abmahnung vor verhaltensbedingten Kündigungen, Überlegungen zur Dogmatik, NZA 2016, S. 721–727.

Bleckmann, Albert Die Entwicklung staatlicher Schutzpflichten aus den Freiheiten der Europäischen Menschenrechtskonvention, in: Beyerlin, Ulrich/Bothe, Michael/Hofmann, Rainer/Petersmann, Ernst-Ulrich, Recht zwischen Umbruch und Bewährung, Festschrift für Rudolf Bernhardt, 1995, S. 309–322.

Böckenförde, Ernst-Wolfgang Grundrechte als Grundsatznormen, Der Staat 1990, S. 1–31.

Boecken, Winfried/Düwell, Franz Josef/Diller, Martin/Hanau, Hans (Hrsg.) Gesamtes Arbeitsrecht, NomosKommentar, 2016 (zit. BDDH/*Bearbeiter*).

Boewer, Dietrich Der Wiedereinstellungsanspruch, Teil 1, NZA 1999, S. 1121–1132.

Bram, Rainer/Rühl, Werner Praktische Probleme des Wiedereinstellungsanspruchs nach wirksamer Kündigung, NZA 1990, S. 753–758.

Bredemeier, Jörg Außerordentliche Verdachtskündigung – aktuelle Übersicht der Rechtsprechung, öAT 2014, S. 29–30.

Bröhl, Knut Die außerordentliche Kündigung mit notwendiger Auslauffrist, 2005.

Brors, Christiane Zu den Voraussetzungen einer außerordentlichen Kündigung wegen eines Bagatellverstoßes nach der Entscheidung des Zweiten Senats vom 10.06.2010, in: Wolmerath, Martin/Gallner, Inken/Krasshöfer, Horst-Dieter/Weyand, Joachim (Hrsg.), Festschrift für Franz Josef Düwell zum 65. Geburtstag, 2011, S. 197–208.

Bülow, Oskar Gesetz und Richteramt, 1885.

Bumke, Christian Verfassungsrechtliche Grenzen fachrichterlicher Rechtserzeugung, in: ders. (Hrsg.), Richterrecht zwischen Gesetzesrecht und Rechtsgestaltung, 2012, S. 33–48.

Busch, Mathias Die Verdachtskündigung im Arbeitsrecht, MDR 1995, S. 217–223.

Buschmann, Rudolf Verdachtskündigung – unrechtmäßiges Einlösen von Pfandbons, AuR 2009, S. 220–221.

Buschmann, Rudolf Perspektivwechsel im Arbeitsstrafrecht, in: Rotsch, Thomas/ Brüning, Janique/Schady, Jan, Strafrecht – Jugendstrafrecht – Kriminalprävention und Praxis, Festschrift für Heribert Ostendorf zum 70. Geburtstag, 2015, S. 143–161.

Canaris, Claus-Wilhelm Die Vertrauenshaftung im deutschen Privatrecht, 1981 (Nachdruck).

Canaris, Claus-Wilhelm Grundrechte und Privatrecht, AcP 1984, S. 201–246.

Craushaar, Götz von Der Einfluss des Vertrauens auf die Privatrechtsbildung, 1969.

Däubler, Wolfgang Das unbekannte Arbeitsrecht, NJW 1999, S. 3537–3538.

Däubler, Wolfgang. Arbeitsrecht, Ratgeber für Beruf – Praxis – Studium, 12. Aufl., 2017.

Däubler, Wolfgang/Hjort, Jens Peter/Schubert, Michael/Wolmerath, Martin (Hrsg.) Nomoskommentar, Arbeitsrecht, Individualarbeitsrecht mit kollektivrechtlichen Bezügen, Handkommentar, 4. Aufl., 2017 (zit. DHSW/*Bearbeiter*).

Däubler, Wolfgang/Deinert, Olaf/Zwanziger, Bertram (Hrsg.) Kündigungsschutzrecht: KSchR, Kommentar, 11. Aufl., 2020 (zit.: DDZ/*Bearbeiter*).

Deinert, Olaf Die Verdachtskündigung – Neues zu einem alten Thema?, AuR 2005, S. 285–297.

Diehl, Anna Die außerordentliche Kündigung von Arbeitsverhältnissen bei geringwertigen Vermögensdelikten, 2018.

Dieterich, Thomas Die „Warteschleifen-Rechtsprechung" des Bundesverfassungsgerichts, RdA 1992, S. 330–334.

Dieterich, Thomas Zur Pflicht der Gerichte, das Recht fortzubilden, RdA 1993, S. 67–72.

Doehring, Karl Das Staatsrecht der Bundesrepublik Deutschland, 3. Aufl., 1984.

Dorndorf, Eberhard (Hrsg.) Heidelberger Kommentar zum Kündigungsschutzgesetz, 4. Aufl., 2001 (zit.: HK/*Bearbeiter*).

Dorndorf, Eberhard Vertragsdurchsetzung als Funktion des Kündigungsschutzes, ZfA 1989, S. 345–376.

Dörner, Klemens Abschied von der Verdachtskündigung?, NZA 1993, S. 873–877.

Dörner, Klemens Bestandsaufnahme und Kritik eines überkommenen Rechtsinstituts, AiB 1993, S. 147–174.

Dörner, Klemens Die Verdachtskündigung im Spiegel der Methoden der Auslegung von Gesetzen, NZA 1992, S. 865–873.

Dörner, Klemens Neues zur Verdachtskündigung, Anmerkung BAG Urt. v 14.9.1994, 2 AZR 164/94, AiB 1995, S. 663–669.

Durner, Wolfgang Verfassungsrechtliche Grundlagen und Grenzen des Richterrechts, JA 2008, S. 7–11.

Düsel, Jens Gespaltene Loyalität, Whistleblowing und Kündigungsschutz in Deutschland, Großbritannien und Frankreich, 2008.

Dütz, Wilhelm/Thüsing, Gregor Arbeitsrecht, 24. Aufl., 2019.

Dzida, Boris Die Einladung zur Anhörung vor Ausspruch einer Verdachtskündigung, NZA 2013, S. 412–415.

Dzida, Boris Tat- und Verdachtskündigung bei komplexen Sachverhalten, NZA 2014, S. 809–814.

Ebeling, Stephan Die Kündigung wegen Verdachts, 2006.

Ecker, Walther Das Recht „wird" in und mit der Auslegung, JZ 1969, S. 477–482.

Egli, Daniel Die Verdachtskündigung nach schweizerischem und deutschen Recht, 2000.

Elz, Dirk Der Wiedereinstellungsanspruch des Arbeitnehmers nach Wegfall des Kündigungsgrundes, 2002.

Enderlein, Wolfgang Das erschütternde Arbeitgebervertrauen im Recht der verhaltensbedingten Tat- und Verdachtskündigung, RdA 2000, S. 325–330.

Engisch, Karl Einführung in das juristische Denken, 12. Aufl., 2018.

Erfurter Kommentar zum Arbeitsrecht, hrsg. von Müller-Glöge, Rudi/Preis, Ulrich/Schmidt, Ingrid, 21. Aufl., 2021 (zit. ErfK/*Bearbeiter*).

Erman Bürgerliches Gesetzbuch, Handkommentar mit AGG, EGBGB (Auszug) u. a., hrsg. von Westermann, Harm-Peter/Grunewald, Barbara/Maier-Reimer, Georg, 16. Aufl., 2020 (zit. Erman/*Bearbeiter*).

Esser, Josef Vorverständnis und Methodenwahl in der Rechtsfindung, Rationalitätsgrundlagen richterlicher Entscheidungspraxis, 1972.

Eylert, Mario Die Verdachtskündigung, NZA-RR 2014, S. 393–408.

Eylert, Mario/Friedrichs, Anne Die Anhörung des Arbeitnehmers zur Verdachtskündigung, DB 2007, S. 2203–2206.

Fesenmeyer, Julia Die Freistellung des Arbeitnehmers von der Arbeit, unter besonderer Berücksichtigung des Insolvenzfalles, 2007.

Feuerborn, Andreas Sachliche Gründe im Arbeitsrecht – Konkretisierung eines normativen Rechtsbegriffes zwischen Vertragsfreiheit und Arbeitnehmerschutz, 2003.

Fischer, Christian Richterliche Rechtsfindung zwischen „Gesetzesgehorsam" und „ökonomischer Vernunft", ZfA 2002, S. 215–247.

Fischer, Christian Topoi verdeckter Rechtsfortbildungen im Zivilrecht, 2007.

Fischer, Thomas Stichworte zur Psychologischen Konstruktion des Verdachts, in: ders./Hoven (Hrsg.), Verdacht, 2016, S. 15–19.

Fischer, Ulrich Die Anhörung des Arbeitnehmers vor der Verdachtskündigung, BB 2003, S. 522–525.

Fischermeier, Ernst Zulässigkeit und Grenzen der Verdachtskündigung, in: Bauer, Jobst-Hubertus/Beckmann, Werner/Meier, Hans-Georg – u. a. (Hrsg.), Arbeitsgemeinschaft Arbeitsrecht im Deutschen Anwaltverein, Festschrift zum 25-jährigen Bestehen, 2006, S. 275–288.

Förster, Max Transfer der Ergebnisse von Strafverfahren in nachfolgende Zivilverfahren, 2008.

Franzen, Martin/Gallner, Inken/Oetker, Hartmut (Hrsg.) Kommentar zum europäischen Arbeitsrecht, 3. Aufl., 2020 (zit. EuArbR/*Bearbeiter*).

Frey, Erich Anmerkung zu BAG Urt. v. 8.8.1968 – 2 AZR 348/67, AuR 1969, S. 61–64.

Frieling, Tino Gesetzesmaterialien und Wille des Gesetzgebers: Fallgruppen verbindlicher Willensäußerungen, 2017.

Frister, Helmut Zur Einschränkung des Notwehrrechts durch Art. 2 der Europäischen Menschenrechtskonvention, GA 1985, S. 553–565.

Frister, Helmut Strafrecht Allgemeiner Teil, 9. Aufl., 2020.

Fromm, Erwin Die arbeitnehmerbedingten Kündigungsgründe, 1995.

Gamillscheg, Katharina Außerordentliche Verdachtskündigung – Mitbestimmung bei „Ehrlichkeitskontrollen", SAE 2001, S. 182–185.

Gamillscheg, Katharina Die Beendigung des Arbeitsverhältnisses, Bestandsschutz und Mobilitätsinteresse des Arbeitnehmers in Abwägung zum Organisationsinteresse des Arbeitgebers, 2001.

Gentges, Peter Prognoseprobleme im Kündigungsschutzrecht, 1995.

Germelmann, Claas-Hinrich/Prütting, Hanns/Matthes, Hans-Christoph (Begr.) Arbeitsgerichtsgesetz, Kommentar, 9. Aufl., 2017 (zit. GPM/*Bearbeiter*).

Gierke, Otto von Die Wurzeln des Dienstvertrages, in: Juristenfalkutät der Universität Berlin (Hrsg.), Festschrift für Heinrich Brunner zum Fünfzigjährigen Doktorjubiläum am 8. April 1914, S. 37–68.

Gilberg, Dirk Statt Tat- und Verdachtskündigung: Die Vertrauenskündigung, DB 2006, S. 1555–1562.

Gilberg, Dirk Die Vertrauenskündigung, RdA 2015, S. 209–214.

Grabenwarter, Christoph/Pabel, Katharina Europäische Menschenrechtskonvention, 7. Aufl., 2020.

Gravenhorst, Anna Caroline Der Auflösungsantrag des Arbeitgebers gem. § 9 KSchG, NZA-RR 2007, S. 57–63.

Griese, Thomas Neuere Tendenzen bei der Anhörung des Betriebsrats vor der Kündigung, BB 1990, S. 1899–1904.

Grosche, Nils Rechtsfortbildung im Unionsrecht, eine Untersuchung zum Phänomen richterlicher Rechtsfortbildung durch den Gerichtshof der Europäischen Union, 2011.

Grunsky, Wolfgang Anmerkung zu BAG Urt. v. 27.1.1972 – 2 AZR 157/71, AP Nr. 2 zu § 626 BGB Ausschlußfrist.

Grunsky, Wolfgang Die Verdachtskündigung, ZfA 1977, S. 167–186.

Gsell, Beate/Krüger, Wolfgang/Lorenz, Stephan/Reymann, Christoph (Gesamthrsg.) Beck-online.GROSSKOMMENTAR, Zivilrecht, Werksstand: April/Mai 2021 (zit. BeckOGK/*Bearbeiter*).

Hager, Johannes Grundrechte im Privatrecht, JZ 1994, S. 373–383.

Hahn, Marius Die Verdachtskündigung unter Berücksichtigung einer gesetzlichen Regelung, 2004.

Hambitzer, Ulrich M. Wiedereinstellungsanspruch nach wirksamer betriebsbedingter Kündigung?, NJW 1985, S. 2239–2242.

Handbuch der Grundrechte in Deutschland und Europa, hrsg. von Merten, Detlef/Papier, Hans-Jürgen, Band VI/1: Europäische Grundrechte I, 2010 (zit. *Bearbeiter* in: HGR).

Handbuch des Staatsrechts der Bundesrepublik Deutschland, hrsg. von Isensee, Josef/Kirchof, Paul (zit. *Bearbeiter* in: HStR)

Band V: Rechtsquellen, Organisation, Finanzen, 3. Aufl., 2007;

Band IX: Allgemeine Grundrechtslehren, 3. Aufl. 2011.

Harke, Jan Dirk Besonderes Schuldrecht, 2011.

Heck, Philipp Gesetzesauslegung und Interessenjurisprudenz, AcP 1914, S. 1–318.

Heckmann, Dirk Geltungskraft und Geltungsverlust von Rechtsnormen, Elemente einer Theorie der autoritativen Normgeltungsbeendigung, 1997.

Hedemann, Justus Wilhelm Die Flucht in die Generalklauseln, Eine Gefahr für Recht und Staat, 1933.

Heese, Michael Bindung des Zivilrichters an strafrechtliche Tatsachenfeststellungen - ein zukunftsweisendes Reformvorhaben?, JZ 2016, S. 390–400.

Heilmann, Aribert Verdachtskündigung und Wiedereinstellung nach Rehabilitierung, 1964.

Heimbach, Liv Das Verhältnis der außerordentlichen Kündigung des Arbeitgebers zur ordentlichen Kündigung nach dem KSchG, 2009.

Heinemeyer, Ilka/Thomas, Holger Compliance: Die Einhaltung der Zweiwochenfrist bei Ausspruch fristloser Kündigungen im Rahmen von unternehmensinternen Ermittlungen, BB 2012, S. 1218–1224.

Heinz, Andreas/Schmidt-De Cluwe/Scholz, Bernhard Joachim (Hrsg.) Nomoskommentar, Sozialgesetzbuch III, Arbeitsförderung, 7. Aufl., 2021 (zit. HSS/*Bearbeiter*).

Henssler, Martin Anmerkung zu LAG Köln Urt. v. 16.1.1990 – 11 Sa 853/89, LAGE Nr. 27 zu § 1 KSchG, S. 9–18.

Henssler, Martin/Willemsen, Heinz-Josef/Kalb, Heinz-Jürgen (Hrsg.) Arbeitsrecht Kommentar, 9. Aufl. 2020 (zit. HWK/*Bearbeiter*).

Herdegen, Matthias Völkerrecht, 19. Aufl., 2020.

Hergenröder, Curt Wolfgang Kündigung und Kündigungsschutz im Lichte der Verfassung, ZFA 2002, S. 355–382.

Herschel, Wilhelm Anmerkung zu BAG Urt. v. 15.2.1973 – 2 AZR 16/72, AP Nr. 2 zu § 9 KSchG 1969.

Herschel, Wilhelm Unmöglichkeit der Dienstleistung und Kündigung insbesondere bei Krankheit, BB 1982, S. 253–254.

Herschel, Wilhelm, Gedanken zur Theorie des arbeitsrechtlichen Kündigungsgrundes, in: Mayer-Maly, Theo/Richardi, Reinhard/Schambeck, Herbert/Zöllner, Wolfgang (Hrsg.), Arbeitsleben und Rechtspflege, Festschrift für Gerhard Müller, 1981 S. 191–207.

Hilger, Marie-Luise Verdachtskündigung und Wiedereinstellungsanspruch, MuA 1960, S.181–182.

Hillgruber, Christian Richterliche Rechtsfortbildung als Verfassungsproblem, JZ 1996, S. 118–125.

Hoefs, Christian Die Verdachtskündigung, 2001.

Höpfner, Clemens Die systemkonforme Auslegung: Zur Auflösung einfachgesetzlicher, verfassungsrechtlicher und europarechtlicher Widersprüche im Recht, 2008.

Höpfner, Clemens Gesetzesbindung und verfassungskonforme Auslegung im Arbeits- und Verfassungsrecht, RdA 2018, S. 321–337.

Höpfner, Clemens/Richter, Nadja Wiederaufnahme des Verfahrens und Wiedereinstellungsanspruch nach Verstoß gegen die EMRK, RdA 2016, S. 141–161.

Hoppe, Günther Kündigung bei Verdacht einer strafbaren Handlung, AuS 1968, S. 298–301.

Huber, Hans-Peter/Uzuner, Gülsemin Der Verdacht im Straf- und Arbeitsrecht, NZWiSt 2016, S. 94–98.

Hueck, Alfred (Begr.) Kündigungsschutzgesetz, Kommentar, 10. Aufl., 1980.

Hueck, Alfred Die Pflicht des Arbeitgebers zur Wiedereinstellung entlassener Arbeitnehmer, in: Lehmann, Heinrich/Nipperdey, Hans Carl (Hrsg.), Recht und Wirtschaft, Festschrift für Justus Wilhelm Hedemann zu seinem 80. Geburtstag am 24. April 1958, 1958, S. 131–150.

Hunold, Wolf Anhörung des Mitarbeiters vor Ausspruch einer Verdachtskündigung, NZA-RR 2012, S. 399–403.

Insam, Alexander Ist die Druckkündigung nur als außerordentliche Kündigung zulässig?, DB 2005, S. 2298–2300.

Ipsen, Jörn Richterrecht und Verfassung, 1975.

Isele, Hellmut Georg Das suspendierte Arbeitsverhältnis, in: Festschrift für Erich Molitor zum 75. Geburtstag, hrsg. im Auftrag der Mitarbeiter von Hans Carl Nipperdey, 1962, S. 107–122.

J. von Staudingers Kommentar zum Bürgerlichen Gesetzbuch mit Einführungsgesetz und Nebengesetzen (zit. Staudinger/*Bearbeiter*)

- Buch 2: Recht der Schuldverhältnisse, §§ 241–243 (Treu und Glauben), hrsg. von Looschelders, Dirk/Olzen, Dirk, Neubearbeitung 2019;
- Buch 2: Recht der Schuldverhältnisse. Vorbem. §§ 611–613 BGB (Dienstvertragsrecht 1) – Dienstvertrag und Arbeitsvertrag, hrsg. von Richardi, Reinhard/Fischinger, Philipp S./Latzel, Clemens/Rieble, Volker, Neubearbeitung 2020;
- Buch 2: Recht der Schuldverhältnisse. Vorbem. §§ 620–630 BGB (Dienstvertragsrecht 3) – Beendigung von Dienst- und Arbeitsverhältnissen, hrsg. von Oetker, Hartmut/Preis, Ulrich, Neubearbeitung 2019.

Jacobi, Christoph Alexander Methodenlehre der Normwirkung, die Normwirkung als Maßstab der Rechtsgewinnung, 2008.

Jandt, Silke Vertrauen im Mobile Commerce, Vorschläge für die rechtsverträgliche Gestaltung von Location Based Services, 2008.

Jarass, Hans D. Strafrechtliche Grundrechte im Unionsrecht, NStZ 2012, S. 611–616.

Jarass, Hans D./Beljin, Sasa Die Bedeutung von Vorrang und Durchführung des EG-Rechts für die nationale Recht-setzung und Rechtsanwendung, NVwZ 2004, S. 1–11.

Jauernig Bürgerliches Gesetzbuch mit Rom-I-VO u. a., Kommentar, hrsg. von Stürner, Rolf, 18. Auflage 2021 (zit. Jauernig/*Bearbeiter*).

Joachim, Hans G. Zur Problematik der Verdachtskündigung AuR 1964, S. 33–39.

Kähler, Lorenz Raum für Maßlosigkeit. Zu den Grenzen des Verhältnismäßigkeitsgrundsatzes im Privatrecht, in: Jaestedt, Matthias/Lepsius, Oliver (Hrsg.), Verhältnismäßigkeit, zur Tragfähigkeit eines verfassungsrechtlichen Schlüsselkonzepts, 2015, S. 210–233.

Kaiser, Dagmar Verschuldensunabhängige verhaltensbedingte Kündigung in: Krause, Rüdiger/Schwarze, Roland (Hrsg.), Festschrift für Hansjörg Otto zum 70. Geburtstag am 23. Mai 2008, 2008, S. 173–208.

Kaiser, Dagmar, Wegfall des Kündigungsgrundes – Weder Unwirksamkeit der Kündigung noch Wiedereinstellungsanspruch, ZfA 2000, S. 205–235.

Kalb, Heinz-Jürgen Von der Verdachts- zur Vertrauenskündigung, ZfA 2016, S. 467–481.

Kamanabrou, Sudabeh Arbeitsrecht, 2017.

Kassebaum, Ulf Bernd Interpersonelles Vertrauen: Entwicklung eines Inventars zur Erfassung spezifischer Aspekte des Konstrukts, 2004.

Keiser, Claudia Der Verdacht des Bagatelldiebstahls im Arbeitsrecht – Das sog. Pfandbonurteil, JR 2010, S. 55–59.

Keßler, Ulrich G. Der Auflösungsantrag nach § 9 KSchG im Spiegel der Judikatur, NZA-RR 2002, S. 1–12.

Kittner, Michael Anmerkung zu BAG Urt. v. 26.3.1992 2 AZR 519/91, EzA Nr. 4 zu § 626 BGB Verdacht strafbarer Handlung, S. 15–19.

Klocke, Daniel Entlassung aufgrund Disziplinarverfahrens – entgegenstehendes strafrechtliches Verfahren – Unschuldsvermutung – Art 6 Abs 2 MRK, AuR 2019, S. 128–131.

Klueß, Achim Geringwertige Vermögensdelikte – Keine zwangsläufige Entlassung, NZA 2009, S. 337–343.

Knickrehm, Sabine/Kreikebohm, Ralf/Watermann, Raimund (Hrsg.) Kommentar zum Sozialrecht, 6 Aufl., 2019 (zit. KKW/*Bearbeiter*).

König, Wilhelm Zur näheren Bestimmung des wichtigen Grundes bei der außerordentlichen Kündigung durch den Arbeitgeber, RdA 1969, S. 8–16.

KR Gemeinschaftskommentar zum Kündigungsschutzgesetz und zu sonstigen kündigungsschutzrechtlichen Vorschriften, hrsg. von Bader, Peter/Fischermeier, Ernst/Gallner, Inken u. a., 12. Aufl., 2019 (zit. KR/*Bearbeiter*).

Kramer, Stefan (Hrsg.) IT-Arbeitsrecht, 2. Aufl. 2019.

Kreft, Burghard Kontinuität und Wandel beim Bestandsschutz, NZA-Beilage 2012, S. 58–65.

Krüll, Armin Der Wiedereinstellungsanspruch des Arbeitnehmers, 2003.

Kruse, Frauke Die verfassungsrechtlichen Grenzen richterlicher Rechtsfortbildung, zur Gesetzmäßigkeit der Rechtsprechung unter dem Grundgesetz, 2019.

Kühl, Kristian Persönlichkeitsschutz des Tatverdächtigen durch die Unschuldsvermutung, Ein Beitrag zu den Grenzen der Kriminalberichterstattung in: Forkel, Hans (Hrsg.), Beiträge zum Schutz der Persönlichkeit und ihrer schöpferischen Leistungen, Festschrift für Heinrich Hubmann zum 70. Geburtstag, 1985, S. 241–254.

Kühl, Kristian Unschuldsvermutung, Freispruch und Einstellung, 1983.

Kühl, Martin Die Sperrzeit bei Arbeitsaufgabe, 2006.

Lange, Niels/Vogel, Thius Verdachtskündigung: Teilnahmerecht des Rechtsanwalts an der Anhörung, DB 2010, S. 1066–1070.

Langenbucher, Katja Der Wiedereinstellungsanspruch des Arbeitnehmers beim Betriebsübergang, ZfA 1999, S. 299–326.

Langner, Sören/Witt, Boris Aktuelles zur Verdachtskündigung, DStR 2008, S. 825–830.

Larenz, Karl Methodenlehre der Rechtswissenschaft, 5. Aufl., 1983.

Lembke, Mark Die Verdachtskündigung in Rechtsprechung und Praxis, RdA 2013, S. 82–92.

Linck, Rüdiger/Krause, Rüdiger/Bayreuther, Frank (Hrsg.) Kündigungsschutzgesetz, Kommentar, 16. Aufl., 2019 (zit. LKB/*Bearbeiter*).

Linck, Rüdiger/Preis, Ulrich/Schmidt, Ingrid (Hrsg.) Kündigungsrecht, Großkommentar zum gesamten Recht der Beendigung von Arbeitsverhältnissen, 3. Aufl. 2007, 4. Aufl. 2012 und 6. Aufl. 2021 (zit.: APS/*Bearbeiter*).

Lindner, Josef Franz Der Verfassungsrechtssatz der Unschuldsvermutung, AöR 2008, S. 235–260.

Lücke, Oliver Die Verdachtskündigung – Fragen aus der Praxis, BB 1998, S. 2259–2263.

Lücke, Oliver Unter Verdacht. Die Verdachtskündigung, BB 1997, S. 1842–1848.

Luckey, Andreas Suspendierung und Schmerzensgeldanspruch des Arbeitnehmers, NZA 1992, S. 873–877.

Luhmann, Niklas Soziologische Beobachtung des Rechts, 1986.

Luhmann, Niklas Recht als soziales System, ZfRSoz 1999, S. 1–13.

Luhmann, Niklas Vertrauen, Ein Mechanismus der Reduktion sozialer Komplexität, 5. Aufl., 2014.

Lunk, Stefan Die Verdachtskündigung: Eine Kündigung vom dem Aus? Zugleich eine Übersicht über die aktuelle Rechtsprechung, NJW 2010, S. 2753–2758.

Lunk, Stefan Anmerkung zu BAG Urt. v. 12.2.2015 – 6 AZR 845/13, AP Nr. 1 zu § 22 BBiG.

Maunz/Dürig Grundgesetz Kommentar, hrsg. von Herzog, Roman/Scholz, Rupert/Herdegen, Matthias/Klein, Hans H., Werkstand: 93. Ergänzungslieferung, Oktober 2020 (zit. Maunz/Dürig/*Bearbeiter*).

Meier-Hayoz, Arthur Strategische und taktische Aspekte der Fortbildung des Rechts, Zur Frage nach den Grenzen richterlicher Rechtsetzung, JZ 1981, S. 417–423.

Meinel, Gernod/Bauer, Thorsten Der Wiedereinstellungsanspruch, NZA 1999, S. 575–581.

Mennemeyer, Siegfried/Dreymüller, Dagmar Verzögerungen der Arbeitnehmeranhörung bei der Verdachtskündigung, NZA 2005, S. 382–286.

Meyer, Jürgen/Hölscheidt, Sven (Hrsg.) Charta der Grundrechte der Europäischen Union, Kommentar, 5. Aufl., 2019 (zit. Meyer/Hölscheidt/*Bearbeiter*).

Meyer, Karlheinz Grenzen der Unschuldsvermutung in: Jeschek, Hans-Heinrich/Vogler, Theo (Hrsg.), Festschrift für Herbert Tröndle zum 70. Geburtstag am 24. August 1989, 1989, S. 61–76.

Meyer, Uwe Die Kündigung des Arbeitsverhältnisses wegen Sicherheitsbedenken, 1997.

Mittag, Reinold/Wroblewski, Andrej Fristlose Kündigung wegen eines geringwertigen Vermögensdelikts – Interessenabwägung – Abmahnungserfordernis, AuR 2011, S. 72–74.

Mitterer, Lorenz S. Arbeitgeberseitige Kündigung wegen außerdienstlichen strafrechtsrelevanten Verhaltens des Arbeitnehmers, NZA-RR 2011, S. 449–454.

Möhle, Jan-Peter Ein Einstieg in Niklas Luhmanns Rechtssoziologie: Leben, Werk, Gedankenwelt, ZJS 2019, S. 339–341.

Mohnen, Heinz Nachwirkungen des Arbeitsverhältnisses, RdA 1957, S. 405–411.

Möllers, Thomas M. J. Juristische Methodenlehre, 2. Aufl., 2019.

Möller, Thomas M. J./Cyglakow, Kristina Audiatur et altera pars – man höre die andere Seite – als Rechtspflicht von Finanzanalysten, JZ 2018, S. 1131–1138.

Monjau, Herbert Die Verdachtskündigung, DB 1960, S. 1067–1070.

Moritz, Klaus Grenzen der Verdachtskündigung, NJW 1976, S. 402–406.

Mugdan, Benno Die gesammten Materialien zum Bürgerlichen Gesetzbuch für das Deutsche Reich, Band II, Recht der Schuldverhältnisse, 1888.

Münchener Handbuch zum Arbeitsrecht (zit. MHdBArbR/*Bearbeiter*)

- Individualarbeitsrecht II, hrsg. von Richardi, Reinhard/Wlotzke, Otfried, 1. Aufl. 1993;
- Individualarbeitsrecht I, hrsg. von Richardi, Reinhard/Wlotzke, Otfried/Wißmann, Hellmut/Oetker, Hartmut, 3. Aufl., 2009;
- Individualarbeitsrecht II, hrsg. von Kiel, Heinrich/Lunk, Stefan/Oetker, Hartmut, 4 Aufl., 2018;

- Individualarbeitsrecht I, hrsg. von Kiel, Heinrich/Lunk, Stefan/Oetker, Hartmut, 5 Aufl., 2021.

Münchener Kommentar zum Bürgerlichen Gesetzbuch (zit. MüKoBGB/*Bearbeiter*)

- Band 3, Schuldrecht – Besonderer Teil I, §§ 433–656, Abzahlungsgesetz, hrsg. von Rebmann, Kurt, 1. Aufl., 1980;
- Band 4, Schuldrecht – Besonderer Teil I, §§ 607–704, hrsg. von Rebmann, Kurt/Säcker, Franz Jürgen/Rixecker, Roland, 3. Aufl. 1997;
- Band 5, Schuldrecht – Besonderer Teil II, §§ 535–630h, BetrKV, HeizkostenV, WärmeLV, EFZG, TzBfG, KSchG, MiLoG, hrsg. von Säcker, Franz Jürgen/Rixecker, Roland/Oetker, Hartmut/Limperg, Bettina, 8. Aufl., 2020.

Muthorst, Olaf Grundlagen der Rechtswissenschaft, Methode – Begriff – System, 2. Aufl., 2020.

Naujok, Volker Das Spannungsverhältnis zwischen Verdachtskündigung und Unschuldsvermutung, AuR 1998, S. 398–402.

Nicolai, Andrea/Noack, Stefanie Grundlagen und Grenzen des Wiedereinstellungsanspruchs nach wirksamer Kündigung des Arbeitsverhältnisses, ZfA 2000, S. 87–114.

Nienaber, Laura Christiane Umfang, Grenzen und Verwertbarkeit compliancebasierter unternehmensinterner Ermittlungen, 2019.

Oechsler, Jürgen Gerechtigkeit im modernen Austauschvertrag, Die theoretischen Grundlagen der Vertragsgerechtigkeit und ihr praktischer Einfluß auf Auslegung, Ergänzung und Inhaltskontrolle des Vertrages, 1997.

Oechsler, Jürgen Vertragliche Schuldverhältnisse, 2. Aufl., 2017.

Oetker, Hartmut Zur außerordentlichen Kündigung wegen Diebstahls, Anmerkung zu BAG Urt. v. 20.9.1984 – 2 AZR 633/82, SAE 1985, S. 175–178.

Oetker, Hartmut Das Dauerschuldverhältnis und seine Beendigung, Bestandsaufnahme und kritische Würdigung einer tradierten Figur der Schuldrechtsdogmatik, 1994.

Oetker, Hartmut Arbeitsrechtlicher Bestandsschutz und Grundrechtsordnung, RdA 1997, S. 9–21.

Oetker, Hartmut Der Wiedereinstellungsanspruch des Arbeitnehmers bei nachträglichem Wegfall des Kündigungsgrundes, ZIP 2000, S. 643–653.

Ogorek, Regina Richterkönig oder Subsumtionsautomat?, 1986.

Orth, Wolfhard Ulrich Die Verdachtskündigung im Rechtsvergleich Deutschland, Schweiz, Österreich und ihre Vereinbarkeit mit Art. 6 II EMRK, 2009.

Otto, Alexander Der Wegfall des Vertrauens in den Arbeitnehmer als wichtiger Grund zur Kündigung des Arbeitsverhältnisses, 2000.

Otto, Hansjörg Anmerkung zu BAG Urt. v. 28.6.2000 – 7 AZR 904/98, AP Nr. 6 zu § 1 KSchG 1969 Wiedereinstellung.

Pache, Eckhard Tatbestandliche Abwägung und Beurteilungsspielraum: zur Einheitlichkeit administrativer Entscheidungsfreiräume und zu deren Konsequenzen im verwaltungsgerichtlichen Verfahren – Versuch einer Modernisierung, 2001.

Pfandlsteiner, Gabriele Die Verdachtskündigung, 1987.

Plum, Martin Die Kündigung von (mutmaßlichen) „Gefährdern“ wegen Sicherheitsbedenken, NZA 2019, S. 497–502.

Pötters, Stephan Grundrechte und Beschäftigtendatenschutz, 2013.

Preis, Ulrich Prinzipien des Kündigungsrechts bei Arbeitsverhältnissen, Eine Untersuchung zum Recht des materiellen Kündigungsschutzes, insbesondere zur Theorie der Kündigungsgründe, 1987.

Preis, Ulrich Die (Un-)Zumutbarkeit – ein tauglicher Gesetzesbegriff?, ZG 1988, S. 319–338.

Preis, Ulrich Neuere Tendenzen im arbeitsrechtlichen Kündigungsschutz (Teil II), DB 1988, S. 1444–1451.

Preis, Ulrich Rechtsfortbildung im Individualarbeitsrecht, Methodische Bemerkungen zum erneuten Präjudizienwechsel im Recht der Arbeitnehmerhaftung, RdA 1989, S. 327–337.

Preis, Ulrich Die verhaltensbedingte Kündigung (1 und 2), DB 1990, S. 630–634.

Preis, Ulrich Der Kündigungsschutz außerhalb des Kündigungsschutzgesetzes, NZA 1997, S. 1256–1270.

Preis, Ulrich Arbeitsrecht und „unbegrenzte Auslegung“, NJW 1998, S. 1889–1894.

Preis, Ulrich Minima (non) curat praetor? Pflichtverletzungen und Bagatelldelikte als Kündigungsgrund, Teil I, AuR 2010, S. 186–192.

Preis, Ulrich Minima (non) curat praetor? Pflichtverletzungen und Bagatelldelikte als Kündigungsgrund, Teil II (Fortsetzung der Abhandlung aus AuR 5/ 2010, S. 186 ff.), AuR 2010, S. 242–247.

Preis, Ulrich/Hamacher, Anno Die Kündigung von Unkündbaren, in: Schmidt, Klaus (Hrsg.), Arbeitsrecht und Arbeitsgerichtsbarkeit, Bilanz und Perspektiven an der Schwelle zum Jahr 2000, Festschrift zum 50-jährigen Bestehen der Arbeitsgerichtsbarkeit in Rheinland-Pfalz, 1999, S. 245–270.

Preis, Ulrich/Temming, Felipe Arbeitsrecht: Individualarbeitsrecht – Lehrbuch für Studium und Praxis, 6. Aufl., 2020.

Prütting, Hanns Gegenwartsprobleme der Beweislast, Eine Untersuchung moderner Beweislasttheorien und ihrer Anwendung insbesondere im Arbeitsrecht, 1983.

Prütting, Hanns Die Beweislast im Arbeitsrecht, RdA 1999, S. 107–112.

Prütting, Hanns Das Wesen der Verdachtskündigung, in: Gallner, Inken/Eckhoff, Frank/Henssler, Martin/Reufels, Martin, Dynamisches Recht, Herausforderungen im Arbeitsrecht, Gesellschaftsrecht und Insolvenzrecht, Festschrift für Wilhelm Moll zum 70. Geburtstag, 2019, S. 553–558.

Reimer, Franz Juristische Methodenlehre, 2. Aufl., 2020.

Ress, Georg Supranationaler Menschenrechtsschutz und der Wandel der Staatlichkeit, ZaöRV 2004, S. 621–640.

Reuter, Dieter Das Verhältnis von ordentlicher und außerordentlicher Kündigung des Arbeitgebers – ein Stufenverhältnis?, in: Annuß, Georg/Picker, Eduard/Wißmann, Hellmut (Hrsg.), Festschrift für Reinhard Richardi zum 70. Geburtstag, 2010, S. 361–378.

Reuter, Marc Ghettorenten, Eine rechtsmethodische und -historische Untersuchung zum Umgang mit nationalsozialistischem Unrecht in der Sozialversicherung, 2019.

Reuter, Wolf J. Geringwertige Vermögensdelikte" und Kündigungen – kein Änderungsbedarf beim BAG, NZA 2009, S. 594–595.

Richardi, Reinhard (Hrsg.) Betriebsverfassungsgesetz mit Wahlordnung, Kommentar, 16. Aufl., 2018 (zit. Richardi/*Bearbeiter*).

Ricken, Oliver Grundlagen und Grenzen des Wiedereinstellungsanspruchs, NZA 1998, S. 460–465.

Rieble, Volker Barbara Emme: Ein Lehrstück über den Umgang mit der Justiz!, NJW 2009, S. 2101–2105.

Ritter, Thomas Die Verdachtsabmahnung, NZA 2012, S. 19–21.

Rolfs, Christian Studienkommentar Arbeitsrecht, 4. Aufl., 2014.

Rolfs, Christian/Giesen, Richard/Kreikebohm, Ralf/Udsching, Peter (Hrsg.) Beck'scher Online-Kommentar Arbeitsrecht, 59. Edition, 2021 (zit. BeckOKArbR/*Bearbeiter*).

Röthel, Anne Normkonkretisierung im Privatrecht, 2004.

Ruffert, Matthias Vorrang der Verfassung und Eigenständigkeit des Privatrechts, eine verfassungsrechtliche Untersuchung zur Privatrechtswirkung des Grundgesetzes, 2001.

Rüthers, Bernd Arbeitsrecht und ideologische Kontinuitäten? Am Beispiel des Kündigungsschutzrechts, NJW 1998, S. 1433–1440.

Rüthers, Bernd Die unbegrenzte Auslegung, zum Wandel der Privatrechtsordnung im Nationalsozialismus, 8. Aufl., 2017.

Rüthers, Bernd/Bakker, Rainer Anmerkung zu BAG Urt. v. 3.4.1986 – 2 AZR 324/85, EzA Nr. 63 zu § 102 BetrVG 1972, S. 557–558f.

Rüthers, Bernd/Fischer, Christian/Birk, Axel Rechtstheorie: mit Juristischer Methodenlehre, 11. Aufl., 2020.

Sagan, Adam Qualität von Gesetzen und richterliche Rechtsfortbildung als kommunizierende Röhren?, jM 2020, S. 53–58.

Sauer, Heiko Juristische Methodenlehre (§ 9), in: Krüper, Julian (Hrsg.), Grundlagen des Rechts, 3. Aufl., 2017.

Savigny, Friedrich Karl von System des heutigen römischen Rechts, Band III, 1840.

Schaub, Günther (Begr.) Arbeitsrechts-Handbuch, Systematische Darstellung und Nachschlagwerk für die Praxis, 18. Aufl., 2019 (zit. Schaub/*Bearbeiter*).

Schlachter, Monika Fristlose Kündigung wegen Entwendung geringwertiger Sachen des Arbeitgebers, NZA 2005, S. 433–437.

Schlegeit, Tino Das BAG und die Verdachtskündigung, zugleich ein Beitrag zur Dogmatik des § 626 BGB, 2008.

Schmitz, Alja Interessenausgleich im Beschäftigtendatenschutz, 2016.

Schönfeld, Friedrich-Wilhelm Effektiver Rechtsschutz bei straftatbegründeter Kündigung?, NZA 1999, S. 299–303.

Schrader, Peter Verwirkung der Abmahnung durch Zeitablauf?, NZA 2011, S. 180–182.

Schuld, Carsten Arbeitszeugnisse nach verhaltensbedingter Kündigung oder Verdachtskündigung, in: Mittag, Reinold/Ockenga, Edzard/Schierle, Karlheinz – u. a. (Hrsg.), Aspekte der Beendigung von Arbeitsverhältnissen, Jahrbuch des Rechtsschutzes, 2010, S. 137–151.

Schütte, Reinhard Die Verdachtskündigung, NZA-Beilage 1991, S. 17–23.

Schwarze, Roland Anmerkung zu LAG Düsseldorf Urt. v. 25.06.2003 – 14 Sa 657/03, LAGE Nr. 2 zu § 626 BGB 2002, S. 11–15.

Schwarze, Roland Anmerkung zu BAG Urt. v. 25.11.2010 – 2 AZR 984/08, AP Nr. 32 zu § 1 KSchG 1969 Personenbedingte Kündigung.

Schwarze, Roland Das Recht der Leistungsstörungen, 2. Aufl., 2017.

Schwerdtner, Peter Die Verdachtskündigung, in: Deutsches Anwaltsinstitut Fachinstitut für Arbeitsrecht (Hrsg.), Brennpunkte des Arbeitsrechts 2001, S. 243–268.

Seeling, Rolf Otto/Zwickel, Martin Die Rechtsprobleme der Verdachtskündigung aus praktischer Sicht, MDR 2008, S. 1020–1025.

Seibert-Fohr, Anja Neue internationale Anforderungen an die Überführung von Menschenrechtsabkommen in nationales Recht – Das Verhältnis des Internationalen Pakts über bürgerliche und politische Rechte zu nationalem Recht, ZaöRV 2002, S. 391–422.

Sendler, Horst Richterrecht – rechtstheoretisch und rechtspraktisch, NJW 1987, S. 3240–3242.

Sieweke, Simon Die Feststellung der Sozialwidrigkeit der Kündigung im Rahmen von § 9 KSchG, NZA 2011, S. 1324–1327.

Stahlhacke, Eugen/Preis, Ulrich/Vossen, Reinhard (Hrsg.) Kündigung und Kündigungsschutz im Arbeitsverhältnis, Handbuch, 11. Aufl., 2015 (zit. SPV/*Bearbeiter*).

Staudinger, Wolfgang Welche Folgen hat die Unschuldsvermutung im Strafprozess?, eine Untersuchung de lege lata und de lege ferenda, 2015.

Stein, Jürgen vom Fehleinschätzungen bei der Kündigung von Arbeitsverhältnissen unter besonderer Berücksichtigung der Verdachtskündigung, 1989.

Stein, Jürgen vom Wiedereinstellungsanspruch des Arbeitnehmers bei Fehlprognose des Arbeitgebers?, RdA 1991, S. 85–94.

Steinacker, Ursula Lina Der Wiedereinstellungsanspruch des Arbeitnehmers, die adäquate Lösung des Konflikts zwischen Rechtssicherheit und materieller Gerechtigkeit, 2017.

Stern, Klaus/Sachs, Michael (Hrsg.) Europäische Grundrechte-Charta: GRCh, Kommentar, 2016 (zit. Stern/Sachs/*Bearbeiter*).

Stoffels, Markus Die "Emmely"-Entscheidung des BAG – bloß eine Klarstellung von Missverständnissen?, NJW 2011, S. 118–123.

Stoffels, Markus Neue Spielregeln bei Abmahnung, Anhörung und Verdachtskündigung?, in: Maschmann, Frank (Hrsg.), Kündigungsrecht: alte und neue Fragen, Mannheimer Arbeitsrechtstag 2013, 2013, S. 37–52.

Störring, Lars Peter Das Untermaßverbot in der Diskussion, Untersuchung einer umstrittenen Rechtsfigur, 2009.

Strobel, Michael Die Rechtsfigur der Verdachtskündigung unter besonderer Berücksichtigung der Rechtslage nach späterer Entkräftung des Verdachts, 1967.

Stuckenberg, Carl-Friedrich Untersuchungen zur Unschuldsvermutung, 1998.

Stuckenberg, Carl-Friedrich Die normative Aussage der Unschuldsvermutung, ZStW 1999, S. 422–460.

Stückmann, Roland/Kohlepp, Christina Verhältnismäßigkeitsgrundsatz und "ultima-ratio-Prinzip" im Kündigungsrecht – Richterliche Praxis ohne dogmatische Begründung, RdA 2000, S. 331–341.

Stürner, Michael Der Grundsatz der Verhältnismäßigkeit im Schuldvertragsrecht, zur Dogmatik einer privatrechtsimmanenten Begrenzung von vertraglichen Rechten und Pflichten, 2010.

Tautphäus, Nina Die Auflösung des Arbeitsverhältnisses gemäß § 9 KSchG im System des Kündigungsschutzrechts, 2018.

Thüsing, Gregor Angleichung der „Verdachtskündigung" an das Strafrecht?, ZRP 2009, S. 127.

Thüsing, Gregor/Pötters, Stephan Anmerkung zu BAG Urt. v. 10.6.2010 – 2 AZR 541/09, EzA Nr. 32 zu § 626 BGB 2002, S. 21–29.

Tiedemann, Jens Vertrauenskapital langjährig Beschäftigter, Interessenabwägung bei fristlosen Kündigungen wegen Bagatelldelikte nach „Emmely", ArbRB 2011, S. 93–96.

Toma, Josef/Reiter, Heiko Präklusion von Entlastungstatsachen? Das Schweigen des Arbeitnehmers während der Anhörung zu einer Verdachtskündigung, NZA 2015, S. 460–465.

Trittin, Wolfgang/Fütterer, Patrick Die Durchsetzung des Rechtsstaats im Betrieb – Verdachts- und Bagatellkündigungen und die Mitbestimmung des Betriebsrats, AuR 2010, S. 62–65.

Tschöpe, Ulrich Der arbeitgeberseitige Auflösungsantrag im Kündigungsschutzprozess – offene Fragen, in: Bauer, Jobst-Hubertus/Boewer, Dietrich (Hrsg.), Festschrift für Peter Schwerdtner zum 65. Geburtstag, 2003, S. 217–246.

Tschöpe, Ulrich Verhaltensbedingte Kündigung – Eine systematische Darstellung im Lichte der BAG-Rechtsprechung, BB 2002, S. 778–785.

Ulber, Daniel Die Rechtsprechung des Bundesverfassungsgerichts zu Zulässigkeit und Grenzen richterlicher Rechtsfortbildung, EuGRZ 2012, S. 365–377.

Unger, Stefan Die Freistellung im Profisport am Beispiel des Fußballs, 2019.

Volk, Klaus Der Begriff der Strafe in der Rechtsprechung des Bundesverfassungsgerichts, ZStW 1971, S. 405–434.

Wank, Rolf Grenzen richterlicher Rechtsfortbildung, 1978.

Wank, Rolf Auslegung und Rechtsfortbildung im Arbeitsrecht, 2013.

Weber, Christoph Anmerkung zu BAG Urt. v. 14.9.1994 – 2 AZR 164/94, SAE 1996, S. 57–62.

Weber, Hansjörg/Weber, Jörg-Andreas Zur Dogmatik eines allgemeinen Beschäftigungsanspruchs im Arbeitsverhältnis, RdA 2007, S. 344–352.

Weber, Jörg-Andreas Auflösung des Arbeitsverhältnisses durch Urteil wegen eines Bagatelldelikts am Beispiel der „Emmely"-Entscheidung, RdA 2011, S. 108–119.

Wedde, Peter Anmerkung zu BAG Urt. v. 31.1.2019 – 2 AZR 426/18, jurisPR-ArbR 31/2019.

Weller, Matthias Persönliche Leistungen, 2012.

Wiese, Günther/Kreutz, Peter/Oetker, Hartmut – u. a. (Hrsg.) Gemeinschaftskommentar zum Betriebsverfassungsgesetz, Band 2: §§ 74–132, 11. Aufl., 2018 (zit. GK-BetrVG/*Bearbeiter*).

Willemsen, Heinz Josef Verhaltensbedingte Kündigung: Fünf Thesen und fünf Fragezeichen, RdA 2017, S. 115–127.

Wimalasena, Philip Die Veröffentlichung von Schiedssprüchen als Beitrag zur Normbildung, 2016.

Wolter, Jürgen (Hrsg.) SK-StPO – Systematischer Kommentar zur Strafprozessordnung mit GVG und EMRK, Band X: Art. 1–8 EMRK, 4. Aufl. 2011 und 5. Aufl. 2019 (zit. SK-StPO/*Bearbeiter*).

Zborowska, Katarzyna Die außerordentliche Verdachtskündigung, 2015.

Zwanziger, Bertram Neue Tatsachen nach Zugang einer Kündigung, Rückwirkung auf Kündigung oder Wiedereinstellungsanspruch des Arbeitnehmers, BB 1997, S. 42–46.

www.ingramcontent.com/pod-product-compliance
Ingram Content Group UK Ltd.
Pitfield, Milton Keynes, MK11 3LW, UK
UKHW021847290926
8980IPUK00005B/689

9 783631 853771